David A. Aaker
Damien McLoughlin

제1판

Strategic Market Management

- Global Perspectives -

마케팅전략

전인수 · 김은화 옮김

WILEY
SukJung 도서출판 석 정

인간사에는 조류란 것이 있으니,
만조를 타면 행운으로 이르지만;
놓치면 삶의 전 행로는
여울에 걸려 나락으로 떨어지게 마련이다.
이와 같은 대해(full sea)에 떠 있는 셈이라,
조류가 좋을 때를 이용해야 할 일이며,
그렇지 않으면 모험은 수포로 돌아갈 것이다.
–William Shakespeare, 줄리어스 씨저

저자서문

전략을 수립하고 실행한다는 것은 경영환경이 보다 안정적이고 단순했던 십여년 전에 비해 지금은 매우 다르다. 모든 시장이 역동적이라 전략을 시장 여건에 맞게 수정해야 할 필요가 있게 되었다. 지금은 기회뿐만 아니라 위협도 가득한 도전적이고 흥미로운 시기라고 할 수 있다.

이번 **전략적 시장관리: 글로벌 관점**은 역동적인 시장이 요구하는 전략적 과제를 풀기 위해 시작되었다. 즉, 전통적인 전략적 관리수단들이 보다 역동적인 상황에 적용되지 못하거나 이들을 수정할 필요가 있다는 가정에서 출발하였다.

이 책의 특징은 다음과 같다

- 경영전략의 내용을 제품/시장 범주, 가치제안, 자산과 역량 등으로 한정하였다. 사실 지금까지 경영전략의 개념은 모호하고 잘 정의되지 않아 소통에 어려움을 주고 있기 때문이다.
- 고객, 경쟁사, 시장, 환경 분석 등 전략적 분석이 다른 책에 비해 잘 되어 있다. 분석 아젠다, 분석양식 등을 참조하면 도움이 될 것이다.
- 전략적 철학인 전략적 몰입, 전략적 기회주의, 전략적 적응 등의 개념이 도움이 될 것이다.
- 기존사업을 활성화하는 방안을 잘 제시하고 있으며 기존사업을 레버로 사용하여 새로운 사업을 모색하는 것도 잘 되어 있다.
- 본서에서는 사업전략을 논의할 때 가치제안과 강력한 브랜드를 기초로 한다.
- 규모가 커져 분권화되어 가는 문제를 사일로(silo)에 비유하여 사일로 조직의 문제점을 극복할 수 있는 아이디어를 제시하고 있는 점도 중요한 특징이다.
- 끝으로 역동적인 시장에 대처한다는 것은 고객지향적인 전략과 창의성을 필요로 한다. 이 책은 고객관점을 강조하고 모든 전략이 고객에게 의미 있는 가치제안을 가져야 한다는 사실을 강조할 것이다. 또한 창의적

인 전략과 제공물을 가지기 위해 과거의 모멘텀(momentum)에서 벗어나는 방법을 제시한다.

내용구성

기존의 아커(David A. Aaker) 교수 혼자서 8판까지 낸 책의 연속선에 있는 책이지만 내용은 크게 다르고 자료 및 사례를 업데이트했다. 장 구성의 면에서 보면 장의 수는 15장으로 줄였는데 서론과 개요를 보다 간결하게 하였다. 전략적 분석에 관한 처음 5개장은 그대로 유지하였으나 사례는 바꾸었으며 본서의 후반부는 완전히 재구성하였다.

7장에서 9장까지는 경쟁우위와 이의 기초가 되는 가치제안, 자산과 역량을 주로 다루고 있으며 구체적으로 다음과 같다. 7장은 경쟁우위를 주제로 다루고 있으며 지속적 경쟁우위, 시너지, 전략적 철학 등이 주요 개념이다. 8장은 가치제안을 다루고 있으며 가치제안의 대안, 탁월한 품질, 가치 등이 주요 개념이다. 9장은 브랜드자산의 구축과 관리를 다루고 있으며 브랜드 인지, 브랜드 충성, 브랜드 연상, 브랜드 아이덴티티 등이 주요 개념이다.

10장에서 13장까지는 성장하는 전략을 다루고 있으며 구체적인 내용을 다음과 같다. 10장은 기존사업의 활성화를 다루고 있으며 제공물 혁신, 브랜드나 마케팅 활성화, 기존고객의 사용률 증대 등이 주요 개념이다. 11장은 기존사업을 지레로 활용하여 관련 사업에 진입하는 것을 다루고 있으며 브랜드 확장, 제품범위 확장, 새로운 시장, 시너지 환상 등이 주요 개념이다. 12장에서는 새로운 사업을 다루고 있는데 이는 와해적 혁신에 해당하는 것으로 다양한 개념을 논의된다. 13장은 세계화를 다루고 있으며 표준화 대 고객화, 전략적 제휴 등이 주요 개념이다.

14장은 10장에서 13장까지 논의한 내용에 모두 관련되는 투자우선순위에 대해 논의한다. 투자우선순위결정에 필요한 비즈니스 포트폴리오, 투자의사결정 대안 등이 주요 주제로 다루어진다. 끝으로 15장은 전략의 집행에 해당하는 것으로 조직의 문제점을 사일로로 보고 이를 극복할 수 있는 방안에 초점을 맞추어 논의를 한다. 구조, 시스템, 사람, 문화 등이 주요 주제이다.

이들 15개 장 외에 8개 사례가 있다. 첫 번째 사례는 신문산업의 미래를 탐색하여 환경을 변화시키는 것이 사업모델을 얼마나 급격히 새롭게 이끄는지를 보여준다. 두 번째 사례는 Spotify에 관한 것인데 그들의 사업모델이 Apple iTunes에 대항하여 어떻게 거대하게 발전되었는지를 보여준다. 세 번째 사례는 산업계의 거인인 테스코에 대항하여 다른 유통업체가 어떻게 살아남는지를 보여준다. 네 번째 사례는 글로벌 리더로서의 업적을 소통하기 위해 2010년에 세계 경마게임의 스폰서십을 이용한 고도성장 글로벌 기업인 Alltech에 대해 살펴본다. 다섯 번째 사례는 이노선트 드링크가 브랜드자산을 어떻게 구축하는지를 보여준다. 여섯 번째 사례는 타이완의 이동전화 제조사이며 자사의 제공물을 통해 세계적 수준의 기업으로 이동중인 HTC의 사례이다. 일곱 번째 사례는 인도에서 타타나노(Tata Nano) 자동차를 런칭한 사례이다. 마지막으로 사회적 역할에 대한 사례를 다룬다.

독자들에게

본서는 학부나 비즈니스 스쿨의 전략관리 관련 과목에 적합하며 특히 다음과 같은 경우에 적합하다.

- 전략적 시장관리, 전략적 시장계획, 전략적 마케팅, 마케팅 전략 등의 명칭으로 개설된 마케팅 전략 관련과목
- 전략경영, 전략수립, 경영정책, 기업가 정신, 정책관리 등의 명칭으로 개설된 기업가정신 관련과목
- 적용범위와 접근방법을 넓히려는 목적을 가진 실무프로그램과 단기프로그램

본서는 역동적인 시장에서 전략 개발을 필요로 하는 경영자들이 이용하도록 디자인되었는데 특히 최근에 기획부서로 배치된 사람들이나 중소기업을 운영하면서 전략개발과 계획수립 과정을 개선하려는 경영자들에게 도움이 될 것이다. 나아가 일반 관리자, 최고경영자, 그리고 계획수립 전문가 등이 전략적 시장관리에서 최근 논의되는 쟁점과 방법을 새롭게 바라보는데 도움을 줄 것이다.

교수님들께 드리는 말

강의를 하시는 분을 위해 강의용 자료 가이드를 웹사이트에 올려놓았고 (www.wileyeurope.com/college/aaker). 자료집에는 장별 파워포인트 자료, 각 장마다 꼭 짚고 넘어가야 할 내용, 테스트용 질문, 온라인 과정, 고려해야 하는 사례 목록이 수록되어 있다.

감사의 글

본서는 친구들과 UCD Michael Smurfit Graduate Business School의 학생들과 동료들의 도움 없이는 햇빛을 보지 못했을 것이다. 특히 강력한 지지를 아끼지 않았던 Tom Begley 학장에게 감사드리며 Smurfit School의 마케팅 전공 동료들의 지원에 큰 힘을 얻었고 특히 Frank Bradley 교수와 Andrew Keating 박사의 의견이 큰 힘이 되었다. 마케팅학과 프로그램의 동료인 Antoinette, Nicola와 David에게도 감사드린다. 지금은 Warwick Business School에 있는 Yansong Hu와 Yvonne McNamara 역시 본서의 이전 판에서 중요한 역할을 해주었다.

나의 훌륭한 친구이자 동료인 Simon Bradley는 이번 작업에 중요한 일을 해주었고 강의용 자료를 준비해 주었다. John Wiley & Sons와 다시 좋은 관계로 인연을 맺게 된 것을 행운으로 생각한다. 좋은 친구이자 지지자로서 이번에도 참여한 Steve Hardman은 주도적인 역할을 해주었고 이번에 도움을 준 Mark Styles과 Anneli Mockett와 이전부터 도움을 준 Sarah Booth와 Emma Cooper에게도 감사드린다.

무한한 사랑과 지원을 해준 나의 딸 Dearbhla와 Bebhinn, 아내이자 친구인 Brenda에게도 감사하다. 이번 판은 이전보다 더 깊은 인내심이 필요했는데 기꺼이 도와주었다. 본서는 이전부터 지금까지 좋은 친구이며 영감을 제공하고 좋은 롤모델인 Alan Sattell에게 바친다(저자들이 전하고자 하는 중요 메시지가 아닌 경우에는 번역하지 않았기 때문에 원본과 일치하지 않을 수 있음).

2009년 10월

Damien McLoughlin

역자서문

본서는 아커(David A. Aaker) 교수와 맥러그린(McLoughlin) 교수가 공저한 'Strategic Market Management: Global Perspectives' (2010년 간행)을 번역한 것이다. 원서는 아커 교수 혼자서 2008년까지 8판을 거듭하여 개정한 '전략적 시장관리'의 연장판이지만 80% 정도 내용이 달라 초판(first edition)으로 출판한 것을 우리말로 옮긴 것이다. 전략적 시장관리란 마케팅전략을 보는 하나의 관점이기 때문에 본서의 우리말 이름을 '마케팅전략'으로 정하였다.

연장판이라 크게 노력을 들이지 않아도 될 것으로 보고 번역 계약을 했는데, 일을 하면서 80%가 바뀐 것을 알게 되어 후회하고 또 후회했다. 30년 가까운 교수 생활 중 가장 힘들게 두 달을 투입하여 2011년 3월 2일에야 비로소 역자서문을 쓴다. 번역은 2단계 작업이라 지루하고 힘들다. 먼저, 원서의 내용을 잘 이해해야 하고 다음으로, 우리 독자들이 잘 이해할 수 있도록 해야 한다. 잘 이해할 수 있게 하는 두 번째 단계가 번역서의 생명선을 쥐고 있다. 따라서 가끔은 의역을 하고 또 어떤 내용은 생략하기도 하고, 추가하기도 하는 것이다. 이렇게 말하는 이유는 독자들 중 원서와 대교하여 영어 공부 겸해서 읽는 사람이 있기 때문이다.

번역서를 보고 이러한 지적이 있을 것이다. 원서 단어의 의미를 잘못 번역했구나, 빠트린 내용이 있고, 원서에 없는 내용도 있구나! 등일 것이다. 이러한 질책이 나올 것으로 예상하여 미리 답해 둔다. 단어는 우리말로 이해 가능하도록 의역을 한 경우가 가끔 있다. 예를 들어 leverage는 원어 그대로 레버리지로 번역한 경우도 있고 '지레 혹은 레버로 활용하는'의 의미로 풀어서 번역한 경우도 있다. 다음으로 삭제한 내용이 있다. 예가 중언부언되는 경우가 하도 많아 문맥상 없애도 되는 경우는 예나 문장 전체를 삭제하였다. 사족을 없애는 이유는 호흡을 멈추지 않고 읽어 내려갈 수 있도록 하기 위해서다. 끝으로 없는 내용이 들어 있을 수 있는데, 가끔 있다. 이유를 설명하지 않으면 전체 문맥이 살지 않기 때문이다.

본서의 특징

본서는 이미 우리나라에서 마케팅전략 교재로 20년 이상 팔리고 있어 이미 대부분의 독자들이 특징을 알고 있다. 하지만 이번 공저로 나온 책은 80%가 다른 만큼 역자가 본, 책의 특징을 소개하도록 한다.

- 본서는 마케팅전략과 비즈니스전략을 같은 것으로 보고 있다. 비즈니스 전략은 경영전략에서도 핵심내용으로 다루어지고 있어 마케팅전략, 비즈니스전력, 경영전략의 경계가 불분명하다. 하지만 미국의 마케팅전략 교재가 거의 모두 양자를 동일시하고 있어 큰 트렌드를 따르고 있다고 할 수 있다.
- 미국 중심의 예가 아니라 유럽 및 아시아의 예를 많이 다루고 있다. 맥러그린 교수가 주로 집필을 한 결과라고 본다. 기존의 전략 책이 미국 중심의 사례를 주로 다루고 있는 점을 고려하면 커다란 진전이라고 볼 수 있다. 다만, 우리나라의 사례가 비교적 약하다는 것이 아쉽다.
- 본서의 내용 중 전략적 분석(strategic analysis)이 어떤 책보다 뛰어나다. 내부분석을 위시하여 외부분석을 다루고 있는데, 예를 들면 다음과 같은 점에서 탁월하다고 볼 수 있다. 고객분석의 경우 고객은 누구인가? 라는 기본부터 시작하여 분석방법, 분석내용의 순으로 체계적으로 다루고 있어 실무자들에게 많은 도움이 될 것으로 본다.
- 7장에서부터 15장까지의 특징도 매우 흥미롭다. 특히 7장에서 14장까지 고객가치의 관점에서 접근하고 있다는 점이 탁월하다. 기존의 전략 책들이 취하는 관점이 없이 이것 저것 나열하는 편인데, 본서는 고객가치 관점을 분명히 하고 있다. 특히 8, 9, 10, 11, 12장은 고객가치 관점에서 전략을 전개하는 내용으로는 최고라고 할 수 있다.
- 15장은 전략집행과 관련된 내용을 매우 창의적으로 소개하고 있다. 대개는 조직구조, 시스템, 문화, 사람 등을 전략 부합성 차원에서 논의하고 있지만 본서는 사일로 문제를 해결하는 관점에서 접근하고 있다. 저자들은 분권화의 문제점을 사일로로 비유하고 이러한 문제점을 해결하는 레버로 조직구성요소를 설명하고 있는 것이다. 매우 참신한 접근이다.
- 8가지 유럽중심의 사례가 소개되고 있다. 최신의 사례로 해당 비즈니스

를 이해하고 논의할 쟁점을 끌어 내는데 큰 도움이 될 것으로 보인다. 다만, 사례 번역시에 역자들이 해당 비즈니스를 잘못 이해하여 오역이 있을 수 있으니 필요한 경우에 원문을 참조하면 좋을 것이다.

감사의 글

이러한 장점이 있지만 본서는 어렵다. 교수가 도와주는 교재로는 무난하지만 실무자들이 혼자서 공부하기에 적합하지는 않다고 본다. 쉽게 번역하려 무진 애를 썼지만 모르겠다. 이해가 될는지. 많은 단점이 있겠지만 정말, 정말 최선을 다했다. 초고를 하나하나 번역한다고 6개월 이상 죽을 고생한 김은화 박사께 깊이 감사드린다. 공역자이기에 신경질을 내가 많이 내고 채찍질도 한 것 같아 마음이 쓰리다. 더 좋은 일을 제자들과 함께 해야 하는데, 모든 것이 나의 욕심 탓이다. 버리라고 선각자들이 그렇게 얘기하는 데도 가치 없는 번역이란 짐을 힘들게 지고 가는 이 욕심을 이제는 정말 내려놓는다.

막판에 힘이 달려 14, 15장을 손보아 달라는 나의 부탁에 최선을 다해 준 협성대학의 배일현 교수께 감사한다는 말을 전한다. 또한 2부 사례를 좋게 손질해 준 박사과정의 유정수 선생께도 감사한다. 2부 사례 3, 4 ,5는 거의 대부분 유선생이 손본 그대로 두었다. 큰 무리가 없는 것으로 보았기 때문이다.

신제품이 출시될 때 좋은 타이밍이 결정적이라고 강의시간에 매번 얘기하면서 역자서문을 쓰는 때가 2011년 3월 2일이다. 이미 1학기 장사는 끝난 것으로 보아야 할 것이다. 그럼에도 불구하고 역자들을 배려하며 묵묵히 참아주신 도서출판 석정의 황의민 사장님, 출판사와 역자들의 가교역을 맡아 애태우신 양승철 차장님께 심심한 사의를 표한다. 그 동안 좋은 연이었다, 감사드린다. 긴 호흡을 하면서 마침표를 찍는다.

2011년 3월 2일

전 인 수(Jeon, Insoo)

김 은 화(Kim, Eunhwa)

차 례

제 05 장 환경분석과 전략적 불확실성

PART 01
전략적 분석

CHAPTER 01

전략적 시장관리: 소개 및 개요

무엇이 첫인상을 결정하는지 혹은 정확히 무엇이 첫인상인지를 모르기 때문에 첫인상은 쉽게 바뀌지 않는다.

– 말콤 글레드웰(Malcolm Gladwell)

비록 올바른 궤도를 타고 있다고 할지라도, 그 궤도에 머무르기만 한다면 추월당할 것이다.

– 윌 로저스(Will Rodgers)

어디로 가야 할지를 모른다면 어디서든 끝내도 좋다.

– 케이시 스텐겔(Casey Stengel)

오늘날, 시장의 역동적인 변화는 도처에 존재하고 또 그것은 전략에 영향을 미친다. 그 결과 지금 성공하고 있는 전략이라도 미래에는 약효가 떨어질 수 있으며 심지어 전혀 적합하지 않을 수도 있다.

하나의 연차계획을 수정하고 보완하여 매년 사용하던 때도 길지는 않았지만 한때는 있었다. 이러한 연차계획은 과거 기업에 지침이 되기도 했지만, 지금은 내년을 가상한 하나의 시나리오에 불과하다. 식품산업에서 제약, 자동차, 금융, 소프트웨어에 이르기까지 거의 모든 산업에 걸쳐 제품, 카테고리, 기술, 애플리케이션, 틈새시장, 세분시장, 매체, 유통경로 등에서 변화가 나타나고 있다. 이러한 변화는 인터넷 기술, 중국과 인도의 부상, 건강 트렌드, 에너지 위기, 정치적 불안 등이 야기한 것으로 이들은 시장을 역동적이며 위험하고 혼란스럽게 만들었다.

이렇게 뒤얽혀진 시장이 과거 어느 때보다도 도전적인 사업전략의 창출과 실행을 요구하고 있다. 고객, 경쟁집단, 시장 환경이 모두 달라지더라도 오늘뿐만 아니라 내일도 승리할 수 있게 하는 것이 바로 도전적인 사업전략이다. 이러한 역동적인 환경에서, 어떤 기업은 변화를 주도하고 어떤 기업은 이를 따르다 사라진다. 그렇다면 승리할 수 있는 도전적인 사업전략은 어떻게 개발할 수 있는가?

이러한 도전적인 전략을 개발하기 위해서는 과거와는 다른 새로운 관점, 수단, 개념 그리고 역량이 필요한데, 특히 중요한 것이 아래에 소개한 5가지 개념이다.

- **전략적 분석(strategic analysis)**: 이는 시장에 영향을 미치는 고객, 경쟁사, 트렌드에 관한 정보를 분석하는 것이다. 전략적 분석은 시장의 역동성을 파악하는데 필요하기 때문에 실시간이 무엇보다 중요하고 그 내용 또한 중요한데, 특히 트렌드를 예측하고 영향력을 추정하며 단순한 패드(fads; 일시적 유행)로부터 트렌드를 구별하는 것이 중요하다. 또한 전략적 분석은 정보획득과 선별 그리고 실질적인 행동으로 전환하는 관점에서 자원을 투입하고 역량을 창출하는 것을 의미하기도 한다.
- **혁신(innovation)**: 수많은 사례가 보여주는 것처럼 혁신능력은 역동적인 시장에서 성공하는데 핵심요소이다. 이렇게 중요한 혁신이 성공하려면 다양한 차원에서 접근할 수 있어야 하는데, 먼저 조직의 지원이다. 이는

혁신을 지지하는 조직상황을 말한다. 다음으로, 시장변화에 따른 일시적인 혁신이 아니라 이를 정착시키기 위해서는 혁신을 브랜드화하는 것이다. 워낙 혁신프로그램이 많아 식상하기 때문에 혁신을 브랜드화하여 이를 관리하는 것이 필요하다. 세 번째로 혁신의 믹스다. 증분적 혁신과 변혁적 혁신의 적절한 조합이 필요하기 때문이다. 끝으로, 실행인데 기술개발은 먼저 해놓고서 시장진입은 경쟁사에 뒤처지는 예가 많기 때문이다.

- **다양한 비즈니스(multiple business)**: 다양한 비즈니스가 현대 기업의 특징 중 하나인데, 유통경로, 국가, 제품 카테고리, 서브카테고리 등으로 비즈니스 단위를 나눌 수 있다. 따라서 분권화가 추세일 수밖에 없다. 분권화는 수익책임성을 분명히 할 수 있고, 제품이나 서비스를 깊이 이해할 수 있게 하며, 고객과의 밀접한 관계 및 빠른 반응을 가능케 하는 조직구조이다. 그러나 분권화가 지나치면 잘못된 자원할당, 과잉할당, 사업 간 잠재적인 시너지 획득 실패, 브랜드 혼란 등의 문제를 가져올 수도 있다. 15장에서 논의하는 것처럼 분권화의 단점을 최소화하면서 이를 동적인 시장에 맞게 잘 응용하는 것이 필요하다.
- **지속적 경쟁우위(sustainable competitive advantage)**: 역동적인 시장과 다양한 비즈니스에서 지속적으로 경쟁우위를 창출하고 유지하는 것은 중요하다. 경쟁자들이 재빠르게 경쟁우위를 모방하고 변화가 극심한 시장여건에서 어떻게 하면 지속적 경쟁우위를 가질 수 있을까? 가능한 하나의 방안이 자산(브랜드, 유통채널, 고객기반 등), 역량, 사회적 스폰서십 등으로 지속적 경쟁우위를 갖는 것이다. 또 다른 방안은 여러 비즈니스 단위가 시너지를 갖는 것이다. 시너지는 제품이나 서비스에 비해 분명하지 않아 모방하기가 어렵기 때문에 지속적 경쟁우위로 중요하다.
- **성장 플랫폼 개발(growth platforms)**: 성장은 조직의 건강성과 생명력을 입증하는 것이기 때문에 매우 중요하고 필요하다. 성장은 역동적인 환경에서 창의적으로 기회를 발굴하게 하고 시장상황을 변화시키게도 하기 때문에 생명력과 건강성을 입증한다. 성장은 핵심사업의 활성화, 새로운 성장 플랫폼의 개발 등으로 가능하다.

본서는 경영자들이 역동적인 시장에서 지속적 경쟁우위를 확보할 뿐만 아니라 비즈니스 단위 간의 시너지를 창출하고 우선순위를 결정하는 시장지향적인 사업전략을 파악하고 선택하고 실행하는데 필요한 내용에 초점을 맞추고 있다. 본서의 목적은 위의 다섯 가지 중요한 쟁점과 관련된 의사결정역량을 키우는데 필요한 개념, 방법, 프로세스를 구체적으로 다루는 것이다.

기존의 다른 전략 책들과는 달리 특히 본서는 역동적인 시장에서 성공할 수 있는 전략을 고객에게서 찾고자 하기 때문에 고객의 현재 및 미래 욕구와 미충족 욕구를 강조한다. 따라서 고객에게 의미가 있고 관련성(relevant)이 있는 고객가치제안을 강조하는 것이 특징이다.

1장에서는 세 가지 내용을 주로 다룬다. 먼저, 사업전략의 기초적이면서 핵심적인 개념으로부터 시작한다. 그 이유는 널리 사용되지만 거의 정의되지 않은 용어들을 체계화하고 명확하게 하기 위함이다. 다음으로, 사업전략의 프로세스를 설명하면서 본서의 개요를 소개하고 관련개념을 정리한다. 마지막으로, 사업전략에서 마케팅의 역할을 논의할 것이고 CMO(chief marketing officer)가 사업전략에 어떻게 주도적인 역할을 하는지를 논의할 것이다.

1.1 ::: 사업전략이란 무엇인가?

성공적인 사업전략에 대해 논의하기에 앞서 "사업이 무엇인지"와 "사업전략은 무엇인지"를 알아보는 것이 순서일 것이다. 경영자들에게 두 질문을 해보면 이렇게 기본적인 용어의 의미에 대해 일치된 견해가 없음을 알게 될 것이다. 따라서 성공적인 사업전략의 논의에 앞서 이들 개념을 명확하게 하는 것이 필요하다.

사업이란?

일반적으로 사업이라고 하면 정의된 전략과 판매 및 수익에 책임을 지는 경영자가 있는 사업단위(business unit)를 말한다. 사업단위는 제품계열, 국가, 유통경로, 세분시장과 같은 다양한 차원으로 정의할 수 있고 서로 수평적으로나 수직적으로 관련을 가질 수 있다. 예를 들어, 타타(Tata) 그룹은 정보시스템, 엔지니어링, 원자재, 에너지, 서비스, 소비재, 화학산업 등을 사업단위로 갖는 인도의 거대복합기업이다. 이들 사업단위는 어떻게 분화되느냐에 따라 각각의 전략이 필요한데, 같은 사업단위라도 호텔의 전략과 금융업의 전략은 다르며, 호텔이라도 인도에서 영업을 하느냐, 외국에서 영업하느냐에 따라 전략은 다르다.

사업단위를 나누려면 조직적으로나 전략적으로 이해득실을 따져 보아야 한다. 사업단위를 다양하게 나누면 각각의 시장에 적절한 전략을 개발할 수 있어, 국가나 지역 혹은 주요 세분시장별로 적합한 전략을 개발할 수 있는 이점이 있다. 그러나 사업단위가 너무 많으면 규모의 경제가 없어질 수도 있고, 뛰어난 경영자를 확보하기가 어려워 비효율적일 수 있다. 따라서 사업단위를 나누더라도 이러한 단점을 보완할 수 있는 통합시스템이 필요하다.

사업단위는 최소효율규모(critical mass)를 확보하기 위해, 시장과 전략을 정확히 인식하기 위해, 시너지를 가지기 위해 통합할 수 있다. 독자적인 전략을 갖기엔 규모가 너무 작은 경우, 다른 부서의 지원을 제대로 받기 위해 통합할 수 있다. 물론, 두 사업단위를 합치지 않고 규모의 경제를 위해 판매력이나 시설과 같은 일부 운영요소를 공유할 수도 있을 것이다. 또한 유사한 시장과 전략을 갖는 사업은 공유지식을 활용하기 위해 통합할 수도 있다. 또 다른 통합의 동기는 시너지인데, 통합으로 비용이나 투자비를 절감할 수 있고 고객에게 보다 나은 가치제안을 제공할 수 있는 경우이다.

한때는 제품이나 국가 혹은 여타 기준으로 나눈 사업단위에서 독자적으로 전략을 수립하고 이들을 산술적으로 더하여 전사적인 전략으로 삼는 시대가 있었다. 이러한 시대가 지나고 지금은 통합하면서도 사업단위의 독자성은 살리는 전략을 수립하는 시대로 접어들었다. 예를 들면, 폭스바겐의 경우 브랜드별로 사업전략을 가지고 있는데, 이 회사의 사업단위는 폭스바겐, 아우디, 벤틀리, 시트(SEAT), 스코다, VW투아레그(Touareg) 등으로 나누고 있다.

사업전략

사업전략은 [그림 1.1]과 같이 제품시장 투자전략, 고객가치제안, 자산과 역량, 기능별 전략과 프로그램 등의 차원을 갖는다. 이들 네 가지 차원을 어디서 경쟁?(where to compete?)과 어떻게 경쟁?(how to compete?)으로 나누어 설명하기로 한다.

그림 1.1 사업전략

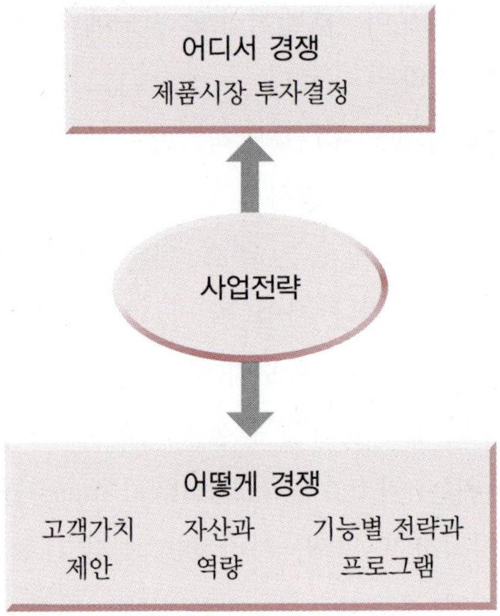

제품시장투자전략: 어디서 경쟁?

"어디서 경쟁?"은 사업범위와 역동성(dynamics)에 대한 의사결정으로 네 차원 중 근본이라고 할 수 있다. "어디서 경쟁?"이라는 질문은 자원을 투입하고 경영력을 집중해야 할 제품시장이 어디인가? 자원을 회수해야 하는 제품시장은 어디인가? 등의 제품시장 투자의사결정(product market investment decision)으로 달리 표현할 수 있는데, 이러한 의사결정은 기업의 규모에 상관없이 중요하다.

사업범위(business scope)는 제공하거나 제공하지 않기로 한 제품, 진입하거나 진입하지 않기로 한 시장, 경쟁하거나 경쟁하지 않기로 한 경쟁자, 수직적 통합의 수준 등으로 정해진다. 특이한 점은 사업범위는 피해야 할 제품과 세분시장을 결정하는 것일 때가 있는데, 그 이유는 성공할 수 있는 다른 곳에 투자할 자원을 비축할 필요가 있기 때문이다. 경영학자인 피터 드러커(Peter Drucker)는 "우리의 사업은 무엇이며 무엇을 지향해야 하는가? 우리의 사업이 아닌 것은 무엇이며 무엇을 지향하지 말아야 하는가?"를 명확히 해야 한다고 하여 피하는 것의 중요성을 강조하고 있다. 이러한 결정은 때로 청산과 처분이라는 고통스러운 선택일 수도 있고, 명확히 매력적인 기회도

그림 1.2 제품시장 성장방향

	기존 제품	신제품
기존시장	시장침투	제품확장
신시장	시장확장	다각화

외면해야 하는 경우도 있다. 이러한 중요성 때문에 14장에서 투자포기나 회피(disinvestment)의 어려움에 대해 논의하기로 한다.

여러 사례에서 사업범위를 잘 정하여 얻게 되는 이점을 볼 수 있다. 이케아(IKEA)는 기능성이 뛰어나면서 디자인 또한 우수한 가구를 '저가'로 판매하고 있으며, 다농(Danone)은 '건강'을 내세워 음식소비패턴를 잘 활용하고 있다. 헨켈 앤 힌두스탄 레버(HUL)는 다양한 생필품으로 승부를 걸고 있고, 호주의 울워쓰 & 까르푸는 규모의 경제와 원스톱 쇼핑이라는 가치제안을 실현하기 위해 다양한 상품을 취급하고 있다.

범위보다 더 중요한 것은 성장방향을 정하는 사업범위의 역동성이다. 역동성은 성장방향과 투자패턴으로 나눌 수 있는데, 먼저 성장방향에 대해 논의한다. 성장방향이란 내년에 진입해야 할 제품시장과 철수해야 할 제품시장은 어느 것인가를 결정하는 것으로 [그림 1.2]에서 보는 것처럼 네 가지로 나눌 수 있다. 기존제품시장에서의 성장인 시장침투, 기존의 제품을 새로운 시장으로 확장하는 시장확장, 신제품을 기존시장에 출시하는 제품확장, 지금까지와는 다른 새로운 제품시장에 진입하는 다각화 등이 있다. 사업범위 확장은 기업에 성장과 활력을 줄 수 있으며, 새로 나타나는 기회를 놓치지 않게 하는 수단이 될 수 있다. 제프 이멜트(Jeff Immelt)가 GE의 회장취임 후 처음 5년 동안, 기존사업(보험, 산업용 다이아몬드, 인도기반 아웃소싱, 자동차부품)에서 새로운 사업(헬스케어, 에너지, 물 처리, 가계대출, 엔터테인먼트)으로 투자대상을 옮겨 GE의 핵심사업과 특징을 혁신하였다. 게다가 미국 외 시장에서의 수익이 전체수익에서 차지하는 비율이 40%에서 약 50%로 성장하였다. 이멜트는 2008년 금융위기 이후 세계경제는 정부개입이 높아지고, 새로운 시장과 신기술에 의해 좌우되는 변화에 직면할 것으로 예측하여 이러한 혁신을 멈추지

않고 있어, GE는 해외성장시장, 하이테크, 사회적 책임 등에 투자를 늘릴 것으로 보인다.[1)]

그러나 사업범위의 확장에는 위험도 따른다. 범위가 핵심사업을 넘어서 무리하게 확장되면, 사업의 특징을 잃어버리는 위험에 직면할 수 있고 운영에도 애로가 생길 수 있으며 브랜드 확장에도 문제가 생길 수 있다. 눈 보호(렌즈)에서 구강청정제로 확장한 바쉬 & 롬사의 변화는 제품과 브랜드 실패의 좋은 예를 보여준다. 설비제조업체가 로봇산업으로 진출하려다 기술문제로 실패한 경우도 있으며, 자원과 관심을 다른 곳으로 돌리는 바람에 본업이 약화되는 경우도 있다.

다음으로, 투자패턴이다. 이는 특정 제품시장에 대한 투자수준을 말하는 것으로 기업의 미래방향을 결정할 수 있는데, 다양한 패턴이 있을 수 있지만 다음과 같은 네 가지가 대표적이다.

- 성장을 위한 투자(혹은 새로운 제품시장 진입): 성장투자
- 기존시장에서 포지션을 유지하려는 투자: 유지투자
- 투자의 최소화로 현금회수: 현금회수
- 청산이나 철수를 통해 가능한 많은 자산회수: 자산회수

2000년 중반 래프리(A.G. Lafley)가 CEO로 선임되기 6개월 전 P&G의 주가는 반토막이 나 있었다. 이유는 새로운 사업에 많은 자원을 투입했으나 실패했기 때문이다.[2)] 그러나 2년이 지난 후에는 전체상장주식 중 1/3 이상이 떨어졌음에도 불구하고, P&G는 잃었던 주가를 거의 다 회복하였다. 이렇게 회복할 수 있었던 이유는 12개의 빅브랜드에는 투자를 늘렸으며, 80여개 브랜드는 투자를 축소하였고, 전략적 적합도가 떨어지는 브랜드는 처분한 것이었다. 네슬레(Nestlé), 크레프트(Kraft), 다농(Danone), 디애고(Diageo), 유니레버(Unilever)와 같은 수많은 주요 소비재기업들도 이와 유사한 전략을 채택하고 있다. 생필품업체들이 이처럼 선택과 집중을 하는 이유는 글로벌화된 소매상들의 힘이 점차 강해지고, 개도국의 성장잠재력이 커지고 있기 때문이다.

고객가치제안

기업이 고객에게 제시하는 가치제안은 고객에게 적합하고 의미 있어야 하

며, 고객의 마음 속에 들어 있는 브랜드의 포지션 또한 반영해야 한다. 아무리 고객에게 적합하고 의미 있다고 하더라도 해당 브랜드의 포지션에 부합하지 않으면 고객이나 신규고객에게 어필하기 어렵기 때문이다. 또한 가치제안은 지속가능해야 하고 경쟁자와 차별화되야 하는데, 성공한 고객가치제안(customer value proposition)의 예를 보기로 한다.

- 좋은 가치(Aldi)
- 레스토랑에서 옷을 세탁해 주는 것과 같은 서비스 속성의 우수성(스페인의 El Bulli 레스토랑)
- 최고품질(Krug Grande Cuvée)
- 제품계열의 폭(Tesco)
- 혁신적인 제공물(Logitech)
- 활동이나 제품에 대한 공유된 열정(Ducati)
- 글로벌 커넥션과 품격(HSBC)

자산과 역량

전략의 기초가 되는 전략적 자산과 역량(assets and competencies)은 지속적인 경쟁우위의 원천이 된다. 전략적 역량은 고객관계관리, 생산, 촉진 등과 같이 전략적 중요성을 갖는 활동을 탁월하게 잘하는 것을 말하는데, 때로는 담당자의 지식이나 업무프로세스에 기반을 두는 경우도 있다. 전략적 자산은 강력한 브랜드자산이나 고객기반과 같은 자원을 말한다. 전략을 수립할 때는 이러한 자산과 역량을 활용하거나 창출할 수 있는 가능성과 이에 수반되는 비용을 고려해야 한다.

자산과 역량은 빌딩, 입지, 연구개발력 등에서부터 미쉘린 맨과 같은 심벌에 이르기까지 다양한 범주를 망라한다. 예를 들면, P&G의 경우 소비자 이해, 강한 브랜드, 혁신, 유통력, 세계적 규모 등을 자산과 역량으로 가지고 있다.[3] 강력한 자산이나 역량은 구축하기는 어렵지만, 대신 구축만 되면 지속적 경쟁우위의 원천이 된다.

한편 여러 제품시장을 운영함으로써 얻게 되는 시너지도 중요한 자산으로 지속적 경쟁우위의 원천이 될 수 있다. 시너지는 쉽게 모방할 수 없는 조직 특유의 자산이고 역량인데, 다양한 방식으로 실현될 수 있다. P&G가 질레트를 통합한 예처럼 인수합병으로 유통시스템, 영업력, 물류시스템을 공유하여 비용을 절감한 것이 시너지의 예다. 인도 타타그룹의 예처럼 타타라는 브랜드를 공유하는 것도 시너지이고, 여러 나라에 공장을 설립하여 이를 관리하는 도요타의 관리역량도 시너지이다. 시너지의 또 다른 원천은 사업단위 간 활동을 공유하는 것인데, 세계적 IT회사인 아토스 오리진(Atos Origin)은 2012년 아르헨티나 올림픽의 스폰서인데, 이러한 투자로 본사만 혜택을 보는 것이 아니라 해외사업단위 역시 혜택을 보게 될 것이다. 또 다른 시너지 원천은 R&D의 공유이다. P&G는 모발제품의 여러 브랜드(Head & Shoulders, Aussie, Infusion, Pantene)를 통합하였는데 그 이유는 매대 확보, 광고촉진을 위해서 뿐만 아니라 연구개발을 위해서였다. 끝으로, 제품결합이 가치제안이 되는 경우도 있는데, 여러 소프트웨어 기업이 고객에게 시스템 솔루션을 제공하기 위해 제품을 통합하는 마이크로소프트 오피스(Microsoft Office)가 그 예이다.

자산과 역량을 전략에 유용하게 사용할 수 있는지의 여부는 몇 가지 질문으로 답할 수 있다. 경쟁자가 해당 자산과 역량을 어느 정도나 가지고 있는가? 자산과 역량이 어느 정도로 강하며 적재적소에 존재하는가? 특허와 같이 자산과 역량을 독보적으로 소유하는가? 다른 업체가 모방하기 어려운가?

자산과 역량은 또한 경쟁자와 유사해야 하는 것(point of parity)이 무엇인지를 알려 주기도 한다. 지각된 품질, 유통력, 제조비용 등에서의 목표는 우위를 창출하기 위함이 아니라 열위를 피하는 것이 중요한 경우가 있기 때문이다. 자산이나 역량이 경쟁자의 그것을 중화시킬 정도로 근접하다면 유사점이 확보된 것이다. 이러한 유사점은 성공의 열쇠가 될 수 있는데, 만약 제공물의 지각된 품질이 적절한 것으로 인식되면 가격우위를 누릴 수가 있기 때문이다.

기능별 전략과 프로그램

사업단위가 표방하고 있는 가치제안이나 보유하고 있는 자산과 역량이 기능별 전략이나 프로그램을 가이드하는 강령(imperative)이 될 수 있다. 강령에 근거하여 수립된 기능별 전략과 프로그램은 수많은 전술적 프로그램으로 실행될 수 있는데, 사업전략을 구체화하는 기능별 전략과 프로그램의 예는 다음과 같다.

- 고객관계프로그램
- 브랜드구축전략
- 기술전략
- 커뮤니케이션전략
- 정보기술전략
- 유통전략
- 글로벌전략
- 품질프로그램
- 소싱전략
- 물류전략
- 생산전략

어떤 기능별 전략과 프로그램이 필요한지의 여부는 몇 가지 질문으로 표현할 수 있다. 가치제안을 고객에게 제공하려면 기업이 무슨 일을 해야 하나? 자산과 역량이 어디에서 필요한가? 자산과 역량이 창출되고, 강화되고, 지원될 필요가 있는가? 그렇다면 어떻게 할 것인가?

사업전략 선택의 기준

대안선택에 유용한 주요 기준은 6가지 질문으로 설명할 수 있다.

- **ROI가 매력적인가?** 고객에게 어필할 수 있는 가치제안을 창출하는 투자비나 운영비가 지나치다면 고려할 필요가 없을지도 모른다. 1996년 일본 긴자에서 최초로 오픈한 스타벅스는 400곳 이상으로 성장하였는데, 이들 중 많은 곳이 최고의 임대료 지역에 입점하여 ROI를 맞추기가 어려웠다. 최고 지역에 입점하여 트렌드는 주도하였지만 대등한 브랜드력을 가지고 임대료가 싼 곳에 입점한 경쟁브랜드에 취약할 수밖에 없었다.
- **지속적 경쟁우위가 있는가?** 만약 사업단위가 경쟁자 도전에 견디는 지속적 경쟁우위를 갖고 있지 않다면 매력적인 장기수익은 기대하기 어렵다. 지속적 경쟁우위를 위해 전략은 조직의 자산과 역량을 활용하고 약점을 중화시킬 수 있도록 수립해야만 한다.

사업범위 확장

"마케팅 근시안"이란 고전적 논문에서 테오도르 레비트는 사업을 제품관점에서 좁게 정의하면, 그들이 서브하는 고객의 본원적 욕구는 건강하게 성장하고 있는데도 사업은 침체의 늪에 빠질 수 있다고 한다.[4] 본원적 욕구를 보지 못하고 제품관점에서 사업을 좁게 본 나머지 다른 업체가 성장의 혜택을 누린다. 철도회사가 자신을 철도사업이 아니라 수송사업을 하고 있다고 보고, 전화회사가 전화가 아니라 커뮤니케이션 사업으로 자신을 보게 되면 새로운 기회를 보다 잘 이용할 수 있게 된다고 한다.

뜻은 간단하다. 사업을 제품으로보다는 본원적 고객욕구로 정의하는 것이다. 비자(Visa)카드는 자신을 고객으로 하여금 예금, 보험, 가정자산을 포함한 모든 자산을 교환하게끔 하는 사업으로 정의하였다. 이렇게 재정의된 사업의 잠재시장을 5% 정도밖에 침투하지 못하고 있는 것으로 비자는 추산하고 있다. 사업을 본원적 욕구로 재정의하는 것은 전략대안을 창출하는데 창조성을 발휘하게 할 수 있으며, 내부지향적인 제품 및 생산 초점에서 벗어나게 하는데 매우 유용하다.

- **미래에도 성공하는 전략인가?** 위협과 기회를 동시에 갖는 역동적인 시장에서 살아남은 전략이어야 한다. 다시 말해 전략은 긴 수명을 가져야 하며 변화하는 상황에 맞도록 수정되어야 하는데, 이를 위해 (5장에서 기술) 시나리오를 만들어 전략을 점검할 수 있다.
- **전략이 실행가능한가?** 전략은 조직의 재무적 자원과 인적자원에 부합해야 하고, 또한 기업의 구조, 시스템, 사람, 문화와 같은 조직적 특징과도 부합해야 실행가능할 수 있다. 따라서 조직적 특징을 15장에서 논의하기로 한다.
- **전략이 기업의 다른 전략들과 부합하는가?** 이 질문은 다음과 같은 세부적인 질문으로 나눌 수 있다. 현금의 창출과 사용 간에 균형을 이루는가? 재무적 자원이나 인적 자원의 투자로 조직 유연성이 감소되지는 않은가? 이 전략으로 잠재적 시너지를 얻을 수 있는가?

1.2 ::: 전략적 시장관리

전략적 시장관리(strategic market management)는 사업전략을 접근하는 하나의 프레임으로 변화하는 시장에 적응할 수 있는 것을 특징으로 한다. 이 프레임에서는 전략적 비전을 중시하는데, 전략적 비전은 미래전략 및 전략집합에 대한 비전을 말한다. 준비가 덜 되거나 여건이 성숙되지 않아 전략실행이 다소 지연되는 수가 있기 때문에 비전은 "중간단계의 전략과 활동"에 방향과 목표를 제공하는 역할을 하고, 가치 있고 품격 있는 목적을 제시함으로써 조직의 제반활동에 영감을 줄 수 있다.

또한 전략적 시장관리는 전략적 의사결정을 중시하는데, 조직에 장기적 영향력을 미치는 의사결정으로 수립된 사업전략은 바꾸거나 되돌리는데 많은 시간과 자원의 손실을 수반하기 때문이다. 전략적 의사결정은 성공, 실패, 심지어 생존에까지 영향을 미칠 수도 있다. 따라서 전략적 시장관리 프레임에서는 다음과 같이 좋은 전략의 조건을 제시한다.

- 변화하는 시장상황과 적합성을 유지하고, 새로 나타나는 사업기회를 잘 활용하려면 지속적으로 전략을 변화시켜야 한다.
- 전략을 성공적으로 실행하기 위해서는 필요한 스킬과 역량을 개발하고 유지해야 한다.
- 에너지와 초점을 가지고 전략을 실행해야 한다. 아무리 좋은 전략도 잘못 실행하면 실패하고 심지어 기업을 위태롭게 할 수도 있다.

[그림 1.3]은 전략적 시장관리의 구조로서 본서의 구성체계이기도 한데, 이 장에서 주요 요소를 간략하게 살펴보고 핵심개념을 소개하기로 한다.

외부분석

[그림 1.3]에서 보는 바와 같이 외부분석은 고객, 경쟁자, 시장 및 하위시장 그리고 이들에 영향을 미치는 환경 등에 대한 분석으로 이루어진다. 고객분석은 외부분석의 첫 단계이며 2장에서 집중적으로 논의하게 되는데, 세분시장과 각 세분시장의 구매동기와 미충족욕구의 파악을 다룬다. 3장의 주제인 경쟁자분석에서는 현재 및 잠재 경쟁자의 파악과 경쟁자분석 내용(성과,

그림 1.3 전략적 시장관리의 개관

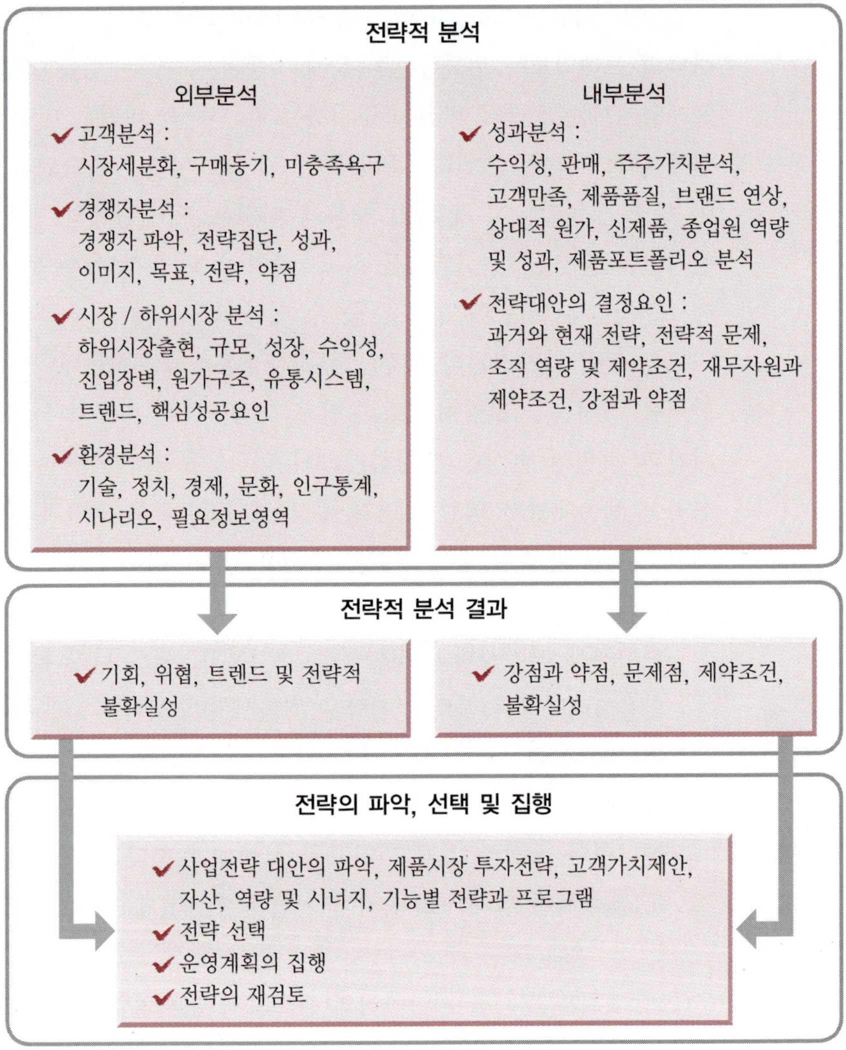

이미지, 전략과 강점 및 약점)을 기술한다. 4장의 주제인 시장분석은 시장과 하위시장의 매력도를 판단하고, 위협과 기회의 탐지, 전략적용을 위한 시장역동성을 이해하는 것을 목적으로 한다. 5장의 주제인 환경분석에서는 사업환경의 변화로 발생될 미래의 기회와 위협의 파악과 이해 과정을 다루게 된다.

외부분석은 그냥 하는 것이 아니라 현재 및 잠재적인 기회와 위협, 트렌드, 전략적 불확실성, 전략의 선택 등을 염두에 두고 의도적으로 이루어져야 한다. 분석은 지나치게 다양한 내용을 기술하는 위험에 빠져 전략에 별로 영향을 미치지도 못하는 것을 분석하는데 지나치게 많은 자원을 투입하는 경우가 흔히 있다.

외부분석은 전형적으로 정의된 전략적 사업단위에서 이루어지지만, 하부수준이나 집합수준에서도 유용한 경우가 있다. 때로 하위시장 수준의 분석이 결정적 통찰력을 제공하기도 하는데, 가령 그냥 맥주산업 분석보다는 성장하고 있고 중요한 차이를 보이는 수입맥주시장이나 무알콜시장을 분석하는 것이 전략적 의사결정에 좋을 수 있다. 어떤 경우에는 사업단위 집합을 분석단위로 하는 경우도 있다. 예를 들면, 식품회사는 건강한 삶을 추구하는 식품 트렌드를 분석할 수도 있을 것이다.

내부분석

[그림 1.3]에서 요약되고 6장에서 다루게 될 내부분석은 전략적으로 중요한 조직의 여러 측면을 상세히 이해하도록 해준다. 먼저, 성과분석에서는 판매와 자산에 대한 수익뿐만 아니라 고객만족과 충성도, 품질, 브랜드 연상, 비용 및 신제품개발 등을 다룬다. 다음으로, 새로운 전략의 개발과 수정, 전략 우선순위 등을 결정하는 데 가장 중요한 강점과 약점의 파악과 평가를 집중적으로 조명한다.

전략수립, 선택 및 실행

1부에서 전략적 분석을 설명한 후 2부에서 전략의 수립, 선택 및 실행에 대해 설명한다. 어떻게 사업범위를 정하는가? 가치제안에는 어떤 것이 있으며, 가치제안은 어떻게 전략적 의사결정의 지침이 되는가? 어떤 자산과 역량이 차이점(point of difference)이 되며, 유사점(point of parity)은 무엇인가? 어떤 기능적 전략과 프로그램이 전략의 성공을 가져오는가? 어떤 성장대안에 투자해야 하는가? 본업이 성장의 원천인가, 아니면 본업을 벗어나 성장해야 하는가? 글로벌 전략은 어떠해야 하는가? 사업단위의 우선순위를 어떻게 결정하는가? 사업포트폴리오에서 철수해야 할 사업단위가 있는가? 조직이 어떻게 변신하면 전략의 걸림돌이 아닌 디딤돌이 될 수 있을까?

7장에서는 SCA(sustainable competitive advantage)와 애매한 개념인 시

워커스 크리스프

1947년 설립된 골든 원더(Golden Wonder)는 팩으로 포장하여 크리스프(역자주: 포테이토 칩종류)를 판매한 최초의 기업이다. 이 회사는 크리스프에 최초로 향을 첨가하기도 하였으며, 1964년까지는 세계에서 가장 큰 크리스프 공장을 가지고 있었다. 잘 알려진 브랜드로는 아이콘브랜드가 된 골든 원더를 비롯하여 워치츠, 골든 라이츠, 위트크런치 등이 있다. 또한 대규모 소매상의 자체 브랜드 상품을 제공하기도 하였다. 그러다 2006년에는 재정위기를 겪었고 그 후 경쟁자에 매각되는 비운의 회사가 되었다. 이 회사의 종말에 대해 펩시콜라가 소유하고 있는 워커스 크리스프의 1989년 이후 계속된 집요한 공격 때문이라는 비난들이 많다. 워커스는 영국시장에서 골든 원더만큼이나 오랜 역사를 가지고 있어 아이콘 브랜드였으며 브랜드, 제품 혁신, 시장 트렌드 대응에 지속적인 투자를 오랫동안 해왔다. 1990년대 초반에는 영국 축구계의 전설이며 멋쟁이로 유명한 게리 리네커를 모델로 한 광고캠페인을 시작하였다. 10여년 후에 리네커는 브랜드 대변인이 되었고 워커스는 축구선수를 내세운 광고의 가능성을 확인한 성공모델이 되었다. 이에 대한 골든 원더의 반응은 "크리스프를 팔기 위해 유명인을 이용하기보다는 차라리 신문판매업자(newsagent)를 이용하겠다"는 슬로건으로 맞서는 것이었다. 2002년에 워커스는 크리스프시장의 쇠퇴를 벌충하기 위해 성인크리스프의 트렌드를 맞추어 센세이션이라는 브랜드를 론칭하였다. 이에 대한 골든 원더의 반응은 "크리스프가 있는 곳이 크리스프이다"라는 슬로건을 내세우는 것이었다. 이는 성인시장 트렌드를 무시하고 변화의지를 보이지 않겠다는 의미이다. 또한 2002년 구조조정이라는 이름으로 소중한 브랜드자산인 워치츠를 워커스에 매각하였다. 2000년대 중반에 접어들자 식품의 염분과 비만성분이 쟁점으로 떠올라 스낵식품에 대한 소비자 태도와 행동에 영향을 주기 시작했다. 이에 대한 워커스의 반응은 급진적인 것이었다. 저염과 저비만을 내세운 신제품을 론칭하는 것이 아니라, 아예 모든 제품의 생산을 바꾸었다. 자사가 생산하는 모든 제품의 포화지방은 70%로 줄이고, 소금은 하루 권장량의 8% 수준으로 줄이는 것이었다. 이러한 변화를 리네커가 광고캠페인으로 고객에게 알렸다. 이러한 트렌드에 대한 골든 원더의 반응은 골든 라이츠의 하위브랜드를 론칭하는 것이었다. 마지막으로, 워커스는 매력 있는 유통업체 브랜드의 공급을 중단하고 자사 브랜드의 개발에 집중하였다. 그렇다면 골든 원더의 몰락을 진정으로 비난할 곳은 과연 어디인가?[5)]

너지에 대해 논의하기로 하며, 이어서 전략철학에 속하는 전략적 몰입, 전략적 기회주의, 전략적 적응, 전략적 의지 등을 소개한다. 이들 전략철학은 역동적인 시장에 직면하여 전략을 관리하는 훌륭한 통찰을 제공한다. 8장은 전략적 의사결정의 우산역할(큰 지침)을 하는 수십 가지의 가치제안을 기술하고 이들이 전략적 의사결정에 어떻게 지침이 되는지를 논의한다. 9장에서는 핵심자산으로 지레 역할을 하는 브랜드자산의 창출과 활용에 대해 논의한다. 이후 네 개의 장에서는 성장대안을 논의하는데 10장에서는 사업활성화, 11장은 사업레버리지, 12장은 신사업창출, 13장은 글로벌 전략 등을 다룬다. 14장에서는 투자의사결정에서 중요하지만 흔히 간과하고 있는 투자회피(disinvestment)에 대해 논의한다. 마지막으로 15장에서는 전략선택과 실행에서 중요한 역할을 하는 조직의 특징을 소개한다.

전략적 시장관리 – 특징

사업전략을 기존의 프레임이 아닌 전략적 시장관리 프레임으로 접근하면 다음과 같은 이점이 있다.

- **전략적 의사결정에 대한 생각을 촉진한다.** 적시에 적절한 조치를 취해야 하는 기회와 위협을 초래하는 외부사건은 무엇인가? 기업이 직면하고 있는 전략적 쟁점은 무엇인가? 고려할 수 있는 전략적 대안은 무엇인가? 전략적 시장관리라는 프레임의 극단적인 대안은 일상 문제에 흡수되어 그날 그날 살아가는 것이다. 전략적 시장관리를 하지 않으면 의사결정의 시점을 놓치는 뼈아픈 경험을 하게 될 것이다.
- **변화에 재빨리 대처하게 한다.** 환경이 안정적이고 판매패턴이 만족스럽다면 전략변경은 – 방향이나 강도 모두 – 할 필요는 없을 것이다. 이러한 경우 전략적 시장관리는 중요하지 않다. 그러나 대부분의 기업들은 급격히 변화하고 불예측적인 환경에 직면하고 있어 전략적 시장관리 프레임은 필요한 것이다.
- **장기적인 관점으로 보게 한다.** 단기에 초점을 두어 관리하려는 압력은 강하지만 종종 전략적 에러가 발생한다.
- **자원할당에 대한 의사결정을 가시화시킨다.** 정치적인 힘이나 타성(예를 들면 작년과 동일한 전략)으로 자원을 할당하는 것은 매우 쉽다. 이러한 접근은 작지만 전망이 밝은, 즉 '문제없는' 사업은 자원이 부족하여 허덕이고, 기존의 덩치가 큰 그렇지만 전망이 어두운 사업이 많은 자원을 흡수하는 문제를 야기한다.
- **전략적 분석과 의사결정을 돕는다.** 전략적 시장관리의 개념, 모델, 방

법은 기업이 정보를 수집하고 분석하는데 도움이 되고 어려운 전략적 의사결정을 처리할 수 있게 한다.

- **전략적 관리 및 통제시스템을 제공한다.** 자산과 역량, 전략 추진방향과 관련된 목표와 프로그램 등은 전략적인 경영관리의 기초가 된다.
- **수평적이고 수직적인 커뮤니케이션과 조정시스템을 제공한다.** 전략적 시장관리는 조직 내의 문제와 계획된 전략을 소통하는데 도움을 주며, 특히 전략적 시장관리의 전문용어는 소통의 정확성을 높이는데 도움이 된다.

계획 주기

연차계획이 전략으로 생각되는 경우가 있었는데, 그 내용이 예산이나 재무성과, 투자계획 등으로 되어 있을 때 더 그러했다. 하지만 전략은 1년 단위로 수립하는 것이 아니다. 경영컨설팅 회사인 맥킨지가 700명이 넘는 경영자들을 대상으로 조사하여 효과적인 전략개발 프로세스는 다음과 같이 제시하고 있다.[6]

- **쟁점으로 시작해라.** CEO들이 말하는 내용은 다음과 같다. 계획이란 큰 도전과제를 예측하고 중요한 트렌드를 발견하는 것이며, 전략 선택은 관련된 주요 쟁점을 파악하는 데서 시작한다. 따라서 어떤 CEO들은 임원들에게 특정의 트렌드가 경영에 어떻게 영향을 줄지를 상상하도록 하며, 또 다른 CEO들은 토론의 화두로 사업별로 3~6개의 우선순위 리스트를 만들도록 한다.
- **적합한 사람을 모아라.** 의사결정자만으로 전략적 의사결정을 하는 것은 충분하지 못하다. 집행할 사람들도 동참시켜야 한다. 또한 사일로(silo : 부서 간에 장벽을 가지고 있는 조직-역자주) 간의 시너지를 위해 각 사일로를 대표하는 사람들도 전략수립에 참여시켜야 한다.
- **계획주기를 사업에 맞추어라.** 모든 사업이 매년 계획하는 것은 비현실적이다. 일부 사업들은 2년 내지 3년 주기가 필요할 수 있으며. 물론 매년 주기가 아니라 할지라도 전략에 영향을 주는 트렌드나 사건 혹은 쟁점을 수시로 살펴보는 것은 필요하다.

- **전략성과시스템을 실행하라.** 너무 많은 기업들이 전략의 과정 및 결과를 점검하고 분석하지 않아 공허한 전략이 되는 경우가 있다. 주요 전략은 궁극적인 목표뿐만 아니라 과정 목표도 측정해야 한다. 전략성공에의 장애요소는 무엇인가? 전략이 성공궤도에서 벗어나지 않도록 하려면 어떻게 해야 하는가?

1.3 ::: 전략에서 마케팅의 역할

해가 갈수록 마케팅의 전략적 역할이 증가하고 있다. 각 기업이 당면한 질문은 CMO(최고마케팅책임자)와 그의 팀을 전략 테이블에 자리하도록 할 것인가, 아니면 광고관리와 같은 전술적인 업무에 전념토록 할 것인가?이다. 마케팅이 전술이라는 관점은 변하고 있고 전략으로 보아야 한다는 관점이 일반화되고 있다. 전략적 시장관리의 프레임에서 마케팅의 역할을 보다 명백히 할 필요가 있다.

첫 번째 역할은 전략적 분석에서 마케팅 부서가 중요한 책임을 맡아야 한다. 마케팅 부서는 고객, 경쟁자, 시장과 하위시장, 환경영향과 트렌드를 이해하는데 최고의 위치에 있기 때문이다. 마케팅 부서는 마케팅 조사와 시장자료를 관리하기 때문에 외부분석에서 필요로 하는 수많은 정보를 통제한다. 마케팅 부서는 또한 선택된 자산(브랜드 포트폴리오 및 유통경로와 같은)과 역량(신제품 소개 및 스포서십 관리와 같은)에 관한 내부분석에서 주도적인 역할을 해야 할 것이다.

두 번째 역할은 사업전략을 개발하는 것이다. 사업전략의 여러 차원 중 고객가치제안이 마케팅 부서에서 맡아야 하는 것은 명백하다. 현재와 미래에 자사가 제공하는 할 수 있는 가치는 무엇인가?라는 토론에서 마케팅 부서는 고객의 목소리를 대변해야 한다. 그 외에 시장범위결정에도 마케팅은 큰 역할을 할 수 있는데, 이 경우 세분화전략을 이용할 수 있다. 또한 브랜드 자산이나 고객관계프로그램과 같은 많은 자산과 역량도 마케팅에 기반을 둔다. 마지막으로 마케팅프로그램 자체가 사업전략의 기능별프로그램 중 하나이다.

세 번째 역할은 기업의 성장전략을 이끌어 내는 것이다. 성장대안은 고객과 시장 통찰력에 기초하거나 의존하기 때문에 마케팅은 중요하다. 가령, 2,000명의 실무자들을 대상으로 한 부즈 & 알랜의 연구에서 일부 소수이지만(9%) 점점 많은 기업들이 CMO를 성장을 주도하는 챔피언으로 기술하고 있다.[7)]

네 번째 역할은 제품이나 지리적 사일로라는 좁은 시야의 역기능을 해결하는 것이다. 사내 모든 부서가 이 문제를 다루어야 하지만, 특히 마케팅이 선도적인 역할을 해야 한다. 기업브랜드와 주요 패밀리 브랜드는 일반적으로 여러 사일로에 걸쳐 있어, 이를 통제하고 관리하는 부서가 없다면 사업전략에 손실을 줄 수 있어 마케팅 부서의 역할이 필요한 것이다. 또한 스폰서십이나 유통경로와 같은 여러 사일로에 걸쳐 사용할 수 있는 마케팅프로그램도 적극적으로 관리하지 않으면 낭비와 비효율을 피할 수가 없을 것이다.

주요 학습내용

1. 과거와 달리 현재의 사업전략은 역동적인 상황에서 수립 및 실행되어야 하기 때문에 새로운 프레임이 필요하다. 본서에서 제시하는 전략적 시장관리라는 프레임은 이러한 역동적 환경에 적합한 전략프레임이다.
2. 사업전략은 제품시장투자전략, 고객가치제안, 자산과 역량, 기능상의 전략 등 여러 영역(차원)을 갖는다.
3. 전략적 시장관리는 비전을 중시하는 전략프레임이다. 전략적 비전은 미래 전략 및 전략집합에 대한 비전이다. 또한 본서의 전략프레임은 현재나 미래의 기회, 위협, 트렌드, 전략적 불확실성, 전략적 대안 등을 파악하기 위한 전략적 분석을 강조한다.
4. CMO 역할은 해마다 중요해져 이제는 전략개발의 파트너로 성장하였고 제품시장 사일로의 역기능을 해결하는 동력이 되고 있다.

토의사항

1. 사업전략은 무엇인가? 본서에서 제안한 정의에 동의하는가? 예를 가지고 설명하라.
2. 아래에 적힌 기업 중 하나를 골라 교재에 적힌 내용을 숙지하고 기업의 웹사이트로 가서 사업전략을 이해하라. 제공하고 있는 제품과 서비스, 기업역사, 가치 등을 살펴보라. 사업전략은 무엇인가? 기업의 제품시장은

무엇인가? 가치제안은 무엇인가? 가치제안을 어떻게 전달하고 있는가? 기존의 자산과 역량은 무엇인가? 전략적 대안은 무엇인가? 레비트에 의해 제기된 범위를 고려하라. 좁은 범위와 넓은 범위를 결정하는 것은 무엇인가?

a. 스포티파이(Spotify)

b. 하이얼(Haier)

c. 샌탠더(Santander)

d. 기타 자신이 선택한 기업

3. 이 장에서 소개한 워커스 크리스프의 전략적 마케팅 활동을 어떻게 평가할 수 있는가? 만약 이 회사가 경쟁자라면 어떻게 경쟁할 것인가?

4. 인쇄매체, 잡지, 신문에다 마케팅 근시안을 적용해 보라. 시사점이 무엇인가?

5. 전략을 선택하기 위해 가장 중요하게 생각하는 기준이 무엇인가? 왜 그런가? 맥락은 어떻게 선택에 영향을 미치는가?

6. 본장의 머리말에 인용한 경구들 중 최고의 통찰력을 준 것은 어느 것인가? 어떤 상황에서는 경구들이 적용되지 않는가?

참고문헌

1. Damian Reede, "Jeff Immelt Seeks to Map Out GE' s Future beyond America," *The Daily Telegraph*, 30 June 2009; available at: http://www.telegraph.co.uk/finamce/newsbysector/industry/5688366/Jeff-Immelt-seeks-to-map-out-GEs-future-beyond-America.html (accessed 6 October 2009).
2. Katrina Brooker, "The Un-CEO," *Fortune*, 16 September 2002, pp. 68–78.
3. A. G. Laffey, "What Only the CEO Can Do," *Harvard Business Review*, May 2009.
4. Theodore Levitt, "Marketing Myopia," *Harvard Business Review*, July-August 1960, pp. 45–56.
5. www.GoldenWonder.com;http://walkers.corpex.com/crl15p5/index.htm.
6. Renee Dye and Olivier Sibony, "How to Improve Strategic Planning," *McKinsey Quarterly*, 2007, (3), pp. 41–49.
7. Constantine von Hoffman, "Armed with Intelligence," *BrandWeek*, 29 May 2006, pp. 17–20.

CHAPTER 02

외부분석과 고객분석

기업의 목적은 고객의 창출과 유지다.

– 데오도르 레비트(Theodore Levitt)

고객이 구매해야 할 구체적인 이유가 없다면,
고객은 교환을 거절할 것이다.

– 세스 고딘(Seth Godin)

고객에게 무엇을 원하는지를 물어 이를 제공하려 한다면, 고객이 원하는 것을 제공할 때쯤 고객은 새로운 욕구를 가질 것이다(물어 보는 것으로는 늦다는 의미).

– 스티브 잡스(Steve Jobs)

역동적인 시장에서 전략의 개발과 선택은 전략에 영향을 미칠 수 있는 외부요인을 분석하는 것으로부터 시작한다. 1부의 첫 4개의 장은 외부분석을 하는데 유용한 개념과 방법을 소개한다. 1부의 마지막 장은 내부분석으로 기업의 성과, 강점, 약점, 문제점, 제약조건 등을 다룬다.

2.1 ::: 외부분석

외부분석(external analysis)을 잘 하려면 분석의 방향이 있어야 하고 목적이 분명해야 한다. 자칫 잘못하면 잡다한 내용을 끝없이 나열해 놓은 보고서로 전락할 위험이 있기 때문이다. 어떤 사업이든 수집할 필요가 있는 자료는 한이 없어 규칙과 방향 없이는 쓸데없는 사실을 단순히 기술해 놓은 보고서만 잔뜩 만들게 된다.

외부분석의 목적: 직접적 영향

외부분석은 그 자체로 끝나는 것이 아니라 전략적 의사결정과 전략적 쟁점의 파악에 영향을 미친다. 먼저, [그림 2.1]에서 보는 것처럼 외부분석은 전략적 의사결정의 대안창출과 이의 선정에 직접적으로 영향을 미치는데, 1장에서 논의한 바와 같이 전략적 의사결정은 보다 세부적으로 다음과 같은 질문으로 기술될 수 있다.

- 기존사업을 청산할까, 현금을 회수할까, 현상을 유지할까, 아니면 성장하도록 투자할까?
- 새로운 사업에 뛰어들까?
- 가치제안은 무엇인가? 앞으로 무엇이 가치제안이 될 수 있을까?
- 창출되고 강화되고 유지되어야 할 자산과 역량은 어떤 것인가?
- 구체적으로 실행하는 전략과 프로그램은 무엇인가? 포지셔닝전략, 세분화전략, 유통전략, 브랜드구축전략, 생산전략 및 기타 전략은 무엇인가?

그림 2.1 외부분석의 목적

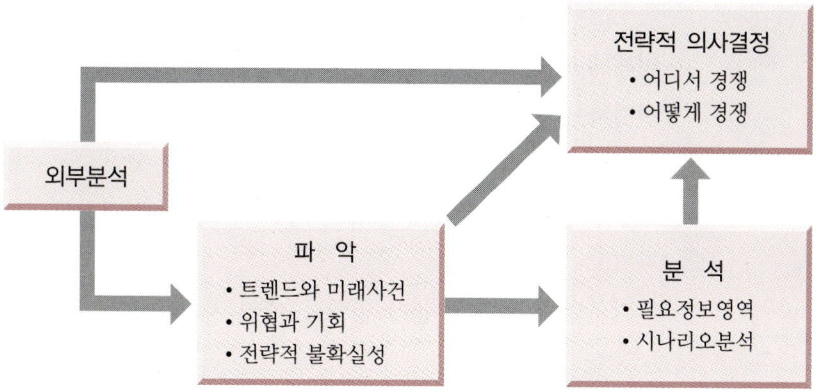

외부분석의 또 다른 목적: 간접적 영향

[그림 2.1]에서 보는 바와 같이 외부분석은 다음과 같은 내용을 파악함으로써 간접적으로 전략적 의사결정에 공헌할 수 있다.

- 중요한 트렌드와 미래사건
- 위협과 기회
- 전략의 성과에 영향을 미칠 수 있는 전략적 불확실성

예를 들어, 비만에 대한 관심이나 새로운 경쟁자의 출현과 같은 중요한 트렌드나 사건은 식품업체의 전략대안 평가에 극적인 영향을 미칠 수 있다. 기존업체에게는 위협이, 잠재경쟁자에게는 기회가 될 수 있는 새로운 기술의 출현 또한 전략적 의사결정에 중요하다.

전략적 불확실성

전략적 불확실성(strategic uncertainty)은 외부분석에서 특히 유용한 개념인데, 전략적 의사결정을 하기에 앞서 궁금한 것을 물어 볼 수 있다면 나오는 질문이다. 가령 알파 로메오(Alfa-Romeo)사가 기존 제품라인에 전기차를

추가할 것인지의 여부를 고민하고 있다면 다음과 같은 질문을 할 수 있을 것이다.

- 미래에 언제쯤, 얼마나 전기차가 팔릴까?
- 전기차는 알파 로메오(Alfa-Romeo)사의 브랜드자산에 얼마나 영향을 미칠까?
- 알파 로메오(Alfa-Romeo)사의 경쟁자들은 전기차에 대해 어떤 전략을 가지고 있을까?
- 전기차의 성능과 수용에 영향을 미칠 새로운 기술은 무엇일까?

전략적 불확실성은 전략적 의사결정의 결과에 영향을 미치는 불확실성에 초점을 맞추고 있다는 점에서 전략적 의사결정과는 다르다. 알파 로메오(Alfa-Romeo)사는 전기차를 기존제품라인에 추가해야만 하는가?라는 의문은 전략적 의사결정이지만, 전기차의 미래수요는 어느 정도일까?라는 의문은 전략적 불확실성이다. 대부분의 전략적 의사결정에는 이들 불확실성이 따른다.

아래는 전략적 의사결정과 이와 관련된 전략적 불확실성의 예다. 일반적으로 전략적 의사결정이 전략적 불확실성을 만들어 내지만, 그 반대인 경우도 가끔 있다. 아래 표에서 보는 바와 같이 미래수요가 얼마인가?라는 전략적 불확실성은 2단계의 전략적 불확실성을 만들어 낸다.

전략적 불확실성	전략적 의사결정
• 주요 경쟁자가 진입할까? • 두부로 만든 새로운 디저트를 수용할까? • 기술이 대체될까? • 다른 통화 대비 유로화가 강세일까? • 새로운 시스템이 현재 기술로 가능할까? • 시장이 가격에 얼마나 민감할까?	• 제품시장에 대한 투자 • 두부제품에 대한 투자 • 기술투자 • 해외생산증대 • 새로운 시스템에 대한 투자 • 경쟁자와 동일가격 유지

전략적 불확실성		2단계 전략적 불확실성
• 초음파진단기의 미래 수요는?	←	• 성능향상은? • 경쟁력 있는 기술개발은? • 병원의 재정능력은?

미래수요가 무엇으로 결정되는지를 질문하면 2단계의 전략적 불확실성을 만들 수 있다. 예를 들어, 초음파 진단기의 미래 수요는 성능향상, 경쟁력 있는 기술개발, 병원의 재정능력 등에 의해 결정될 수 있다. 그 결과 표에서와 같은 2단계 전략적 불확실성이 만들어지게 되는 것이다. 이처럼 전략적 불확실성은 계속해서 또 다른 수준의 전략적 불확실성을 만들어 낼 수 있다.

분석

[그림 2.1]에서 보는 바와 같이 불확실성에 대처하는 데는 세 가지 방식이 있다. 첫 번째 방식은 의사결정이 급하고 지연에 따른 비용과 위험이 커 신속하게 바로 전략적 의사결정을 하는 것이고, 두 번째 방식은 필요정보영역(information-need area)을 정하여 정보를 분석하여 불확실성을 줄이는 것인데, 긴급성과 중요성에 따라 우선적으로 조치를 취해야 하는 것에서부터 모니터링까지 다양한 대처가 있다. 세 번째 방식은 시나리오를 만들어 불확실성에 대비하는 것으로 시나리오분석이라고 한다.

시나리오는 전략적 불확실성에 대한 여러 가지 가능한 해답, 미래사건이나 트렌드에 대한 다양한 견해이다. 현재 유행인 남성들의 몸단장이 일시적인 유행일까 아니면 계속 확산될까? 이러한 질문은 긍정적 혹은 부정적 시나리오로 답할 수 있다. 각 시나리오는 매우 다른 환경여건을 반영하는데, 5장에서 필요정보영역과 시나리오분석을 좀더 자세히 다루기로 한다.

본장과 3, 4, 5장에서 많은 개념과 방법을 소개하는데, 주어진 상황에 이들을 억지로 적용하려고 할 필요는 없고, 다만 다루고자 하는 상황에 적합한 것을 골라서 쓰도록 하면 된다.

외부분석: 창조적 사고

외부분석에는 창조적인 사고가 필요하다. 사실 새로운 전략대안을 개발하는 데는 별다른 노력을 기울이지 않고 코앞에 닥친 운영문제 해결에 너무 많은 노력을 기울이는 경우가 흔하다. 창조적 사고란 다양한 관점을 고려하는 것인데, 외부분석에서 특히 그렇게 해야 한다. 전략수립자는 내부관점뿐만 아니라 고객, 경쟁자, 시장 및 환경 분석의 관점에서 전략을 볼 수 있어야 한다. 각 관점은 다시 여러 가지 차원으로 나누어지는데 [그림 2.3]에서처럼 24가지 이상으로 나누어진다. 다양한 각도에서 전략을 검토함으로써 그렇지 않을 경우에 빠뜨릴지도 모르는 대안을 놓치지 않을 수 있다.

분석수준 – 시장정의

외부분석에서는 무엇을 분석하는가? 외부분석을 위해서는 시장 혹은 하위시장의 경계를 규정해야 한다. 외부분석의 범위는 광범위하게 규정(스포츠용품)하거나, 좁게 규정(고성능 스키)할 수 있으며, 다음과 같이 더 좁게 규정할 수도 있다.

- 스키복 및 스키장비
- 스키와 스노우보드
- 활강스키

어떤 수준에서 분석하는가는 사업단위의 전략적 의사결정에 달려 있다. 아디다스(Adidas)와 같은 스포츠용품회사는 모든 스포츠용품에 걸쳐 제품을 갖기 때문에 산업 전체에 관심을 가져야 할 것이다. 살로몬(Salomon)과 같은 스키장비 제조업체는 스키, 스키부츠와 스키복에만 관심을 가지면 된다. 고성능 스키의 제조업체는 고성능 스키라는 하위세분시장에만 관심을 가지면 된다. 시장은 이처럼 제품시장의 관점에서 규정할 수도 있지만, 경쟁의 관점에서 규정할 수도 있다. 이 경우 현재뿐만 아니라 미래의 제품시장과 경쟁자들도 고려할 필요가 있다.

범위를 넓게 정하건, 아님 좁게 정하건 각각 장, 단점이 있다. 좁게 정하면 매력적인 대안과 방향을 알려 주는 트렌드나 기회를 파악하지 못할 수 있고, 넓게 정하면 분석의 깊이가 문제될 수 있다. 활강스키 제조사는 미래의 사업대안이 될 수 있는 스노우보드나 크로스컨트리스키까지 넓게 분석할 수는 있지만, 분석의 범위가 과도하게 넓으면 깊이 분석하지 못하여 손해를 볼 수도 있다. 보다 집중화된 분석은 더 많은 통찰력을 제공할 수 있기 때문이다.

분석은 여러 수준에서 할 필요가 있다. 활강스키와 스노우보드에 분석의 초점을 두더라도 스포츠용품 전체를 분석하게 되면 대체재의 압력과 시장추이를 아는데 도움이 된다. 또한 진입, 투자 등의 전략적 의사결정은 하위시장 수준에서 이루어지기 때문에 고성능 스키와 같은 하위시장도 분석수준이 될 수 있다. 더구나 핵심성공요인은 시장의 범위에 따라 달라지기 때문에 제품시장을 단계별로 나누고, 주요 단계에서 집중적으로 분석하는 방법이 있고, 아예 단계별로 연속적으로 분석하는 다단계분석을 할 수도 있다. 앞 단계의 분석을 하다 보면 그 다음 단계 분석의 필요성을 알게 된다.

2.2 ::: 언제 외부분석을 해야 하나?

외부분석을 매년 하는 것이 일반화되는데, 그렇다고 매년 같은 깊이로 할 필요는 없고 중요한 의사결정을 해야 할 때에 초점을 맞추는 것이 보다 생산적이다. 계획주기별로 전략을 검토하고 바꿀 수는 있지만, 외부분석을 연례행사로 하는 것은 문제가 있다. 전략은 연속적으로 검토하고 바꾸어야 하기 때문에 정보감시와 분석이 계속해서 이루어질 필요가 있기 때문이다. 이 경우 외부분석의 구조인 분석의 기본 틀과 개념이 중요한데, 구조가 있으면 분석이 즉각적이고 일부에 국한된다 하더라도 분석의 효율과 효과를 높일 수 있기 때문이다.

외부분석의 시작인 고객분석과 경쟁자분석은 사업이나 시장범위를 규정할 때 쓰이기 때문에 특히 신중해야 한다. 예를 들어, 비즈니스를 '프랑스에서 아이스크림을 구매하려는 특정집단의 고객의 욕구'와 같이 고객관점으로 규정할 수 있다. 또한 아이스크림 사업을 경쟁자에 근거하여 규정할 수도 있다. 특히, 고객은 기업운영에 직접적으로 연결되기 때문에 기회와 위협 및 전략적 불확실성의 원천이 된다.

2.3 ::: 고객분석의 범위

대부분의 전략적 분석에서 첫 단계로 하는 것이 고객분석이다. 고객분석은 세분화 및 세분시장 이해, 고객의 구매동기분석, 미충족 욕구의 탐색 등으로

그림 2.2 고객분석

세분화
- 가장 큰 고객은? 가장 수익성이 높은 고객은? 가장 매력적인 잠재고객은? 고객이 욕구, 구매동기, 특징 등으로 묶여지는가?
- 다른 사업전략이 필요한 시장으로 어떻게 세분화할 수 있는가?

고객의 구매동기
- 고객이 가장 중시하는 제품/서비스의 요소는?
- 고객의 목적은? 그들은 진정으로 구입하는 것은?
- 세분시장마다 구매동기가 어떻게 다른가?
- 구매동기에 어떤 변화가 일어나고 있는가? 구매동기의 우선순위에서는?

미충족 욕구
- 왜 어떤 고객은 불만족하는가? 왜 어떤 고객은 브랜드나 공급선을 바꾸는가?
- 소비자 문제의 발생빈도와 심각성은?
- 고객이 알고 있지만 미충족된 욕구는? 고객이 전혀 모르고 있는 것은?
- 이들 미충족된 욕구가 경쟁자에게 좋은 기회인가?

나누어진다. [그림 2.2]는 이들 영역에서 분석해야 할 내용을 질문으로 표현한 것이다.

2.4 ::: 세분화

세분화는 지속적 경쟁우위를 창출하는 열쇠이다. 전략적인 면에서 보면 세분화는 제공물에 다르게 반응하는 고객집단을 파악하는 것이며, 세분화전략은 파악된 고객집단과 마케팅프로그램을 연결하는 것이다. 따라서 성공적인 세분화전략수립에는 경쟁력 있는 마케팅프로그램을 개념화하고, 개발하고, 평가하는 작업이 포함된다.

성공적인 세분화전략은 세 가지 차원으로 평가할 수 있다. 첫째, 표적시장에 어필하는 경쟁력 있는 마케팅프로그램을 개발하고 실행할 수 있는가? 둘째, 표적시장에 어필할 수 있고 이후 경쟁자의 반응에도 불구하고 계속 유지할 수 있는가? 셋째, 표적시장에 맞는 마케팅프로그램을 개발하고 판매하기 위해 필요한 투자에 비해 그 시장에서 얻게 되는 이익이 더 큰가? 이렇게 세 가지 차원으로 평가하지만, 성공적인 세분화전략의 핵심은 세분시장에서 경쟁자가 공격하려 하지 않거나 공격할 수 없는 지배적인 포지션을 확보하는 것이다.

어떻게 세분시장을 규정할까?

주어진 상황에서 수많은 방법으로 시장을 세분화할 수 있기 때문에 세분시장을 파악하는 일이 말처럼 그리 쉽지만은 않다. 전형적으로 다섯 가지, 열 가지 혹은 그 이상의 변수들이 시장세분화에서 고려된다. 세분시장 규정에 유용한 방법을 빠뜨리지 않기 위해 다양한 변수를 고려해야 하는데, 이들 변수는 다른 전략이 필요한 세분시장을 파악하는 능력으로 평가할 수 있다.

세분시장을 정의하는 가장 효과적인 변수가 무엇인지는 분명하지 않지만 빈번하게 사용되는 변수를 나열하면 [그림 2.3]과 같다.

첫 번째 변수집단은 해당제품과 관련이 없는 일반적 특징으로 세분시장을 규정하는 것이다. 베이커리업체는 지역사회나 심지어는 이웃이란 지리적 변

그림 2.3 세분시장을 규정하는 접근방법의 예

고객관련 특징	
• 지리적	• 할인점의 시장으로서 소규모지역
• 조직유형	• 레스토랑, 제조업체, 은행, 소매업의 컴퓨터에 대한 욕구
• 기업규모	• 종합병원, 전문병원, 의원
• 라이프스타일	• 재규어구매자는 메르세데스 벤츠나 BMW 구매자에 비해 모험적이고 덜 보수적임
• 성별	• 어린 아이를 둔 엄마
• 나이	• 어린이용/성인용 시리얼
• 직업	• 복사기에 대한 변호사, 은행가, 치과의사의 욕구차이
제품관련 특징	
• 사용자유형	• 공구구매자 – 가정용, 수리업자용, 건설업자용
• 사용량	• 콘서트 – 시즌티켓보유자, 때때로 구입하는 고객, 비사용자
• 추구편익	• 디저트 – 칼로리에 민감한 사람, 편의성에 관심이 많은 사람
• 가격민감성	• 현대차 구매자는 메르세데스 벤츠에 비해 가격에 민감
• 경쟁자	• 경쟁제품 사용자
• 용도	• 가정용, 전문가용 재봉틀
• 브랜드 충성도	• 하인즈케찹 충성자 대 가격중시 구매자

수로 세분시장을 정의하는 것으로 알려져 있다. 한편 컨설팅회사는 재무서비스 산업으로 특화할 수 있는데, 독일의 재무 서비스기업은 65개 이상의 시장을 표적화하고 이들 세분시장은 2020년까지 거의 25% 이상 증가할 것으로 추산된다.

사람들의 삶의 무대가 사람들의 행동, 관심 그리고 브랜드 충성도에 영향을 미치기 때문에 인구통계적 변수는 세분시장을 정의하는데 중요하다. 또한 인구통계가 트렌드를 예측할 수 있기 때문에 중요하다. 2020년에는 유럽의 65세 이상의 고령인구가 1억 3,600만으로 늘어날 것으로 예상되는데, 그 때가 되면 3,600만 이상의 사람들이 80세 혹은 그 이상이 될 것이다. 영국기업인 컴포트 플러스 프로덕츠(Comfort Plus Products)는 이 추세를 감안하여 노인을 표적으로 하는 제품을 만드는 회사로 자사를 포지셔닝하였다. 조정이 가능한 침대, 높이 조절이 가능한 의자와 스쿠터는 그 동안 간과되어 왔던 세분시장에 어필하는 이 회사의 제품들이다.

또 다른 인구통계를 활용한 예는 영국, 미국, 브라질, 인도, 러시아, 독일 등 가장 큰 6개 시장의 22살부터 32살에 이르는 소비자를 겨냥한 온라인 기업 브랜드 캠페인을 시작한 렉키 벤크카이저(Reckitt Benckiser)이다.[1] 캠페인의 목적은 미래 고객집단이 지각하는 상위 3위 글로벌 FMCG 브랜드(역자주-FMCG; fast moving comsumer goods, 재구매가 빠르게 나타나는 소비재)가 되기 위함이다.

두 번째 변수는 제품사용과 관련된 것으로 흔히 사용되는 것이 사용량(usage)이다. 예컨대. 베이커리업체는 빵을 많이 구입하는 레스토랑과 적게 구입하는 레스토랑에 다른 전략으로 서브할 수 있을 것이다. 어떤 전구제조업체는 오스트레일리아의 울워스(Woolworths)나 영국의 테스코(Tesco)와 같은 대규모 고객을 위해 특별한 제품라인을 설계하고 있고, 다른 소매상에게는 브랜드를 달리하여 도매상을 통해 판매하고 있다. 이 외에도 편익, 가격 민감성, 충성도 및 용도와 같은 네 가지 변수를 소개하기로 한다.

편익

가장 유용한 세분화 변수가 있다면 그것은 아마도 고객이 제품에서 추구하는 편익(benefits)일 것이다. 이는 편익의 선택이 전체 사업전략을 결정하기 때문이다. 유아식시장에서 편리성과 건강식이란 두 가지 편익은 명백하게 상반되지만 증가하고 있다. 독일기업인 힙(Hipp)은 유아식 시장세분화에 이들 편리성과 건강식이라는 편익을 추구하기 위해 유기농으로 만든 간편식을 제공하고 있다. 선수용 신발시장은 수는 적지만 영향력 있는 전문 운동선수, 주말 선수, 도심에서 선수용 신발을 신는 캐주얼 착용자로 세분된다. 시장의 80%가 성능이 중요하지 않는 캐주얼 착용자임을 알고서, 몇몇 신발 업체는 나이키와 같은 기업이 선택한 성능전략의 대안으로 스타일에 초점을 둔 전략을 사용하고 있다.

가격 민감성

가격과 품질 간의 상반관계는 매우 유용하고 널리 쓰이기 때문에, 가격이

남성 쇼핑객[2)]

남성 쇼핑객은 오랫동안 간과되어 왔는데, 세분화는 남성쇼핑객에 대한 통찰력을 제공한다.

메트로섹슈얼(Metrosexual). 트렌디하고 고급의 고품질 제품을 구매하고 탐색하는 것을 좋아하는 20대에서 40대의 부유한 도시의 세련된 사람. 단정하고 비싼 헤어컷을 하고 있음. 폴로 랄프로렌(Polo Ralph Lauren), 바이어스도르프(Beiersdorf) 및 바나나 리퍼블릭(Banana Republic) 등을 선호.

레트로섹슈얼(Retrosexual). 페미니즘을 거부하고 캐쥬얼 의류를 좋아하고 피부에 수분을 주는 화장품을 사용하지 않으며 축구나 나스카(NASCAR:미국개조자동차경기-역자주)에 관심이 있는 전형적인 남성행동가. 리바이스(Levi s), 나이키(Nike), 올드 스파이스(Old Spice), 버거킹(Burger King), 타겟(Target) 등을 선호.

모던맨(Mordern Man). 메트로와 레트로 사이의 쇼핑객으로 관심을 내부로 공유하지만 밖으로는 공유하지 않는 쇼핑객. 여성들에게서 편안함을 느끼지만 쇼핑을 같이 하지는 않는 20대에서 30대의 세련된 소비자. 갭(Gap), 메이시(Macy s), 패스트 레스토랑 등을 선호.

대드(Dad). 수입이 좋은 남성. 가족 쇼핑객이며 효율적인 쇼핑객. 보다 기능적인 의류를 선호함. 노스트롬(Nordstrom s), 맥도널드(McDonald s), 아마존(Amazon)을 선호함.

장년십대(Maturiteen). 10대의 초기 세대보다 더 많이 절약하고 책임감 강하며 실용적인 소비자. 온라인 조사와 구매에 능한 기술대가. 소니(Sony), 아디다스(Adidas), 올드 네이비(Old Navy), 서킷 시티(Circuit City), 모든 형태의 인터넷 사이트를 선호.

나 품질은 다른 편익과는 따로 떼어서 고려하는 것이 타당하다. 많은 제품군에서, 가격에 관심이 큰 고객과 고품질이나 특징에 기꺼이 추가 대가를 지불하려는 고객은 구분된다. 식품소매상은 할인점(예: ASDA, Sainbury, Aldi, Lidl)에서 중간급, 명품 식품관까지 다양하다. 호텔도 이와 유사한데 어코르(Accor)와 같은 브랜드화된 여관급에서부터 타지(Taj)나 포시즌즈(Four Seasons)와 같은 중급호텔, 최고급인 파리의 조지 V(George V)와 런던의 클래릿지(Claridges)와 같은 고품격 호텔에 이르기까지 다양하다. 이들 각 세분시장에 따라 전략은 달라진다.

브랜드 충성도

세분화에 중요한 고려요소인 브랜드 충성도는 [그림 2.4]와 같이 충성도 매트릭스를 이용하여 체계화할 수 있다. 각 칸마다 전략적 우선순위를 달리해야 하며, 프로그램도 달라야 한다. 일반적으로 충성도가 높은 고객의 가치를 간과하고 있는데, 평생고객을 수익으로 계산해 보면 충성도를 높이는 것이 얼마나 가치 있는지를 알 수 있다. 따라서 기존의 충성스런 고객을 유지하는 것이 가장 중요하고, 가능하다면 공헌도를 높이고 다른 사람들에게 구전활동을 하도록 격려하는 것이 중요하다.

높은 충성고객을 유지하기 위해서는 고객의 기대에 부응하고, 지속적인 관계를 유지하고, 놀라게 하거나 기쁨을 주는 제공물로 서브하는 것이 중요하다. 경쟁자에게도 충성도를 갖는 중간정도의 충성도(moderate loyals)에도 높은 우선순위가 주어져야 하는데, 충성집단의 규모를 늘리는 방법 중 하나이

그림 2.4 브랜드 충성도 매트릭스: 우선순위

	낮은 충성도	중간정도의 충성도	높은 충성도
고 객	중간	높음	최고 높음
비고객	낮거나 중간	높음	없음

기 때문이다. 매트릭스를 이용하여 각 셀의 크기를 추산하고, 고객을 파악하면 고객의 브랜드 선택과 충성도 수준을 높일 수 있는 프로그램을 만들 수 있다. 높은 충성도를 갖는 비고객은 경쟁자가 실수하지 않는다면, 유인비용이 많이 들기 때문에 낮은 우선순위를 가진다. 충성도가 없는 집단은 가격유혹에 쉽게 넘어가기 때문에 매력적이지 않을 수 있다.

용도

소비재의 경우 용도(applications)가 세분화의 기준으로 중요하지만, 산업재의 경우는 더 그렇다. 휴대용 컴퓨터는 여행시에 사용할 수도 있고, 사무실에서 사용하기도 한다. 컴퓨터를 워드프로세스용으로 사용하기도 하고 게임에 사용하기도 하며, 4륜 구동형 자동차를 물건 운반용으로 쓰는 경우도 있고 레크레이션용으로 쓰는 경우도 있다.

크리스텐슨(Christensen) 교수 등은 다른 세분화 기준보다 용도가 성공적인 신제품과 마케팅프로그램의 원천이 된다고 한다.[3] 이들은 성공한 밀크쉐이크의 예를 들고 있다. 많은 사람들이 밀크쉐이크를 아침에 사서 직장까지의 운전시간에 무료함을 달래며, 점심까지 버틸 수 있는 에너지를 얻는다는 점에 착안한 스토리다. 운전하면서 소비한다는 점에 착안하여 여러 가지 아이디어를 만들었는데, 한 손으로 다룰 수 있게 디자인하였고 더 오래 먹을 수 있게 걸쭉하게 만들었으며, 구매자 카드로 간단히 살 수 있도록 했으며, 따분한 출근상황에 흥미를 주기 위해 과일향을 첨가하였다. 이처럼 크리스텐슨 교수는 제품이나 마케팅프로그램의 아이디어가 고객보다 제품의 사용상황에서 나온다고 주장한다. 보드스포츠에 집중하여 성공한 호주기업인 빌라봉(Billabong)의 예도 있다. 스케이트보드, 서핑과 같이 보드를 이용한 스포츠에 초점을 맞추어 이러한 운동을 하는데 필요한 장비나 액세서리를 다양한 브랜드로 판매하여 성공하였다. 옷은 엑셀(Xcel), 서핑보드는 섹터9(Sector 9), 장식물은 다카인(DaKine), 시계는 닉슨(Nixon), 스케이트의류는 엘리먼트(Element) 등이다.

복수세분시장전략 대 집중전략

세분화전략에는 여러 가지가 있을 수 있지만 뚜렷한 것은 두 가지인데 그 첫 번째가 전체시장의 일부인 단일세분시장에 집중하는 전략이다. 미국 최대의 소매업체인 월마트는 대규모 경쟁업체들이 간과했던 미국 중남부 11개 주에서 인구 25,000명 이하인 도시에만 집중하여 사업을 시작했다. 이런 시골 지역에 집중한 것 자체가 여러 중요한 지속적 경쟁우위를 가져다 주었다. 체인점의 거리가 가까워 효율적인 물류관리가 가능했고, 의욕에 가득 찬 인력을 낮은 임금으로 확보할 수 있었으며, 임대료가 싼 점포를 확보할 수 있었고, 낭비가 적은 현장경영이 가능했다.

집중전략의 대안이 복수세분시장전략인데 로레알(L' Oreal)은 여러 브랜드로 5개 세분시장에서 경쟁하고 있다. 소비자용(L' Oreal and Garnier), 전문가용(Redken and Mizani), 럭셔리용(Lancöme and Cacherel), 활동적인 소비자용(La Roche Posey and Skinceuticals), 2006년에 인수한 바디숍(Body Shop) 등이다.

일반적으로 공격경영을 하는 기업은 복수세분시장전략으로 나가는데, 예컨대 캠벨스프(Campbell Soup)는 유럽의 다양한 지역에 다양한 풍미를 가진 스프를 출시하였는데, 아일랜드와 영국에서는 소꼬리향 스프를 출시하는 등 나라마다 다양한 풍미를 개발하였다. 복수세분시장전략을 개발하는 데는 많은 비용이 들기 때문에 전체가 결합되어 상승효과를 나타내야만 한다.

세분시장별 제공물 간의 시너지도 중요할 수 있다. 예를 들어, 알파인스키 시장에서 쌓은 고성능 스키라는 이미지는 반대 포지션에 있는 레저용 스키의 판매에도 영향을 미칠 수 있다. 고급시장에서 약한 회사는 저급시장에서도 어려움을 겪는 반면, 고급시장에서 성공한 회사는 다른 세분시장에서도 성공적으로 시장을 개척한다. 항공기산업의 핵심성공요인은 단발엔진 비행기로부터 터보엔진 비행기까지 다양한 제품계열을 갖추는 것이다. 고객은 낮은 품목에서 높은 품목으로 구매수준을 높여 가는데, 만약 제품계열에 빠진 것이 있으면 다른 회사로 구매 선을 바꾸게 될 수 있기 때문이다.

2.5 ::: 고객의 구매동기

세분시장을 파악한 이후 다음 단계는 구매동기를 찾아 내는 것이다. 소비자의 구매의사결정 뒤에 무엇이 있는가? 세분시장마다 구매동기가 어떻게 다른가? 등으로 구매동기를 찾아 낼 수 있는데, 비행기 승객의 예를 들어 설명하면 [그림 2.5]와 같이 정리할 수 있다.

한편 인터넷 소매업자들도 쇼핑집단에 따라 구매동기가 매우 다르다는 것을 알게 되었다.[4]

- **신출내기 쇼핑객(newbie shoppers)**: 손으로 확인하고 확실한 보장과 접촉을 중시.
- **마지못한 쇼핑객(reluctant shoppers)**: 정보, 보증, 고객지원 접근성 등을 중시.
- **알뜰한 쇼핑객(frugal shoppers)**: 가격을 중시.
- **전략적 쇼핑객(strategic shoppers)**: 다른 사람이나 동료에게 보이는 것을 중시.
- **열성적 쇼핑객(enthusiastic shoppers)**: 자신의 경험을 커뮤니티와 공유하는 것을 중시.
- **편의추구 쇼핑객(convenience shoppers)**: 효율적 탐색, 전문가나 다른 고객의 정보, 고객서비스 등을 중시, 가장 많은 쇼핑객이 이에 해당.

어떤 구매동기는 전략을 규정하는데 결정적일 수 있는데, 인도 타타그룹의 타타나노(Tata Nano) 자동차는 가격을 중심으로 설계되고 포지션된 사례이다. 2009년 8월 기준으로 2,400달러 정도인 타타나노는 인도 가정에서 애용하던 오토바이를 대체하도록 설계하였다. 이러한 사례에서 볼 수 있듯이 전

그림 2.5 비행기승객의 고객 구매동기 그리드

세분시장	구매동기
비즈니스	신뢰성 있고 편안한 서비스, 편리한 스케줄, 손쉬운 공항사용, 마일리지제도
여행자	가격, 적당한 스케줄.

략적으로 중요한 의사결정을 하기 전에, 구매동기로서 가격이 중요한 곳이 어디인지를 찾아 내는 것이 중요하다. 타타나노의 경우 가격중심으로 출시한 후 2주 동안 20만 대 이상의 주문이 밀려들었다. 이 경우 다른 구매동기는 전략적 의사결정에 중요하지 않을 수도 있지만, 자동차 성능은 얘기가 다르다. 적절한 성능을 지키지 못하면 경쟁에서 실패할 수밖에 없다. 만약 주스를 구매하는 주된 구매동기가 건강이라면, 받아들일만한 수준의 건강상의 편익을 주어야만, 가격이 경쟁수단으로서의 역할을 제대로 수행할 수 있다.

구매동기분석

[그림 2.6]에서 처럼 구매동기분석은 주어진 세분시장에서 구매동기를 파악하는 것에서부터 시작한다. 관리자들이 할 수도 있겠지만 고객에게 제품과 서비스를 왜 사용하는지? 사용목적이 무엇인지? 나쁜 경험과 좋은 경험은? 등과 같은 질문을 던져 논의하게 함으로써 보다 깊이 있는 분석이 가능하다. 자동차 안전성과 같은 구매동기에 대해 왜 안전성이 중요한지를 알게 되고 그렇게 묻다 보면 걱정스러워서라기보다는 조용하고 편안한 것을 원하고 있음을 알게 된다.

구매동기는 집단면접이나 개별면접으로 알아 낼 수 있는데, MIT 대학의 품질기능전개(QFD; Quality Function Deployment) 프로그램을 맡고 있는 그리핀과 하우저(Griffin and Hauser)는 '식사를 나르는 기구' 연구에서 두 가지 접근방법을 비교하여 개별인터뷰가 집단인터뷰보다 효율적임을 밝혔다.[5] 또한 20~30명을 면접하게 되면 구매동기 리스트의 90~95%를 알아 낼 수 있다고 한다.

구매동기는 수백 가지가 있을 수 있기 때문에 다음으로 해야 할 일은 이들을 집단과 하위집단으로 나누는 것이다. 분류할 때 친화도(affinity charts)가 많이 쓰이는데, 어떤 팀원이 구매동기를 카드에 적어 벽에 붙여 놓고 다른 팀원으로 하여금 비슷한 카드를 옆에 붙이게 한다. 파일 규모가 어느 정도 될 때까지 작업은 계속되며, 많이 쌓이면 보다 일반적이고 전략적인 구매동기는 맨 위로, 보다 구체적이고 전술적인 구매동기는 맨 아래로 하여 위계화한다.

한편 구매동기를 분류하는데 고객이나 고객집단을 이용할 수도 있다. 고객

그림 2.6 고객의 구매동기분석

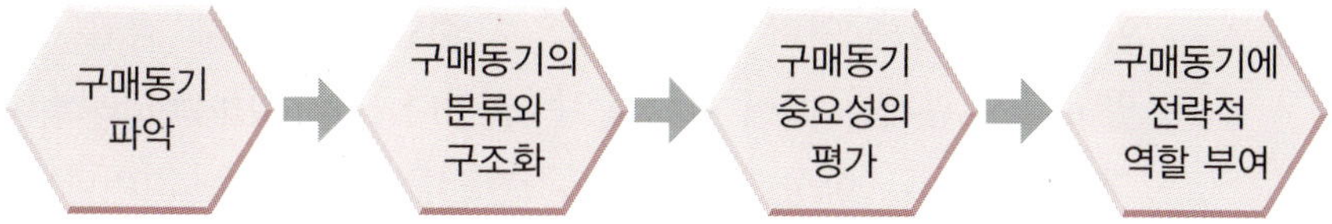

들로 하여금 그들의 구매동기를 가장 잘 반영하는 파일에서 카드를 선택하게 하여 군집분석으로 동일한 구매동기를 가진 집단으로 분류할 수 있다. 기업에서 관리자가 직접 분류하면 그 과정에서 배우는 것도 있겠지만, 그리핀(Griffin)과 하우저(Hauser)의 연구에 의하면 한 기업에서 20번 시행해 본 결

구매자의 '핫 버튼'

구매동기는 중요한 것과 중요하지 않은 것으로 분류할 수 있고, 시장의 변화는 현재 구매자의 '핫 버튼(hot buttons)'을 파악함으로써 보다 잘 이해할 수 있다. '핫 버튼'이란 구매동기 중 뚜렷하고 시장에 미치는 영향이 점차 커지는 동기를 말한다. 예컨대, 구매자가 무엇에 대해 말하는가? 구매의사결정 및 이용패턴에 어떤 변화가 일어나는가?를 질문하여 알아 낼 수 있다. 식료품에 대한 구매자의 '핫 버튼'은 다음과 같다.

- **신선함과 자연식:** 식료품점은 샐러드 바, 다듬어 포장한 야채, 신선한 농산물을 선정하고 품질을 높이는 노력 등으로 이러한 구매동기에 대응하고 있다.
- **건강식:** 특히 저지방에 대한 요구가 증대하고 소금, 설탕, 가공식품에 대한 관심이 증대하여 거의 모든 식품범주에 영향을 미치고 있다.
- **민족식:** 아시안, 지중해인, 카리브인 등이 늘어남에 따라 각 민족고유의 향기와 요리에 대한 관심이 늘어나고 있다.
- **구어메이식:** 윌리엄 소노마를 비롯한 유사한 소매업체들의 성공은 구어메이 식품의 성장을 반영하는 것이고 다양한 요리방식과 기구를 탄생시켰다.
- **식사해결(meal solutions):** 부부가 모두 직장을 갖게 됨에 따라 식사메뉴를 준비할 시간이 부족하며 가정에서의 식사해결에 대한 욕구가 늘어났다. 이에 따라 가정에서 식사를 준비할 수 있는 묶음으로 판매하게 되었고 식료품점이나 레스토랑에서는 미리 요리된 식사를 준비해 놓게 되었다.
- **저탄수화물 음식(Low-carb food):** 저탄수화물 다이어트의 영향으로 채소가게와 레스토랑에서 탄수화물을 줄인 다양한 음식에 대한 수요가 발생하였다.

과 그들이 직접 하는 것보다 고객을 활용하는 것이 좋다고 한다.

고객의 구매동기분석의 다음 단계는 동기의 상대적 중요성을 결정하는 것이다. 중요성은 여러 가지 방법으로 정할 수 있는데 직접 평가하게 할 수도 있고 상쇄관계를 물어 평가할 수도 있다. 상쇄질문(trade-off question)은 고객들로 하여금 속성에 관한 힘든 판단을 하게 하는 것이다. 또 다른 접근법은 실제 구매시 어떤 속성을 고려하여 의사결정을 하는지를 물어 보는 방법인데 이렇게 해보면 엄마들이 어린이용 스낵을 고를 때 영양과 먹기 쉬운 것이 중요하다고 해놓고서는 실제 살 때는 '애들이 좋아하는 것'과 '먹음직스러워 보이는 것'을 산다는 것을 알게 된다.

마지막으로 할 일은 사업전략을 규정하는데 중요한 역할을 할 구매동기를 파악하는 것이다. 전략에 중요한 구매동기의 선택에는 구매동기뿐만 아니라 다른 요인도 포함되는데 경쟁자분석에서 알아 낸 경쟁전략, 구매동기에 맞춘 전략이 얼마나 실행 가능한지의 여부, 내부분석에서 나타난 전략집행과 관련된 각종 요인 등이다.

질적 연구

고객의 구매동기를 이해하는데 매우 유용한 도구인 질적 연구(qualitative research)에는 표적집단면접, 심층면접, 고객사례연구, 민속학적 연구 등이 있다. 이들은 구조화된 질문으로 알아 내기 어려운 내면동기를 탐색하는데 목적이 있다. 예를 들어, 퀵실버(Quiksilver)같은 활동적인 브랜드를 구매하는 사람들은 반항적이거나 도전적인 내면동기로 가지고 있으며, 너무 비싸다는 말 속에는 주머니 사정이 반영되어 있는 것이다. 고객의 내면을 들여다보면 달리 알기 어려운 통찰력을 얻을 수 있다.

흔히들 여러 층의 고객을 상대로 조사하는데, 특정고객에 초점을 맞추어 깊이 있게 조사하는 것이 더 좋다. 예를 들어 단골고객은 기업이 유대를 맺고자 하는 경우에 좋고, 이탈고객은 제공물의 문제점을 파악하는데 유리하다. 또한 최근에 사용량을 늘리고 있는 고객은 새로운 용도를 알고자 할 때 특히 좋다. 또한 여러 업체에서 구매하는 고객은 자사와 경쟁사를 비교하는데 큰 도움을 줄 수 있다.

고객우선순위의 변화

고객우선순위 변화를 간파하는 것이 특히 중요하다. 예를 들어, 하이테크 산업에서 고객우선순위는 알맞은 장비를 선정하고 설치하는 데서 가격은 낮으나 성능이 좋은 장비로 바뀌고 있다. 커피산업에서는 식료품점에서 커피를 구입하던 것에서 구어메이카페에서 커피를 마시거나 구어메이 원두커피를 선호하는 쪽으로 고객취향과 습관이 바뀌고 있다. 고객우선순위가 변하지 않는다고 가정하는 것은 위험하다. 특히 중요하고 성장하는 세분시장에서의 고객우선순위가 기존시장에서의 그것과 어떻게 다른지 질문하는 것은 반드시 필요하다.

적극적인 파트너로서 고객

고객은 점차 제품개발과 광고의 수동적인 대상에서 능동적인 파트너로 변하고 있다. 의료문제를 환자 스스로 해결하기, DVR로의 매체이동, 인터넷이 제공하는 정보를 따르며 이를 향상시키는 것 등이 이런 트렌드를 보여주고 있다. 이러한 변화를 활용하기 위해 경영자는 다음과 같이 해야 한다.[6]

- **적극적인 대화를 하라.** 고객과의 접촉을 대화로 간주해야 한다. 기업이 정직하고 성실하게 관리한다면 블로그는 고객과 대화하는 좋은 수단이 될 수 있다.
- **고객커뮤니티를 활성화하라.** 인터넷은 온라인상의 고객커뮤니티를 넓히고 강하게 한다. 브랜드 경험을 확산하고 제품개발에 고객의 의견을 반영하기 위해 커뮤니티를 만들고 관리하는 것이 조직에 주어진 과제이다.
- **고객다양성을 관리하라.** 특히 하이테크제품의 경우 고객지식의 층이 다양하여 그 수준에 맞게 관리하는 것이 중요하다. 해당제품을 잘 아는 고객일수록 적극적인 파트너가 될 수 있다.
- **경험을 고객과 함께 창조하라.** 온라인 플로리스트들은 꽃꽂이와 화병을 단순히 선택메뉴로 제공하기보다는 고객에게 디자인하도록 하였다. 경험의 공동창출은 제공물을 개별욕구에 맞추는 고객화(customization)를 넘어서는 것이다.

인터넷상에서 고객과 상호 작용하는 데는 경청(listening), 개입(engaging), 리딩(leading)의 스킬이 필요하다. 이들에는 나름의 스킬이 요구되지만, 경청의 경우 정보과부하가 문제다. 인터넷상에서는 매 5초마다 맥도널드에 대한 멘트가 뜨는데, 정보를 요약하는 소프트웨어가 이러한 문제를 해결할 수 있다. 개입, 즉 커뮤니티에 들어갈 수 있는 허가권을 기업이 갖느냐가 중요하다. 개입을 허용한다면 쟁점에 대해 잘못 진술하거나 문제를 일으키는 위험에 노출될 수 있는데, 기업을 옹호하는 소위 말하는 기업대변인이 있으면 보다 효율적일 수 있다. 리딩은 제품이나 프로그램에 대한 인터넷상의 토론에서 이니셔티브를 갖는 것이다.

2.6 ::: 미충족 욕구

미충족 욕구(unmet needs)는 기존의 제공물로는 충족되지 않은 고객욕구를 말한다. 넷제트(NetJets)사는 마음대로 쓸 수 있는 자가용 비행기가 필요하지만, 이를 독자적으로 갖기에는 부담을 느끼는 기업에게 1/6 정도의 사용지분을 갖게 하는 비즈니스모델이다. 미충족 욕구는 기존의 고객관계를 향상시키고, 시장점유율을 높이려하고, 기존시장에 진입하려 하거나, 새로운 시장을 창출하려는 기업에게 기회가 되기 때문에 전략적으로 중요하다. 또한 미충족 욕구는 경쟁자가 기존 판도를 깨는데 동원하는 수단이 될 수 있기 때문에 기존 기업에게는 위협이 된다. 허브 드롭스와 캔디를 생산하는 스위스 기업인 리콜라(Ricola)는 무설탕캔디를 시판하여 수많은 해외시장에 진입하였다. 무설탕 시장은 경쟁자가 적고, 설탕 섭취량을 줄이려는 고객의 미충족 욕구가 있어 평탄한 대로를 걷게 된 것이다.

때로 고객은 기존제품의 암묵적 틀에 익숙해져 있어 자신의 미충족 욕구를 모르고 있기도 하다. 기술이 개발되기 전에, 전구나 트렉터에 대한 욕구를 누가 가질 수 있었을까? 특히 분명하지 않은 미충족 욕구는 파악하기가 어렵겠지만, 기존회사가 방심하기 때문에 공격적 전략을 추구하려는 기업에게는 기회가 될 수 있다. 따라서 기술을 확장하고 새로운 기술을 개발하는 것이 미충족 욕구를 알아 내는 방법이기도 하다.

고객을 이용한 미충족 욕구의 파악

미충족 욕구를 갖는 주체는 고객이기 때문에 그들로 하여금 미충족 욕구를 파악하고 이를 말하도록 하려면 묘안이 필요하다. 제품사용경험상에서 어떤 문제가 있는가? 무엇에 좌절했는가? 다른 제품경험과 비교하니 어떠한가? 제품이 속해 있는 전체 사용시스템에 어떤 문제가 있는가? 제품은 어떻게 개선될 수 있는가? 이러한 질문으로 유니레버(Unilever)사는 성인 아이스크림에 대한 욕구를 발굴하고 이에 초점을 맞춘 풍부한 영양분을 가진 성인용 아이스크림바로 생산하여 매그넘(Magnum)을 따라잡을 수 있었다.

고객을 이용하여 미충족 욕구를 파악하는 구조화된 방법이 문제조사(problem research)인데 다음과 같은 절차로 이루어진다. 제품과 관련된 잠재적 문제점 리스트를 작성하고 100~200명의 응답자로 하여금 (1) 문제점이 중요한지 (2) 문제점이 자주 발생하는지 (3) 문제점 해결방안이 존재하는지를 평가하게 하여 이들 평가를 종합하여 문제점수를 구한다. 개 사료 문제조사에서 구매자들이 개 사료에서 나쁜 냄새가 나며, 너무 비싸고, 다양한 개들을 위한 다양한 크기가 없다는 것을 불만으로 생각하고 있음을 알고서 새로운 제품을 개발했다. 또 다른 연구에서 다리를 뻗을 수 있는 공간을 넓히기 위해 비행기 좌석 수를 줄였다. MIT의 교수인 에릭 폰 히펠(Eric Von Hippel)이 서비스 혁신의 원천으로 고객을 활용한 사례를 조사한 연구에 따르면, 리드사용자(lead users)가 미충족 욕구를 찾아 내 신제품을 개발하는데 유용하다고 한다.[7] 리드사용자는 다음과 같은 사용자를 말한다.

- 시장에서 일반화될 욕구를 몇 년, 몇 달 앞서 보여주는 사용자로 건강식품과 영양에 관심이 많은 사람은 건강식품의 리드사용자가 될 수 있다.
- 어떤 욕구의 솔루션을 마련하면 많은 편익을 얻게 될 사용자가 리드사용자가 될 수 있는데, 사무자동화의 리드사용자는 기술향상으로 크게 혜택을 보게 되는 기업이다.

고객에 접근할 수 있는 효과적이고 효율적인 방법은 인터넷으로 대화하는 것이다. 애플(Apple)사는 너무 쉽게 부서진다는 불평이 난무하는 웹사이트를

사용자가 개발한 제품

네덜란드의 전자기업인 필립스는 신제품 개발을 위한 혁신적인 방법으로 고객의 아이디어를 활용하였다. 라이브 심플리서티(Live Simplicity)라는 웹사이트로 커뮤니케이션, 인터넷과 기술, 건강관리 등의 6개 영역에서 토론하고 새로운 의견을 듣는다. 필립스는 또한 수면품질과 같은 쟁점을 알아보는데 리드이용자를 적극적으로 활용했다. 이 회사는 Leadusers.nl이라는 웹사이트로 고객의 욕구를 이해하고 신제품 기회를 탐색하였다.

1970년대 초 남부캘리포니아에 있는 자전거 점포주와 판매원들은 젊은이들이 오토바이 모양으로 자전거를 고치는 것을 알아차렸다. 헬멧을 쓰고 혼다 오토바이 T셔츠를 입고 먼지나는 트랙을 달리는 것을 보고서 새로운 자전거인 모터크로스(motorcross) 모델을 개발했다. 이것이 바로 산악용자전거인데, 새로 개선하고 21단 기어를 부착하여 붐을 일으켰다. 아직도 남부캘리포니아의 산악용자전거 메이커들은 그들의 고객을 예의주시하고 있다.

보고서 아이팟 나노(iPod Nano)의 스크린을 교체하기로 하였다. 기존의 제품과 서비스 개선에 고객을 적극적으로 참여시키는 예도 있는데, MyStarbucksidea.com을 활용하고 있는 스타벅스(Starbucks)가 좋은 예다.

고객이 아이디어를 내는 사이트의 위험은 이 사이트에 실행이 불가능하거나 어리석은 아이디어들이 난무하면 기업이 이를 외면하는 것이다. 그러나 진정한 에너지와 혁신이 될 수 있는 아이디어는 여러 가지 관점에서 접근할 때 얻을 수 있음을 명심해야 한다. 따라서 소극적이 아니라 적극적으로 사이트를 활용하는 것이 필요하다. 많은 기업들은 신제품 설계를 위한 공개경쟁에 고객을 참여시키는데, 예를 들어, Henkel Innovation Trophy, Nokia Concept Lounge, Electrolux Design Lab 등의 사이트가 있다. 이를 통해 기업은 최선의 경우 내부에서는 볼 수 없는 신제품을 발굴할 수 있고, 못한 경우라도 혁신에 대해 다르게 생각할 수는 있을 것이다.

민속학적 연구

민속학적 혹은 인류학적 연구(ethnographic research)는 가능한 한 많은 상황에서 고객을 직접 관찰하는 것이다. 고객의 사용상황이나 서비스에 직접 개입하여 무엇을 하고 왜 했는지를 관찰함으로써, 고객의 욕구와 구매동기에 대한 보다 깊은 이해를 가질 수 있어 실무적인 통찰력을 가질 수 있다. 예를 들어, 모토로라(Motorola)는 중국의 사업가들이 통신서비스가 없을 때 서로 소통하기 위해 호출기를 이용하는 독특한 시스템을 보고 시장에 쌍방향 호출기를 개발하였다.[8] 이 연구방법이 거의 100년 동안 사용되었음에도 불구하고 지난 몇 년 사이에 P&G와 같은 생필품 기업뿐만 아니라 인텔(Intel)이나 GE 같은 산업재 기업에서 새로운 활기를 불러일으키고 있다.

민속학적 연구는 특히 와해적 혁신을 발굴하는데 적합하다. 고객은 일반적으로 이러한 혁신을 말로 표현하지는 않는데, 그 이유는 현재의 제공물에 익숙하기 때문이다. 헨리 포드(Henry Ford)는 고객에게 무엇을 원하는지 물어보았을 때, 보다 빠른 말을 원한다고 응답하는 것을 보았다. 그러나 실제 생활에서 사람들이 구매하고 이용하는 것을 지켜 보면서 노련한 민속학자는 고객이 말하고 있는 것에서 그 이상의 것을 알게 될 것이다.

민속학적 연구의 예는 여러 사례에서 볼 수 있다.[9] P&G는 사람들이 욕실 청소에 어려움을 겪는 사실을 관찰한 후, 손잡이가 길고 머리부분이 회전하는 매직 리치(Magic Reach)를 개발하였다. 또한 집수리업자들을 방문함으로써 진동을 줄이고 못을 제거할 때 흔적이 남지 않게 하는 고무범퍼를 사용한 옥소(OXO) 해머를 개발할 수 있었다. 시리우스(Sirius)사는 1주일 동안 45명의 사람들을 추적하여 이들이 무엇을 듣고, 어떤 잡지를 읽고, 어떤 TV 쇼를 보는지를 조사하여 재생할 때 50시간 로드될 수 있는 포터블 위성라디오 플레이어를 개발하였다.[10] 블랙 앤 데커(Black & Decker)사는 코드 없는 드릴 사용자들이 전원 때문에 고충을 겪는 것을 관찰하여 분리할 수 있는 배터리 팩을 개발하였다. 제3세계 조사를 통해 인텔은 화씨 100도에서 트럭 배터리로 작동되는 값싼 PC를 개발하였다. GE는 민속학적 연구를 통해 방화자켓을 만드는 플라스틱 섬유 구매자들이 가격보다 성능을 더 고려한다는 사실을 알게 되어 기존 업체와는 다른 방식으로 이 시장에 진입하였다.

민속학적 연구는 역시 기존 제품과 서비스를 개선하는데 사용할 수 있다. 튜브(Tube)라는 이름의 런던 지하철 운영자는 더위, 혼잡 등과 같은 합리적인 이유로 서비스를 낮게 평가할 뿐만 아니라 너무 깊은 지하철이라는 사실이 그 이유라는 것을 알게 되었다. 이 점에 착안하여 덜 혼잡하고 더 넓게 지하철 역을 재설계하고 역에 기차가 정차하는 30초 동안 기내방송을 통한 환영인사와 일부 역에서는 클래식 음악을 연주하는 다양한 프로그램을 시행하였다. 이렇게 하여 지하철의 분위기를 바꾸었고 젊은이들이 반사회적 행동을 하지 않게 하는 이중의 효과를 거두었다.[11)]

이상적 경험

이상적 경험(ideal experience)을 개념화하면 미충족 욕구를 파악하는데 도움이 될 수 있다. 각종 디렉토리를 출판하는 업체가 고객에게 자사와의 이상적인 경험을 기술하도록 요청한 결과, 45%의 수익을 올려 주는 상위 4%의 중사용자(heavy user)가 문제를 해결하고 서비스 이용 상담을 하고 제품을 고객화하고 결과를 트래킹하는 등의 여러 활동을 하는 단일접점을 원한다는 사실을 알게 되었다. 반면에, 경사용자는 간단한 주문 처리를 원하고 참여를 원하지 않았다. 이들의 이상적 경험에 대한 반응은 서비스를 향상시키면서 원가를 절감하는데 많은 시사점을 제공하였다.[12)]

주요 학습내용

1. 외부분석은 전략에 영향을 미치는 기회, 위협, 추세, 전략적 불확실성 등을 파악하는 것이다. 하지만 궁극적 목적은 어디서 경쟁하고 어떻게 경쟁하는지에 대한 전략적 선택을 잘하기 위함이다.
2. 다른 경쟁전략이 필요한 고객집단을 파악하는 세분화 기준은 추구 편익, 고객충성도, 용도 등이 있다.
3. 고객의 구매동기를 분석하면 경쟁하기 위해 어떤 자산과 역량이 필요한지, 지속적 경쟁우위의 기반이 무엇인지를 알 수 있다.
4. 기회 혹은 위협이 되는 미충족 욕구는 고객질문, 리드사용자 분석, 민속학적 연구, 인터넷을 통한 상호작용 등을 통해서 파악할 수 있다.

토의사항

1. 전략적 분석은 왜 하는가? 목적은 무엇인가? 자신이 볼 때 전략적 분석을 하는데 도움이 되고 중요한 3가지 핵심은 무엇이라고 생각하는가? 풀버전이 아닌 간단한 전략적 분석이 존재하는가?
2. 예시된 소비자의 핫 버튼을 생각해 보자. 부이또니(Buitoni)가 활용할 수 있는 것은 무엇인가? 핫 버튼을 활용한 새로운 비즈니스에는 어떤 것이 있을 수 있는가? 세이프웨이(Safeway)와 같은 수퍼마켓에 대해서도 같은 질문을 하고 답해 보라.
3. 예시된 남성 쇼핑객에 대한 세분시장을 생각해 보자. 그들이 모는 차는 무엇인가? 그들이 즐기는 휴일은 어떠한가? 그들이 구매하는 맥주브랜드가 무엇인가? 등을 보다 자세히 기술해 보라.
4. 헤로드(Harrods)백화점에서 구매하는 고객은 누구인가? 바나나 리퍼블릭(Banana Republic)에서는? 자라(Zara)에서는?
5. 예를 들어, 시리얼과 같이 논의할 기업이나 브랜드 혹은 사업을 택하라. 주요 세분시장은? 세분시장별 고객의 구매동기는? 미충족 욕구는?

참고문헌

1. "Cleaning Products 3.0? Reckitt Benckiser Makes and Online Push to Connect with Young Consumer," *Marketing*, 14 July 2009.
2. This insert was inspired by Nanette Byrnes, "Secrets of the Male Shopper," *Business Week*, 4 September 2006, pp. 45–53.
3. Clayton M. Christiansen, Scott Cook, and Taddy Hall, "Marketing Malpractice: the Cause and the Cure," *Harvard Business Review*, December 2005, pp. 74–83.
4. Melinda Cuthbert, "All Buyers Not Alike," *Business* 2.0, 26 December, 2000.
5. Abbie Griffin and John R. Hauser, "The Voice of the Customer," *Marketing Science*, Winter 1993, pp.1–27.
6. C. K. Prahalad and Venkatram Ramaswamy, "Co-opting Customer Competence," *Harvard Business Review*, January-February, 2000, pp. 79–87.
7. Eric von Hippel, "Lead Users: A Source of Novel Product Concepts," *Management Science*, July 1986, p.802.

8. Richard J. Harrington and Anthony K. Tjan, "Transforming Strategy One Customer at a Time," *Harvard Business Review*, March 2008, p. 67.

9. Elizabeth Sanders, "Ethnography in NPD Research. How 'Applied Ethnography' Can Improve Your NPD Research Process," *Visions Magazine*, 2006; available at: http://www.maketools.com/pdfs/EthnographyinNPDResearch_Sanders_02.pdf(accessed 12 October 2009).

10. Spencer E. Ante, "The Science of Desire," *Business Week*, 5 June 2006, pp.99–106.

11. Ian Pring, "Forum-Going Underground: How Ethnography Helped the Tube Tunnel to the Heart of its Brand," *International Journal of Market Research*, 2007, 49(6).

12. George S. Day, "Creating a Superior Customer-Relating Capability," *Sloan Management Review*, Spring 2003, pp.82–83.

CHAPTER 03

경쟁자분석

경쟁은 언제나 아름답다. 구글, 애플 혹은 무료 소프트웨어업체든 우리는 언제나 이들을 아름다운 경쟁자로 생각한다. 아름다운 경쟁자는 우리를 긴장하게 한다.

– 빌 게이츠(Bill Gates)

당신이 당신의 강점을 안다면 괜찮지만, 시장이 당신의 강점을 안다면 약점이 될 수도 있다.

– 사일렌드라 싱(Shailendra Singh)

경쟁자보다 더 빨리 학습하는 능력이 가장 중요한 지속적 경쟁우위이다.

– 아리 더 지우스(Arie de Geus)

비즈니스의 역사를 살펴보면, 기존 업체가 전혀 예상하지 못한 경쟁자가 나타나 시장점유율을 뺏어 가고 성공하는 예를 흔히 볼 수 있다. 1970년대 당시 세계 최대의 자동차업체들의 홈그라운드인 미국시장에서 일본자동차가 성공적으로 침투한 예가 있고, 1990년대에 라이언에어(Ryanair)와 이지젯(easyJet)이 나타나 유럽항공산업의 판도를 흔들어 놓은 예도 있다. 21세기 초, 한 대학생이 만든 새로운 비즈니스모델인 냅스터(Napster)는 음악산업을 돌이킬 수 없이 바꾸어 놓았다. 보다 최근에는 개인용 컴퓨터 사업으로 성공한 거대기업인 마이크로소프트(Microsoft)사가 무료 운영체계와 소프트웨어를 제공하는 구글(Google)이나 기타 경쟁자들로부터 강력한 도전을 받고 있다. 이들 사례의 공통된 특징은 도전자들은 기존 경쟁자들의 약점을 정확히 알고 있는데 반해, 이들은 새로운 경쟁자들의 약점을 잘 모르고 있다는 점이다.

세계경제의 중심으로 부상하고 있는 BRIC(브라질, 러시아, 인도와 중국)에 대해서도 선진국들이 유사한 실수를 범하고 있지는 않는지? 2004년에 112,000명의 엔지니어를 배출하였고 2010년에는 그 두 배를 배출할 것으로 보이는 인도의 위협을 저원가에서 찾는 것이 과연 현실적일까? 포춘 500대 기업에 포함된 중국기업의 숫자를 2007년 24개, 2009년 37개에서 2010년 50개로 늘리겠다고 하는 국가적 야망을 선진국 기업들은 진지하게 생각하긴 하는가? 2020년에는 포춘 500대 기업에 100～125개의 중국기업이 포함될 것으로 예측된다. 그렇다면 과연 어느 기업이 리스트에서 사라질까? 사라진다면 그 이유는 무엇일까?

외부분석의 두 번째 단계인 경쟁자분석은 제품시장에 대한 투자결정과 지속적 경쟁우위 확보에 영향을 미치는 통찰력을 얻는데 목적이 있다. 현재 및 잠재 경쟁자의 움직임이 야기한 기회, 위협, 전략적 불확실성, 강점 및 약점 등을 파악하는데 분석의 초점이 주어진다.

경쟁자분석은 기존 및 잠재경쟁자를 파악하는 것에서 시작하는데, 기존경쟁자는 두 가지 매우 다른 방법으로 파악할 수 있다. 하나는 고객관점으로, 고객이 선택을 위해 고려하는 대안으로 경쟁자를 나누는 방법이고, 다른 하나는 경쟁전략이 다른 전략집단이라는 개념으로 경쟁자를 나누는 방법이다.

경쟁자가 파악되고 난 다음, 경쟁자와 그들의 전략을 이해하는 단계로 초점이 옮겨지며, 이 단계에서는 특히 개별 경쟁자나 전략집단의 강점과 약점

그림 3.1 경쟁자분석의 기본질문

경쟁자 파악

- 우리의 전반적인 경쟁자는? 가장 치열한 경쟁자는? 경쟁자는 아니지만 방심치 못할 경쟁자는? 대체재는?
- 자산, 역량, 전략을 기준으로 경쟁자를 전략집단으로 나눌 수 있는가?
- 잠재경쟁자는? 진입장벽은? 진입을 저지할 수 있는 수단은?

경쟁자 평가

- 목표와 전략은? 사업에 대한 몰입정도는? 퇴출장벽은?
- 원가구조는? 원가에서 불리하거나 유리한 점은?
- 이미지와 포지셔닝은?
- 가장 성공하거나 실패한 경쟁자는? 그 이유는?
- 각 경쟁자나 전략집단의 강점과 약점은?
- 경쟁자가 시장에 진입하여 성장하기 위해 지렛대로 활용할 수 있는 전략적 약점, 고객 문제, 미충족 욕구는?
- 자산과 역량에서 경쟁자를 평가하고 경쟁감점 그리드를 그려 보자.

을 분석하는 것이 주요 관심사인데, [그림 3.1]에서 경쟁자분석의 내용을 일련의 질문으로 요약하고 있다.

3.1 ::: 경쟁자 파악 – 고객관점

고객관점에서 경쟁자를 파악하는 한 가지 접근방법은 고객이 고려한 선택대안을 질문하여 경쟁자를 알아 내는 것이다. 네스프레소(Nespresso) 커피머신 구매자에게 네스프레소(Nespresso) 커피머신이 없었다면 어떤 브랜드를 구입했을 것인지를 질문할 수 있다. 환자용 가정식사 구매자에게 씨눈감자가루의 가격이 오르면 대신에 무엇을 살 것인지를 질문할 수 있다. 스포츠카 구매자에게 그들이 고려한 다른 자동차에는 어떤 것이 있는지, 또 어떤 다른 전시장에 들렀다 왔는지를 질문함으로써 경쟁자를 파악할 수 있다.

제품사용상황

고객관점에서 경쟁자를 파악하는 또 다른 방법은 제품이 사용되는 상황이나 용도를 연상케 하는 방법이 있다. 20~30명의 제품소비자에게 그 제품이 사용되는 상황이나 용도를 먼저 나열하게 하고 그러한 사용상황에 적합한 제품에는 어떤 것이 있는지를 물어 봄으로써 경쟁자를 파악할 수 있다. 또 다른 응답자 집단에게는 각 제품이 각 사용상황에 얼마나 적합한지를 물어 보아 제품이용 상황의 유사성 정도에 따라 군집화하는 것이다. 만약 캐드베리(Cadbury)의 타임아웃(Timeout)이나 인도의 스넥회사인 쿠르쿠(Kurkure)가 스넥을 먹을 때 적합한 것으로 간주된다면 비슷하게 인식된 제품과 주로 경쟁할 것이다. 이 같은 접근방법은 여러 용도에 사용되는 산업재에도 적용할 수 있다.

고객선택과 제품사용상황 모두 시장조사를 하지 않더라도 경영자가 경쟁자 파악에 이용할 수 있는 개념적 근거가 된다. 고객이 선택하는 '대안' 들이라는 개념과 사용상황에의 '적합성' 이라는 개념은 경쟁환경을 이해하는데 도움을 주는 강력한 도구가 될 수 있다.

간접 경쟁자

대부분의 경우 주요 경쟁자는 눈에 잘 띄어 쉽게 파악된다. 하이네켄(Heineken)은 칼스버그(Carlsberg), 스텔라 아르토이스(Stella Artois), 기네스(Guinness) 등과 경쟁하고 CNN은 스카이뉴스(Sky News), 블룸버그(Bloomberg), CNBC, BBC World 등의 국제 뉴스채널과 경쟁한다. 이러한 간접 경쟁자에 대한 분석에는 깊이와 통찰력이 요구된다.

많은 시장에서 고객의 선호가 변하고 있어 대안을 제공하는 간접 경쟁자는 전략적으로 의미가 크다. 간접 경쟁자에 대한 이해의 중요성을 예를 통해 알아보도록 한다.

- 모바일 폰에 MP3, 카메라, 비디오 등의 특징을 추가하기 때문에 노키아(Nokia)는 소니(Sony)나 애플(Apple)같은 전자제품 업체들을 더 잘 이해해야만 한다.
- 생수, 아이스티, 과즙음료 등과 같은 수익성 있는 여러 틈새시장이 나타나고 있지만 코크(Coke)는 펩시(Pepsi)나 여타 콜라에만 초점을 맞추어 왔다. 그 결과 이러한 시장기회를 놓쳐, 비싸고 어려운 캐치업 전략을

추구하는 신세가 되었다.

- 세계적으로 종이신문들이 판매를 늘리기 위해 광범위한 유통과 잘 알려진 칼럼니스트를 이용하여 특정의 지역에서 경쟁하는 동안, BBC나 CNN, 영국의 더 데일리 텔레그래프(The Daily Telegraph)와 같은 뉴스 회사들은 웹사이트를 이용하여 세계시장을 커버하고 있다. 그 결과 종이 신문에 대한 고객가치는 점점 줄어들고 있는 것이다.
- 네스카페(Nescafé)나 맥스웰하우스(Maxwell House)가 수퍼마켓에서 쿠폰으로 경쟁하는 동안 인도의 바리스타 커피(Barista Coffee)나 호주의 글로리아 진스(Gloria Jean' s), 스타벅스(Starbucks) 등은 전혀 다른 방식으로 커피를 판매하는데 성공하고 있다. 이어서 이들 체인은 최근 네스프레소(Nespresso)와 같은 가정용 구어메이 커피메이커와 맥카페의 위협을 받고 있다.
- 지금은 주역이 된 온라인 뮤직 제공자들도 한때는 기존의 뮤직 업체들이 무시하였다.

에너지 드링크 시장에는 루코제이드(Lucozade), 레드 불(Red Bull), 파워에이드(Powerade), 기타 수십 가지 작은 니치기업들로 이루어진 직접 경쟁자들이 있다. 또한 유사한 제품을 가진 수많은 간접 경쟁자들이 있는데 에비앙(Evian)과 같은 생수브랜드, 7-Up과 스프라이트(Sprite)와 같은 청량음료, 트로피카나(Tropicana)와 같은 쥬스 브랜드가 그 예다. 이들 간접 경쟁자의 포지션과 신제품 전략은 에너지 드링크 업체들에게 전략적으로 중요할 수 있다.

직접 경쟁자와 간접 경쟁자 모두 포지션의 유사성에 의해 다시 분류할 수 있다. 가령 생수는 레드 불(Red Bull)보다 파워에이드(Powerade)에 더 가까운데, 그 이유는 파워에이드가 스포츠갈증해소로 포지션되었기 때문이다.

전략적 분석 전체에서 분석수준이 중요하지만 경쟁자분석에서도 이는 주요 쟁점이다. 사업부, 기업 혹은 여러 사업의 집합 중 어느 수준에서 분석해야 하는가? 분석은 전략이 개발되는 모든 수준에서 필요하기 때문에, 결국 여러 단계에서 분석이 필요할 것이다. 예를 들어, 워커스사의 과자인 센세이션(Walkers Sensations)은 고급 브랜드이기 때문에 고급 과자 브랜드들이 직접 경쟁자이고, 간접 경쟁자로서 일반 브랜드도 분석에 포함하면 좋다.

3.2 ::: 경쟁자 파악 – 전략집단

전략집단으로 경쟁자를 파악하는 접근방법은 고객관점에 의한 접근방법과는 매우 다른데 전략집단은 다음과 같은 기준으로 경쟁자를 분류한 것이다.

- 오랜 시간에 걸쳐 유사한 경쟁전략을 추구(예: 동일한 유통경로, 유사한 커뮤니케이션, 동일한 가격/품질 포지션)
- 유사한 특성 보유(예: 규모, 공격성)
- 유사한 자산과 역량 보유(예: 브랜드 연상, 물류역량, 글로벌 운영, R&D)

예를 들어, 유럽항공시장은 3개의 전략집단으로 분류할 수 있는데, 첫 번째 전략집단이 국적기 항공사(flag carrier; 나라를 대표하는 항공사)들로 대규모도 있고 중규모도 있다. 이들 전략집단은 오랫동안 브랜드, 서비스, 취항지역, 항공사 간 제휴(Oneworld, Star Alliance) 등을 무기로 시장을 압도해 왔다. 여기에 속하는 항공사로는 브리티시 에어웨이(British Airways), 에어프랑스–KLM(Air France-KLM), 루프트한자(Lufthansa) 등이다. 두 번째 집단은 브리티시 미드랜드(British Midland), 아에르 링구스(Aer Lingus), 알리탈리아(Alitalia), 이베리아(Iberia) 등이 포함된 집단인데, 이 집단은 오래되었지만 규모의 경제에서 문제가 있고, 저가 항공사의 공격에 취약하다.

세 번째 전략집단은 앞서 논의한 전략집단과는 다른 특징을 갖는 니치집단이다. 고급맥주인 버드와이저(Budweiser), 저가 항공사인 인도의 에어 데칸(Air Deccan), 저알콜 기능성 맥주, 제트블루와 같이 공유하는 자가용 비행기 등이 그 예다.

각 전략집단 간에는 한 전략집단에서 다른 집단으로 이동하는 것을 금하거나 방해하는 이동장벽(mobility barrier)이 존재한다. 고급 프리미엄 식품 브랜드는 브랜드 명성, 다양한 제품구색, 건강을 중시하는 세분시장에 맞추어 제품을 생산할 수 있는 노하우, 유통경로 확보, 지역 소비자기반 등의 이동장벽을 갖는다. 반면 유통업체브랜드를 생산하는 업체들은 저원가 생산, 낮은 간접비, 고객과의 밀접한 관계를 가지고 있다. 물론 장벽을 극복하거나 통과하는 것은 가능하다. 유통업체브랜드 제조업체는 기존고객과 마찰이 가장 적은 시기에 자기 브랜드로 진출할 수도 있다. 하지만 일반적으로 장벽은 매우 커 이를 넘어 경쟁하는 데는 많은 어려움이 따른다.

전략집단의 구성원은 진입장벽뿐만 아니라 퇴출장벽도 가질 수 있다. 예를 들어, 설비투자나 전문인력과 같은 자산은 중요한 퇴출장벽이며 브랜드 명성 또한 그렇다.

경쟁자에게는 장벽이 되는 자산과 역량으로 경쟁자로부터 보호되는 전략을 추구하는 것이 지속적 경쟁우위를 개발하는 하나의 방법이기 때문에 이동장벽개념은 중요하다. PC와 서버시장을 생각해 보자. 델(Dell)과 기타 업체들은 전화와 인터넷으로 소비자에게 직접 컴퓨터를 판매하였다. 그들은 탁월한 제품지원시스템을 포함하여 직접 유통경로를 지원하기 위해 많은 자산과 역량을 개발하였다. 반면 소매업자나 시스템 기업과 같은 간접 유통경로를 이용한 HP와 같은 경쟁자는 매우 다른 자산과 역량을 개발하였다. HP와 델(Dell) 모두 유통경로 장벽을 뛰어넘기 위해 애쓰고 있다.

전략집단개념의 사용

전략집단개념의 사용은 경쟁자분석의 과정을 보다 쉽게 하는데, 많은 산업에서 경쟁자를 하나씩 분석하기에는 경쟁자가 너무 많기 때문이다. 수백 개의 경쟁자를 분석하는 것은 말할 것도 없고 30개 경쟁자를 분석하는 것도 단순하지가 않다. 이들을 몇 개의 전략집단으로 분류하면 간단하고, 실행가능하며 보다 활용할 수 있는 분석을 할 수 있다. 예를 들어, 와인산업에서 비알엘 하디(BRL Hardy)사는 저급와인, 프리미엄 와인(21~20유로), 수퍼프리미엄 와인(25유로 이상)이라는 3개의 전략집단으로 경쟁자 분석을 한다. 전략집단에 속한 기업은 비슷한 방식으로 산업발전에 영향받고 반응하기 때문에 어떤 경우에도 경쟁자의 전략내용과 시사점을 놓치는 일은 별로 없다. 따라서 경쟁자의 미래전략을 예측하는데 전략집단 개념은 매우 유용하다.

전략집단은 전략적 투자결정을 하는 데도 쓰이는데, 어떤 산업에 투자할 것인가를 결정하는 대신 어떤 전략집단에 투자할 것인가에 초점을 맞춘 의사결정을 할 수 있다. 이렇게 하려면 각 전략집단의 현재 수익성과 미래의 잠재수익성을 예측해야 하며, 경쟁우위를 창출할 수 있는 자산과 역량을 가지고 있어야 한다.

3.3 ::: 잠재경쟁자

기존의 경쟁자에 추가하여 다음과 같은 전략으로 시장에 진입하고자 하는 경쟁자를 파악하는 것도 중요하다.

- **시장확장.** 가장 분명한 잠재경쟁자의 원천은 다른 지역이나 나라에서 활동하는 기업일 것이다. 가령, 스넥회사는 인근국가에서 경쟁하는 회사를 예의주시할 필요가 있다.
- **제품확장.** 중국의 식품과 농업기업인 코프코(COFCO)는 농산물의 거래자로서 시작하여 중국시장에 외국산 와인이나 코카콜라를 수입하여 시판하는 등 제품을 점차 확장시켜 나갔다. 코프코(COFCO)는 1994년 포춘지가 선정한 세계 500대 기업으로 선정되었다.
- **후방통합.** 고객이 잠재경쟁자의 원천이 될 수도 있는데 단열재를 생산하는 아일랜드 기업인 킹스팬(Kingspan)은 수 년 동안 단열재 제조업체를 포함하여 원부자재를 생산하는 수많은 업체를 인수하였다.
- **전방통합.** 공급업자 역시 마진이 좋다고 생각하는 경우 잠재경쟁자가 될 수 있다. 예를 들면, 소니(Sony)는 직접 소매유통에 진출하여 성공하였는데, 전방향으로 진출하여 경쟁할 수 있는 경쟁력을 갖추었다고 생각하는 공급업체들은 전방통합으로 마진과 통제력을 즐길 수 있다.
- **자산 및 역량의 이전.** 치명적인 전략적 약점을 지닌 기존의 소규모 경쟁기업이 약점을 보완하거나 제거할 수 있는 기업에 의해 인수되었을 때 그 소규모 경쟁기업은 강력한 경쟁자로 바뀔 수 있다. 이러한 변화를 예측하는 것은 실제로 무척 어려운 일이지만, 때로는 경쟁자의 강점과 약점을 분석함으로써 서로의 약점을 보완하고 시너지효과를 얻을 수 있는 합병전략을 추구하고자 하는 잠재적 시장진입 가능자를 알아 낼 수 있다. 평균 이상의 성장을 보여 온 산업에서 오랫동안 자금부족과 관리능력 부재로 어려움을 겪고 있는 기업이 그 대상이 될 수 있다.
- **방어나 보복 전략.** 실제 혹은 가상으로 자기 시장에 진입하려는 위협에 시달리는 기업이 보복조치로 시장에 진입할 수 있다. 가령, 마이크로소프트(Microsoft)는 자사의 지배적인 소프트웨어 시장을 지키기 위해 인터넷을 포함한 여러 공간으로 진출하고 있다.

3.4 ::: 경쟁자분석 – 경쟁자 이해

경쟁자와 그들의 행동을 이해하면 여러 가지 이점이 있다. 첫째, 경쟁자의 현재 전략과 강약점을 이해하게 되면 대처해야 할 기회와 위협을 알 수 있다. 둘째, 경쟁자의 미래전략을 알게 되면 앞으로 나타날 기회와 위협을 예측할 수 있다. 셋째, 주요 경쟁자가 취할 수 있는 반응을 예측하면 전략대안의 결정에 도움이 될 수 있다. 마지막으로, 경쟁자에 대한 분석은 장기간에 걸쳐 모니터해야 하는 전략적 불확실성을 파악할 수 있게 한다. 전략적 불확실성이란 "경쟁자 A는 중국시장으로 진입할 것인가?"와 같은 질문이다.

[그림 3.2]는 경쟁자의 행동이 8개의 요소에 의해 영향을 받는다는 것을 나타낸다. 그 첫 번째가 규모, 성장률 및 수익성으로 측정되는 재무지표이다.

규모, 성장률 및 수익성

매출액의 크기와 성장률, 시장점유율은 사업전략의 활성화 지표이다. 예를 들어, 강한 시장포지션을 유지하거나 빨리 성장한다는 것은 어떤 경쟁자 또는 전략집단이 강하다는 것과 성공하고 있다는 것을 나타낸다. 대조적으로

그림 3.2 경쟁자의 이해

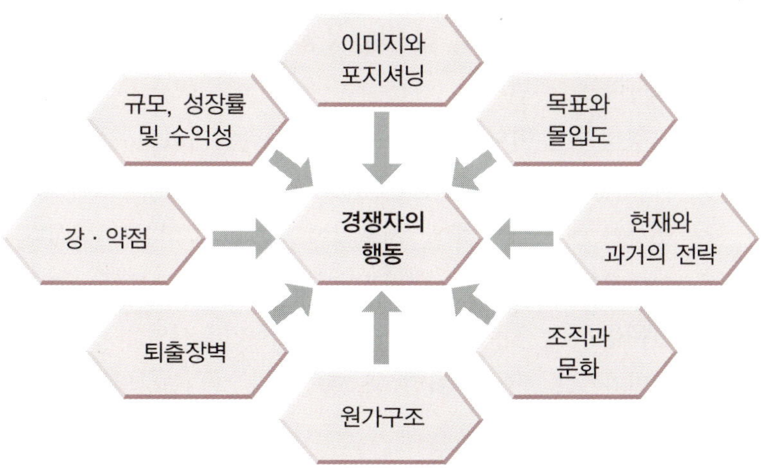

시장포지션의 약화는 기업이 새로운 전략을 고려하는데 미치는 재정적 · 조직적 부담을 짐작할 수 있게 한다. 기업 전체의 매출은 알 수 있으나 사업부문별 매출을 모르는 경우 종업원 수와 산업평균 종업원 일인당 매출액을 곱하여 추산할 수 있다. 많은 산업에서 이 방법은 매우 실행가능하고 주목할 만한 산출방법이다.

규모와 성장률 다음으로 수익성에 관심을 가질 수 있는데 수익성 있는 사업은 모기업에서 자금젖줄로 지정하지 않을 경우 투자를 위한 자금의 여유를 갖게 된다. 반면 오랫동안 손실을 내거나 최근 들어서 수익성이 급락하면 내부나 외부에서 자금을 조달하기가 어려워질 것이다.

이미지와 포지셔닝

사업전략의 초석은 사람들이 가장 강한 트럭, 가장 내구성이 좋은 차, 가장 작은 가전제품, 가장 효과적인 청소기 등으로 연상하는 것이다. 이러한 연상은 특정 제품군의 속성에만 국한된 것이 아니며 속성을 넘어서는 무형적 제품속성인 품질, 혁신성, 환경에의 민감성, 브랜드 개성과 같은 이미지도 포함한다.

포지셔닝 대안을 찾아 내려면 주요 경쟁자의 브랜드 개성과 이미지를 분석하는 것이 도움이 된다. 이미지나 브랜드 개성에서 경쟁자가 가지는 약점은 우위를 개발하고 차별화할 수 있는 기회가 되기 때문이다. 중요한 차원에서 경쟁자가 가지는 강점은 피해 가거나 허를 찔러야 할 도전인데, 어떤 경우든 이런 식으로 하려면 경쟁자의 이미지와 브랜드 개성을 아는 것이 필요하다.

경쟁자의 이미지나 포지셔닝 정보는 기업의 제품, 광고, 웹사이트, 행동 등을 분석하여 얻을 수 있겠지만, 현상태를 정확히 그려 내기 위해서는 고객조사가 매우 유용하다. 전통적인 접근법은 어떤 사업이나 브랜드가 고객에게 의미하는 바를 찾아 내려는 질적 고객조사로부터 시작하는데, 다음과 같은 질문을 하는 것이다. 무엇이 연상되는가? 사업을 사람에 비유한다면 어떤 사람인가? 그 사업과 어떤 책, 동물, 나무가 연상되는가? 그 사업의 본질은?

목표와 몰입도

경쟁자의 목표를 알게 되면 경쟁자가 현재의 성과에 만족하고 있는지, 혹은 새로운 전략변화를 시도할 것인지에 대한 예측이 가능하다. 어떤 경쟁자의 재무적 목표를 이해하게 되면, 그들이 투자하려는 의지를 읽을 수 있다. 특히 시장점유율, 매출액성장률, 수익성 등에 관한 경쟁자의 목표가 무엇인지를 이해해야 한다. 비재무적인 목표를 파악하는 것도 중요한데, 경쟁자가 기술적 선도자이기를 원하는가? 아니면 서비스를 강화하려고 하는가? 유통망을 확충하려 하는가? 이러한 질문에 답하게 되면 경쟁자의 미래경쟁전략을 사전에 예측할 수 있다.

만약 경쟁자의 모기업이 존재한다면 그 모기업의 목적도 파악해야 한다. 현재 모기업의 성과수준과 재무적인 목표는 무엇인가? 만약 어떤 사업단위가 모기업의 기대에 부응하지 못한다면 모기업에 의한 신규투자가 일어나거나 아니면 자본철수의 가능성이 높을 것이다. 그리고 모기업이 그 사업단위에 부여한 임무가 무엇인지도 파악해야 한다. 그 사업단위가 모기업의 장기계획상의 핵심단위인가? 혹은 아닌가? 성장사업단위로 보는가? 아니면 단기적 현금창출단위로 보는가? 그 사업이 부서 간에 시너지를 창출하고 있는가? 모기업이 특정사업단위에 애착을 가지는 이유는 무엇인가? 등에 대한 검토도 있어야 할 것이다. 돈이 있다고 언제나 쓸 수 있는 것이 아니기 때문이다. 즉 깊은 주머니가 짧은 팔을 수반할 수도 있다.

현재와 과거 전략

경쟁자의 현재와 과거 전략을 자세히 살펴보아야 한다. 특히 실패한 과거전략을 예의주시해야 하는데, 그 경험으로 인해 과거와 유사한 전략을 사용하는 것을 꺼려할 가능성이 높기 때문이다. 또한 신제품이나 신시장에 진출하는 경쟁자의 방식을 이해하면 경쟁자의 미래성장 방향을 예상하는데 도움이 될 수 있다. 경쟁자가 차별화전략을 써 왔다면 제품계열의 폭, 제품의 품질, 서비스, 유통경로의 형태 또는 브랜드자산 등 무엇에 근거한 차별화전략인지를 파악해야 할 것이다. 원가우위전략을 사용했다면 이 전략이 가능했던 이유는 규모의 경제 때문인가? 경험곡선에 의한 것인가? 제조공정이나 설비가 우수하기 때문인가? 원자재의 확보가 용이해서인가? 경쟁자의 원가구조 때문인가? 등을 분석해야 한다. 집중전략이라면 사업의 범위를 명확히 해야 한다.

조직과 문화

경쟁기업 최고경영자의 경험과 배경을 알면 경쟁자의 미래행동을 통찰할 수 있다. 경영자가 마케팅, 엔지니어링 또는 생산 중 어디에 관심을 두는가? 경영자가 다른 산업이나 회사로부터 영입되어 온 사람인가? 예를 들면, 옥소(Oxo), 브랜스톤(Branstone), 암브로시아(Ambrosia), 크로세 앤 블랙웰(Crosse and Blackwell) 등 강력한 브랜드를 가지고 있는 영국의 프리미어 푸드(Premier Foods)사는 하인즈(Heinz)에서 일하던 많은 마케터들을 스카우트했다.[1)] 이러한 사실이 여기서 언급한 브랜드뿐만 아니라 프리미어가 갖는 여타 브랜드의 미래전략에 대한 통찰력을 갖게 한다.

구조, 시스템, 인적자원으로 지원되는 조직의 문화는 흔히 조직의 전략결정에 큰 영향을 미칠 수 있다. 조직구성원에 대한 동기부여와 조직목표달성을 위한 수단으로 강력한 통제력을 사용하는 원가지향적이고 관료적인 조직은 혁신을 하거나 마케팅지향적 전략을 적극적으로 수용하는데 큰 어려움을 가진다. 반면, 기술혁신 및 위험감수를 강조하는 느슨하고 수평적인 조직은 제품수정이나 원가감소를 위한 프로그램을 시행하는데 어려움이 따를 것이다. 문화, 구조, 시스템, 인적자원이 전략의 선택에 제약요건으로 작용하는데 이에 대해서는 15장에서 보다 자세히 다룰 것이다.

원가구조

특히 원가우위전략을 구사하는 경쟁자의 원가구조를 알면, 그들의 가격전략과 원가우위전략을 유지해 갈 수 있는 능력을 파악할 수 있다. 다음의 정보를 수집하면 원가구조를 짐작할 수 있다.

- 종업원 수, 직접 노무비, 간접비
- 원자재와 부품의 상대적 원가

- 고정비인 재고, 공장, 설비에 대한 투자
- 고정비가 할당되는 매출액 수준과 공장 수
- 아웃소싱 전략

퇴출장벽

퇴출장벽은 어떤 산업에서 퇴출하는데 따르는 어려움으로 다음과 같은 것이 있다.[2)]

- 기업특유자산 – 타기업으로 이전시키기에는 비용이 많이 들고, 그렇게 했을 경우 잔존가치가 거의 없어지는 공장, 설비나 기타 자산
- 노동협약, 리스, 기존 설비유지를 위해 보유한 부품과 같은 고정비
- 기업의 이미지를 비롯하여 시설이나 유통경로 혹은 판매원을 공유하는 다른 사업단위와의 관계
- 정부와 사회적 장벽 – 예를 들어 정부가 철도승객에 대한 정치적 배려 때문에 철도운행을 중단하지 못하도록 한다. 때로는 종업원에 대한 사회적 책임 때문에 기업이 어떤 사업에서 퇴출하지 못하는 경우도 있다.
- 어떤 사업이나 종업원에 대한 경영자의 감정적 애착과 자부심

닌텐도 – 경쟁자분석으로 시작한 성공

닌텐도의 사업전략에 대한 이야기를 들으면 그저 놀랍기만 한데, 경쟁자 분석이 성공스토리의 중심에 있다. 1,000개가 넘는 게임브랜드를 8년간 매년 조사해 온 브랜드재팬(BrandJapan)은 오랫동안 상위 24개 브랜드는 언제나 변함이 없는 것으로 보았다. 이처럼 안정적인 구조를 이루고 있다고 생각한 그 때 닌텐도가 나타난 것이다. 2005년 조사에서 닌텐도는 135위를 차지하였다. 이어서 2006년에는 66위로 상승하였고 2007년에는 5위로 상승하였으며 마침내 2008년에는 1위로 올라섰다. 닌텐도의 가치는 100점으로 환산하여 93점을 상회하는데 반해 2위에서 8위까지의 7개 브랜드의 가치인 82~84점으로 압도적인 1위를 차지한다. 2004년부터 2008년까지 주가는 5배 이상 뛰어 주가가 도요타(Toyota) 다음으로 높아 톱을 자랑한다. 왜일까? 무엇이 이러한 성과를 가져왔을까?

제품이 명백한 동인이다. 2004년 12월에 출시된 닌텐도(Nintendo) DS는 터치펜 방식이

란 특징점을 갖는 콤펙트하고 휴대할 수 있는 게임 콘솔이다. 이것을 지원한 것은 터치(게임소프트웨어)였다! 닌텐도그(Nitendogs), 애니멀 크로싱(Animal Crossing), 브레인 에이지(Brain Age) 등의 시리즈로 발매된 게임은 젊은 여성과 장년들까지 포함하는 넓은 시장을 표적으로 하였다. 이어서 이용자의 움직임을 게임에 혼합하는 새로운 형태의 게임인 위(Wii)를 출시했다. 3차원에서 움직임을 추적하는 무선 컨트롤러와 위(Wii) 리모콘으로 이용자들은 춤을 추거나, 골프를 하거나, 복싱을 하거나, 기타를 연주하는 등 여러 가지를 할 수 있다. 게임의 상대는 다른 지역에 있거나 심지어는 다른 나라에 있을 수 있다. DS와 위(Wii)는 캐주얼 게임시장으로 분류되는 새로운 시장카테고리를 창조하였다. 캐주얼이라고 하는 이유는 쉽게 단순하고 직관적인 규칙으로 소비자가 이용할 수 있기 때문이다. 캐주얼 게임 카테고리의 시장규모는 이전 1%에서 2005년에는 20%로 커졌다.[3)]

그렇다면 닌텐도의 혁신 성공 이면에는 무엇이 있었을까? 이 게임시장에서 소니(Sony)와 마이크로소프트(Microsoft)와 같은 거인들을 물리칠 수 있었던 이유는 무엇일까? 한 가지 주된 이유는 두 경쟁자(소니의 플레이스테이션과 마이크로소프트의 엑스박스)에 대한 현실적이고 날카로운 분석이다. 닌텐도는 소니와 마이크로소프트가 젊은 남성으로 대표되는 중사용자(heavy user)에게 보다 높은 성능, 보다 높은 해상도, 보다 높은 품질의 그래픽 등으로 어필하는 것을 알고 있었다. 이들은 그 목적에 집중하여 중사용자가 좋아하는 칩, 소프트웨어, 하드웨어 개발에 적극적으로 투자하였다. 그 결과 소니와 마이크로소프트는 중독적 중사용자인 10대와 20대 초반 사용자 시장에서 결정적으로 유리한 포지션을 차지하였다. 이 현실을 받아들이고 닌텐도는 중사용자를 이들 경쟁자에게 양도하고 낮은 기술이라는 다른 길을 선택하였다.

닌텐도는 액션게임과 고품질 그래픽에 관심이 있는 중독적인 젊은 남성은 경쟁자에게 내어 주고, 보다 향상된 그래픽에 관심이 적은 더 넓은 고객층을 표적집단으로 조명한 것이다. 이 집단이 기대하는 것은 게임을 통해 학습할 수 있고 사용하기 쉬운 게임이다. 목적 중 하나는 어머니를 게임을 못하게 반대하는 사람이 아니라 참여하고 지지하는 사람으로 만드는 것이다. 또 다른 목적은 게임을 단순히 소년들만의 영역이 아니라 가족 전체의 영역으로 확장하는 것이다. 이처럼 중사용자에 초점을 맞추고 경쟁자의 제공물보다 앞서려 하는 습관적 전략에 반대되는 전략을 사용한 것이다.

전략이 아무리 좋다고 할지라도 실행은 사람이 한다. 닌텐도는 게임을 만드는데 매우 익숙한 인재가 풍부했다. 새로운 전략은 이 집단의 창의성을 자극하게 하고 그들의 잠재력을 활용하도록 했다. 게다가 젊고, 활기차고, 기업가정신을 가진 사람을 새로운 CEO로 영입하였다. 이 사람이 뛰어난 사람과 기술을 집결시켜 새로운 전략을 성공적으로 실행하도록 한 것이다.

강점과 약점 평가

경쟁자의 강점과 약점에 대한 지식은 경쟁자가 왜 다양한 전략을 추구하고 있는지를 알 수 있게 할 뿐만 아니라 자사의 전략대안을 파악하고 전략을 선택하는데 있어 중요한 역할을 한다. 특정기업이 현재 혹은 장래에 갖는 강점분야에서 경쟁자가 약점을 가진다면 이를 이용할 수 있다. 즉 경쟁자의 약점과 자사의 강점을 맞붙게 하는 전략을 개발하는 것이다. 반대로, 경쟁자의 강점을 알면 강점이 있는 분야를 우회하거나 강점을 중화시키는 조치를 취할 수도 있다.

경쟁자의 강점을 중화시키는 전략을 개발한 예로 소매 유통력이 부족하거나 소매점에 광고를 할 자원이 부족한 중소 소프트웨어회사를 들 수 있다. 이 회사는 투자금융이나 병원같은 곳에 토탈 소프트웨어 및 하드웨어를 공급하는 부가가치소프트웨어기업에 표적을 맞추어 접근했다. 이들 부가가치 시스템 기업들은 이 중소 소프트웨어회사가 공급하는 제품의 위력을 이해하여 이를 자신들의 시스템에 통합시켰으며 대량으로 사용했다. 이 중소기업은 경쟁자의 유통경로에의 접근우수성과 광고자원을 통해 이처럼 중화할 수 있었다.

경쟁자의 강점과 약점을 평가하려면 우선 특정 산업의 성공에 필요한 자산과 역량을 파악하고 이들 자산과 역량에서 경쟁자를 평가해야 한다. 이제부터 이들 주제에 대해 살펴보자.

3.4 ::: 경쟁자의 강점과 약점

강 · 약점 분석과 관련된 자산과 역량은 무엇인가?

경쟁자의 강점과 약점은 자산이나 역량의 보유여부로 평가할 수 있는데, 유명한 브랜드나 주요 입지 등이 강점이 될 수 있고, 강력한 프로모션프로그램을 개발하는 역량 또한 강점이 될 수 있다. 반대로 이들 자산이나 역량의 부재는 약점이 될 수 있다.

경쟁자의 강점과 약점을 분석하기 위해 해당산업에서 중요한 자산과 역량

그림 3.3 관련 자산 및 역량 파악

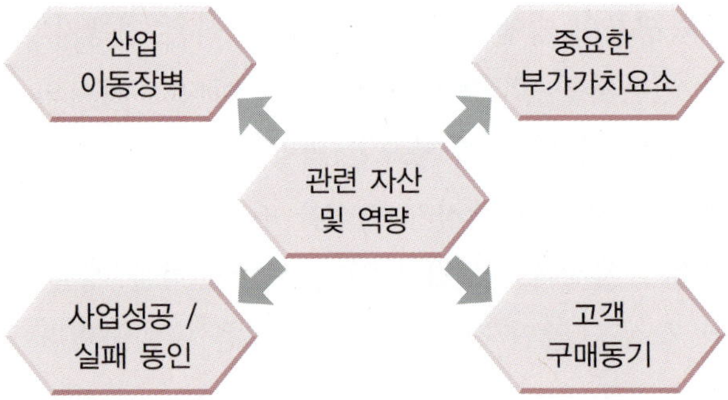

을 파악하는 것이 필요한데, [그림 3.3]에서 요약한 것과 같이 4가지 질문이 도움이 될 수 있다.

1. 어떤 사업이 오랜 시간 동안 사업성과가 높은가? 이들 사업의 성공을 가져온 자산과 역량은 무엇인가? 어떤 사업이 만성적으로 성과가 낮은가? 이들 사업에서 부족한 자산과 역량으로 어떤 것이 있는가?

정의에 따르면 지속적 경쟁우위를 제공하는 자산과 역량은 오랜 기간에 걸쳐 성과에 영향을 미쳐야 하기 때문에, 오랜 기간에 걸쳐 성과가 높은 사업은 그 역량과 자산 또한 달라야 한다. 대체로 성과의 원인을 분석하게 되면 관련 자산과 역량을 파악할 수 있다. 성과가 높은 사업은 성과의 토대가 되는 자산과 역량을 개발하고 유지해 왔지만, 경쟁력이 약한 사업은 해당산업의 성공과 관련 있는 자산과 역량에서의 약점으로 인하여 시간이 지남에 따라 뚜렷이 낮은 성과를 보이게 된다. 예를 들어, 자동차산업에서 오랜 시간 고성과를 보여주고 있는 기업 중 하나인 BMW는 수십 년 동안의 혁신을 기반으로 하여 다음과 같은 성공요인을 가지고 있다. 우수한 드라이빙 기술, 품질, R&D, 품질신뢰성, 프리미엄 자동차 회사로서의 신뢰 등이다.

2. 주요 고객의 구매동기는? 고객선호를 받기 위해 필요한 것은? 고객 고려집합에 포함되기 위해 필요한 것은?

고객의 구매동기는 구매의사결정을 내리게 하며 중요한 경쟁우위를 창출하는 자산과 역량이 무엇인지를 결정짓게 한다. 중장비 사업에서 고객은 서비스와 부품지원을 중요하게 생각한다. '세계 어디서나 24시간 부품서비스'라는 캐터필러(Caterpillar)의 약속은 고객에게 중요하기 때문에 주요 자산으로 여겨진다. 애플(Apple)사는 사용자에게 친숙한 디자인 플랫폼으로 디자이너의 구매동기에 초점을 맞추고 있다. 브랜드는 또한 고객의 고려집합에 포함되기 위해서는 주요 동기가 되는 차원에서 적어도 최소한의 조건을 갖추고 있어야 한다. 이러한 특징을 갖는다고 승자가 되지는 않지만 특징 결여는 고려집합에서 제외될 것이기 때문이다. 예를 들어, 현대(Hyundai)는 적절한 품질(adequate quality)을 가진 것으로 지각될 필요가 있다. 2009년 '베스트카' 수상은 반드시 보다 나은 포지션으로 브랜드를 도약시키지는 않지만, '적절하지 않다' 라는 지각에서 벗어나게 하는 계기는 된다.

3. 어떤 자산과 역량이 산업의 이동장벽이 되는가?

어떤 전략집단이 다른 전략집단에 비해 언제나 높은 수익을 올릴 때조차도 안정적이다. 그 이유는 진입장벽과 퇴출장벽 둘 다가 될 수 있는 이동장벽 때문이다. 일부 전략집단은 외부 경쟁자가 진입을 시도할 때 모방하기 어렵거나 때로는 불가능한 자산과 역량을 가지고 있다. 예를 들어, 국제적인 심해유정시추기업은 국내적인 연근해시추기업이 모방할 수 없는 기술과 장비 및 인적자원을 가지고 있다. 또한 이들 자산은 지금 사용되고 있는 곳 이외에서 달리 사용할 수 없기 때문에 퇴출장벽이 되기도 한다.

4. 가치사슬에서 중요한 부가가치요소는 무엇인가?

중요한 부가가치 요소에서 탁월한 기업은 지속적 경쟁우위를 가진다. 부가가치요소는 DHL의 화물처리나 델(Dell)의 콜센터처럼 원가 때문에 중요할 수 있다. 혹은 아마존의 주문시스템이나 헨켈 세정제의 원료와 같이 소비자 편익 때문에 중요할 수도 있다. 가치사슬(value chain)을 검토할 때 공급업체에서 시작하여 고객의 사용경험에 이르는 모든 중간단계를 도표로 나타내면 좋다. 이렇게 도표화하면 자사 조직 전체에서 뿐만 아니라 파트너에서까지 부가가치요소를 찾아 낼 수 있다. 가령 이베이(eBay)의 경우 운영, 고객지원, 경매서비스, 판매한 제품의 운영까지 모두가 부가가치요소가 될 수 있다.

강점과 약점의 체크리스트

[그림 3.4]는 경쟁사가 갖는 강점과 약점의 영역에 대한 개략적인 체크리스트이다. 첫 번째 영역은 기술혁신이다. 구글(Google)의 강점 중 하나는 무료로 온라인에 접근할 수 있게 하는 혁신적인 제품을 개발하는 능력인데, 구글의 신제품은 분명한 기술우위를 갖는다. 하이테크산업에서 R&D 지출비율과 기초부문 및 응용부문에 대한 할당비율은 혁신능력을 누적적으로 보여주는 좋은 지표이다. 제품특성과 성능, 신제품, 제품수정, 특허권 등과 같은 연구개발의 결과는 그 기업의 혁신능력을 더욱 명확하게 나타내는 척도이다.

경쟁자 강점과 약점의 두 번째 영역은 생산과 운영이다. 자라(Zara)의 오너인 인디텍스(Inditex)의 주요 강점은 제조능력인데, 이는 조직문화, 작업과정, 재고비용을 줄이는 능력에 기초하고 있다. 반면 카르푸(Carrefour)는 공급자와 잘 협력하여 운영상의 효율성을 높이고 있다. 이러한 원가우위에 추가하여, 양사 모두 좋은 프로세스와 시스템을 갖추고 있으면 전략적으로나 전술적으로 유연성을 가질 수 있을 것이다.

경쟁자 강점과 약점의 세 번째 영역은 장 · 단기 자금창출 또는 조달 능력이다. 든든한 주머니(재무자원)를 지닌 기업은 그렇지 못한 기업에 비해 탁월한 경쟁우위를 가진다. 자금은 특히 불황 때 중요한데, 그 이유는 든든한 자금으로 기회를 잡을 수 있기 때문이다. 기본적으로 해당사업의 자금줄인데, 자금을 어디에 사용하고 또 어디에서 창출하는지를 분석하는 것이 중요하고, 덧붙여 보유현금이나 모기업의 깊은 주머니도 중요한 원천이다.

네 번째 영역은 경영관리이다. 네슬레(Nestlé), GE, 인디아 릴라이언스 인더스트리(India' s Reliance Industries) 등과 같이 다각화로 성공한 기업의 강점은 분산된 여러 사업체를 관리(통제와 동기부여)하는 능력이다. 최고경영진과 중간경영층의 자질, 사업에 대한 지식, 이직률로 측정되는 충성도 등이 보통의 기업에 있어 중요한 자산이 된다. 분석에 있어 또 다른 측면은 조직문화이다. 조직 전체를 관통하는 가치관과 규범(조직문화)이 전략의 에너지원이 될 수 있고 걸림돌이 될 수도 있다. 특히 인포시스(Infosys)와 와이프로(Wipro)와 같은 인도의 거대기업들은 종업원들로 하여금 새로운 방향을 시도케 하는 기업가정신을 강조하는 조직문화와 이를 양육하는 조직 스킬 모두를 가지고 있다. 전략적 목표와 계획 또한 중요한 역량이 되는데, 특정 사

그림 3.4 강점과 약점 분석

혁신
- 제품과 서비스의 우수성
- 신제품개발능력
- 연구개발
- 기술
- 특허권

경영관리
- 최고경영자와 중간경영자의 자질
- 경영에 대한 지식
- 문화
- 전략적 목표와 계획
- 기업가정신
- 계획/운영 시스템
- 종업원의 충성도–이직률
- 전략적 의사결정의 질

생산
- 원가구조
- 생산시스템의 유연성
- 설비
- 원자재에의 접근성
- 수직적 통합
- 근로자의 작업태도 및 동기부여
- 생산능력

마케팅
- 제품품질의 명성
- 제품특징과 차별화
- 브랜드자산
- 제품계열의 폭–시스템 능력
- 고객지향성
- 세분화/집중화
- 유통
- 소매상과의 관계
- 광고 및 판촉스킬
- 판매력
- 고객서비스와 제품지원

재무–자본조달
- 운영에서
- 단기자산에서
- 부채를 통한 조달과 주식발행을 통한 조달
- 자본조달에 대한 모기업의 의지

고객기반
- 규모와 충성도
- 시장점유율
- 제공하고 있는 세분시장의 성장률

업체가 비전을 가지고 있고 그 비전을 추구하려는 의지와 능력을 어느 정도나 가지고 있는가?라는 질문이 이를 알아보는 척도이다.

다섯 번째 영역이 마케팅이다. 특히 하이테크분야에서 가장 중요한 마케팅 강점은 제품품질의 명성, 제품계열의 폭, 다른 제품과 구별되는 특징 등이다. 브랜드 이미지와 유통은 푸마(Puma), 메르세데스 벤츠(Mercedes-Benz), UBS와 같이 다양한 사업에서 핵심자산이 되고 있다. 진정한 의미의 고객지향성을 갖는 것도 주요 강점이 될 수 있다. 또 다른 강점으로는 효과적으로 광고를 할 수 있는 능력과 의지가 꼽힌다. 의류회사인 디젤(Diesel), 싱가포르 에어라인(Singapore Airlines), 필리핀의 산 미구엘(San Miguel) 맥주 등은 경쟁자를 압도하는 뛰어난 광고능력 때문에 성공하였다.

판매력(sales force), 서비스 활동 등과 같은 마케팅 믹스의 다른 요소들도 경쟁우위를 지탱하는 원천이 될 수 있다. 캐터필러(Caterpillar)사의 강점 중 하나는 글로벌 딜러 네트워크이다. 특히 하이테크분야에서 고객과 밀착할 수 있는 판매력이 또 다른 강점이 될 수 있다.

마지막 영역은 고객기반이다. 고객기반이 얼마나 지속적이며 얼마만큼의 충성도가 있는가? 경쟁자의 제공물은 고객이 어떻게 평가하고 있는가? 고객이 다른 공급업체로 전환한다면 감수해야 할 비용은 무엇인가? 만족스럽고 충성스러운 고객들은 이탈하기가 매우 어렵다. 서비스하고 있는 세분시장의 규모와 성장잠재력 또한 중요하다.

경쟁강점그리드

해당산업의 관련자산과 역량이 파악되면 다음 단계로 자사와 주요 경쟁자를 이들 자산과 역량으로 비교하여 평가한다. 그 결과가 바로 경쟁강점그리드(competitive strength grid)인데 자산과 역량에서 경쟁자의 위치를 요약하는데 사용한다. 지속적 경쟁우위는 특정 산업의 성공관련 자산과 역량에서 경쟁자보다 우월한 위치에 있을 때 확보된다. 따라서 성공관련 자산과 역량에서 각 경쟁사가 어떤 위치를 점하는지를 아는 것은 전략개발과 평가에 매우 중요할 수 있다.

만약 성공관련 자산과 역량에서 우월한 지위에 있지 않으면 그것을 창출해야 하거나 전략을 수정하든지 포기해야 한다. 때로는 경쟁자로 간주된 기업들 간에 차이가 없는 경우도 있다. 모든 경쟁자가 보유한 자산과 역량이 지속적인 경쟁우위의 기반이 되는 것은 아니다. 예를 들어, 비행안전도가 승객에게 중요하지만 만약 여러 항공사가 조종사의 자질과 비행기 정비능력에서 동등한 것으로 인식된다면, 비행안전도는 SCA의 기반이 될 수는 없다. 반면 어떤 항공사가 반테러안전도에 있어 우월한 것으로 승객에게 확신을 준다면 SCA의 기반이 될 수도 있다.

고급자동차시장

[그림 3.5]는 고급자동차시장의 경쟁강점그리드를 나타낸다. 왼편에 성공관련 자산과 역량을 중요한 순서대로 배열하였고, 주요 경쟁자는 상단에 표시하였다. 각 칸은 자산과 역량에서 브랜드가 점하는 위치를 평균 이상, 평균, 평균 미만을 구분하는 색으로 표시되어 있다. 그 결과 10개 브랜드의 강점과 약점을 한눈에 볼 수 있는데, BMW와 렉서스(Lexus)는 부러워할만한 포지션에 있다.

하위시장 분석

하위시장이나 전략집단 혹은 제품수준에서 분석하는 것이 때로는 바람직할 수 있다. 왜냐하면, 어떤 기업은 산업 내에 있는 모든 기업과 경쟁하는 것이 아니라 유사한 전략과 세분시장에 참여한 기업과만 경쟁하기 때문이다. 가령, 경쟁강점그리드에서 보면 안전성을 강조하는 세분시장에서 볼보(Volvo)가 보다 강하다는 것을 알 수 있다. 또한 조작 간편성을 중시하는 시장에서는 BMW가 강자일 수 있다.

분석과정

경쟁강점그리드를 만드는 과정은 견문을 넓히는 기회도 되고 유용하기도 하다. 하나의 접근방법은 여러 관리자로 하여금 그들 각자의 그리드를 혼자서 만들게 하는 것이다. 각자가 작성한 그리드의 차이를 보면 정보가 다르고 가정이 다름을 알 수 있다. 이후 조정단계에서 관련정보를 얘기하게 하고 전략적 의문을 파악하고 정리하게 한다. 가령, 경쟁자의 품질명성에서 다른 의견이 있다면 마케팅조사를 통해 어느 견해가 옳은지를 검토하게 된다. 또 다른 방법은 스탭이 예비조사를 하여 자료를 제공하고 팀이 모여서 그리드를 개발하는 것이다. 이 경우 가능하다면 실험실 검증과 고객인식조사를 통해 얻어진 객관적 정보를 사용해야 한다. 이런 정보는 다양한 차원에서 경쟁자를 측정할 때나 의견이 일치하지 않을 때 더욱 필요하다.

그림 3.5 유럽고급자동차시장의 경쟁강점그리드

자산과 역량	유럽							일본		
	벤츠	볼보	BMW	아우디	재규어	벤틀리	마이바흐	렉서스	아큐라	인피니티
1차적 성공요인										
• 제품품질	2	2	2	2	2	1	1	1	1	1
• 제품차별화	1	1	1	2	1	1	1	2	3	2
• 딜러 만족도	1	2	3	2	2	1	1	1	2	1
• 시장점유율	1	2	1	3	3	3	3	1	2	3
• 서비스품질	2	1	3	3	2	1	1	1	2	1
2차적 성공요인										
• 재무능력	2	2	1	2	3	1	1	1	1	2
• 경영품질	2	2	2	2	3	1	2	1	1	1
• 브랜드인지도	2	1	3	3	2	1	2	2	2	3
• 광고와 프로모션	1	3	1	3	2	2	2	2	2	2

1 = 평균 미만　　2 = 평균　　3 = 평균 이상

3.5 ::: 경쟁자에 대한 정보 획득

경쟁자의 웹사이트는 보통 풍부한 정보원천이고 기업고찰의 첫 번째 장소이다. 일반적으로 핵심가치 및 조직문화에 관한 진술과 함께 전략적 비전이 올려 있고 가끔은 사업포트폴리오도 볼 수 있다. 사업포트폴리오를 구성하는 방식이 사업의 우선순위에 대한 단서를 제공하기도 한다. 네슬레(Nestlé)가 식품에서 건강과 건강관리의 역할을 강조한다는 것은 투자와 경영에 대한 미래의 우선순위를 시사하고 있는 것이다. 웹사이트는 공장, 글로벌 운영, 브랜드 심벌 등과 같은 경영자산에 관한 정보를 제공하기도 한다. 이러한 웹사이트에 대한 조사는 검색엔진, 신문기사, 재무보고서 등으로 보완할 수 있다.

경쟁자에 관한 상세한 정보는 여러 원천으로부터 얻을 수 있다. 공급자와 소비자, 유통업체, 증권분석가, 주주 및 정부의 입법 및 행정부 사람들과의 소통을 통해서 경쟁자에 관한 정보를 얻을 수 있다. 또한 경쟁자의 광고, 전시회, 연례보고, CEO의 연설 등을 모니터하면 많은 정보를 얻을 수 있다. 또한 기술관련 모임이나 기술전문잡지 등도 연구개발에 관한 정보를 제공한다. 컴퓨터로 접근할 수 있는 수많은 데이터베이스에서 경쟁자와 시설에 관한 상세한 정보를 얻을 수도 있다.

경쟁자가 고객의 마음속에 어떤 포지션을 차지하고 있는지에 관한 상세한 정보는 시장조사를 통해 얻을 수 있다. 가령, 정기적인 전화조사를 통해 경쟁자의 전략이 어떤 점에서 취약한지 또는 성공할 수 있는지에 관한 정보를 얻을 수 있다. 응답자들은 다음과 같은 질문에 답하게 되는데 가장 가까운 점포는? 가장 빈번히 방문하는 가게는? 가장 가격이 싼 곳은? 가장 특별한 곳은? 가장 서비스가 좋은 곳은? 가장 깨끗한 점포는? 최고 품질의 고기를 취급하는 곳은? 최고 품질의 농산물을 취급하는 곳은? 등의 질문에 응답하게 된다. 이러한 분석으로 가치, 서비스, 제품품질에서 포지셔닝이 잘 된 수퍼체인을 알아 낼 수 있고 더 나아가 여러 번에 걸쳐 추적하다 보면 포지션이 강화되는지 약화되는지도 알게 된다. 또한 가장 편리하지 않거나 싸지 않을 때도 점포를 계속 애용할 생각이 있는지 물어 보고, 고객만족도 조사를 통해 고객의 충성도를 알아 낼 수도 있고 취약점도 알아 낼 수 있다.

주요 학습내용

1. 경쟁자는 고객의 선택에 근거하여 파악할 수 있고, 유사한 전략과 유사한 자산, 역량 및 특징을 갖는 경쟁자를 집단으로 나눈 전략집단으로 파악할 수도 있다. 어떤 방법으로 경쟁자를 파악하든 경쟁강도는 다양하다.

2. 경쟁자는 규모, 성장률과 수익성, 이미지, 목표, 사업전략, 조직문화, 원가구조, 퇴출장벽, 강점과 약점 등의 여러 차원으로 분석할 필요가 있다.

3. 잠재적 강점과 약점은 성공한 사업과 성공하지 못한 사업의 특징, 주요 고객 구매동기 그리고 부가가치 구성요소 등을 분석함으로써 파악할 수 있다.

4. 경쟁자를 관련 자산과 역량으로 평가하여 만든 경쟁강점그리드는 주요 전략정보를 간단히 요약하고 있다.

토의사항

1. 신문을 생각해 보자. 파이낸셜 타임(*Financial Time*)지의 경쟁자를 파악하고 이를 경쟁강도에 따라 나누어 보라.
2. [그림 3.5]에서 놀라운 것은 무엇인가? 벤틀리(Bentley)의 시사점은 무엇인가? 아우디(Audi)의 시사점은?
3. 논의할 사업을 고르시오. 고른 사업은 무엇인가? 이 사업의 직접 그리고 간접 경쟁자는 누구인가? 사업을 구성하는 각 카테고리에서 가장 적합한 경쟁자는 누구인가?
4. 자동차산업을 생각하라. 랜드로버(Land Rover) SUV의 경쟁자를 파악하고 경쟁강도에 따라 분류하라. 물론 전략집단으로도 나누어라. 전략집단의 KSF(핵심성공요인)는 무엇인가? 다음 5년 동안 어떤 변화가 있을 것으로 생각하는가?

참고문헌

1. Claire Murphy, "The Trouble with Heinz," *Marketing*, 14 June 2006, pp.26–28.
2. Michael E. Porter, *Competitive Strategy*, New York: The Free Press, 1980, pp. 20–21. 퇴출장벽의 개념은 14장에서 다시 논의될 것임.
3. Study by Enterbrain mentioned in *Nikkei Business Daily*, 23 July 2007.

CHAPTER 04

시장/ 하위시장분석

20세기에 접어들어 자동차산업의 발달에 의해 경제가 한 차원 높은 수준으로 발전하자 복잡한 새로운 요소가 나타나 자동차시장을 변모시키고 있다. 예들 들어 할부판매제도, 보상판매제도, 매년 신모델 출시 등이다. 나는 이러한 변화에 좋은 도로를 추가하고 싶다.

– GM의 알프레드 슬로안(Alfred P. Sloan)

비전은 보이지 않는 것을 보이게 하는 기술이다.

– 조나단 스위프트(Jonathan Swift)

준비는 승리의 절반이다.

– 미구엘 세르반테스(Miguel Cervantes)

시장분석은 시장이나 하위시장 자체 및 그 역동성에 대해 전략적인 판단을 하기 위해 실시하는 것으로 고객분석과 경쟁자분석을 기초로 하여 이루어진다. 시장분석의 주요 목적 중 첫 번째가 시장이 현재 및 잠재 참여자에게 얼마나 매력적인지를 결정하는 것이다. 이를 시장매력도라고 하는데, 이는 시장의 잠재수익성을 의미하는 것으로 장기적인 투자수익률로 측정되며 제품시장에 대한 투자의사결정에 매우 중요한 기준이 된다.

예를 들어, 마이크로소프트사는 구글과 맞대응하는 빙(Bing)이라는 브랜드를 가지고 검색엔진시장에 진입하였다. 이렇게 한 이유는 검색엔진시장의 성장가능성 때문이기도 하지만 향후 클라우드 컴퓨팅(cloud computing)으로 정보산업이 재편될 것으로 예측하기 때문이기도 하다. 물론 매력적인 시장에의 참여는 모든 경쟁자의 성공을 보증하지는 않는다. 성공 여부는 시장매력성이 중요하지만, 그것만으로 보장하지는 못한다. 자사의 자산과 역량에 부합해야 하고 경쟁자의 강점과 약점에 어떻게 필적하느냐에 달려 있다.

시장분석의 두 번째 목적은 시장의 역동성(dynamics)을 이해하는 것이다. 시장의 역동성은 새로 나타나는 하위시장, 핵심성공요인, 트랜드, 기회, 위협을 파악하기 위해서도 필요하고 정보수집 및 분석을 가이드하는 전략적 불확실성을 파악하는 데도 필요하다. 핵심성공요인은 경쟁하는데 필요한 자산과 역량이다. 만약 어떤 기업이 핵심성공요인에서 약점을 가지고 있고 이를 잘 짜여진 전략으로 보완하지 못한다면 경쟁하는데 많은 제약이 따르게 될 것이다. 한편 시장트렌드는 고객분석이나 경쟁자분석에서도 파악할 수 있지만 여기서는 보다 넓게 보고 새로운 내용이 추가된다는 점에서 다르다.

4.1 ::: 시장/하위시장분석의 차원

시장/하위시장에 대한 분석의 핵심과 내용은 상황에 따라 달라지지만 대체로 다음의 차원을 포함한다.

- 새로 출현하는 하위시장
- 현재 및 잠재시장의 규모
- 성장률

- 수익성
- 원가구조
- 유통시스템
- 트렌드
- 핵심성공요인

[그림 4.1]은 기회, 위협 및 전략적 불확실성을 파악하려는 논의를 유도하기 위해 던지는 질문들이다. 4장에서 시장규모 평가를 시작으로 시장/하위시장 분석의 다양한 차원을 차례로 논의할 것이다. 끝으로 성장시장의 위험에 대해 논의하는 것으로 마무리를 짓는다.

그림 4.1 시장분석에 도움이 되는 질문

하위시장
증폭제품, 틈새시장, 시스템화, 새로운 용도, 기존제품의 리포지셔닝, 고객 트렌드, 신기술 등으로 새롭게 부상하는 하위시장이 있는가? 있다면 하위시장을 어떻게 정의할 것인가?

시장규모와 성장률
현재 중요하고 앞으로 중요하게 될 하위시장은? 이들 시장의 규모와 성장속도는? 쇠퇴하고 있거나 곧 쇠퇴하게 될 하위시장은? 쇠퇴의 속도는? 매출 변화를 가져오는 동인은?

수익성
각 시장/하위시장에서 다음과 같은 내용을 분석: 평균 수준의 업체도 이 시장에서 수익을 올릴 수 있는가? 기존업체 간의 경쟁이 어느 정도나 치열한가? 잠재 진입자와 대체제품으로부터의 위협은 어느 정도인가? 공급선과 고객이 갖는 교섭력은 어느 정도인가? 시장과 하위시장은 현재 및 미래에 어느 정도나 매력적이며 수익성이 있는가?

원가구조
다양한 시장 참여자의 주요 원가 및 부가가치 창출 요소는?

유통시스템
대체 유통경로는? 그 변화는?

시장 트렌드
시장 트렌드는 어떠한가?

핵심성공요인
성공적으로 경쟁하는 데 필요한 자산과 역량은? 이들이 앞으로 어떻게 변할까? 어떤 전략으로 경쟁자의 자산과 역량을 무력화시킬까?

4.2 ::: 하위시장 출현

역동적인 시장에서 사업을 하는 기업이라면 아래에 소개된 적합성(relevance)이란 도전과 기회를 잘 활용해야 한다. 적합성 도전이란 새로 출현하는 하위시장들을 찾아 내고 이해하여 자사의 자산과 역량에 적합한 하위시장을 선택하고 이 시장에 관련성이 높도록 제공물과 브랜드를 조정하는 것을 말한다. 적합성 기회란 하위시장에 자사의 적합성을 높여 경쟁자의 적합성을 떨어뜨리는 것을 말한다.

적합성

인지도, 태도 그리고 심지어 충성도에서 확고한 브랜드라도 새로 출현하는 하위시장에서 적합성을 갖지 못하여 시장점유율을 잃게 되는 예는 허다하다. 만일 고객이 하이브리드 자동차를 원하면, 기존의 SUV를 얼마나 좋게 생각하느냐는 중요하지 않다. 고객의 욕구가 변하여 하이브리드 자동차에 관심이 있다면 SUV로 유명한 브랜드는 고객에게 적합하지 않을 것이다. 이러한 욕구에 맞추어 기존 브랜드로 하이브리드카를 만들지라도 적합성이 있다고 보기는 어렵다. 하이브리드카 하위시장은 SUV와는 다르고 브랜드도 달라야 적합성이 확보될 수 있는 것이다.

브랜드 적합성(brand relevance)은 다음 두 가지 조건이 충족될 때 성립한다. 첫째, 속성집합, 용도, 사용자 집단, 혹은 기타 특징의 조합으로 정의된 하위시장에 대한 고객의 욕구나 바람이 존재해야만 한다. 둘째, 가망고객이 해당브랜드를 하위시장에 적합한 브랜드 집합에 속하는 것으로 간주해야 한다.

그러나 하위시장의 여러 브랜드들 사이에서 이기려면 두 가지 조건만으로 충분치 않다. 고객을 확신시키는 두 가지 조건이 더 필요하다. 하나는 해당브랜드가 속한 하위시장이 고객에게 적합하다고 고객을 확신시켜야 한다. 문제는 고객이 안 좋은 브랜드를 선택하는 것이 아니라 안 좋은 시장을 선택하는 것이기 때문이다. 두 번째 조건은 고객으로 하여금 해당브랜드를 하위시장에 있는 대안 중 하나로 확신시켜야 하는 것이다. 이것은 해당브랜드가 기존시장 및 하위시장에서 제대로 포지션돼야 함을 말하는 것이다. 그러려면 고객이 기대하는 것을 가시적으로 보여 줄 수 있어야 한다.

거의 모든 시장에서 적합성 문제를 발생시키는 극적이면서 빠른 변화를 겪고 있다. 컴퓨터, 컨설팅, 항공사, 파워발생기, 스낵음료, 애완동물사료, 장난감, 재무서비스 등 거의 모든 산업에서 예를 볼 수 있다. 디지털 이미징 세상의 도래로 제록스, 코닥, HP, 마이크로소프트, 캐논 등이 적합성 도전에 직면하고 있다. 우편, 전화, 종이신문 또한 같은 도전에 직면하고 있다. 미쯔비시는 전기차, 하이브리드 자동차로 이러한 적합성 도전에 대처하고 있고, 니베아는 남성용 스킨케어시장으로 진입하고 있다.

이러한 변화를 관리하는 핵심은 두 가지이다. 첫째, 하위시장을 탐색하고 이해해야 하며 이 하위시장이 어떻게 진화할지 예견해야 한다. 둘째, 이들 새로 출현하는 하위시장을 활용하는 조직적합성을 가져야만 한다. 조직적합성이란 변화를 탐지하는 조직기술, 변화하려는 조직 활력, 잘 고안된 브랜드 전략을 가지는 것을 말한다.

경쟁자의 시장 적합성을 떨어뜨리도록 새로운 하위시장을 출현하게 하는 전략 역시 있을 수 있다. 애플은 아이팟(iPod)으로, 테스코(Tesco)는 온라인점포와 가정 배달서비스로 이를 실현하였다. 매그너스/불머스(Magners/Bulmer's)는 포장 크기를 달리한 맥주와 라이트 맥주를 출시하여 경쟁사의 적합성을 떨어뜨렸고, 기네스(Guinness)맥주는 품질을 증명하는 것을 병 속에 넣어 성공하였다. 하위시장을 창출하고 우위를 점하려면 적합한 제공물, 적합한 기업, 적합한 시기가 필요하다. 세 가지가 합해질 때 새로운 하위시장은 홈런이 될 수 있다.[1]

12장에서 새로운 사업 영역이나 하위시장의 특징을 자세히 다루게 될 것이다. 이들 특징들을 이해하면 새로 출현하는 하위시장을 탐색하고 분석하는데 도움이 될 수 있는데, 예를 들면 다음과 같다.

- 보다 낮은 가격–저가 항공사
- 비사용자 – 코닥 브로우니(Kodak Brownie) 카메라
- 니치시장 – 스노우보드 성능
- 시스템 솔루션 – 가정용 시네마 시스템
- 미충족욕구 – 경험을 구매하는 렉서스(Lexus) 자동차
- 고객 트렌드 – 활력을 주는 에너지 드링크
- 신기술 – 질레트 퓨전(Gillette Fusion) 면도기

4.3 ::: 시장/하위시장의 현재 및 잠재시장규모

시장이나 하위시장 분석은 시장규모가 얼마인지를 산정하는데서 시작되는데, 만약 시장점유율 15% 증대를 전략의 성공기준으로 삼는다면, 우선 전체 시장규모를 알아야 한다. 공개된 기업의 재무분석 자료, 고객, 정부자료, 업계 잡지와 협회 발간 자료 등이 도움이 될 수 있는 정보원이고, 결정적인

정보원은 표본 사용자의 사용수준을 조사하여 전체 모집단으로 환산하는 것이다.

잠재시장-이용갭

현재 시장규모에 덧붙여 잠재시장규모도 시장의 매력도를 판단하고 그 동태성을 판단하는데 유용하다. 새로운 용도가 발견되고 새로운 사용자 집단이 나타나고 사용빈도가 증가하면, 시장의 규모와 그 시장의 향후 전망이 급격히 변할 수 있기 때문이다.

예를 들어, 유럽의 시리얼 소비가 미국의 25%에 불과하기 때문에 유럽 시리얼시장에는 잠재시장이 존재하는 것으로 볼 수 있다. 미국과 유럽의 시리얼 사용량의 차이를 이용갭(usage gap)이라고 하는데, 여러 가지 방법으로 이용갭을 메울 수 있다. 예를 들어, 우유를 신선하게 유지하는 기술을 개발하여 시리얼을 야외에서도 편리하게 먹을 수 있게 한다면, 사용량은 더욱 높아질 것이다. 물론, 이렇게 되려면 잠재시장의 존재를 파악하는 것뿐만 아니라 이를 이용할 비전과 프로그램을 갖추는 것이 열쇠다. 지금까지 시장잠재력을 알아채고 이를 활용하는 통찰력을 갖지 못해 투자기회를 놓친 예는 너무나 많다.

허수잠재성

때때로 어떤 시장은 너무 화제의 초점이 되고 또 그 필요성이 명백하여 성장잠재력이 분명한 것으로 받아들여지는 경우가 있다. 루이스 캐롤(Lewis Carroll)의 동화 속에 나오는 주인공이 "내가 너에게 세 번 말한 것은 사실이다"라고 말한 것처럼 여러 번 얘기되면 당연히 실현될 것으로 본다. 하지만 이러한 잠재성의 실현을 저지하거나 방해하는 요인이 있다. 이로 인해 잠재성이 실현되지 않는 것을 실체가 보이지 않는 유령에 비유하여 허수잠재성(ghost potential)이라고 한다. 가령, 컴퓨터에 대한 수요가 개도국에서 존재할 것으로 보이지만 자금부족과 기술문제로 현실은 그렇지 못하다. Boo.com이나 Pets.com처럼 많은 닷컴회사가 과대선전의 수혜자였으나 실패한 것은 애플리케이션이 성장하지 못했기 때문이다.

작은 시장의 아름다움

투자기준이 소규모시장에 대한 투자를 막는 예를 흔히 볼 수 있다. 유니레버(Unilever), 디아지오(Diageo), 네슬레(Nestlé)는 오랫동안 출시 후 수 년 내에 일정한 매출액을 달성할 수 있는 신제품만을 출시하고 있다. 하지만 마이크로마케팅처럼 보다 작은 틈새시장에서의 활동이 늘어나고 있는데, 만약 이들 시장을 무시한다면 수익성 있고 활력 있는 시장에서 스스로를 내쫓는 격이 될 것이다. 게다가 12장에 기술한 것처럼 대부분의 중요 사업이 처음 몇 년간은 규모가 작으며, 설혹 커지지 않더라도 작은 규모가 매력인 틈새 하위시장이 되는 경우도 있다. 따라서 시장이 단순히 작다고 피하는 것은 경쟁자가 선발이점(first-mover advantage)을 갖게 하는 것이다.

게다가, 크리스 앤더슨(Chris Anderson)은 그의 책 롱테일경제(The Long Tail)에서 기술환경이 변하여 작은 틈새시장도 경제성이 있어지기 때문에 시장규모가 작다고 이를 간과하지 말아야 한다고 주장하고 있다.[2] 음악, 연예, 방송사업에서 대규모의 히트 제품이 아닌 꼬리(tail)에 해당하는 틈새제품이 중요해지고 있는 예를 찾을 수 있다. 예를 들어, 미국의 온라인 DVD 대여 업체인 네트플릭스(Netflix)는 55,000개의 타이틀을 보유하고 있는데, 대개 3,000개 이하의 타이틀을 취급하는 일반 소매점에서 볼 수 없는 타이틀로 판매액의 21%를 벌어들이고 있다. 리얼 네트웍스(Real Networks)가 운영하는 주문서비스인 랩소디(Rhapsody)는 1,500만 이상의 뮤직 트랙을 제공하여 일반 소매점에서 구할 수 없는 트랙을 통해 매출액의 41%를 벌어들이고 있다. 오프라인 소매점이 취급하는 제품이 제한적인 기업들은 자사의 웹사이트를 통해 전체 제품계열을 제공할 수 있다. 예를 들어, 키친에이드(KitchenAid)는 50개의 색상을 가진 제품을 오프라인으로 제공하고 이베이(eBay), 아마존(Amazon), 구글(Google) 등을 통해 작은 니치 아이템을 보다 경제적으로 판매하고 있다. 매년 2,5000개의 아이템이 수퍼마켓에서 팔리고 자동차회사가 250개의 다른 모델을 판매하고 있다는 사실은 인터넷 밖에서도 니치마케팅이 효율적일 수 있음을 시사하고 있다.

너무 많은 틈새제품을 취급하는 것이 불리할 수도 있다. 첫째, 제공물들이 너무 폭 넓으면 운영비와 마케팅비가 엄청나게 늘어날 수 있기 때문이다. 둘째, 고객이 너무 많은 선택으로 당황하여 오히려 의사결정을 단순화시켜 주는 제품인 콜게이트(Colgate)의 토털(Total)과 같은 제품을 찾을 수 있기 때문이다. 따라서 많은 기업이 너무 많은 제품계열을 정리하고 있다. 그럼에도 불구하고 니치시장분석은 엄연한 현실이다. 정보기술과 배달시스템의 발달로 과거 어느 때보다도 "작은 것이 아름다울 수 있다(small can be beautiful)"는 슬로건이 실현될 수 있는 여건은 성숙되어 가고 있다.

4.4 ::: 시장/하위시장의 성장률

시장과 하위시장의 규모에 대한 추산이 끝난 뒤 초점은 성장률로 옮겨 간다. 시장과 하위시장이 앞으로 어느 정도로 커질 것인가? 만약 다른 변수들이 불변한다고 가정할 때 시장성장률은 시장점유율의 증가 없이도 판매량이나 이윤이 커질 수 있음을 의미한다. 뿐만 아니라 수요가 공급보다 빠르게 증가할 때는 가격압박정도가 덜하여, 경험곡선에 근거하여 도입기에 가격을 원가 이하로 책정하지 않아도 된다는 것을 의미한다. 반대로 성장률 하락은 단순히 매출액감소를 의미할 수 있겠지만 경쟁업체들 간에 더 작아진 파이를 놓고 자기 몫을 챙기려 다투기 때문에 가격압박 정도는 더 심해진다는 것을 의미한다.

그래서 성장하는 시장을 찾아 투자하거나 쇠퇴하는 조짐을 파악하여 피하거나 투자회수하는 것이 좋은 전략적 선택이 될 수 있다. 하지만, 현실은 그렇게 간단치가 않다. 특히 쇠퇴기에 접어든 제품시장은 신규진입자가 없고 투자하지도 않고, 기존경쟁자마저 퇴출이나 처분하는 경우가 많아 오히려 좋은 기회가 될 수도 있다. 보다 적극적으로 타기업이 퇴출하도록 유도하거나 가장 생존가능성이 높은 세분시장에서 지배적 위치를 점하여 이익을 남기는 생존자가 되도록 할 수도 있다.

이처럼 성장하는 시장이 매력적이라는 기존의 상식이 언제나 옳은 것은 아닐 수 있다. 성장기에 더 많은 위험에 직면할 수 있기 때문이다. 성장기를 올바르게 평가하는 것이 중요하기 때문에 이들 위험은 이 장의 마지막에서 다루기로 한다.

시장의 성장동력 파악

여러 여건에서 가장 중요한 전략적 불확실성은 매출액 변화추이인 시장의 동태성이다. 따라서 투자의사결정과 같은 주요 전략적 의사결정을 잘 하느냐의 여부는 시장동태성을 결정하는 성장동력(driving force)을 얼마나 정확히 파악하고 이해하느냐에 달려 있다.

성장동력을 알아 내기 위해서는 앞서 2장에서 논의한 바와 같이 적절한 질문을 던지는 데서 시작한다. 어떤 성장동력이 이 시장의 매출액 등락을 결정하는지를 질문하는 것이다. 가령, 새로운 전자제품의 매출은 제품원가, 산업표준의 발전, 대안기술의 출현 등에 의해 그 미래가 결정될 수 있다. 이들 세 가지가 바로 성장동력이다.

와인시장의 성장동력은 와인과 건강의 관계, 프리미엄 적포도주에 대한 미래의 수요 등이 될 것이다. 프리미엄 적포도주의 미래수요를 결정하는 성장동력은 하위단계의 질문으로 답할 수 있을 것이다.

성장률 예측

우리가 신중하게 활용만 한다면 역사적 자료는 현실을 보다 정확히 직시하는네 큰 도움이 된다. 초기 구매와 재구매의 시기에 근거하여 새로운 포장재의 성장률을 정확히 예측할 수 있고, 내구재는 초기 판매 패턴을 투영하여 예측할 수 있다. 그러나 이러한 예측에는 주의가 필요하다. [그림 4.2]에서 보는 바와 같이 자료가 보여주는 명백한 트렌드가 일시적인 경제여건으로 인한 것이거나 아니면 무작위로 발생하는 변동일 수 있기 때문에 과거의 트렌드를 미래로 투영하여 예측하는 외삽(extrapolation)은 매우 위험할 수 있다. 더구나 전략적 관심은 과거의 투영에 있지 않고 성장 변화율과 방향의 변환시점인 전환점(turning point)을 알아 내는 것에 있다.

때때로 전환점을 예측하는데 시장매출액의 선행지표가 도움이 되는데 대표적인 선행지표는 다음과 같다.

- **인구통계 자료:** 신생아 출산지수는 교육수요의 선행지표이고, 곧 65세가 될 인구 수는 실버주택수요의 선행지표이다.

그림 4.2 매출패턴

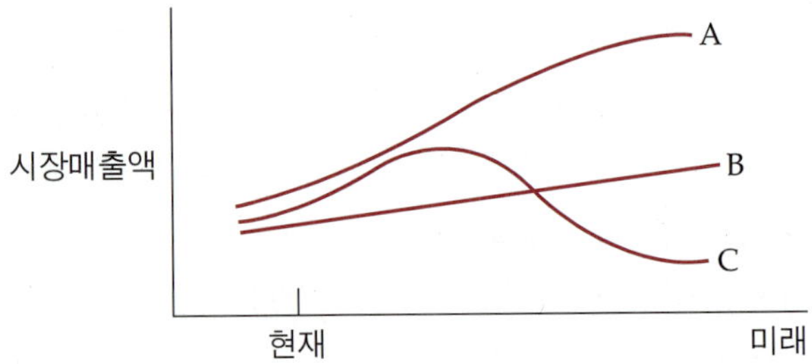

- **관련기기 매출액:** 개인용 컴퓨터와 프린터의 매출액은 소모품과 서비스 수요의 선행지표가 된다.

특히 신규시장인 경우 시장매출액은 유사업종의 경험을 바탕으로 예측할 수 있다. 유사업종의 경험을 아날로그(analog)라고 하는데, 유사한 특징을 가진 이전의 시장을 찾아 내는 것이 핵심이다. 가령, 컬러 TV의 매출액은 흑백 TV의 매출액과 유사한 패턴을 가질 것으로 보고 추산할 수 있다. 새로운 종류의 스낵 매출액은 이전에 출시된 다른 스낵제품이나 시리얼 바나 에너지 바와 같은 제품의 과거자료를 토대로 산출할 수 있을 것이다. 만일 여러 유사 제품군의 경험을 이용할 수 있고 제품군 간의 차이를 밝혀 낸다면 정말 가치 있는 정보를 얻을 수 있을 것이다.

하위시장 성장률

하위시장 성장률은 투자의사결정과 가치제안에 영향을 주기 때문에 중요한데, 기존의 하위시장과 새롭게 부상하는 하위시장의 성장률로 나눌 수 있다. 맥주시장 전체의 매출성장은 정체이지만 수입맥주는 줄어들고 기능성 맥주는 눈에 띄게 성장하고 있다. 퀵서비스 레스토랑이 2009년 금융위기로 유럽에서 다시 회복되고 있고, KFC 소유인 얌! 브랜드(Yum! Brands)와 피자헛(Pizza Hut)은 소비자들의 편의성 추구에 힘입어 중국에서 20% 이상의 매출신장을 하고 있다.

성숙기와 쇠퇴기 탐색

시장매출액의 중요한 전환점은 제품수명주기가 성장단계에서 성숙단계로 접어들거나 성숙단계에서 쇠퇴단계로 접어드는 때이다. 이러한 단계전환은 전체적인 시장성격이나 시장의 건강성여부를 판단하는데 중요한 역할을 하고 또 이 과정에서 핵심성공요인이 변하기도 한다. 어떤 시장의 매출액 추이와 이윤 추이에 대한 과거자료는 그 시장의 성숙기와 쇠퇴기 여부를 판단하는데 중요하지만 다음과 같은 자료들이 판단의 정확성을 높이는데 도움이 된다.

- **과잉설비와 제품차별화 부족으로 야기된 가격압박.** 성장이 둔화되거나 퇴보할 때에 미래를 낙관하여 행한 신규투자가 과잉설비를 낳는다. 더구나 제품시장이 성숙하면서 대부분의 경쟁자가 비슷하게 제품개량을 하기 때문에 제품차별화가 없어지게 된다.
- **제품에 대한 고객의 지식 증대.** 제품이 성숙기에 접어듦에 따라 구매자는 제품에 대해 보다 익숙해지고 많은 지식을 쌓게 되어, 유명브랜드 제품을 비싼 가격으로 구입하기를 꺼리게 된다. 여행객들은 가장 저렴한 가격을 제시하는 항공사를 선택하는데 더 많은 지식을 갖게 되었다. 이는 고객에게 가장 싼 항공사를 알려 주는 인터넷, 웹사이트, 세이잇(SAYIT)과 같은 항공 대리인 덕분인데, 이들로 인해 KLM과 루프트한자(Lufthansa)와 같은 항공사 브랜드의 가치는 감소하고 있다.
- **대체제품이나 기술의 출현.** 스카이플러스(SKY+)와 티보(TiVo)같은 개인 TV 서비스의 출현은 VCR의 쇠락을 예견하고 있다.
- **시장포화.** 초기구매자의 수가 감소할 때 그 시장은 성숙기나 쇠퇴기에 접어든 것이다.
- **새로운 성장원의 부재.** 시장이 완전히 침투돼 성장원이 될 새로운 용도나 사용자가 보이지 않는다.
- **고객의 무관심.** 제품의 용도나 신제품 발표에 대한 고객의 관심이 줄어든다.

4.5 ::: 시장과 하위시장의 수익성

많은 경제학자들은 어떻게 특정 산업이나 시장만이 유독 높은 수익성을 누리는지에 대해 오랫동안 연구해 왔다. 하버드대학의 경제학 교수인 마이클 포터는 특정산업, 시장 및 하위시장에 대한 투자문제에 자신의 이론과 연구결과를 적용하여, 투자문제의 핵심인 수익성을 예측하는 모델을 제시하고 있다.[3] 물론 어떤 기업이든 평균 이상의 수익을 올리는 전략을 개발하려고 하겠지만 객관적으로 보아 평균수익률이 높다면 자금조달이 용이하다.

수익성을 추산하는 포터의 모델을 산업구조분석(industry structure analysis)이라고 하는데 비록 산업구조에 대한 분석이라고 하지만 산업 내의 특정시장이나 하위시장에도 적용할 수 있다. 이 모델의 기본적인 아이디어는 평균기업이 달성하는 장기투자수익률은 [그림 4.3]에서 보는 것처럼 5가지 요인에 달렸다고 보는 것이다. 따라서 5포스 모델 혹은 5요소 모델이라고도 한다.

- 기존 경쟁자들 간의 경쟁강도
- 수익이 높으면 진입하려는 잠재경쟁자의 존재여부

그림 4.3 포터의 시장수익성을 결정하는 5요소 모델

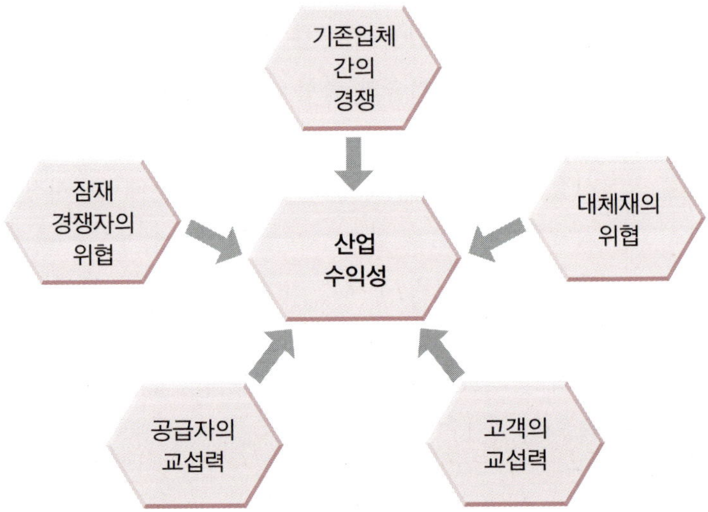

- 가격이 높으면 고객을 유인하게 될 대체재의 존재여부
- 고객 교섭력
- 공급자 교섭력

이들 요인들은 역사적으로 볼 때 어떤 산업이 타산업에 비해 왜 수익성이 높은지를 설명하는데 각자 일익을 담당하지만, 이들은 경쟁압력을 극복하기 위해 필요한 핵심성공요인이 무엇인지도 알려 준다.

기존 경쟁자

기존 경쟁자 간의 경쟁강도는 다음과 같은 요인에 의해 결정된다.

- 경쟁자의 수, 규모, 몰입도
- 제품과 전략의 유사성
- 높은 고정비
- 퇴출장벽

첫 번째 고려사항은 이미 시장에 있거나 진입하려 하는 경쟁자의 숫자이다. 경쟁자가 많을수록 경쟁의 강도는 높아진다. 힘을 가지고 그 산업에 몰입하는 대기업인가 아니면 작고 약한 기업인가의 여부도 경쟁강도를 결정한다. 두 번째 고려사항은 차별화의 정도이다. 제품이 경쟁자와 유사한가? 혹은 고객이 선호하는 USP(unique selling proposition)를 가지고 있는가?라는 질문으로 유사성을 판단한다. 세 번째 요인은 고정비 수준이다. 통신업이나 항공산업과 같이 고정비가 높은 산업은 가동률을 높이기 위해 가격경쟁을 하게 될 것이다. 마지막으로 특유자산, 고객이나 유통업자와의 장기계약, 기업의 다른 사업부문과의 관계 등과 같은 퇴출장벽(exit barrier)의 존재도 경쟁강도를 결정하는데 중요하다.

2008/9년의 금융위기와 그 후에 많은 산업에서 나타나는 몰락의 주요 요인은 경쟁자의 수 때문이다. 수요가 풍부하고 자본에 쉽게 접근할 수 있는 호황기에는 차별화수준이 낮은 제품으로도 성공할 수 있었기 때문에 너무 많은 경쟁자가 시장에 진입한 것이었다.

잠재 경쟁자

어떤 산업에 흥미를 가질지도 모르는 잠재 경쟁자를 파악하는 문제는 이미 3장에서 다루었다. 파악된 경쟁자든 파악되지 않은 경쟁자든 실제로 시장에 진입하는 것은 진입장벽(entry barrier)의 크기와 특성에 달려 있다. 따라서 진입장벽 분석은 미래의 경쟁강도와 수익성 수준을 추정하는데 있어 매우 중요하다.

대규모의 초기투자(태양광이나 핵발전소의 인프라구축 비용), 규모의 경제(마이크로 소프트의 성공은 대부분 규모의 경제에 근거함), 유통경로(헨켈과 다농의 고객접근성은 쉽게 모방할 수 없음), 제품차별화(싱가포르 에어라인과 만다린 오리엔탈 호텔은 동양문화로 서비스를 차별화하고 있음) 등이 진입장벽의 예다.

대체재

대체재(substitute products)는 주요 경쟁자보다 경쟁의 강도가 낮은 기업들이 생산하는 경우가 많다. 그러나 이들 대체재는 기존제품과 관련성이 매우 높으며 시장의 수익성에도 영향을 미칠 수 있고 중요한 위협이 될 수도 있다. 가령 플라스틱, 유리, 섬유호일제품은 금속캔 시장에 압력을 가할 수 있고 전자경보시스템은 경비인력의 대체재가 될 수 있다. 또한 이메일은 미국의 DHL이나 인도의 DTDC로 대표되는 빠른 우편시장에 심각한 위협이 되고 있다. 대체재는 가격 대비 성능에서 꾸준한 향상을 보이고 있어, 고객의 전환비용이 낮은 대체재를 특히 주의해야 한다.

고객의 교섭력

고객이 판매자보다 더 큰 힘을 갖고 있을 때 강제로 가격을 인하하도록 하고, 보다 많은 서비스를 요구하여 수익성에 영향을 미치게 된다. 고객의 구매량이 판매자의 전체 매출액에서 큰 비중을 차지하거나, 구입선을 바꿀 수 있거나, 고객이 후방통합을 하여 제품의 일부나 전부를 조달할 수 있을 때 고객의 교섭력(customer bargaining power)은 커질 것이다. 예를 들어, 타이어회사의 강력한 고객은 자동차회사이며, 청량음료회사는 강력한 구매

파워를 가지는 패스트푸드 업체에 납품하고 있다. 월마트(Wal-Mart)는 공급업체에 대해 거대한 파워를 가지고 있어 가격과 제품스펙을 지시할 수 있는데, 만약 공급업체들이 이를 따르지 않으면 이를 따르려는 다른 공급업체들이 존재하여 쉽게 교체할 수 있다. P&G는 어떤 카테고리에서는 30%, 일반적으로 15%에 이르는 제품들을 월마트를 통해 판매하기 때문에, 이 거대한 생필품 업체조차도 고객교섭력의 영향을 받는다.

공급자 교섭력

공급이 몇몇 기업에 집중돼 있거나 다양한 시장에 있는 여러 고객에게 제품을 공급하고 있을 때 공급자가 가격에 영향을 미칠 수 있는 힘이 커진다. 이 교섭력(supplier bargaining power)은 고객이 그들에게 공급하는 공급자를 교체할 경우 감수해야 할 비용이 많이 들 때도 커진다. 가령 고도로 집중화되어 있는 석유사업의 경우 고객이 석유에서 다른 에너지원으로 대체하는데 많은 비용이 소요된다는 것을 알기 때문에 이익에 영향을 미치는 막강한 힘을 가지게 된다. 그러나 폐기물을 소각하여 자체에너지 조달이 가능한 재생에너지의 잠재력은 여러 곳에서 힘의 균형을 점차 바꾸고 있다.

4.6 ::: 원가구조

시장의 원가구조(cost structure)를 이해하면 현재와 미래의 핵심성공요인이 무엇인지에 대한 통찰력이 생긴다. 어디서 부가가치가 창출되는지 알아보기 위해서 [그림 4.4]와 같이 가치사슬분석을 시작한다. 이 그림에서 보는 것처럼 가치사슬의 한 단계에서 부가되는 부가가치의 비율이 높아지면 그 단계가 바로 하나의 핵심성공요인이 되는데, 이 단계와 관련된 자원이나 기술에 대한 통제를 모색할 수도 있다. 대부분의 경쟁자는 가치사슬 중 가장 부가가치가 높은 단계에서 가장 낮은 원가로 생산하는 것을 목표로 하고 있다. 낮은 부가가치단계에서 유리한 입장이 되더라도 레버리지 효과가 작기 때문이다. 예를 들어, 금속 캔 사업에서 수송비가 상대적으로 높은 비중을 차지하므로 공장이 고객 가까이에 위치해 있는 업체는 원가우위를 점할 수 있다.

그림 4.4 가치사슬과 핵심성공요인

생산단계	각 생산단계를 핵심성공요인으로 갖는 산업
• 원자재 확보	• 금광, 포도주 제조
• 원자재가공	• 철강, 제지
• 생산가공	• 반도체, 타이어
• 조립	• 의류, 기계
• 물류	• 생수, 금속캔
• 마케팅	• 화장품, 주류
• 서비스	• 소프트웨어, 자동차
• 기술개발	• 레이저, 의료시스템

고부가가치단계에서 우위를 점할 수 없는 경우도 있는데 제빵회사의 밀가루와 같은 원재료는 높은 부가가치를 창출하지만 누구나 시장가격으로 쉽게 구할 수 있기 때문에 핵심성공요인이 될 수 없다. 그럼에도 불구하고 부가가치가 가장 높은 단계를 제일 먼저 탐색하는 것은 매우 유용한데 변화가 있을 때는 더욱 그렇다. 시멘트시장은 철도나 트럭으로 수송할 때는 특정지역으로 국한되었지만 전용선이 개발되어 해운운송비가 급격히 떨어지자 핵심성공요인이 지역육로수송에서 전용선박의 확보와 생산규모로 바뀌었다.

4.7 ::: 유통시스템

유통시스템 분석에는 다음의 3가지 질문이 반드시 포함돼야 한다.

- 대체 유통경로는 무엇인가?
- 유통경로의 트렌드는 무엇인가? 어떤 경로의 중요성이 높아지고 있는가? 어떤 경로가 새로 나타났거나 나타날 것인가?
- 누가 경로상에서 힘을 가지고 있고 또 앞으로 힘이 어디로 옮겨 갈 것인가?

때로는 새로운 유통경로의 창출이 지속적 경쟁우위가 될 수 있다. 테스코(Tesco)의 온라인 판매가 극적인 예가 될 수 있는데, Tesco.com은 새로 개발하려면 시간과 자원이 필요한 전용 네트워크를 구축하는 대신 기존 점포를 이용하여 물류를 관리하였기 때문에 빠르게 수익을 증대할 수 있었다. Tesco.com은 2009년 1조 900만 유로 매출, 19억 유로 이익으로 전년대비 20%가 증가한 것으로 보고되었다. 이처럼 기존 유통경로뿐만 아니라 잠재적인 유통경로까지도 고려하는 것은 매우 유용하다.

유통경로 내의 변화가능성 혹은 최근의 변화를 분석하는 것도 시장의 핵심성공요인을 이해하는데 중요할 수 있다. 수퍼마켓에서 와인 판매가 증가하자 와인 제조업체들은 와인 패키지와 광고에 초점을 두기 시작하였다.

4.8 ::: 시장 트렌드

외부분석의 가장 유용한 요소 중 하나가 시장 트렌드(market trends)에 관한 질문이다. 이 질문은 두 가지 중요한 내용을 가지는데 '변화'에 초점을 두며 '중요한 것'이 무엇인지를 파악하는 것이다. 시장 트렌드를 알게 되면 전략적으로 유용한 통찰력을 얻게 된다. 시장 트렌드는 고객, 경쟁자 및 시장분석을 요약한 것이 될 수 있어, 시장분석의 마지막쯤에 파악하는 것이 효율적이다.

글로벌 청량음료시장이 침체된 반면 무탄산 음료는 급격하게 성장하고 허브와 비타민이 강화된 음료의 매출은 폭발적으로 증가하고 있다. 당연히 주요 청량음료회사들은 이들 트렌디한 카테고리에서 포지션을 구축하기 위해 노력할 것이다. 다크 초콜릿이 심장을 튼튼하게 한다는 연구로 인해 그린 앤 블랙(Green & Blacks)과 같은 다크 초콜릿과 프리미엄 초콜릿 브랜드의 매출액이 급격히 증가하였다. 다른 초콜릿 제조업체들이 그들의 제품계열을 정비하려 서둘렀지만 아직 이렇다 할 제품을 만들지 못하고 있다.

트랜드 대 패드

성장의 동력이 되고 여기에 맞추어 차별화된 전략을 개발하는 기업에게 큰 보상을 주는 트렌드(trends)와 일시적인 유행인 패드(fads)는 구별되어야 한다. 패드는 단지 관심을 끌어들일 만큼만 지속되고 그 후에는 명맥만 유지하거나 영원히 없어지기까지 하는 것을 말한다. 자전거의 고전적 이름인 스윈(Schwinn)은 1985년에 산악용자전거를 패드로 보고 적절한 조치를 취하지 않아 결국 시장포지션과 기업 건전성에 비참한 결과를 초래하였다.[4] 저탄수화물과 같은 식품 트렌드가 장기간의 트렌드가 될 것이라는 잘못된 판단으로 신제품과 업체 인수에 투자하였지만 결국 실패하고 말았다.

잰들 그룹(Zandl Group)은 트렌드를 패드와 구분할 수 있는 세 가지 질문을 제시하고 있다.[5]

- **원동력이 무엇인가?** 트렌드는 이를 지탱하는 견고한 다리를 가진다. 트렌드는 대중문화보다는 인구통계에 의해, 유행보다는 가치에 의해, 한곳으로 몰려가는 군중보다는 라이프스타일에 의해, 언론매체보다는 기술에 의해 추동된다.
- **주류시장에 접근하는가?** 이 질문은 다시 이렇게 나누어진다. 어느 정도까지 가다가 끝나는 니치시장에 국한되는가? 깊게 밴 습관에 큰 변화를 요구하는가? 제품이 너무 비싸거나 사용하기가 너무 어려워 이를 극복하는데 많은 시간이나 자원투입이 필요한가?
- **이것이 광범위한 현상인가?** 여러 카테고리나 산업에 걸쳐 나타나고 있는가? 예컨대, 오리엔트풍이 헬스케어, 음식, 피트니스, 디자인에서 명백하다면 트렌드로 볼 수 있을 것이다.

소비트렌드의 대가인 페이스 팝콘(Faith Popcorn)은 트렌드가 소비자로 하여금 제품을 구입하게 하는 것이라면 패드는 제품의 변화를 유발하는 것이라고 하였다. 그녀는 또한 크고 넓으며 보통 10년이 지속되는 트렌드는 창출되거나 변화되는 것이 아니라 관측되는 것이라고 한다.[6]

패드에 대해 피터 드럭커(Peter Drucker)는 또 다른 생각을 말한다. 트렌드가 사람들이 행동하는 그 무엇에 대한 것이라면 패드는 사람들이 얘기하는 그 무엇이라고 한다. 이는 트렌드가 상상으로 생긴 단순한 아이디어가 아니라 자료가 뒷받침하는 행동이고 실체라는 의미이다. 또한 피터 드러커는 오늘날의 리더들은 혁신을 넘어서 변화주체가 될 필요가 있다고 한다. 진정한 수익은 트렌드를 단순히 탐지하고 반응함으로써 실현되는 것이 아니라 이를 창출하고 유발함으로써 실현되기 때문이다.[7] 마케팅 권위자인 세스 고딘(Seth Godin)은 빠르게 이동하는 트렌드를 보여주는 사람들은, 메인스트림에서 구매하지 않는 변덕스러운 조기수용층이라고 제안하여 통찰력을 제시하고 있다. 이들이 말하는 핵심은 패드가 되지 않기 위해서는 판매하기 어렵고 뚫기 어려운 시장의 중간을 파고들어야 한다는 것이다.[8]

4.9 ::: 핵심성공요인

시장분석으로 얻을 수 있는 중요한 성과 중 하나는 시장에서 활약하는 전략집단의 핵심성공요인(key success factor)을 파악하는 것이다. 핵심성공요인이란 시장에서 성공적으로 경쟁하는데 토대가 되는 자산과 역량인데 두 가지 유형으로 나누어진다. 첫째는 타경쟁자가 가지기 때문에 이것이 있다고 해서 경쟁우위가 반드시 있게 되는 것은 아니지만 만일 없다면 치명적인 약점이 되는 자산과 역량으로 전략적 필요조건(strategic necessities)이라고 한다. 전략적 필요조건에서 기업은 적어도 유사점(point of parity)을 가져야만 한다. 둘째는 경쟁자보다 탁월하면 경쟁우위가 되는 자산과 역량인데 전략적 강점(strategic strengths)이라고 한다. 경쟁자분석에서 파악한 여러 자산과 역량은 핵심성공요인을 파악할 수 있는 기본이며 이들 여러 자산과 역량 중에서 지금 결정적으로 중요하고 앞으로 중요하게 될 것들을 찾아 내는 것이 핵심성공요인 파악에서 필요하다.

많은 기업들이 핵심성공요인이 변하여 자사가 의존해 왔던 자산과 역량이 부적절해졌을 때 흔들린다. 가령 산업재의 경우 기술과 혁신이 도입기와 성장기에 가장 중요하지만, 시장이 성숙됨에 따라 시스템 구축능력, 마케팅, 서비스 지원 등이 보다 중요해진다. 소비재의 경우 도입기와 성장기에 마케팅과 유통력이 결정적이지만 성숙기와 쇠퇴기로 접어들수록 생산과 운영이 더욱 중요해진다.

4.10 ::: 고성장시장의 위험

전략수립담당자들은 성장하는 영역을 찾아 내야 한다는 고정관념 때문에

그림 4.5 고성장시장의 위험

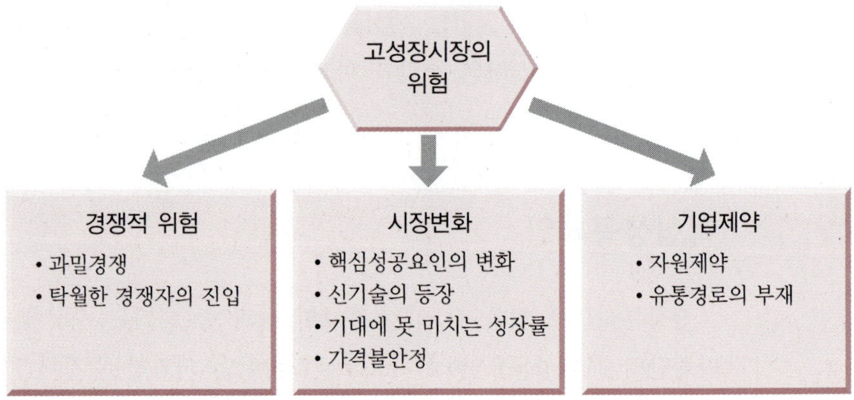

이에 수반된 수많은 위험을 흔히 지나친다. 고성장시장(high-growth market)이 안고 있는 위험은 [그림 4.5]와 같으며 간단히 요약하면 다음과 같다.

- 경쟁자의 수나 몰입도가 시장규모보다 클 수 있다.
- 어떤 경쟁자가 탁월한 제품이나 낮은 원가로 진입할 수 있다.
- 핵심성공요인이 변하여 이에 적응하지 못할 수 있다.
- 기술이 변할 수 있다.
- 시장성장률이 기대에 못 미칠 수 있다.
- 고객을 유인하기 위해 소매점이 제품가격을 너무 낮게 책정하거나 과잉설비로 인해 가격불안정이 생길 수 있다.
- 기업이 보유한 자원이 고성장률을 감당하기에 충분하지 않을 수 있다.
- 충분한 유통경로를 확보하지 못할 수 있다.

과밀경쟁

아마 가장 심각한 위험은 너무 많은 경쟁자가 성장상황에 매료돼 꿈같은 시장점유율을 기대하며 진입한다는 것이다. 그러나 현실은 시장규모가 이들 모두를 지탱하기에 턱없이 부족할지도 모른다. 과밀경쟁(overcrowding)은 철도부터 항공산업, 라디오방송과 장비, 텔레비전, 개인용 컴퓨터에 이르기까지 거의 모든 시장에서 볼 수 있었던 현상이다.

되돌아보면 과밀경쟁은 2000년대 초반 인터넷 버블에서 가장 선명하게 나타났다. 한때 150개가 넘는 온라인 중개상, 1,000개가 넘는 여행관련사이트, 30개가 넘는 건강미용사이트가 소비자의 관심을 끌기 위해 경쟁하고 있었다. 구매와 판매, 정보교환, 물류서비스, 산업데이터 등을 위해 닷컴 B2B 시장이 출현했다. B2B 기업의 수는 2000년에 250개 미만에서 1,500개 이상으로 증가했으나 2003년에는 다시 250개 미만으로 줄어들었다. 또한 산업용 부품산업에서만 140개 이상의 닷컴기업이 참여하고 있는 것으로 추산되었다.[9]

다음과 같은 조건을 갖춘 시장일 때 경쟁자가 너무 많이 몰려들어 과밀경쟁이 생기고 곧이어 정리단계에 접어들 공산이 크다. 아래의 현상은 닷컴 B2B 시장에서 확인할 수 있다.

- **시장과 그 성장률이 매우 가시적일 때.** 가시성으로 인해 전략수립가들은 시장을 심각하게 고려하게 되는데, 사실 성장하는 시장에 등을 돌린 결과를 무서워하기 때문이다.
- **초기단계에서 높은 성장이 예측되고 실제 성장도 그러할 때.** 이러한 초기 성장률을 높은 시장성장률을 입증하는 증거로 생각한다.
- **성장률에 대한 위협이 고려되지 않거나 저평가될 때.** 이렇게 되면 시장을 에워싸고 있는 열기를 식힐 것이 거의 없어시는데 사실 모험자본이나 증권분석가들이 옹호자로 가세할 때 그 열기는 전염병과 같이 번져 간다.
- **시장진입 초기에 진입장벽이 적을 때.** 그러나 초기에는 나타나지 않지만 나중에 성공하는 제한된 소매공간과 같이 뒤에 새로운 장벽이 나타날 수 있다.
- **잠재진입자의 존재가 눈에 띄지 않고 그들의 의중이 알려지지도 않거니와 불확실할 때.** 이런 경우 경쟁자의 수나 몰입도가 과소평가될 공산이 크다.

탁월한 경쟁자의 진입

경쟁차원에서 본 두 번째 위험은 건강한 성장시장에서 어떤 포지션을 구축해 가고 있는데, 탁월한 성능을 갖거나 원가우위를 갖는 제품을 가지고 시장에 진입하는 탁월한 경쟁자가 있을 수 있다.

애플 뉴튼(Apple Newton)은 손에 쥘만한 컴퓨터인 핸드헬드 컴퓨터로 시장에 먼저 진입했지만 가격이 너무 비싸고 디자인이 좋지 못하며 사용하기에 너무 복잡했기 때문에 실패하였다. 보다 싸고 보다 좋고 간편한 팜 파일럿(Palm Pilot)은 나중에 시장에 진입했지만 시장에서 승리했다. 그 후 블랙베리(Blackberry)와 아이폰(iPhone)에게 선도적인 포지션을 내어 주게 되었다. 2009년 중반 팜(Palm)은 림(RIM)과 애플(Apple) 제품으로부터 카테고리를 되찾기 위해 팜 프레(Palm Pré)를 출시하였다.

핵심성공요인의 변화

어떤 기업이 시장개발 초기에 강력한 포지션을 점하는데 성공할지는 모르지만 핵심성공요인이 변하면 그 포지션을 상실할 수도 있다. 예측에 의하면 개인용 컴퓨터업체들 중 살아남을 수 있는 업체는 수직적 통합이나 경험곡선을 활용하여 저원가로 생산할 수 있는 업체, 효율적이면서 저원가로 유통시킬 수 있는 업체, 고객에게 소프트웨어를 제공할 수 있는 업체들이라고 한다. 이러한 역량은 시장진화 초기단계에서는 그렇게 필요불가결한 것은 아니었다. 많은 제품시장에서 시간이 지나면 제품기술에서 공정기술, 탁월한 운영, 고객기반으로 초점이 옮겨지는 것을 경험할 수 있다. 그런데 제품기술에서 우위를 점하는 기업은 진화하는 시장의 요구를 수용하는데 필요한 자원, 역량, 문화를 갖고 있지 않을 수도 있다.

기술변화

1세대 기술의 개발은 곧 진부하게 될지도 모를 제품계열과 생산시설이나 살아남지 못할지도 모르는 기술에 많은 투자를 하는 꼴이 되기 쉽다. 그러므로 안전한 전략은 어떤 기술이 앞으로 시장을 지배하게 된다는 것이 명확해질 때까지 기다리다 적절한 시기에 진입하여 기술향상을 꾀하는 것이 좋다. 주요 경쟁자가 확신을 가지고 투자를 한다는 것 자체가 타이밍의 좋은 시그널이다. 반대로 너무 일찍 진입하게 되면 엄청난 불확실성을 헤쳐 나가야 한다.

기대에 못 미치는 성장률

시장성장률이 비록 괜찮은 편이지만 기대에 못 미칠 때, 여러 경쟁자들이 기대에 맞추어 시설투자를 해왔기 때문에 시장이 재편되거나 가격경쟁이 일어나게 된다. 때로 시장은 착각으로 시작되기도 한다. B2B 거래는 B2B 관계 시스템을 잘 구축하고 있는 기업에게는 별다른 가치가 없어 시장이 커지지 않을 수 있다. 또 다른 경우 수요는 왕성하지만 경쟁자들이 너무 낙관적으로 기대하여 시설을 너무 늘려 어려울 수도 있다. 혹은 기술이 완전하지 못하거나 고객이 새로운 것으로 옮겨 가지 않아 수요가 늘지 않을 수도 있다. 전자은행에 대한 수요는 그 시대가 올 것이라고 기대했던 것보다 수십 년이 더 걸렸다.

수요예측은 어려운데 특히 관련제품이 새롭고 역동적이며 열기로 바짝 달아 있을 때는 더 그렇다. 2002년 이동전화산업은 매우 불확실하였다. 시장은 비교적 새로웠고 기술낙관론이 팽배하였다. 게다가 새로운 핸드폰, 네트워크의 성능에 대한 의심과 새로운 서비스의 수요를 예측하는 어려움도 있었다. 이 시기는 디지털 오디오와 화상 휴대폰의 출시 전이어서 공급자들이 수요를 예측하고 요금제와 디자인 및 안전을 결정하는데 어려움을 겪고 있었다. 보다 최근에는 웹기반 애플리케이션과 모바일 네트워킹의 출현에 의존하는 넷북시장이 이와 유사한 어려움에 처하고 있다.

가격 불안정성

과잉공급으로 가격압박이 야기될 때 해당산업의 수익성은 단기로 끝나고 마는데 항공산업이나 철강업과 같이 고정비가 높고 규모의 경제가 결정적으로 중요한 산업에서 특히 심하다. 또한 인기 있는 제품일지라도 고객을 유인하는 미끼상품으로 이용돼 가격이 급락할 수도 있다.

1980년대 후반에 뜨겁게 달아오른 성장영역인 CD를 취급하던 소매점은 개당 15달러에 판매하여 커다란 수익을 올리고 있었다. 그러나 교외에 위치한 가전유통점인 베스트바이(Best Buy)에서 고객을 끌어들이기 위해 10달러로 판매하고 서킷시티가 이를 따르게 되자 판매마진은 급격히 줄어들어 엄청난 숫자의 CD 소매점들이 파산하게 되었다. 달아오르던 성장시장이 재앙으로 바뀌었는데 제조업체가 아닌 유통업체에 의해서도 가격불안이 야기될 수 있다는 것을 보여주는 좋은 예이다.

자원제약

급속히 성장하는 시장에서는 자금수요가 엄청나게 많은데 이러한 자금수요는 중소기업에게 있어 주요제약이 될 수 있다. 로열 크라운(Royal Crown)의 다이어트 라이트(Diet-Rite)콜라는 1960년대 중반 거대경쟁자의 광고력과 유통력에 대응할 수 없어 코카콜라의 탭(Tab)과 다이어트 펩시에게 선두자리를 내놓게 되었다. 더구나 자금수요는 제품개발과 시장진입비용이 예상을 초과하거나 공격적이거나 막가는 경쟁자가 가격파괴를 단행할 때 증가한다.

자금부족보다 예측하고 다루기 어려운 것이 조직 내부의 저항과 조직이 안고 있는 문제점일 수 있다. 많은 기업이 고성장국면에서 확대된 사업을 감당할 인적자원을 확보하지 못하거나 성장여건에 부합되는 시스템과 구조를 구축하지 못해서 실패했다.

유통경로 제약

대부분의 유통경로는 몇몇 상품만을 취급할 수 있다. 예를 들어, 가전제품 한 카테고리에 4~5개 이상의 브랜드를 취급하는 소매점은 거의 없다. 그 결과 매력적인 제품과 마케팅프로그램을 가진 업체조차도 충분한 유통경로를 확보하지 못할 것이며 그로 인해 마케팅프로그램의 유효성이 떨어지게 될 것이다.

시장성장률이 둔화되기 시작하면 제품을 취급하는 유통업체가 적어져 유통업체의 힘이 현저히 증대한다. 유통업체들은 제조업체로부터 가격을 낮추고 촉진공제를 받기 위해 또는 기존공급선을 자르기 위해 그들의 힘을 사용하는데 경쟁이 치열하여 마진 유지가 어려울 때 더욱 그렇다. 제조업체 과밀현상을 가져왔던 같은 이유들로 인해 후속단계인 유통경로상에서도 과밀현상이 일어나고 이 단계에서 정리가 일어나 거꾸로 공급선인 제조업체에 심각한 영향을 줄 수도 있다.

주요 학습내용

1. 하위시장의 출현은 적합성 문제나 기회의 단서가 될 수 있다.
2. 시장분석은 시장의 매력성을 판단하도록 도와주고, 시장구조 및 역동성을 이해하도록 하는데 목적이 있다.
3. 이용자 갭은 시장규모를 이해하는데 필요하다.
4. 시장 성장성은 원동력, 선행지표, 유사산업을 고찰함으로써 예측할 수 있다.
5. 시장수익성은 기존 경쟁자 간의 경쟁강도, 공급자 교섭력, 고객 교섭력, 대체품 및 잠재 진입자 등 다섯 가지 요인에 달렸다.
6. 원가구조는 각 생산단계별로 부가되는 가치를 고찰하여 분석할 수 있다.
7. 유통경로 및 트렌드는 종종 사업의 성공에 중요한 영향을 미친다.
8. 시장 트렌드는 전략의 수익성과 핵심 성공요인 모두에 영향을 미친다.
9. 핵심성공요인은 시장에서 경쟁하는데 필요한 기술과 역량이다.
10. 성장시장 위험은 경쟁자 위협, 시장변화, 기업제약으로 나누어진다.

토의사항

1. 성인 스넥산업에서 새로 떠오르는 하위시장은 무엇인가? 캐드베리(Cadbury)와 워커스(Walkers)같은 과자 및 스넥 회사가 보다 건강한 먹거리에 관심이 있는 고객에게 적합성을 유지하고 싶어한다고 가정하여 취할 수 있는 전략적 반응은 무엇인가?
2. 기대에 못 미치는 판매와 성장을 보이는 시장을 파악하라. 왜 그러한가? 판매가 갑자기 바닥까지 떨어진 시장을 파악하고 왜 그러한 일이 일어났는지 설명하라.
3. 왜 특정 브랜드는 고성장 시장에서 경쟁사를 이길 수 있었고 다른 브랜드는 그러지 못했는가?
4. 분석하고 논의할 기업이나 브랜드를 정하라. 그 시장에 새로이 나타난 하위시장은 무엇인가? 어떤 트렌드가 있는가? 이 시장의 주요 경쟁자에게 있어 하위시장과 트렌드가 제시하는 전략적 시사점은 무엇인가?
5. 다크 초콜릿의 매출이 언제 정점에 다다를지 예측을 할 때 고려해야 할

점은 무엇인가?

참고문헌

1. 적합성 개념을 보다 자세히 알기 위해서는 David A. Aaker, "The Brand Relevance Challenge," *Strategy & Business*, Spring 2004, and David A. Aaker, *Brand Portfolio Strategy*, Chapter 3, New York: The Free Press, 2004.를 보라.
2. Chris Anderson, *The Long Tail*, New York, NY Hyperion, 2006.
3. 이부분은 Michael E. Porter, *Competitive Advantage*, New York: The Free Press, 1985. 1장에서 인용함.
4. 브랜드 전략 예측가인 Scott Davis가 Schwinn의 경우를 제안함.
5. Irma Zandl, "How to Separate Trends from Fads," *Brandweek*, October 23, 2000, pp.30–35.
6. Faith Popcorn and Lys Marigold, *Clicking*, HarperCollins, 1997, pp.11–12.
7. James Daly, "Sage Advice-Interview with Peter Drucker," *Business 2.0*, August 22, 2000, pp.134–144.
8. Seth Godin' s Blog, 'Fast In Fast Out,' available at: http://sethgodin.typepad.com/seths_ blog/2009/06/fast-in-fast-out.html(accessed 5 September 2009).
9. George S. Day, Adam J. Fein, Gregg Ruppersberger, "Shakeouts in Digital Markets: Lessons for GB2B Exchanges," *California Management Review*, Winter 2003, pp.131–133.

CHAPTER 05

환경분석과 전략적 불확실성

바다 속에는 지금까지 잡아 왔던 것보다 훨씬 좋은 물고기가 있다.

– 아일랜드 속담

모든 사람은 힘든 시기를 경험하는데 어떻게 대처하고 극복하는지는 당신의 결단과 헌신에 달려 있다.

– 인도 기업가 락시미 미탈(Lakshmi Mittal)

만약 당신이 혼란스럽지 않다면, 당신은 주의를 기울이지 않은 것이다.

– 톰 피터스(Tom Peters)

스위스에 본사를 둔 거대 글로벌 식품회사인 네슬레는 건강, 웰빙, 영양(nutrition)을 성장전략의 주요 동인으로 정하였다. 세계인구가 2005년 65억에서 2050년 90억으로 늘어날 것으로 보고 세 가지 동인으로 성장의 기회를 잡으려 하는 것이다. 네슬레가 이렇게 하는 이유는 두 가지인데, 첫 번째가 서구사회에서 일고 있는 다이어트 바람이다. 특히 수명이 늘어나 노령층이 증가하면서 웰빙과 건강에 대한 요구는 더 높아질 것으로 예상하기 때문이다. 두 번째는 신경제에서 새로 부상하고 있는 부유한 중산층의 영양에 대한 관심이 특히 높기 때문이다. 이 시장이 700억 유로는 될 것으로 추산하고 있다. 건강, 웰빙, 영양을 동인으로 정한 네슬레의 결정은 이처럼 환경 트렌드를 반영한 것이다.

4장까지 시장에 초점을 맞추었으나 5장에서는 시장을 둘러싸고 있는 환경으로 초점을 옮긴다. 환경에 관심을 가지는 것은 창조적인 아이디어를 얻는 좋은 방법으로 네슬레의 예가 잘 보여주고 있다. 때로는 예측한 것을 기회로 활용하기도 하고 위협인 경우 중화시키기도 한다. 환경분석의 핵심은 전략에 직·간접으로 영향을 미칠 수 있는 트렌드와 사건(events)을 알아 내고 평가하는 것이다.

관찰된 트렌드의 직접적인 영향은 당연히 중요하지만 간접적인 영향도 큰 의미를 가질 수 있다.[1] 예를 들어, 유가상승은 기업에게 비용부담이라는 직접적인 영향을 미치겠지만 이것이 가져올 간접적인 의미를 생각하면 추가로 많은 통찰력을 얻을 수 있다. 중국이나 인도의 석유사용량이 급증하면 어떤 일이 벌어질까? 그들은 정치적인 협력과 행동으로 석유 조달 문제를 해결할까? 사용증가가 가격과 석유확보에 영향을 미칠까? 환경보호가 힘을 얻고 효과를 발휘할까? 석유채굴 신기술은 공급에 영향을 미칠까? 대체 에너지인 풍력이나 태양력은 어떠한가? 오일달러는 어디에 투자될까? 이러한 질문들을 깊이 고민하다 보면 전략을 지금까지와는 크게 다른 새로운 차원으로 생각할 수 있다.

환경분석(environmental analysis)은 [그림 5.1]과 같이 매우 넓은 그물에 비유할 수 있다. 전략에 영향을 줄 수 있는 어떤 트렌드도 똑같은 관심을 기울여야 한다. 하지만 실제로 분석을 할 때는 보고서나 양산하고 현실에 대한 통찰력은 별로 주는 것이 없는 낚시 여행이 되지 않도록 여러 가지 규율이 필요하다.

그림 5.1 환경분석

기술 트렌드
- 기존기술이 어느 정도나 성숙기에 접어들었나?
- 산업에 이미 영향을 미치고 있거나 미칠 수 있는 기술은 무엇인가?

소비자 트렌드
- 라이프스타일, 유행 및 기타 소비문화 요소들이 현재는 어떠하며 앞으로는 어떠할 것인가? 그들의 시사점은 무엇인가?
- 시장/하위시장의 시장규모에 영향을 미치는 인구통계 트렌드는? 기회나 위협이 되는 인구통계 트렌드는?

정부 트렌드
- 국가의 경제전망과 인플레이션 위험은 어떠한가? 전략에 어떻게 영향을 미칠 것인가?
- 정부규제가 어떻게 변할까? 그 변화의 영향은?
- 법과 제도 하에서 사업하는데 따르는 정치적 위험은?

일반적인 외부분석 질문
- 주요 트렌드와 미래 사건은?
- 기회와 위협은?
- 전략에 영향을 미칠 가능성이 있는 트렌드나 사건의 불확실성의 주요 영역은 무엇인가? 영향력 측면에서 이들의 전략적 불확실성을 평가하라.

시나리오
- 시나리오분석을 할 가치가 있는 전략적 불확실성은 무엇인가?

환경분석의 내용이나 대상이 딱히 정해져 있는 것은 아니지만, 적어도 세 가지 영역은 구조화된 방법으로 조사하는 것이 좋다. 기술 트렌드, 소비자 트렌드, 정부/경제 트렌드 등이 특히 관심을 기울여야 할 영역인데, 이들에 대해서는 이후 자세히 논의할 것이다.

5장에서는 외부분석의 네 차원 중 마지막인 환경분석을 설명한 후, 외부분석의 주요 결과인 전략적 불확실성을 다룰 것이다. 영향분석(impact analysis)과 시나리오분석은 전략적 불확실성을 전략적으로 활용하는데 도움이 되는 도구이다. 전략적 불확실성의 상대적 중요성을 평가하는 영향분석을 먼저 설명하고, 전략창출과 평가를 돕기 위해 미래의 모습을 상상하고 활용하는 방법인 시나리오분석을 소개한다.

5.1 ::: 기술 트렌드

먼저, 어떤 사업전략에 영향을 미칠 수 있는 기술 트렌드나 사건에 대해 논의한다. 기술 트렌드나 사건은 이를 활용하려는 위치에 있는 기업에게 기회와 위협이 될 수도 있다. 예를 들어, 기술진보는 제공물 창출에 대한 고객의 참여를 높이고, 케이블 TV의 옵션을 다양하게도 하며, 에너지 경쟁을 변화시키기도 한다.

변혁적, 중간적 및 점진적 혁신

시장이나 환경의 트렌드는 혁신을 자극하는데 혁신은 몇 가지 형태로 나눌 수 있다. 포스터와 카플란(Foster and Kaplan)은 점진적 혁신, 중간적 혁신, 변혁적 혁신으로 구분한다.[2] 세 가지 혁신은 새로움과 사업에 미치는 영향력에서 다른데, 새로움에서는 변혁적, 중간적, 점진적 순서이다. 영향력에서는 중간적 혁신은 점진적 혁신보다 10배로 크며, 변혁적 혁신은 그보다 10배가 더 크다.

점진적 혁신(incremental innovation)은 제공물을 더 매력적이고 수익성이 있도록 하지만, 가치제안이나 마케팅전략이 근본적으로 바뀌는 것은 아니다. 19세기 후반 기존의 범선에다 돛을 추가하였지만 운송수단이라는 근본은 그대로였다. 치약에 향을 추가하고 포장을 다양화하여 치약시장에 에너지를 불어넣었지만 치약을 생산하고 판매하는 방식은 그대로였다. 점진적 혁신을 추적하고 이를 선도하는 경쟁자를 알아 내는 것은 중요한데, 미래의 주역이 누가될지를 예측할 수 있기 때문이다. 하지만 점진적 혁신에 몰입하는 기업은 기존의 사업방식을 고수하기 때문에 산업의 기반을 흔드는 일은 일어나지 않는다.

변혁적 혁신(transformational innovation)은 새로운 가치제안과 새로운 생산, 유통, 마케팅 방식으로 사업모델을 근본적으로 바꾸는 것이다. 이는 기존기업(incumbent)이 가진 자산과 역량을 쓸모없게 한다. 증기발전으로 범선 수송이 종말을 고한 것이 하나의 예다. 자동차의 출현, 이지젯(easyJet), 페덱스(FedEx), 자라(Zara), 태양의 서커스 등의 사업모델은 시장을 근본적으로 바꾼 변혁적 혁신의 예들이다. 나타나는데 수십 년이 걸리는 변혁적 혁신을 분석하는 것은 중요한데, 그 이유는 경쟁구도를 바꾸기도 하고, 여러 가지 이유로 비사용자로 있던 소비자를 사용자로 전환할 수도 있기 때문이다.

중간적 혁신(substantial innovation)은 새로움과 영향력에서 중간이다. 에어버스(Airbus) A380이나 윈도우(Windows) 7과 같은 차세대 제품이 나타나 기존 제품을 진부화시키는 것이 그 예다. 시스코(Cisco)가 높은 원격 현장감을 주는 화상회의 기술을 도입하여 사용을 넓혀 가고 있는 것도 그 예다. 이들 예에서 보는 바와 같이 가치제안과 비즈니스모델은 향상되었지만 그렇다고 바뀐 것은 아니다. 중간적 혁신은 변혁적 혁신보다는 일반적이지만 경쟁구도에는 큰 변화를 가져온다.

변혁적 혁신이나 중간적 혁신에서 신규 진입자가 챔피언이 되는 경우가 종종 있는데, 이유는 기존의 성공기업(incumbent)이 자신들의 보금자리를 지키기 위해 점진적 혁신에 주력하기 때문이다. 또한 기존 성공기업의 인적자원, 문화, 자산과 역량 등이 변혁적 혁신에 적합하지 않기 때문이기도 하다. 그 결과 모습을 드러내는 변혁적 혁신을 성공기업은 부정적인 시각으로 바라보며 초기제품의 개선에 눈을 감는다. 따라서 유선 전화단말기 제조업체는 휴대전화로 변화하지 않았고, 아케이드게임 제조업체는 가정용 콘솔이나 온라인 게임시장으로 이전하지 않았으며, 필름회사들은 디지털 사진시장에서 선수를 놓치고 말았다.

기술예측

새로 나타나는 기술리스트를 작성하기는 쉽지만 성공할 기술과 실패할 기술을 구분하는 것은 매우 어렵다. 소매업에서 큰 성공을 이룬 기술로는 1936년 발명된 쇼핑카트와 상품바코드(UPC 스캐너)이다. 쇼핑카트로 인해 소비자는 더 많이 더 쉽게 쇼핑을 할 수 있게 되었고, 바코드로 인해 체크아웃이 빨라졌고 많은 구매정보를 소매상은 얻을 수 있게 되었다. 실패한 기술로는 수퍼마켓 계산대에 설치한 모니터, 쇼핑카트에 부착된 스크린, 가정배달 인터넷 수퍼마켓 등이다. 모니터나 스크린이 소핑객에게 특별한 안내가 될 것으로 생각했으나 결과는 실패였다.

인디애나 대학의 소매전문가인 레이 버크(Ray Burke)는 여러 사례를 조사하여 성공한 기술과 실패한 기술을 구분하는 지침을 개발하였는데, 연구배경

이 소매업이지만 새로운 기술을 탐색하는 어떤 기업이라도 이들 지침에서 큰 도움을 얻을 수 있다.[3)]

- 고객에게 즉각적이고 유형적인 편익을 제공하는 기술이라야 한다. 간단히 말해 고객이 지각하는 편익이 있어야 하는데, TV 쇼핑채널을 즐거움 중심으로 설계하였지만 고객은 이것을 성가신 것으로 보고 있다.
- 이용하기 쉬운 기술이라야 한다. 소비자는 시간을 낭비하거나 좌절하고 싶어하지 않는데 새로운 기술이 이러한 오류를 흔히 범하고 있다. 연구에 따르면 인터넷 식료잡화 쇼핑시스템에서 쇼핑하는 방법을 배우는데 평균 20~30분 정도 걸린다고 한다.
- 시제품, 테스트, 개선 등과 같이 현장에서 실제로 해보고 개선하는 것이 중요하다. 점포 내의 간이점포(kiosk)는 고객에게 신문이 다 떨어졌음을 미리 알려 줄 방법이 없고, 은행은 대기실에 스크린을 설치하여 고객이 쌍방향 화상소통시스템을 보다 잘 수용하는 것을 알게 되었다.
- 기술에 대한 고객의 반응이 다양함을 파악하라. 어떤 은행은 ATM을 이용하는 고객들이 실제로 사람과 소통하기를 원하지 않기 때문에 화상소통시스템을 싫어한다는 사실을 알게 되었다. 어떤 소매업자들은 개별고객에게 맞추어 프로모션과 지불조건을 제공하기 위해 고객충성도프로그램을 이용한다.

신기술의 영향

새로운 기술로 잘 전환하느냐의 여부는 기업의 사활이 걸렸다고 할 정도로 중요하다. 하지만 새로운 기술이 출현했다고 해서 기존기술에 근거한 사업이 하루아침에 건강을 잃는 것은 아니다. 퍼듀대학의 연구팀은 획기적인 신기술이 출현한 5개 산업의 15개 기업을 대상으로 조사하였다.[4)]

- 디젤 및 전기기관차 대 증기기관차
- 트렌지스터 대 진공관
- 볼펜 대 만년필
- 핵발전 대 화력발전

• 전기면도기 대 안전면도기

연구결과 획기적인 신기술의 영향을 예측하는 시도를 어렵게 하는 두 가지 흥미로운 사실을 발견하였다. 첫째, 신기술이 개발되었음에도 불구하고 기존기술을 개량하려는 관련 기업의 노력 때문에 기존 기술로 만든 제품의 판매가 상당기간 지속되었다는 것이다. 예를 들어, 전기면도기의 출현 이후 안전면도기의 매출액이 800%나 증가했다. 이렇게 볼 때 신기술이 기존기술 성장에 종언을 고하는 신호가 아닐 수 있고, 기존기술에 바탕을 둔 기업들이 신기술에 대응하는데 시간적 여유도 있음을 알 수 있다.

둘째, 신기술의 결과를 예측하기가 상당히 어렵다. 신기술을 채택하는 데는 많은 투자가 뒤따르고 기술개발이 되었다고 하더라도 실용화하는데 상당한 기술적 문제가 수반될 뿐만 아니라, 대개의 신기술 제품은 전체 시장보다는 하나의 세분시장을 표적시장으로 하는 경우가 대부분이기 때문이다. 예를 들어, 트랜지스터는 처음에 보청기와 포켓용 라디오에만 사용되었다. 뿐만 아니라 신기술은 단순히 기존시장을 잠식하기보다는 신시장을 창조하는 경향이 있는데 '한번 쓰고 버리는' 볼펜과 트랜지스터는 완전히 새로운 시장영역을 개척한 면도 있다.

5.2 ::: 소비자 트렌드

소비자 트렌드는 여러 기업에게 기회도 되고 위협도 된다. 어느 패션업체가 여성의 라이프스타일을 예측하기 위해 조사를 실시하였는데, 라이프스타일이 보다 다양해지고 가정 밖에서 보내는 시간이 늘어나며 직장여성이 늘어나는 것으로 예측하였다. 이러한 예측은 패션업체의 제품계열 및 제품가격 책정에 여러 가지 의미를 지닌다. 가령 여성의 사회적 활동이 늘어나고 다양해짐에 따라 보다 다양한 스타일의 옷을 여러 벌 가지려 할 것이며 따라서 당연히 옷 한 벌당 가격은 낮은 것을 선호하게 될 것이다. 게다가 경제적으로나 사회적으로 보다 자립성이 높아지기 때문에 단순히 '패션리더 추종형' 유행은 줄어들고 타인의 눈치도 적게 보게 될 것이다.

10대들의 변화[5)]

2009년 여름 15살 소년이 런던의 모건 스탠리(Morgan Stanley) 증권에서 직업체험을 하고 있었다. 그는 10대들의 매체소비를 조사하여 보고서를 제출하는 체험과제를 받았다. 그가 제출한 보고서는 모건 스탠리 애널리스트들에게 깊은 인상을 주어, 이를 고객들에게 공개했다. 보고서는 매체의 미래를 보여주는 수많은 통찰력을 제공한다. 10대들은 신문을 읽지 않고 라디오도 거의 듣지 않는다. BBC i플레이어(iPlayer)와 같은 서비스의 출현은 소수만이 TV를 본다는 것을 의미한다. 닌텐도 위(Wi)가 보급되어 게임은 소녀들에게도 대중화되고 있다. 10대들은 음악을 많이 듣지만 다운을 받고 서로 공유하며 이용료를 지불하지 않으려 한다. 보고서는 '뜨거운 것'(what is hot)과 '없는 것'(what is not)으로 마무리를 짓고 있다. '뜨거운 것'에는 터치스크린과 큰 용량의 음악저장능력이 있는 이동전화를 포함하여 다양한 것을 나열하고 있으며, '없는 것'에는 10시간 이상 가는 배터리를 포함하고 있다. 비록 이 소년의 보고서가 아무런 통계적 타당성이 없다고 할지라도 10대들의 매체이용이라는 세분시장을 이해하는 데는 의미가 있다.

문화 트렌드

소비문화 트렌드 연구의 전문가인 페이스 팝콘(Faith Popcorn)은 문화트렌드와 그에 따른 제품이나 서비스를 다음과 같이 제시하고 있다.[6)]

- **코쿠닝(cocooning).** 소비자는 거친 바깥세상으로부터 자신을 보호해 주는 편안하고 안락한 '자기집과 같은' 환경으로 도피하고 있다. 이러한 트렌드로 인해 온라인 및 카탈로그 쇼핑, 홈 안전시스템, 정원가꾸기, 스마트 홈 등이 늘어나고 있다.
- **환타지 모험(fantasy adventure).** 소비자는 스트레스와 권태로부터 탈출하려 위험이 적은 흥분과 자극을 열망한다. 이러한 트렌드를 활용하는 예가 테마레스토랑, 이국적인 화장품, 모험여행, 역할연기를 제안하는 환타지 의류, 환타지 기반 여가, 환타지 자동차 등이다.
- **쾌락의 복수(pleasure revenge).** 소비자는 금지된 사과를 먹음으로써 즐거움을 얻고 있다. 예를 들어, 아이스크림, 담배, 마티니, 선탠실, 모피 등이 이러한 트렌드를 반영하고 있다.

- **작은 호사(small indulgences).** 바쁘고 스트레스에 지친 사람들은 빠른 만족을 제공하는 적당한 사치품으로 그들 스스로를 보상하고 있다. 신선한 고농도 오렌지쥬스, 초콜릿을 입힌 토스카니식 비스켓, 크러스티 빵, 고소득층용 만년필 등이 그러한 예이다. 돈이 많은 소비자들은 포르쉐 식기류, 루이비통 백, 레인지 로버 야광 쌍안경까지 넓힌다.
- **젊어 보이기(down-aging).** 소비자들은 장년의 긴장을 해소하려 젊음과 회춘의 상징을 추구한다. 55세 이상인 사람들이 학업을 계속하고 철인경기나 아웃도어 모험과 같은 스포츠에 참여하고 있는 현상이 이 트렌드를 반영하는 것이다. 젊음의 노스탤지어를 불러일으키는 제품, 의류, 운동, 여가활동 등을 선호하는 현상은 광범위한 연령집단으로 확산되고 있다
- **생동감 있게 살기(being alive).** 소비자는 삶의 질과 개인적 건강을 헬스케어산업에 위임하기보다는 스스로 직접 하는 트렌드가 있다. 종합적인 건강프로그램, 채식주의자 제품과 레스토랑, 유기농산물, 생수 필터, 헬스클럽 등이다.
- **더 바빠진 생활: 99가지 생활(99 lives).** 소비자는 점차 바쁜 삶에 대처하기 위해 복합적인 역할을 해야 한다. 여러 가지 욕구를 충족시키는 소매업자들, 음식을 빨리 하는 방법, 별장을 관리하고 방문시에 준비하는 서비스, 소음 중화재, 전자상거래, 요가 등이 이러한 트렌드를 반영하는 것이다.

관심이나 활동 중심으로 인습적인 사회네트워크에 얽매이지 않으려는 트렌드가 바로 동호회(tribing) 활동이다. 라 돌체 비타(La Dolce Vita)와 불독 바쉬(Bulldog Bash)가 그 예다. 런던에서 이탈리아 음식과 와인을 마음껏 즐기고 이탈리아 생활체험을 할 수 있도록 설계된 것이 라 돌체 비타이고, 불독 바쉬는 영국에서 열리는 오토바이 축제로 하드락 음악을 좋아하고 특별주문 오토바이를 타는 라이프스타일이 유사한 사람들이 참가하도록 기획되었다.

그러나 마케팅에 가장 큰 변화를 가져온 것은 사회적 네트워크인 페이스북, 트위터, 링키드인(LinkedIn)이다. 이 새로운 매체들은 개인이 정보를 유포하고 또 수집할 수 있는 기회를 제공하며 신제품 및 기존제품에 관한 경험을 공유하도록 한다. 이들이 고객과 개방적이고 정직한 관계를 가질 수 있

게 하는 마케팅을 가능하게 하고 있다. 또한 트립어드바이저(TripAdvisor)와 같은 공유사이트는 고객이 서비스를 검토하고 다른 사람에게 조언하는 기회를 제공한다.

친환경

전략을 개발하고 새로운 시장을 개척할 때 환경영향과 환경비용을 고려하는 기업이 점차 늘어나고 있다. 이처럼 기업이 환경에 관심을 갖는 이유는 다음과 같은 3가지이다. 첫째, 시민들의 글로벌 에코시스템에 대한 관심이 일반화되고 있기 때문이다. 따라서 소비자들이 환경에 해로운 브랜드를 구매하지 않으려 하고 환경마크가 없는 브랜드에는 프리미엄 가격을 지불하지 않으려 할 것이다. 둘째, 모든 제품의 원료나 연료같은 필수 원자재를 확인해야 하기 때문이다. 어떤 원자재를 사용하면 자원이 고갈되는지 더 비싸지는지 심지어 구할 수 없게 되는지를 확인해야 하고, 만약 문제가 있다면 대체재를 마련해야 한다. 마지막으로, 환경에 대한 국제적인 관심으로 인해 정부가 규제를 강화하고 환경피해에 세금을 부과하려는 의지가 증가할 것이기 때문이다. 유럽연맹의 탄소거래기구(ETS; Emissions Trading Scheme)는 특히 많은 탄소를 배출하는 기업에 대해서는 탄소상한을 부과하고 절감한 것을 거래할 수 있게 하는 기회를 제공한다. 더 카본뉴트럴 컴퍼니(The CarbonNeutral Company)와 같은 기업은 규제제한을 벗어나고 탄소중립 위치를 구축하기 위해 BSB(British Sky Broadcasting), DHL, O2 등과 협력하고 있다.

친환경(being green)에 대한 기업의 대응은 기업 그 자체에 달려 있다. 환경과 사회적 책임에 관심을 가진 일부 기업은 환경프로그램에의 투자 증대를 편안해하지만, 그렇지 않은 기업은 문화를 바꾸어야 하는데 그것이 말처럼 쉽지가 않다. 그린지향이 비용절감을 가져오는가? 아래에서 보는 것처럼 막스 앤 스펜서(Marks & Spencer)는 놀랍게도 야심찬 환경프로그램이 비용절감을 가져온다는 것을 보여준다. 그린제품에 대한 고객수요가 있고 마진확보도 가능할까? 만약 그린지향도 사업성이 있다는 논리가 확보되면 그린지향은 힘을 얻고 확장될 것이다. 만약 그렇지 않다면 업계리더가 되려는 미션을 가지고 간접적인 효과를 기대해야 할 것이다. 간접적인 효과란 종업원에게 긍지를 갖게 하고 환경에 민감한 고객이나 공무원과 유대관계를 맺는 계기가 되는 것이다.

또 다른 이슈는 친환경프로그램에 대한 인증을 받는 것이다. 많은 기업들이 그린을 위해 많은 투자를 하여 그린프로그램을 개발하였지만 그들의 노력이 눈에 띄지 않는 것이 문제다. 한 조사에 따르면 미국소비자들은 델(Dell)을 1위의 친환경 브랜드로 평가하고 애플(Apple), HP, 마이크로소프트(Microsoft)가 그 뒤를 잇는 것으로 나왔다.[7] 반대로 그린피스는 기업이 실제 무엇을 하는지를 기준으로 하여 이들 기업을 각각 12위, 14위, 13위, 꼴찌로부터 두 번째인 17위로 평가하고 있다. 반면 최고 높은 기업은 노키아(Nokia)와 소니-에릭슨(Sony-Erickson)이다. 소비자 조사와 전문가 조사 결과에 차이가 나는 이유는 무엇일까? 아마 브랜드 가시성이 만든 후광효과와 불리한 정보를 제공하지 않는 기업의 입장 때문일 것이다.

친환경 노력을 가시화시키는 방법은 무엇일까? 한 가지 답은 브랜딩이다. 의미 있고 가치 있는 프로그램을 브랜드를 이용하여 알린 세 기업을 보기로 한다. BP는 '석유를 넘어서(Beyond Petroleum)' 라는 슬로건으로 에너지솔루션을 석유 이외의 것에서 찾으려는 노력과 투자를 보여주고 있다. 도요타(Toyota)는 친환경 노력을 상당히 오랫동안 해왔지만 잘 알려져 있지 않다가 프리우스(Prius)라는 하이브리드카를 출시하여 이미지를 구축하고 있다. 마지막으로 한국기업인 LG는 "녹색을 실천할 때 삶은 아름답다"라는 슬로선으로 위험물질감소, 재생, 중고품 되사기 프로그램 등을 개발하여 친환경을 실천하고 있다.

일부 기업은 드러나는 것을 원하지 않는 경우도 있다. 코가콜라와 같이 친환경에 대해 부정적으로 생각하는 고객을 기반으로 하는 기업이라면 친환경프로그램이 긍정적(−)효과를 가져올 것이란 보장은 없다. 고객이 친환경을 추구하면 가격이 비싸지고 정치 아젠다를 따른다고 보아 부정적으로 생각할 수 있기 때문이다. 더 바디 숍(The Body Shop), 그린 앤 블랙(Green & Black's)같이 친환경에 앞장 서는 기업들조차 가시화가 고객의 기대를 높이고 그 결과, 기대에 부합하지 못할 수 있다는 부담을 안고 있다. 예를 들어, 남미에서의 벌목과 같이 복잡한 문제는 좋은 뜻으로 했더라도 나쁜 평판을 가져올 수 있어 드러내지 않는 것이 좋을 수도 있다.

막스 앤 스펜서의 플랜 A

2007년 막스 앤 스펜서(Marks and Spencer)는 자사, 공급자, 고객을 위한 친환경프로젝트인 플랜 A를 시작하였다. 이 플랜은 5년 동안 100개 과제를 달성하는 것으로 되어 있으며 기후변화, 쓰레기 줄이기, 친환경 원재료 사용하기, 파트너 윤리, 건강 등 5개 영역으로 나누어진다.[8] 구체적 실천사항은 다음과 같다. 쓰레기를 줄이기 위해 포장을 줄이고 비닐백 사용을 줄였으며, 지구온난화의 주범인 탄소배출을 줄이기 위해 2012년까지 탄소중립을 달성할 것을 선언했다. 또한 옥스팸(Oxfam: 옥스퍼드를 본부로 1942년에 발족한 구제기관-역자주)과 파트너십으로 버리는 옷의 재활용을 유도하고 있다. 매년 버려지는 백만톤 이상의 의류를 고객이 가져오면 이를 옥스팸에서 다시 팔고 막스 앤 스펜서는 5유로 할인 쿠폰을 제공한다. 또한 자사 고객들이 절전, 절수, 가구재활용 등의 캠페인에 참여하도록 유도한다.

계획기간 중간인 2009년에 그간의 성과를 정리한 보고서를 발간하였는데, 100가지 과제 중 39개는 이미 달성되었고 24개는 보다 야심찬 목적으로 수정되었으며, 단 하나만이 중지되었다. 그러나 가장 중요한 보고는 재무에 관한 것이었다. 플랜 A를 착수할 때 약 2억 유로가 들 것으로 추산했으나, 2009년까지 따져 보니 원가절감분이 오히려 이러한 비용을 커버하고도 남은 것으로 밝혀졌다.

막스 앤 스펜서와 같이 많은 기업들이 이러한 친환경 활동을 스스로 하는 이유는 무엇일까? 첫 번째 이유는 CEO를 비롯한 경영층들이 이러한 활동이 옳은 일이라고 생각하기 때문이다. 두 번째는 고객이 환경적 책임을 다하는 브랜드를 가장 선호하는 브랜드로 인식하기 때문이다. 세 번째는 이러한 활동이 비용증가가 아니라 비용절감을 가져오기 때문이다. 이들 세 가지 이유가 결합되면 기업이 환경에 관심을 가지지 않을 수 없을 것이다.

막스 앤 스펜서의 경험은 흥미 있는 몇 가지 쟁점을 제기한다. 국가와 전세계가 나서야 할 문제에 대한 영리조직의 책임은 무엇인가? 기업의 목적은 오직 이익을 얻는 곳이고 이익 외에 모든 것은 정부에 넘겨야 하는가? 기업이 해결해야 할 문제는 무엇이며 어떻게 해결해야 하는가? 해결할 문제가 너무 복잡할 때 해결프로그램에 개별 기업이 참가하는 효과적인 방법은 무엇인가?

인구통계

인구통계 트렌드는 시장에 영향을 미치는 강력한 힘인데 예측이 가능하다. 중요한 인구통계 변수로는 나이, 소득, 교육수준 및 주거지역 등이 있다.

특히 빠르게 늘어가고 있는 노년층은 금융자원이 풍부하고 소비할 시간이 많아 중요하다. 유럽에서 65세 이상 인구는 2005년 1억 1,500만에서 2020년에는 1억 3,600만으로 증가할 것이다. 80세 이상 인구는 같은 시기에 2,500만에서 3,600만으로 늘어날 것이며, 이들은 홀로 살게 될 것이다. 아시아에서도 이와 유사한 상황이 전개될 것인데 2000년 아시아 평균연령은 29세였다. 2050년에는 40년으로 늘 것이며 65세 이상 인구 비율은 총인구의 18%로 증가할 것이고 15세 이하 인구는 30%에서 19%로 줄어들 것이다. 여성이 남성보다 오래 살아 여성의 비율은 급격히 증가하는데 80세 집단에서 여성 100명당 남성은 30명에 불과할 것이다. 아시아에서 75세 이상 집단에서 대략, 여성 100명당 남성은 70명 정도이다.

1975년에서 1995년 사이에 유럽연합의 인구는 6% 이상 성장하였으나 1995년에서 2025년에는 3.7%로 절반가량만 증가할 것으로 예상된다. 이에 비해 아시아는 1995년에서 2025년 사이에 13억 5,000만 명으로 증가할 것으로 예상된다.

이러한 트렌드를 기회로 활용하기 위해서 마케터들은 50대 이상을 슬리퍼나 무릎담요시장으로만 보지 말아야 한다. 프랑스의 다농 액티멜(Danone Actimel) 브랜드는 표적시장을 시니어시장으로 정하고 면역증진체계를 약속하였으며, 로레알(L' Oréal)과 레블론(Revlon) 모두 표적시장을 노인 여성으로 선택하여 제품 광고에 카트린느 드뇌브(Catharine Deneuve), 다이앤 키튼(Diane Keaton), 제인 폰다(Jane Fonda), 수잔 서랜든(Susan Sarandon) 등 장년스타들을 내세웠다.

인구통계 트렌드를 산업마다 측정하면 그 중요성이 분명해진다. 이탈리아의 한 연구에 따르면 노화의 영향력은 산업들 간에 큰 차이를 보인다고 한다.[9] 이탈리아에서 건강관리, 주택 및 에너지에 대한 수요는 2005년에 비해 2020년에는 각각 32%, 24%, 21%가 증가할 것이라고 한다. 같은 시기에 장난감이나 스포츠용품에 대한 수요는 41%로 떨이질 것이고 오토바이는 36%, 교육용품은 23%로 떨어질 것으로 보고 있다.

유럽에서 소수민족은 빠르게 증가하고 일부 분석가들은 이민이 유럽의 노동문제를 해결하는 마술이 될 것이라고 믿는다. 가령, 영국 인구는 25년 후 500만 명 정도 증가할 것인데 이 중 이민자들이 2/3를 차지할 것으로 추산한다. 이것은 수퍼마켓 매대가 소수민족을 고려한 제품들로 조정돼야 함을 시사한다.

유럽가정에서 전형적인 핵가족은 다양한 기술 및 사회의 발전 그리고 피임, 낙태, 인터넷, TV, 여성의 해방, 교육 및 문화적 가치의 변화로 빠르게 쇠락해 간다. 이로 인해 편부모가정은 증가하고 여성 취업도 늘어간다. 유럽연합 여성의 55%가 가정 밖에서 일을 하고 있다. 이러한 인구통계적 변화의 한 가지 시사점은 DIY 서비스, 가사도우미, 집청소, 식사준비, 육아에 대한 수요가 증가한다는 것이다.

5.3 ::: 정부/경제 트렌드

경제적 불황

경제예측에 따라 전략은 달라지는데, 불황기 전략과 호황기 전략은 많이 다르다. 문제는 불황이나 호황이 닥쳤을 때는 이미 늦고 미리 예측하여 대비해야 한다는 것이다. 따라서 예측이 필요한데, 산업전반에 걸친 예측도 필요하지만 해당 사업과 관련된 영역에서의 예측도 필요하다. 해당 분야 전문가의 의견, 광범위한 정보시스템, 선행 경제지표 등이 좋은 예측이 될 수 있다.

호황보다는 불황을 예측하고 이에 적응하는 것이 더 중요한데, 불황은 생존에 위협을 주고 새로운 변화를 추구하기에 적합하지 않는 시기이기 때문이다. 불황에는 적자가 나지 않게 하고 현금보유를 늘리는 것이 중요하기 때문에 기존 예산을 삭감하고 이미 개발한 프로그램을 과감히 줄여야 한다. 특히 마케팅예산은 임의성이 있어 불황에 삭감되는 경우가 흔한데, 그에 따른 위험도 있음을 명심해야 한다. 예를 보기로 하자.

- 첫째, 아래 예처럼 불황에는 매체혼잡이 덜 하고 경쟁사의 대응이 쉽지 않기 때문에 신제품이나 새로운 마케팅프로그램을 시도할 수 있는 좋은 기회이기도 하다.
- 둘째, 모든 브랜드의 마케팅예산을 무조건 삭감하는 것은 문제가 있다. 오히려 예산부족을 비효율적인 영역에 대한 투자를 줄이는 기회로 활용할 수 있다. 자금 여유가 있을 때는 ROI(투자수익률)이 낮은 제품, 국가,

세분시장, 매체 혹은 프로그램에도 예산을 배분한다. 그 이유는 앞으로 잘 되겠지 하는 희망, 오랫동안 해왔다는 타성, 사내 정치 등으로 예산이 할당되기 때문이다. 비효율적인 곳의 예산을 삭감한다면 예산삭감의 영향을 최소화할 수 있어 마케팅성과를 향상시키는 계기가 될 수 있다. ROI를 기준으로 예산을 삭감할 때 특히 유념해야 할 것은 단기매출 중심으로 이익(return)을 계산하여 브랜드자산이나 장기적으로 성과가 나타나는 프로그램의 가치를 간과하는 것이다. 한 생필품회사가 1일 점포판매액을 기준으로 분석모델을 개발하였는데, 이 모델에 근거하여 매출액이 줄지 않도록 가격할인을 했다. 그 결과 고객들은 다음 촉진까지 기다리면 싸게 살 수 있다는 것을 알게 되어 2년이 지나자 브랜드는 눈에 띄게 쇠락하였고 결국 모델은 폐기되었다. 이처럼 어떤 마케팅노력은 긍정적이든 부정적이든 2~3년 후에 그 효과가 나타날 수 있다. 충성도 높은 세분시장의 규모, 브랜드 건전성 등이 장기 성과지표로 중요하다. 브랜드 건전성은 브랜드 이미지, 브랜드 차별화, 브랜드 에너지 등으로 측정할 수 있다.

- 셋째, 불황기에는 브랜드에 손상을 주지 않으면서 브랜드의 가격조건을 알리는 방법을 잘 찾아야 한다. 가격이 싸다고 외치고 할인을 일삼은 것은 브랜드가 돈 값을 못한다고 알리는 것이기 때문에 잘못된 방법이다. BMW는 원(One)시리즈라는 서브브랜드를 시판하여 불황에 대처한 것이 하나의 방법이다. 아마존에서는 종전가격으로 무료배송과 같이, 번들 서비스로 불황에 대처하고 있다. 또 다른 방법은 품질의 가치를 알리는 것으로, 페어리(Fairy) 액체 세제는 적게 쓰고 빨래효과는 더 크다는 것으로 구매자들을 설득하였다. 마지막으로 비교기준이 되는 준거틀을 바꾸는 것이다. KFC의 패밀리패키지는 가정요리를, 위성 영화채널은 집 밖에서 비싸게 노는 것을 비교기준으로 제시하고 있다.
- 넷째, 불황에는 예산을 삭감하는 것만 생각하는데, 정작 필요한 것은 기존 프로그램을 보다 효과적인 새로운 프로그램으로 바꾸는 것이다. 마케팅이 단순히 역량에 불과하지 않고 탁월한 경쟁력의 원천이 되려면 프로그램 변경에 능해야 한다. 예산을 어떻게 사용할 것인가는 얼마나 사용할 것인가보다 4배 이상 중요할 수 있다. 예산을 긴축할 때 홈런을 치는 프로그램은 영향력을 줄이지 않고 비용을 줄이는 것이다. 홈런을

불황은 시장포지션을 얻는 기회가 된다.

불황기가 시장포지션을 구축할 수 있는 좋은 기회가 될 수 있는데, 불황으로 유발된 기회를 잘 활용하기 위해서는 공격적으로 마케팅예산을 운용할 필요가 있다.

공격적 마케팅예산에는 예산증가도 포함한다. 마케팅 예산에 대한 많은 실증연구에 따르면 불황기의 마케팅예산과 불황기나 그 후 몇 년간의 마케팅성과 간에 강한 상관관계가 있다고 한다. 이러한 연구결과와 함께 여러 사례가 불황기에 방어적인 예산운영보다 공격적인 운영이 효과를 발휘할 수 있음을 말해 주고 있다. 특히 시장포지션을 높일 수 있는 기회를 활용할 수 있는 지렛대를 가지고 있을 때 공격적 마케팅예산의 효과는 좋다.

그렇다면 구체적으로 어떤 지렛대를 가지고 있을 때 공격적 운영을 하는 것이 유리할까?

- 가치 브랜드인 경우 유리하다. 2008년에 다른 경쟁자가 수익위주로 점포를 운영할 때 테스코(Tesco)는 가격을 낮추어 매출을 유지하거나 오히려 증대시켜 시장점유율을 높이는 전략을 사용하였다. 경기가 회복되면 높아진 고객충성도로 수익을 올리자는 야심을 가지고 있는 것이다.
- 상대적인 우위점을 갖는 제공물인 경우 유리하다. 2008년 금융위기 이후 불황기 동안에도 레키트 벵크아이저(Reckitt Benckiser)는 자사의 핵심강점인 제품성능을 향상시킨 제품을 꾸준히 출시하고 있다.
- 산업을 바꾸거나 경쟁적 포지션에 결정적인 영향을 미칠 수 있는 신제품인 경우 유리하다.
- 강한 마케팅자산을 가진 경우에 유리하다. 2008년에 네슬레, 하인즈, 유니레버와 같이 강한 브랜드자산을 가진 기업들은 가격을 인상하여 수익성을 높이고 있다.
- 경쟁사를 능가하는 좋은 수익구조를 가진 경우에 유리하다. 공격적인 마케팅으로 시장포지션을 바꾸려는 시도에 경쟁사가 자금여유가 없어 대응할 수 없을 때를 말한다. 예를 들어, 많은 인도 은행들이 2000년대에 운영을 잘한 덕분에 생긴 여유자금으로 경쟁사를 압박하고 있다.

미국시장에서 2009년 현대차는 이들 대부분의 요소를 가지고 있었다.[10] 가치브랜드로 오랫동안 인식되어 왔으며, 싸면서도 고급스러운 제네시스를 불황기에 출시하였다. 또한 10년 보증, 해고될 경우 자동차 반품정책, 현대자동차의 좋은 수익구조 등이 공격적 마케팅의 기반이 된 것이다. 경쟁사들이 광고비를 7% 줄이는데 반해 오히려 38%를 늘렸다. 그 결과 경쟁사들의 매출규모가 쇠퇴하는데 반해 눈에 띌 정도로 증가하여 40%가까이 증가하였다.

치는 프로그램은 독창성 있는 마케팅, 사업단위 간의 프로그램 공유, 새로운 매체, 특히 디지털매체와 사회적 네트워크의 활용 등이다.

정부규제

규제철폐나 규제입법은 중요한 전략적 기회와 위협이 된다. 예를 들어, 일부 원료의 사용을 금지하게 되면 식품이나 화장품 회사는 큰 영향을 받게 된다. 소프트웨어의 1/4 이상을 복사하여 사용하는 소프트웨어나 DVD 산업에서 저작권침해를 감시하거나 금하는 정부의 조치는 이들 산업에 속한 기업들에게 좋은 기회가 된다. 금융, 에너지 등의 산업에서는 국내 규제도 중요하지만 글로벌 규제가 더 중요할 수 있다. 자동차산업은 연료효율이나 배기가스 규제에 의해 큰 영향을 받을 수 있다. 새롭게 부상하는 인도와 중국의 규제완화는 글로벌 기업에게 커다란 기회가 될 수 있다.

글로벌 사건

글로벌 상호의존성이 증가함에 따라 앞으로 있을 수 있는 글로벌 정치적 이슈들을 탐지하고 이해해야 한다. 이안 브래머(Ian Bremmer)와 프레스톤 키트(Preston Keat)는 그들의 저서 '꿈튼 꼬리: 전략적 투자를 위한 정치적 지식의 힘(*The Fat Tail: The Power of Political Knowledge for Strategic Investing*)' 에서 정치쇼크나 예상 못한 사건들이 사업성과에 미치는 영향을 밝히고 있다. 이들은 또한 바람직한 예측과 대처전략도 제시하고 있다. 그 내용은 변화를 예측하기 위해 경영자들은 사건에 대해 보다 광범위하지만 단기적인 관점을 가져야 한다고 한다. 20년 동안의 정치적 상황을 추정하는 것보다 1년 내지 2년의 시나리오와 사건에 대한 보다 자세히 이해하는 것이 더 중요하다고 한다. 또한 이러한 변화에 대처하는 효과적인 전략으로, 정치적 위험을 지리적으로 분산하는 것과 의사결정에 즉각 반영할 수 있는 정보시스템의 구축을 제안하고 있다.[11] 이처럼 지역적 다변화와 즉각적 대응시스템을 갖춘 기업이라면 정치적 사건(global events)에 놀라지 않을 수 있을 것이다.

경계강화

중요한 트렌드를 이해하거나 미래의 사건을 예측하는데 실패한 사례가 많다.[12] 어떻게 거대한 각국 대표 항공사들이 저가항공사의 공격을 받게 되었을까? 어떻게 이동전화기의 선점기업들이 아이폰이나 블랙베리가 나타나 스마트폰 시장의 리더가 되도록 한 고객욕구를 몰랐을까?

이러한 실패 이유 중 하나는 경영자들이 하루하루의 일에만 관심을 가져 시야가 좁아졌기 때문이다. 또 다른 이유는 기존의 전략모델과 마찰을 빚는 정보를 무시하거나 왜곡하고, 지지하는 정보만을 귀담아 듣는 지각적 편향(bias) 때문이다. 그리고 집단사고의 오류 때문이기도 하다. 즉 집단적으로 의사결정을 하다 보면 기본가정이 잘못되었다고 지적하기가 어려워 오류를 범하는 경우가 있다.

조직 경계에 대한 한 연구에서 경계강화(cultivating vigilance)의 방안을 다음과 같이 제시하고 있다.

- **호기심을 가지고, 외부에 초점을 두며 만나라.** 사업에 영향을 미칠 수 있는 영역에서 어떤 일이 일어나고 있는가? 여행하고 관찰하고 다양한 사람들과 만나라.
- **주요 효과뿐만 아니라 부수효과도 고찰하라.** 존슨 앤 존슨은 주요 이슈를 검토하고 대책을 강구하는 전략과정모델을 가지고 있는데, 이를 프레임워크(Frameworks)라고 한다. 프레임워크에 근거하여 철저히 조사하고 다양한 관점에서 문제를 검토하다 보면 예측하지 못했던 솔루션을 찾게 된다. 이렇게 하면서 얻는 부수적 효과도 중요한데, 같이 논의하는 것 자체가 사내소통의 좋은 방법이다.
- **발견 메커니즘을 개발하라.** 텍사스 인스투르먼트(Texas Instruments)사는 아이디어의 바다(Sea of Ideas)라는 미팅을 매주 갖는데, 여기서는 주변에서 일어나는 변화나 새로운 고객욕구에 대해 논의한다. 이 모임에서 얻은 결과가 이동전화기를 위한 저출력칩의 개발이다.
- **강제적으로 장기적 관점을 갖게 하라.** 일상의 일이나 프로그램에서 벗어나게 하라.

5.4 ::: 전략적 불확실성에 대처

전략적 의미를 갖는 불확실성인 전략적 불확실성(strategic uncertainty)은 외부분석의 핵심개념이다. 외부분석에서 수십 개의 전략적 불확실성이 파악되기 때문에 이를 관리하려면 일정 기준으로 집단화할 필요가 있다. 그런 다음 정보수집과 분석의 우선순위를 정하기 위해 각 집단의 중요성을 평가할 필요가 있는데, 다음에 설명한 영향분석(impact analysis)은 중요성을 평가하는데 유용하다.

정보수집과 분석으로 대처하기 어려운 전략적 불확실성도 있는데 미래의 사건이나 트렌드에 대한 것이다. 이런 경우 시나리오분석(scenario analysis)을 사용할 수 있다. 시나리오분석은 기본적으로 불확실성을 주어진 것으로 받아들이고 2개 내지 그 이상의 미래 시나리오를 만들어 이에 대처하는 것이다. 시나리오를 만들면 상황에 따라 다른 전략을 적용할 수 있어 전략의 유연성을 높일 수 있다.

5.5 ::: 영향분석 – 전략적 불확실성의 영향평가

외부분석의 주요 목적 중의 하나는 전략적 불확실성의 우선순위를 정하고 이들을 시간이 지남에 따라 관리하는 것이다. 어떤 전략적 불확실성이 정보의 수집 및 심층 분석이 필요한가? 어떤 전략적 불확실성은 핵심적인 것만 개략적으로 분석하는 것이 좋은가? 등이 우선순위를 정하는 질문이다.

하위불확실성까지 가는 많은 전략적 불확실성을 대하다 보면 이런 질문이 필요하다는 것을 알게 될 것이다. 이들 불확실성에 모두 답하자면 끝없는 정보수집과 분석의 과정을 거쳐야 하기 때문에 자원이 무한히 소모된다. 가령, 한 출판사는 케이블 TV, 라이프스타일, 교육 트렌드, 지리적 인구이동, 인쇄기술, 온라인 출판 등에 관심이 있을 수 있는데 이들 쟁점의 하나하나가 많은 하위영역을 포함하고 있어 쉽게 끝없는 조사에 빠져들 수 있다. 온라인출판은 고객이 이것에 반응할지, 광고주는 이것을 매체로 활용할지, 경쟁자는 어떻게 나올지, 온라인 콘텐츠를 무엇으로 해야 할지 등의 하위불확실성을 갖는다.

전략적 불확실성을 어느 정도나 감시하고 분석할지의 여부는 영향력과 긴급성에 달렸다.

1. 전략적 불확실성의 영향력은 세 가지 항목으로 평가한다.

- 기존 및 잠재 사업단위에 영향을 미치게 될 트렌드나 사건을 내포하고 있는 정도
- 관련된 사업단위의 중요성
- 관련된 사업단위의 수

2. 전략적 불확실성의 긴급성은 다음과 같은 항목으로 평가한다.

- 트렌드나 사건이 일어날 확률
- 트렌드나 사건의 시간프레임(가까운 장래인지 먼 장래인지의 여부)
- 대처전략을 개발하고 집행하는데 필요한 시간, 즉 반응시간의 여유

전략적 불확실성의 영향력

각 전략적 불확실성에는 기존 및 앞으로 진입하려는 사업단위에 영향을 미칠 수 있는 트렌드나 사건이 포함된다. 예를 들어, 어떤 맥주회사의 전략적 불확실성은 마이크로맥주(microbrewery)의 미래전망이 될 수 있다. 만약 이 회사가 마이크로맥주 시장에 진입하려 하는데 수입맥주가 이 시장을 선점하고 있다면, 이 트렌드는 커다란 영향력을 갖게 될 것이다. 자연식품 선호경향은 이 회사의 스파클링 생수 사업에 기회가 될 수 있어 전략적 불확실성이 된다.

또한 영향을 받는 사업단위가 기업에서 차지하는 중요성이 전략적 불확실성의 영향력을 결정한다. 어떤 사업단위의 중요성은 이 사업단위의 매출액, 이익, 원가 등으로 판단한다. 하지만 잠재 사업단위의 가치는 이러한 지표로 충분히 나타낼 수 없기 때문에 마지막으로 관련 사업단위의 수로 전략적 불확실성의 영향력을 판단한다.

전략적 불확실성의 긴급성

전략적 불확실성과 관련된 트렌드와 사건은 기업성과에 큰 영향을 줄 수는 있지만, 만약 그러한 사건과 트렌드의 발생가능성이 매우 낮다면 굳이 정보를 수집하고 분석하는데 많은 비용을 들일 필요는 없을 것이다. 같은 이유로 만약 이러한 사건과 트렌드가 전략적 의사결정의 시간지평을 넘어서 먼 훗날에 발생한다면 굳이 지금 관심을 가질 필요가 없을 것이다. 가령, 조력발전은 성공 가능성이 별로 없거나 먼 장래에 발생할지도 모르기 때문에 별다른 효용이 없다.

마지막으로 시간의 문제인데 변화에 대처하는데 필요한 시간과 기업이 이용 가능한 시간을 비교하여 긴급성 여부를 결정한다. 가령, 어떤 트렌드나 사건이 구체화된 후 기업이 대응전략을 개발하는데 반응시간에 여유가 없다면 전략을 곧장 개발할 수 있도록 새로 나타나는 트렌드나 사건을 미리 예측하는 것이 중요하다.

전략적 불확실성의 관리

[그림 5.2]는 어떤 사업단위에 관련된 전략적 불확실성을 범주화한 것이다. 만약 긴급성과 영향력이 모두 낮으면 상대적으로 낮은 수준인 감시만으로

그림 5.2 전략적 불확실성 카테고리

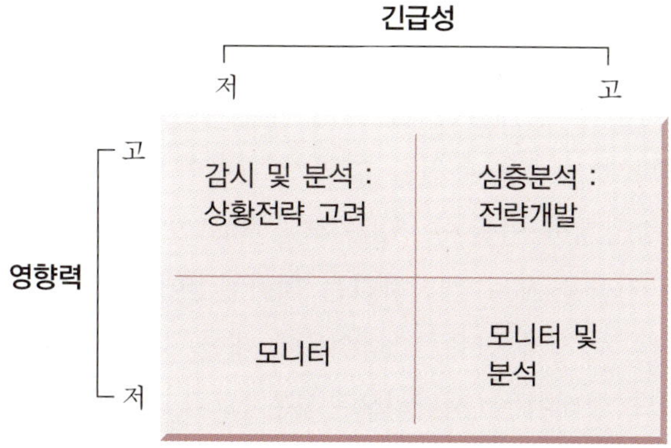

충분할 것이고, 영향력은 낮은데 긴급성이 높다면 감시와 함께 분석이 이루어져야 한다. 만약 긴급성은 낮은데 영향력이 높다면 감시가 필요할 뿐만 아니라 심층적으로 분석하여 상황전략을 개발할 수도 있는데, 그렇다고 해서 반드시 상황전략을 개발하고 실행해야 하는 것은 아니다. 긴급성과 영향력이 모두 높다면 심층분석과 함께 대응전략이 개발돼야 하는데 테스크포스팀을 만들어 시작할 수 있다.

5.6 ::: 시나리오분석

시나리오분석은 불확실성에 대처하는데 도움이 된다. 불확실성을 줄이려 정보수집에 쓸데없이 많은 비용을 투입하는 대신 시나리오를 만들어 전략적 불확실성에 대처할 수 있다. 하나의 확실한 시나리오와 그와 반대로 될 가능성을 시나리오로 만들면 된다. 시장여건에 대한 시나리오를 개발하고 이들의 가능성을 평가하면 복잡한 환경을 예측하는 효과적인 방법이 될 수 있다.

시나리오분석에는 두 가지 형태가 있는데, 그 첫 번째가 전략개발 시나리오(strategy developing scenario)이다. 이는 미래의 경쟁상황을 시나리오로 예측하고 이것으로 기존 사업전략을 평가하고 새로운 전략개발 아이디어를 얻고자 하는 것이다. 이러한 시나리오분석은 항공회사의 테러나 제약회사의 약품안전문제 등과 같은 재앙에 대비하는 상황계획을 개발하는데 도움을 줄 수 있다. 따라서 위기관리시나리오라고 할 수 있다. 이는 또한 고객 트렌드나 기술혁신이 가져올 미래의 기회를 이용할 수 있는 투자전략을 개발하는 데도 도움이 된다.

시나리오분석의 두 번째 형태는 의사결정 시나리오(decision driven scenario)인데 개발된 몇 가지 시나리오에 맞추어 전략을 개발하고 검증하는 것이다.[13] 전략을 추진할 것인가 말아야 할 것인가를 결정하는데 도움을 주고, 경쟁에서 이길 수 있는 보다 확고한 전략을 수립하는데도 도움을 준다. 만약 기술을 새로 개발하려는 의사결정이라면, 대안 시나리오는 기술의 시장수용성, 경쟁자 반응, 고객수용에 대한 자극과 같은 변수들로 만들 수 있다.

어느 형태이든, 시나리오분석은 [그림 5.3]에서 보는 바와 같이 시나리오의 파악, 기존 혹은 제안된 전략에 이들 시나리오 연결, 시나리오의 가능성 평

그림 5.3 시나리오 분석

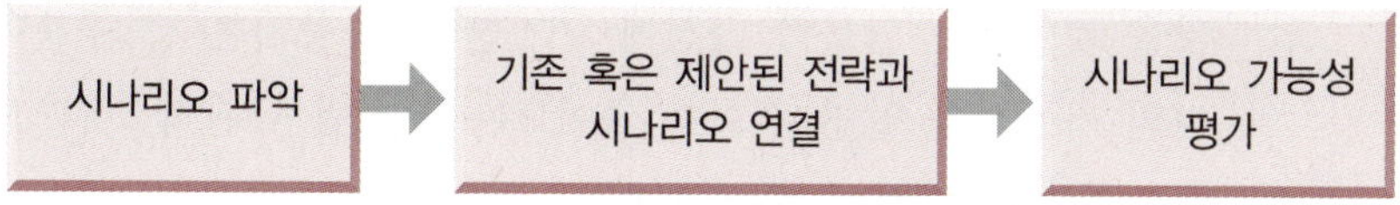

가라는 3단계를 거친다.

시나리오 파악

시나리오 파악은 전략적 불확실성에서 시작하는데, 영향분석으로 우선순위가 가장 높은 전략적 불확실성을 파악할 수 있다. 예를 들어, 영상의료장비 제조업체는 앞으로 기술향상이 이루어지면 어느 정도나 원가가 떨어질 수 있을지를 알고 싶어할 것이다. 농기계나 스키장 장비 제조업체는 "가뭄이 계속될 것인가"와 같은 날씨가 가장 중요한 불확실성의 영역이다. 서버업체는 소프트웨어에서 하나의 산업표준이 탄생할 것인지, 아니면 여러 표준이 병존할 것인지에 대해 알고 싶어할 것이다. 이러한 전략적 불확실성이 둘 혹은 그 이상의 시나리오를 유발한다.

경쟁자에 대한 시나리오는 경쟁자 전략의 불확실성이 유발한다. 가령, 경쟁자는 브랜드를 공격적으로 확장할까? 혹은 제품계열을 처분하거나 새로 인수할까? 경쟁자는 그들의 가치제안을 바꾸거나 가격을 보다 공격적으로 책정할까?[14]

하나의 전략적 불확실성에 근거하여 파악된 시나리오라도 관련 사건과 환경에 의해 시나리오가 훨씬 더 풍부할 수 있다. 예를 들어, 인플레이션을 수반한 불황 시나리오는 가전산업에 가격상승, 소매점실패 등과 같은 다른 조건을 예상하게 한다. 이와 비슷하게 제품시장 투자, 인수나 합병, 가격책정, 포지셔닝, 제품개발, 촉진과 같은 전략 차원을 상술하면 경쟁자 시나리오가 훨씬 더 풍부해진다.

언제나 그런 것은 아니지만 대체로 낙관적, 비관적, 현실적으로 예상되는 결과에 따라 세 가지 시나리오를 만드는 것이 유용하다. 비관적 시나리오는 기존의 가정과 계획을 검증하는데 유용하며, 낙관적 시나리오는 경쟁자가 공격하지 않을 것이고, 시장은 축소되지 않을 것이며, 기술적 문제가 나타나지 않을 것이라는 암묵적 가정에 근거한다. 소풍가는 날 구름이 낄지, 비가 올지의 가능성을 알면 후회가 줄어드는 것처럼 낙관적, 비관적 시나리오는 미래를 미리 준비하게 하여 후회를 줄여 준다.

알고자 하는 미래에 관련된 변수가 여러 가지가 있는 경우 이들 변수들을 조합하면 많은 시나리오가 개발된다. 예를 들어, 어떤 대규모 축하카드 업체는 세 가지 변수를 고려할 수 있는데 소규모 부띠끄 카드의 성공여부, 특정 형태 카드의 수명, 미래의 유통경로 등이다. 이들 세 변수를 결합하면 여러 시나리오가 나올 수 있는데 분석대상으로는 2~3개의 시나리오가 적합하다. 더 많아도 과정이 복잡해져 의미가 없다. 따라서 실현가능하고 신뢰할 수 있으며 현재의 상황에서 벗어나 미래의 전략변화에 중대한 영향을 미치는 소수의 경우만을 포함시켜 시나리오의 수를 줄이는 것이 중요하다.

전략과 시나리오의 연결

시나리오를 개발한 후 다음 단계로 해야 할 일은 시나리오를 기존전략과 새로운 전략에 연결시키는 것이다. 만약 기존의 전략이 이미 있다면, 각 시나리오에 대비하여 이를 검증할 수 있다. 어느 시나리오일 때 가장 좋은가? 만일 나쁜 시나리오대로 간다면 전략은 얼마나 잘못될 수 있는가? 각 시나리오에 따라 기존전략의 고객 수용, 경쟁자 반응, 판매와 수익에 관한 전망은 어떤가? 시나리오에 따라 전망을 높이려면 전략을 어떻게 수정해야 하는가?

시나리오분석이 새로운 전략을 창출하는 역할은 하지 못하더라도, 각 시나리오에서 기존전략이 최적인가를 판단하여 대안전략을 만들어 내는데 유용하다. 원래부터 시나리오는 현상유지와는 또 다른 관점을 제공하는데, 어떤 시나리오에 적합한 전략은 가능성 있는 하나의 대안으로 생각해야 한다. 설혹 이 대안전략이 기존전략보다 우수한 것으로 혹은 현실성이 있는 것으로 생각되지 않더라도 전략의 일부 구성요소는 고려해야 할지도 모른다.

시나리오 발생확률 예측

여러 대안전략을 평가하기 위해서는 시나리오가 발생할 확률을 예측할 필요가 있는데, 파악된 시나리오가 다양한 변수의 여러 가지 조합으로 이루어져 있다는 사실을 제외하면 실제로 시나리오 발생확률에 대한 예측은 환경예측의 하나이다. 전문가들에게 직접 발생확률을 평가해 달라고 요청할 수는 있겠지만, 각 시나리오의 바탕이 되는 인과변수를 알아 낼 수 있다면 발생확률예측이 가능할 수도 있다. 예를 들어, 건설장비업체는 건설경기가 어떻게 될지에 따라 세 가지 수준으로 시나리오를 개발할 수 있다. 건설경기를 결정하는 인과변수가 이자율, 주택건설자금의 조달용이성, 정부의 사회간접자본에 대한 지출 등이라면 이들 변수의 수준별 발생확률을 측정함으로써 각 시나리오가 실제로 발생할 확률도 쉽게 예측할 수 있을 것이다.

주요 학습내용

1. 기술, 소비자, 정부/경제 등의 트렌드를 분석하면 기회나 위협을 탐지할 수 있다.
2. 녹색운동은 고객과 종업원에게 기회를 제공한다.
3. 영향분석은 전략적 불확실성의 밑바탕을 이루는 트렌드와 사건의 영향력과 긴급성을 체계적으로 평가하는 것이다.
4. 미래의 다른 가설을 탐색하는 도구인 시나리오분석은 2~3개의 가능성이 있는 시나리오를 만들고 각 시나리오에 맞는 전략을 개발하고 시나리오가 일어날 확률을 계산하고, 여러 시나리오에 걸쳐 그 결과를 평가하는 것이다.

토의사항

1. 지금까지 무엇이 팩스를 대신해 왔는가? 앞으로 무엇이 팩스를 대신할 수 있을까 언제쯤 팩스가 사라질까?
2. 앞으로 수 년 안에 전기차의 성능이 개선되어 자동차시장의 15%를 점유할 것이라는 가정에 근거하여 시나리오를 개발하라. 쉘(Shell)과 같은 에너지

기업이나 메르세데스와 같은 자동차 회사의 관점에서 이를 분석하라.

3. 스마트폰을 이용한 모바일 컴퓨팅을 생각해 보자. 스마트폰이 데스크탑, 랩탑, 노트북 컴퓨터 사용에 어떤 변화를 가져올까? 이들 기존 컴퓨터 제조업체는 어떻게 해야 할까?
4. 분석할 기업, 사업, 혹은 브랜드를 정하라. 환경분석을 통해 밝혀진 주요 트렌드는 무엇이 있는가? 불확실한 주요 영역은 어떤 것이 있는가? 주요 기업들은 이들에 어떻게 잘 대처하고 있는가?
5. 항공산업의 전략적 불확실성과 이에 대처하는 전략적 활동에는 어떤 것이 있는지를 논의하라.
6. 경험의 질을 한층 높인 화상회의서비스인 시스코(Cisco)의 '텔레프레즌스(telepresence)'를 생각해 보자. 활용범위가 커질까? 화상회의 활용을 촉진하거나 방해하는 것은 무엇인가?
7. 막스 앤 스펜서 사례에서 제기된 문제에 답하라.
8. 생수산업에 대한 비판이 많다. 어떤 로컬브랜드는 수돗물보다도 못하고 심지어 몇몇 브랜드는 불쾌한 뒷맛까지 있다고 비판을 받고 있으며, 또한 플라스틱 병은 만드는데 비용이 많이 들 뿐만 아니라 미생물 분해도 되지 않는다는 비판도 받고 있다. 네슬레 퓨어 라이프(Nestlé Pure Life)의 책임자라라고 가정하고 이러한 주장에 반박할 수 있는 프로그램을 마련해 보라.

참고문헌

1. Ram Charan, "Sharpening Your Business Acumen," *Strategy & Business*, Spring, 2006, pp. 49–57.
2. Richard Forster and Sarah Kaplan, *Creative Destruction*, New York, NY, Currency, 2001.
3. Raymond Burke, "Confronting the Challenges that Face Bricks-and-Mortar Stores," *Harvard Business Review*, July-August 1999, pp. 160–167.
4. Arnold Cooper, Edward Demuzilo, Kenneth Hatten, Elijag Hicks, and Donald Tock, "Strategic Responses to Technological Threats," *Academy of Management Proceedings*, 1976, pp. 54–60.
5. "How Teenagers Consumer Media," *Media & Internet*, Morgan Stanley, 10

July 2009.
6. Faith Popcorn and Lys Marigold, *Clicking*, New York, NY, HarperCollins, 1997, pp.11–12.
7. Wendy Melillo and Steve Miller, "Companies Find It's Not Easy Being Green," *BrandWeek*, 24 July, 2006.
8. http://plana.marksandspencer.com/
9. Stefano Proverbio, Sven Smit, and S. Patrick Viguerie, "Dissecting Global Trends: and Example from Italy," *McKinsey Quarterly*, 2008, (2), pp. 14–16.
10. Janet Stilson, "Passing Lane," *Adweed Media*, 6 April 2009, pp. 7–10.
11. "Beyond Economics: Factoring Politics Into Investment Strategies," *McKinsey Quarterly*, May 2009; available at: http://www.mckinseyquarterly.com/Beyond_economics_Factoring_politics_into_investment_strategies_2337 (accessed 6 September 2009).
12. George Day and Paul Schoemaker, "Are You a 'Vigilant Leader'?," *MIT Sloan Management Review*, Spring 2008, pp.43–51.
13. Hugh Courtney, "Decision-Driven Scenarios for Assessing Four Levels of Uncertainty," *Strategy & Leadership*, 2003, 31(1), pp. 14–16.
14. Liam Fahey, "Competitor Scenarios," *Strategy & Leadership*, 2003, 31(1), pp. 32–44.

CHAPTER 06

내부분석

우리가 만나온 적은 바로 우리 자신이다.

– 포고(Pogo)

지나친 자부심은 자기파멸을 초래한다.

– 이솝, 개구리와 황소

물고기는 자신이 물 속에서 헤엄치고 있다는 사실을 가장 알기 어렵다.

– 중국 속담

기존전략을 강화할까, 확장할까, 수정할까, 아님 바꿀까? 기존의 자산과 역량이 성공에 적합한가? 내부분석은 이러한 질문에 대한 답을 제공할 것이다. 내부분석은 경쟁자 분석에 비해 전략에 더 중요하고 보다 많은 정보의 활용이 가능하기 때문에 더 깊이가 있고 풍부하다.

전략이 사업이나 사업집단 혹은 기업수준에서 개발될 수 있는 것과 같이 내부분석 역시 여러 수준에서 할 수 있다. 분석수준이 다르면 내용과 주안점이 달라지지만 기본구조와 분석의 목적은 동일하다. 내부분석의 목적은 조직의 강점, 약점, 제약조건을 파악하여 약점을 보완하고 강점을 활용하는 전략을 모색하는 것이다.

내부분석의 4가지 측면을 이 장에서 논의할 것이다. 먼저, 사업이 잘 돌아가고 있는지를 대략적으로 알 수 있게 하는 재무적 성과이다. 두 번째는 고객만족, 제품품질, 브랜드 연상, 상대적 원가, 신제품, 임직원 능력과 같은 기타 성과 차원인데 미래의 수익성을 알게 하는 지표이다. 세 번째는 현재와 미래 전략의 기본이 되는 강점과 약점의 분석이다. 네 번째는 기업이 직면하고 있는 위협과 기회를 파악하고 우선순위를 정하는 것이다. 이들 4가지 측면에서 내부분석을 논의한 후 마지막 절에서 내부분석, 경쟁자분석, 시장분석과 전략의 관계를 종합적으로 설명하는데, 성공전략의 핵심은 조직의 강점을 살리고 고객욕구와 경쟁사 약점을 활용하는 것임을 제시한다.

6.1 ::: 재무성과–매출액과 수익성

내부분석은 매출액과 수익성으로 측정하는 재무성과에서 시작하는데 이들 수치의 변화는 사업의 시장생명력(market viability)과 경쟁력의 변화를 뜻한다. 또한 과거전략의 성공여부를 나타내는 지표가 되며 전략변경이 필요한지의 여부를 평가하는 데도 도움이 된다. 뿐만 아니라 매출액과 수익성은 매우 구체적이고 쉽게 측정할 수 있다. 이러한 여러 가지 이유로 매출액과 수익성은 기본적 성과평가도구로 널리 사용되고 있다.

매출액과 시장점유율

고객이 제품이나 서비스를 어떻게 보고 있는지를 측정하는 민감한 측정치가 매출액과 시장점유율이다. 고객에게 주는 상대적 가치가 변하더라도 간혹 시장과 고객의 타성 때문에 지연되는 수는 있지만, 결국은 매출액과 시장점유율이 변하게 되어 있다.

매출액은 전략적으로 중요한데 매출액 증대는 고객기반이 성장했음을 뜻하기 때문이다. 매출액 증대를 가져온 고객이 충성도를 갖는다면 확대된 고객기반은 규모의 경제와 경험곡선의 효과를 통해 지속적 경쟁우위의 원천이 되기 때문에 미래의 매출과 수익을 뜻하는 것으로 볼 수도 있다. 반대로 매출액 감소는 고객기반의 감소를 뜻하고 규모의 경제가 상실되어 미래에 어둠이 드리우는 것으로 볼 수 있다.

하지만 매출액을 재무성과 측정치로 사용하는데 따르는 문제점은 특정상품의 판촉이나 경쟁자의 판촉과 같은 일시적 조치에 의해 영향을 받을 수 있기 때문이다. 따라서 고객가치에 의한 매출액의 근본적 변화와 전술적 조치에 의해 야기된 매출액의 변화를 구별하는 것이 필요하다. 그러므로 매출액과 시장점유율이란 측정치는 뒤에서 논의할 고객만족 측정치와 같이 사용하는 것이 좋다.

수익성

수익성은 번영과 존속을 위한 기업의 능력을 측정하는 것이다. 성장성과 수익성 모두 중요하지만 둘 사이의 우선순위를 두면 전략적 의사결정을 하는데 도움이 된다.

마진, 원가, 이익 등과 같이 여러 가지 비율이나 측정치가 수익성 결정과 관련이 있지만 대표적인 지표 중의 하나가 자산수익률(ROA)이다. 1920년대 GM과 듀퐁이 개발한 다음과 같은 공식으로 자산수익률(ROA)을 계산할 수 있다.

$$\text{자산수익률(ROA)} = \frac{\text{이익}}{\text{매출액}} \times \frac{\text{매출액}}{\text{자산}}$$

이 식에서 보면 자산수익률은 두 가지 요인에 의해 결정되는데 첫 번째 요인은 원가구조와 판매가격에 의해 결정되는 이익마진이며, 두 번째 요인은 재고관리와 자산 활용도에 의해 결정되는 자산회전율이다.

식을 보면 자산수익률 계산은 간단하지만 분모와 분자를 결정하는 것은 그렇게 간단하지가 않다. 분모와 분자의 계산이 감가상각의 정도, 자산이 시가인지 장부가인지의 여부, 특히 브랜드자산과 같은 무형자산을 제대로 반영하고 있는지 등에 의해 왜곡되는 수가 있기 때문이다.

성과측정: 주주가치분석

주주가치(shareholder value)란 개념은 재무성과 측정치로 지난 20년 동안 각광을 받고 있다. ROA(자산수익률)는 투자로부터 생긴 이익흐름을 계산한 수치이기 때문에 자본비용을 넘어서거나 적어도 일치해야 주주가치에 도움이 된다. 이 때 자본비용은 자기자본비용과 타인자본비용에 가중치를 부여하여 평균한 것이다. 만약 자기자본비용이 16%이고 타인자본비용이 8%라면 자본비용은 타인자본과 자기자본이 동일하다고 가정하였을 때 12%가 될 것이고 자기자본의 1/4정도가 타인자본이라면 자본비용은 14%가 될 것이다. 자본비용보다 ROA가 크다면 주주가치는 증가할 것이고 더 작다면 주주가치는 감소할 것이다. 주주가치를 증가시키는 방법은 다음과 같다.

- 비용을 절감하여 이익을 얻거나 자본을 더 사용하지 않고 이익을 증대시킨다.
- 높은 이익을 올릴 수 있는 제품에 투자한다. 물론 이는 모든 전략이 추구하는 바다.
- 자기자본에서 부채비율을 높이거나 자기자본비용을 낮추기 위해 자사주식을 매입한다.
- 자산에 투자하는 자본을 덜 쓴다. 주주가치분석에서 자산은 더 이상 공짜로 사용하는 자유재가 아니기 때문에 이것을 줄일 필요가 있다. 만일 JIT(just-in-time)운영으로 재고가 감소된다면 이는 직접적으로 주주가치에 영향을 미칠 것이다.

주주가치의 개념은 이론적으로는 타당하다.[1] 만일 전략적 조치로 얻게 되는 이익흐름을 정확히 추산할 수 있다면 그 분석은 건전한 것이다. 문제는 주가에 직접적으로 영향을 미치는 단기수익이 장기수익보다 쉽게 추산되고 조작될 수 있다는 것이다. 단기수익이 장기수익을 예측한다고 가정하는 투자자들은 단기수익에 지나치게 신경을 쓰게 되어 최고경영자들은 단기수익을 맞추기 위해 숫자놀음을 하게 된다. 특히 미래수익이 불투명한 새로운 사업에 진출하는 경우, 장기적 관점에서 투자해야 한다는 원칙은 지켜지기 어렵다. 이탈리아 보석회사인 불가리(Bulgari)가 호텔과 리조트에 진출하기 위해 메리어트 인터네이셔널과 합작하는 경우가 하나의 예이며, 디아지오(Diageo)가 주류시장 특히 북미와인사업에 진출하기 위해 살롱 와인 그룹(Chalong Wine Group)을 매입한 것도 예다. 단기수익으로 보면 이러한 진출은 정당성을 얻기가 어려울 수 있다.

주주가치를 높이기 위해 투자를 줄이는 것 역시 큰 위험이 따른다. 예를 들어, 코카콜라가 투자를 줄이고 주주가치를 높이기 위해 직영 보틀러(bottlers)를 매각했을 때, 제품품질에 대한 통제력이 줄어드는 것을 예상할 수 있다. 일반적으로 투자감소는 아웃소싱을 의미하는데, 유연성과 통제력 상실 간에 균형을 생각해야 한다. 콜센터를 아웃소싱하는 기업은 고객과의 상호작용성을 상실할 수 있다.

주주가치분석의 또 다른 위험은 장기적 성공의 기반이 되는 자산인 종업원, 공급업체, 고객과 같은 다른 이해관계자 집단의 중요성을 감소시킨다는 점이다. 주주는 여러 곳에 자산을 분산투자할 수 있기 때문에 상대적으로 적은 위험에 노출되지만, 종업원과 공급업체는 말할 것도 없고 때로는 고객까지 기업이 실패하면 보다 많은 것을 잃게 된다. 게다가, 주주는 직접적으로 경영에 영향을 미치지는 않는다. 따라서 다른 이해관계자의 중요성을 높이는 것이 합당할 것이다. P&G는 만약 고객이 제품에 만족한다면 주주는 장기적으로 혜택을 보게 될 것이라고 주장하면서 고객에게 우선순위를 둔다. 또 다른 기업들은 종업원 생산성이 높으면 주주는 실질적인 혜택을 보게 될 것이라고 가정하여 종업원을 최우선으로 한다. 주주를 우선으로 하면 원가절감과 같은 프로그램을 이끌어 내어 고객만족을 낮추게 하고 그 결과 단기수익과 주주가치는 높아지지만 장기적인 관점에서 기업의 강점은 줄어든다.

사실, 주주가치 경영은 매우 혼합된 결과를 가져올 수 있다. 그러나 125개 기업의 사례를 연구한 결과에 따르면 주주가치 개념을 성공적으로 적용한 기업들에는 다음과 같은 유사점이 있다고 한다.[2)]

- 다른 목표, 특히 성장목표보다 주주가치를 우선한다.
- 주주가치에 관해 조직전반에 걸쳐 집중적인 교육을 하였고, 이를 모든 관리자나 경영자의 업무수칙으로 숙지시킨다. 심지어 철학이 되어 전사적으로 파급되게 한다.
- 주주가치의 원동력을 파악하도록 훈련한다. 예를 들어, 콜센터에서 응답하는 데 걸리는 시간, 통화품질 등이 주주가치의 원동력이 될 수 있다.
- 현재에 회계시스템을 수정하고 전략적인 계획에 주주가치분석을 포함시켜 간접비를 줄인다.

이들 기업들은 주주가치분석의 다양한 이점을 찾아 냈는데 첫째, 주주가치분석을 하지 않았다면 있을 수 없는 투자회수(divestment)라는 개념을 만들었다. 둘째, 모든 사업단위가 같은 논리, 측정치, 사고방식을 공유하기 때문에 전사적 계획과 의사결정을 분권화된 사업단위로 이전할 수 있다. 셋째, 사업에 대한 투자기간을 1년 단위가 아니라 수 년으로 잡는 경향이 있다. 넷째, 자본에도 비용이 따른다는 인식으로 인해 보다 나은 전략적 의사결정을 하게 한다.

6.2 ::: 성과측정-수익성을 넘어서

전략적 시장관리에서 당면하는 어려움 중 하나는 장기전망을 확실하게 나타내는 성과지표를 개발하는 것이다. 단기수익성 측정치에 초점을 둔 나머지 장기적으로 성과를 가져오는 신제품이나 브랜드 이미지를 높이는데 대한 투자를 등한시하는 유혹을 받기 쉽다.

순현가(NPV) 개념은 장기적인 이익흐름을 나타내지만 실제 문제해결에 언제나 적용할 수 있는 것은 아니다. 이는 의사결정의 기준도 아니고 유용한 성과 측정치도 아닌 400만 유로보다 600만 유로를 더 좋아하는 것과 유사하다. 실제 문제는 어떤 전략대안이 600만 유로의 수익을 가져오는지 아님 400

그림 6.1 장기수익성을 반영하는 성과측정치

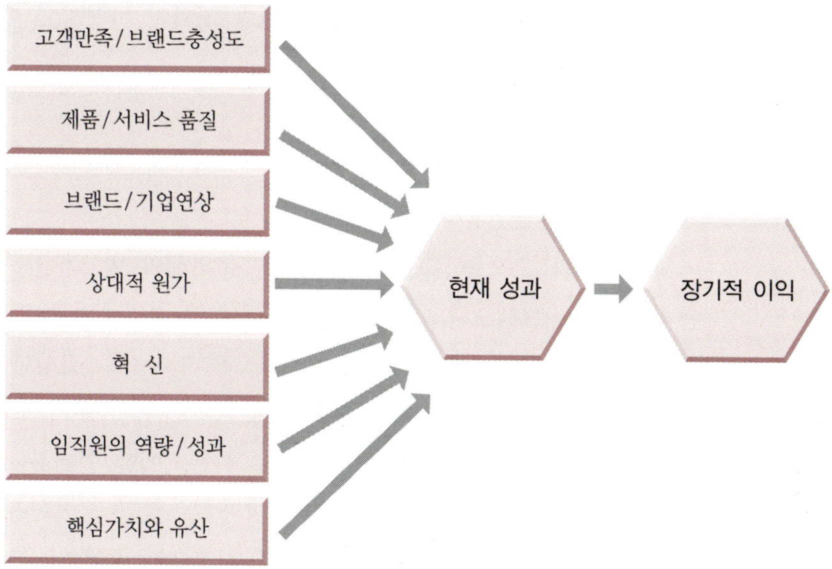

만 유로의 수익을 가져오는지를 결정하는 것이다.

그래서 장기적인 생명력(viability)과 건강성(health)을 반영하는 성과측정치를 개발하는 것이 필요하다. 그 측정치는 바로 현재와 미래의 전략 및 SCA의 바탕이 되는 자산과 역량을 반영하고 있어야 한다. 계획기간 동안 사업에 핵심이 되는 자산과 역량은 무엇인가? 제공물이 더 경쟁적이기 위해, 신제품을 개발하기 위해, 혹은 생산성을 더 높이기 위해 가장 중요한 전략적 차원은 무엇인가? 이러한 질문들이 장기적인 성과측정치를 파악하는데 도움이 될 수 있다. 답은 상황에 따라 다양해질 수 있지만 [그림 6.1]에 제시된 것처럼 고객만족/브랜드 충성도, 제품/서비스 품질, 브랜드/기업 연상, 상대적 원가, 신제품활동, 임직원 역량과 성과, 가치와 유산 등이다.

고객만족 / 브랜드 충성도

아마 많은 기업에서 가장 중요한 자산이 고객의 충성도일 것이다. 매출액과 시장점유율은 고객이 진정으로 어떤 기업에 대해 느끼는 바를 나타내는데 있어 유용하지만 부정확한 지표이다. 이러한 측정치는 시장의 관성을 반영하는 것이라 경쟁자의 조치와 시장변동으로 왜곡될 수가 있다. 고객만족과 브랜드 충성도 측정치는 시장상황을 보다 정확히 반영하고 예측적인 의미를 가진다.

만족과 충성도를 측정하는 지침

고객만족과 고객충성도를 측정할 때 유의해야 할 몇 가지 지침이 있다. 먼저, 고객이 브랜드나 기업을 바꾸는 원인인 불만족의 원인과 문제점을 파악해야 한다. 사실 어떤 기업이나 브랜드를 떠나기로 결심한 고객에게서 가장 민감하고 통찰력이 있는 정보를 구할 수 있다. 그렇기 때문에 어떤 브랜드를 떠나기로 작정한 고객을 대상으로 하는 '이탈 인터뷰(exit interview)'가 매우 유용하다. 두 번째로 불만족이 없는 것과 좋아하는 것은 매우 큰 차이이기 때문에 어떤 브랜드나 기업을 진정으로 좋아하는 고객집단의 규모와 정도를 알아야 한다. 세 번째로 제공물의 사용수준과 이에 대한 애착정도 및 수명기간에 기초하여 측정되는 고객의 생애가치가 유용한 개념으로, 핵심 표적집단의 생애가치 추정이 중요할 수도 있다. 네 번째로 측정은 오랜 시간에 걸쳐 추적되어야 하고 경쟁자의 그것과도 비교해야 한다. 상대적 비교와 변화추이는 매우 중요하다.

제품과 서비스 품질

어떤 제품이나 서비스 그리고 그 구성요소는 고객기대에 근거하여 객관적이면서 비판적으로, 경쟁자 그리고 고객기대 및 욕구와 비교해야 한다. 가치가 정말 있는가? 정말 탁월한 성과를 제공할 수 있는가? 경쟁자 제공물과 비교하여 어떠한가? 경쟁적 혁신이 이루어지는 상황에서 미래의 경쟁자 제공물과 비교할 때 어떠한가? 여러 기업이 흔히 범하는 실수는 경쟁자의 현재 및 잠재적 제공물을 철저히 평가하고 엄격히 비교하지 않는 것이다. 어느 스넥식품 회사의 신임 CEO는 세계각지의 생산공장에서 생산된 제품의 블라인드 맛 테스트에 1년을 소비했다. 그 결과 그는 제품품질이 성공의 필수요소임을 알게 되었다.

제품과 서비스 품질은 오랜 시간에 걸쳐 파악하고 측정할 수 있는 몇몇 중요한 차원에 기초하고 있다. 가령, 자동차 제조업체는 결함, 규격일치, 내구성, 수선가능성 및 특징 등으로 품질을 측정할 수 있고 은행은 대기시간, 거래의 정확성, 고객경험 등으로 측정할 수 있다. 의료기기 제조업체는 제품 실패데이터로 상대적 성능과 제품신뢰성을 검토할 수 있다. 좋은 제품을 잘 판매하는 기업과 근본적인 제품하자를 안고 있는 기업의 성과는 장기적으로 매우 다르다.

브랜드 / 기업 연상

흔히 간과되고 있는 것이 고객의 브랜드나 기업에 대한 연상이다. 브랜드나 기업에 대한 연상은 지각된 것으로 실질적인 것과는 다를 수 있다. 지각된 것은 과거경험이나 소매업태, 가격전략, 포장, 광고, 대표적 고객 등과 같은 품질단서(cue)에 의해 형성될 수 있는데, 다음과 같은 연상이 있다. 어떤 브랜드나 기업이 범선을 설계하고 만드는 것과 같은 제품이나 기술영역에서 전문브랜드로 연상되는가? 이것은 혁신적으로 연상되는가? 이것은 고가로 연상되는가? 이것은 중상층을 위한 것으로 연상되는가? 이것은 어떤 나라나 이용자, 사용상황을 연상시키는가? 이렇게 다양한 연상은 브랜드이미지에 결정적 영향을 미치기 때문에 해당 브랜드나 기업의 핵심자산이 될 수 있다.

연상은 일반적으로 고객에게 그들의 이용경험을 기술하도록 하고 브랜드나 기업이 그들에게 어떤 의미인지를 응답하도록 하여 알아 낼 수 있다. 중요한 연상의 변화파악은 이러한 조사로부터 나올 수 있는데, 고객의 대표적인 표본을 이용한 구조화된 연상조사는 보다 정확한 정보를 제공할 수 있다.

상대적 원가

원가우위를 점해야 하거나 최소한 경쟁자와 원가를 맞추어야 하는 제품이나 서비스인 경우 제품이나 부품에 대한 상세한 원가분석이 매우 중요한데, 경쟁자 제품을 해체하여 상세히 분석할 필요가 있다. 일본인 컨설턴트인 오마에 겐이치(Kenichi Ohmae)는 이러한 분석이 성과분석과 결합될 때 [그림 6.2]에 나와 있는 네 가지 상황 중 하나가 된다고 한다.[3]

그림 6.2 상대적 원가 대 상대적 성과-전략적 의미

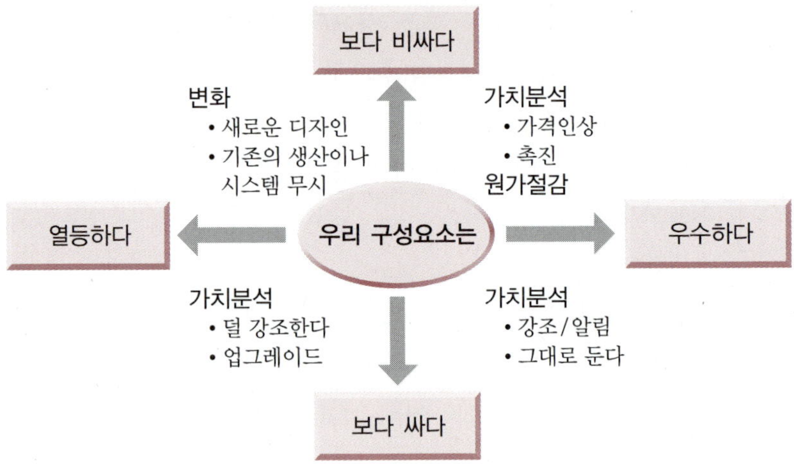

먼저, 1상한이다. 자동차 브레이크시스템이나 온라인 소매업자의 물류와 같은 구성요소가 경쟁자의 그것에 비해 비싸지만 품질이 못하다면 변경이 필요하기 때문에 전략적 문제점이 된다. 하지만 언제나 문제점이 되는 것은 아니라 전체 원가에서 차지하는 비중이나 고객에 미치는 영향력이 너무 작아 무시할 정도인 경우도 있다.

다음으로, 2상한이다. 구성요소가 경쟁자보다 우수하다면 원가절감프로그램이 유일한 방도가 아니라 구성요소의 고객에 대한 가치를 계량화하는 가치분석(value analysis)으로 우수점을 파악하여 가격인상을 할 수도 있고 촉진프로그램으로 활용할 수도 있다.

세 번째로 3상한이다. 구성요소가 경쟁자보다 싸고 열등하다면 가치분석을 통해 덜 강조해야 함을 제안할 수 있다. 예를 들어 원가우위는 가지고 있지만 운전에 불편한 점이 있는 자동차의 경우 운전성능은 덜 강조하고 경제적인 차로 포지셔닝할 수 있다. 또 다른 대안으로는 불편한 운전요소를 업그레이드하는 것이다.

끝으로 4상한이다. 비싸지 않으면서 우수하다면 가치분석을 통해 포지셔닝과 촉진전략에서 핵심적인 역할을 하도록 이 요소를 강조할 필요가 있다.

원가우위의 원천

원가우위에 이르는 많은 길을 8장에서 논의하게 되는데 규모의 경제, 경험곡선, 제품디자인 혁신, 무장식(no-frill) 제품 등이 대표적이다. 이들 각각은 원가우위 경쟁을 나름대로 다르게 개념화하고 있다.

평균원가계산

평균원가계산(average costing)에서는 고정비나 준변동비를 세세하게 할당하지 않고 전체 생산액으로 평균하여 할당한다. 평균원가계산을 하면 활동원가계산을 하는 경쟁사의 시장진입을 허용할 수 있어 위험할 수도 있다. 고객이 많은 제품은 적은 제품보다 원가가 낮아 수익이 높아야 하는 데도 불구하고, 고정비를 공유하여 수익을 낮추거나 가격을 높이면 활동원가계산을 하는 경쟁사에게 확보된 시장을 내 줄 수 있다.

혁신

혁신을 분석하는 질문은 다음과 같다. R&D가 계속해서 신제품을 만들어 내고 있는가? 경쟁사와 비교하여 특허의 흐름은 어떠한가? 신제품개발과정이 잘 관리되고 있는가? 신제품의 성능과 시장포지션을 잘 조사하여 기록하고 있는가? 신제품은 시기적절하게 출시되고 있는가? 개발에서 출시까지의 시간인 TTM(time-to-market)은 얼마인가? 이것은 자동차에서 소프트웨어에 이르기까지 많은 산업에서 매우 중요하다. 혁신을 지원하는 조직문화인가? 점진적인 혁신뿐만 아니라 변혁적 혹은 중간적 혁신도 하는가? 혁신을 유도하는 프로그램이 있는가?

임직원의 역량 및 성과

기업의 장기전망의 열쇠는 전략을 집행하는 사람이다. 인적자원이 현재와 미래 전략을 지원하기에 적절한가? 새로 뽑은 인력이 조직의 요구에 부합하는가? 아님 충족되지 않은 갭이 있는가? 기존의 사업영역에서는 없었던 새로운 위협과 기회를 파악하고 반응할 수 있을 정도로 인력이 충분히 다양한가?

조직은 인력을 얼마나 잘 확보하느냐 뿐만 아니라 이들을 얼마나 잘 양성하느냐에 의해서도 평가되어야 한다. 건전한 조직은 자기 일에 열심이고 도전적이며 맡은 일을 완수하고 성장하는 개인으로 구성된다. 이들 각 차원은 직원조사와 집단토의를 통해 관찰되고 측정될 수 있다. 직원들의 태도와 능력이 지난 10년 동안 구글의 빠르고 수익성 있는 성장의 핵심요소임은 분명하다. 의약품이나 사료산업과 같이 영업력이 경쟁력의 원천인 산업에서의 핵심성공요인은 판매력의 성과와 태도가 장기전망의 열쇠이다.

핵심가치와 유산

지속적으로 높은 성과를 올리는 기업은 구성원들이 공유하는 잘 정의된 핵심가치(values)를 가지고 있는데, 이 핵심가치는 재무적인 수익증가 이상의 것이다. 지침이 되고 심지어 영감을 주기도 하는 핵심가치는 잘 알려지고 적합한 유산(heritage)이 있을 때 더 강력해진다. 핵심가치와 유산(heritage)은 강력하고 일관성 있는 브랜드자산구축에도 도움이 되고 사업전략을 지원하기도 한다. 사업이 흔들릴 때 흔히 사용하는 한 가지 전술은 초심으로 돌아가는 것이기 때문에 사업전략을 지원한다고 한다. 예를 들어, 맥도날드가 주춤할 때 서비스, 사람, 편의성, 품질, 좋은 가격 등 역사적으로 이 회사가 소중하게 간직했던 핵심가치로 돌아가 회생할 수 있었다.

핵심가치는 직원들에게 믿음의 근거를 제공하고 결국 브랜드에도 영향을 준다. 영향력 있는 핵심가치에는 혁신, 사회적 책임, 고객에의 관심, 품질, 서비스, 세계화, 환경적 반응 등과 같은 조직연상으로 9장에서 논의할 것이다.

설립자나 초기 성공의 스토리인 기업의 유산은 가치형성의 닻이 될 수 있다. 인도의 거대기업인 고드레지 그룹(Godrej Group)은 설립자 아르데쉬르 고드레지(Ardeshir Godrej)의 혁신정신을 지켜가고 있다. 가장 최근에 이 회사는 인도시장에 친환경 냉장고를 출시하였다. 아일랜드의 대표 소매업자인 더니스 스토어즈(Dunnes Stores)는 설립자인 벤 더니스 경(Ben Dunne Sr.)의 전략적 원동력인 시장주도가치를 여전히 강조하고 있다.

6.3 ::: 강점과 약점

전략을 개발하거나 실행하는데 있어 가장 중요한 것은 강점과 약점인 자산과 역량을 파악하는 것이다. 그 이유는 "우리가 하고 있는 것"(what you do)은 경쟁자가 쉽게 모방할 수 있지만 "우리가 누구인지"(who you are)는 알기가 어렵기 때문이다. 게다가 강점인 자산과 역량은 11장에서 설명하는 것처럼 새로운 사업을 창출하는 지렛대가 될 수 있기 때문이다.

[그림 3.4](p.67)는 조직이 개발할 수 있는 자산과 역량의 유형을 나열한 체크리스트이다. 36개 이상의 자산과 역량을 혁신, 생산, 재무, 경영, 마케팅, 고객기반이라는 6가지 범주로 나누고 있다. 이 체크리스트는 강·약점인 자산과 역량을 파악하려 할 때 기본이 된다.

강·약점을 파악하는 과정을 설명한다. 먼저, [그림 3.4]의 C&A(자산과 역량) 리스트에서 3장에서 소개한 질문으로 분석에 적합한 자산과 역량을 뽑아낸다. 고객에게 중요한 자산과 역량은? 성공적인 경쟁자가 개발한 자산과 역량은? 부가가치 사슬에서 중요한 부분은? 등이 대표적인 질문이다.

신제품개발 역량, 저임노동, 혁신문화, 브랜드, 충성스러운 고객기반 등이 자사가 하고 있는 비즈니스에 중요한 C&A로 선정되었다면 다음으로 할 일이 이들 항목에서 강도(strength)와 영향력(impact)을 평가하는 것이다. 강도와 영향력이란 이들 항목이 지금까지의 우위점(point of advantage)이였고 앞으로도 지속될 우위점인지를 판단하는 것이다.

예를 들어, 디즈니의 서비스 제공역량은 다른 기업들이 학습할 정도로 놀랍다. 앞으로도 디즈니는 이 역량에 투자하려는가? 지금까지 수십 년간 해온 투자를 디즈니가 앞으로도 한다면 투자자금을 분석해야 할 것이다. 따라서 서비스 제공역량과 이에 대한 투자재원이 중요한 C&A가 될 수 있을 것이며, 새로운 업체는 재무자원 때문에 디즈니를 따를 수가 없을 것이다.

세 번째로 약점인 C&A를 판단해야 한다. C&A가 비즈니스에 중요하지만 취약한가? 경쟁자가 따라잡고 있는가? 경쟁우위인 C&A에서 지배적인 포지션을 되찾기 위해 투자해야 하는가? 만일 그렇다면 어떤 프로그램이 필요하고 비용은 얼마나 드는가? 아니면 경쟁사의 수준에 맞출 정도로만 C&A에 대한 투자를 줄여야 하는가?

끝으로 약점을 다시 나누는 것이다. 약점은 유사점(point of parity)과 전략

벤치마킹

어떤 사업의 성과를 타사와 비교하는 것을 벤치마킹(benchmarking)이라고 한다. 목표는 개선을 위한 아이디어를 얻고 표적으로 삼아야 할 표준을 정하는 것이다. 한 경쟁자를 표적으로 정하여 그들의 원가와 성과는 얼마이며 어떻게 달성하고 있는가를 조사하여 경쟁자의 원가와 성과를 자사와 비교하여 갭을 분석하고 이를 없애는 프로그램을 개발하는 것이 첫 번째 벤치마킹이다. 또한 가장 잘하고 있는 사례(best practice)를 벤치마킹할 수도 있다. 많은 기업들이 일관된 서비스 제공에서 디즈니랜드를 인터넷 전자상거래 운영과 고객지원에서 아마존을 벤치마킹하고 있다. 이처럼 자신의 산업을 벗어나 바깥을 보는 것이 현상유지를 깨고 진정한 우위를 창출하는 방법이 되기도 한다.

적 부채(strategic liability)로 나눌 수 있다. 경쟁사와 유사한 수준으로만 되어도 되는 C&A가 유사점이고 이것 때문에 고객이 자사를 외면하게 되는 C&A는 전략적 부채라고 한다. 만약 H&M에서 판매하는 패션의 품질이 고객의 고려집합에 포함될 수 있는 정도만 된다면, 패션품질은 약점이지만 유사점이라고 할 수 있다. H&M의 사례에서 볼 수 있는 바와 같이 유사점을 찾아 내기 위해 다음과 같은 질문을 던질 수 있다. 과연 어떤 C&A가 유사점에 적당한가? 이것 때문에 고객으로부터 외면당하지는 않는가? 만약 그렇다면, 장기적으로도 현상유지가 가능한가? 경쟁우위를 다른 C&A에서 가질 수 있는가? 유사점에서 열위에 있다면 이를 유사점 수준으로 올리는데 얼마만큼의 투자가 필요한가?

전략적 부채란 고객을 획득하고 유지하는 것을 방해하는 약점을 말한다. 한국 자동차가 좋은 예로 품질과 사회적 수용성에서 부채를 가지고 있다. 부채는 빠른 시일 안에 유사점으로 전환시켜야 한다.

6.4 ::: 위협과 기회

내부분석의 다른 반쪽은 위협(threats)과 기회(opportunities)의 파악이다. 외부분석에서 파악된 많은 잠재적인 위협과 기회 중에서 자사사업에 적합한 것을 고르고 우선순위를 정하는 것이 내부분석에서 해야 할 위협과 기회의 파악이다. 전략적 불확실성을 관리하기 위해 사용한 긴급성과 영향력으로 위협과 기회를 평가한다.

긴급성이 높고 영향력이 큰 위협에 가장 높은 우선순위를 두고 전략적 프로그램을 개발해야 한다. 만약 눈에 띄는 품질 문제가 있다면 이를 수정하는 프로그램을 마련하는 것이 최우선이 되어야 한다. 반면 긴급성이 낮고 영향력이 작은 위협이라면 계산된 반응이 가능하다. 가령, 메르세데스 A-Class를 출시했을 때 자동차의 무게 중심점이 높다는 문제점을 알지 못했다. 스웨덴 자동차 잡지의 리포터가 시운전하다 전복되자 유럽 고객들이 주문을 취소하기에 이르렀다. 이에 대해 메르세데스-벤츠는 리콜하여 무료로 ESP 시스템과 타이어를 교체했다.

최고의 위협은 사업모델이 진부화되는 것이다. 아마존의 킨들과 소니 e-북과 같은 전자책이 일반 독자들에게 점차 인기를 얻어 가고 있자, 종이책이란 사업모델은 소멸의 길로 들어서고 있다. 작가, 대리인, 출판업자, 서점, 고객으로 이어지는 종이책 사업모델의 다층적이고 고비용 구조로 인해 e-북의 가능성은 무척 크다고 할 수 있다. 작가들이 직접 그것도 오직 전자도서로만 판매하는 시나리오를 상상하는 것은 어렵지 않다. 100여년이나 출판사업을 지배해 온 출판사가 이러한 새로운 현실을 직시하고 대비하는 일이 과연 쉬울까?

전략적 문제나 전략적 부채가 위협이 될 수도 있다. 전략에 영향을 미치는 전략적 문제, 사건, 트렌드는 어렵고 비용이 많이 들더라도 대책을 강구해야 하는 위협이다. 반면 전략적 부채는 좋은 입지와 같은 자산이나 신제품 출시기술과 같은 역량의 부재를 말하는데, 이러한 위협은 다른 대책이 필요하다. 새로운 전략을 개발하기보다는 전략적 부채를 중화시키는 방향으로 전략을 수정하는 것이 그 대책이다.

기회도 마찬가지로 영향력과 긴급성으로 평가할 수 있다. 만약 영향력과 긴급성이 높은 기회라면 신속하고 결단력 있게 움직여야만 한다. 한 연구에 따르면 대부분의 기업들이 10년에 한 번 혹은 두 번은 황금기회를 맞게 된다고 한다. 새로운 상황에 적응하고 이후 시장리더로 군림하고 있는 기업의 특징은 이러한 기회를 재빨리 인지하고 반응한다는 것이다. 영향력과 긴급성에서 낮은 기회는 신중한 투자를 해야 하는데, 정보를 수집할 목적으로 시험삼아 진입하는 것도 정당화될 수 있다. 하지만 자원투자는 보다 신중하게 해야 한다.

일반적으로 잃어버린 기회는 너무나 많은 비용을 초래하지만, 기회를 놓치는 것이 너무 일상적이다. 경영 구루인 피터 드러커는 경영자들이 기회에는 많은 시간을 들이고 문제해결에는 적은 시간을 사용해야 한다고 말했다.

6.5 ::: 분석에서 전략으로

전략적 의사결정을 하는 데는 전략적 분석에서 지금까지 논의한 다양한 분석결과를 고려해야 하지만 특히, 다음의 세 가지가 중요하다. 첫 번째가 자사의 강점과 약점이고, 두 번째는 경쟁사의 강점과 약점 및 전략이다. 자사의 강점은 경쟁사의 강점이나 전략에 의해 무력화될 수 있기 때문에 중요하다. 세 번째는 사업전략에서 선택한 시장이 얼마나 매력적인지를 결정해야 하기 때문에 경쟁상황, 고객과 고객욕구, 시장, 시장환경 등이 중요하다.

목표는 자사의 강점과 경쟁자의 약점을 활용하고 자사의 약점과 경쟁자의 강점을 중화시키는 전략을 개발하는 것이다. 이상적인 것은 경쟁자가 쉽게 획득하거나 무력화하기 어려운 강점에 근거한 전략으로 건강하게 성장하는 산업에서 경쟁하는 것이다. [그림 6.3]은 이 같은 세 가지 분석이 어우러져 어떻게 전략에 영향을 미치는지를 요약해 놓은 것이다.

2006년 일본 사업을 매각하려는 보다폰(Vodafone)사의 결정은 이들 전략적 원리를 잘 보여준다.[4] 2001년 보다폰은 일본통신산업의 3위 업체인 제이폰(J-phone)을 인수하여 일본시장에 진입하였다. 인수한 이유는 두 가지인데, 보다폰의 세계적 규모를 활용하여 일본시장에서 성장하는 것과 세계의 다른 시장에 일본시장의 진보된 사업모델을 도입하는 것이었다. 후자는 잘 되었지만 전자에서 문제가 발생하였다. 일본시장은 유럽에서 이용하는 3G 기술을 받아들이지 않았기 때문이다. 일본고객들은 3G 핸드폰에 냉담하였고 그 결과 보다폰은 규모의 경제를 살리지 못하고 일본전용 전화를 개발해야만 했다.

또한 보다폰은 엔티티도코모(NTTDoCoMo)와 KDDI라는 강력한 경쟁자에 직면하였고, 일본정부는 새로운 세 업체에게 이동전화 라이센스를 허용했고, 번호이동성제도를 허용하여 전환을 용이하도록 했다. 결국 일본전화서비스의

그림 6.3 전략적 의사결정의 구조

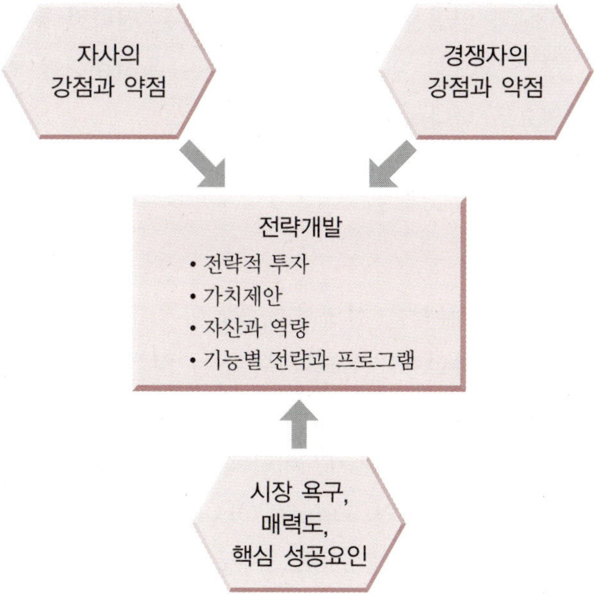

시장은 급격히 변화하였다. 보다폰은 글로벌 모바일의 유일한 제공자가 되려 했으나 시장이 급변한 것이다. 2001년에는 전략이 성공하는 듯 보였지만 2006년 모바일서비스, 집전화, 브로드밴드, TV가 통합됨에 따라 시장은 완전히 바뀌어 성공은 불투명해졌다. 이러한 환경에서 일본사업 매각은 보다폰에게는 두 가지 기회로 다가 왔다. 전반적인 포지션을 재평가하고 자산과 역량을 재배치하는 보다 경쟁적 방법을 추구하는 기회를 제공하였다.

주요 학습내용

1. 매출액과 수익성은 과거 전략의 평가지표이고 현재 제품계열의 시장생명력의 지표이다. 주주가치는 투자수익이 자기자본비용과 타인자본비용을 가중 평균한 자본비용보다 높아야 할 것을 요구한다. 다운사이징, 자산절감, 아웃소싱과 같이 주주가치를 높이는 방안이 자산과 역량을 감소시키는 위험이 있다.
2. 재무성과를 넘어서서 고객만족/브랜드 충성도, 제품/서비스 품질, 브랜드

/기업 연상, 상대적 원가, 신제품활동, 임직원 역량까지도 성과평가에 포함해야 한다.

3. 자산과 역량은 우위점, 유사점 혹은 전략적 부채로 평가할 수 있다. 긴급하고 중요한 위협과 기회는 높은 우선순위를 가지며 즉각적 프로그램을 필요로 한다.

토의사항

1. 주주가치분석을 설명하라. 왜 이것이 기업에 도움이 되는가? 왜 이것이 나쁜 의사결정을 유도할 수 있는가?
2. 2장에서 6장까지 인용된 금언을 살펴보라. 가장 통찰력을 준 것은 어느 것인가? 왜 그러한가? 어떤 환경 하에서 금언은 통하지 않는가?
3. 중국 식품기업인 코프코(COFCO)에게 가장 중요한 성과측정치는 무엇이라고 생각하는가? 프랑스 자동차회사인 르노(Renault)의 경우는?
4. 보다폰의 강점, 약점, 기회, 위협(SWOT)을 분석하라.

참고문헌

1. 주주가치 위험에 대해 잘 살펴보기 위해서는 Allan A. Kennedy, *The End of Shareholder Value*, Cambridge, MA: Perseus Publishing, 2000. 참조.
2. Philippe Haspeslagh, Tomo Noda, and Fares Boulos, "It' s Not Just About the Numbers," *Harvard Business Review*, July-August 2001, pp.65–73.
3. Kenichi Ohmae, *The Mind of the Strategist*, New York: Penguin Books, 1982, p.26.
4. "Not-So-Big is Beautiful," The Economist, 9 May 2006; "Calling for a Rethink," *The Economist*, 26 January 2006.

1부
사례연구

사례 1 ::: 산업트렌드 사례: 신문의 미래

21세기에 접어든 지난 10년 동안 신문은 세계적으로 소용돌이에 빠져 허우적거리고 있다. 그날그날의 뉴스를 찾아 내 종이에 인쇄하고 유통, 판매하는 신문의 비즈니스모델은 지난 100년 동안 거의 변한 것이 없었다. 그러다가 인터넷, 대안저널리즘, 새로운 매체기술 등이 사람들의 정보소비방식을 바꾸어 최근 10년 사이에 신문의 우위는 급격히 무너지고 있다. 특히 선진국에서 신문판매는 급격히 감소하여 열독률을 인터넷에 넘겨 주게 되자 신문사는 광고수익이 줄어드는 위협에 직면하게 된 것이다. 사람들은 온라인에서 무료정보나 틈새뉴스를 적극적으로 탐색하고 있다. 이러한 트렌드와 종이신문의 원가구조로 인해 마진은 급격히 줄어들었고, 미국과 유럽에서 2006년부터 2009년 사이에 수많은 신문사가 문을 닫고 있다. 종이신문은 온라인에 비해 1,000명의 독자에 도달하는데 4배정도의 비용이 더 든다.

그러나 선진국이 아닌 글로벌로 보면 신문의 매력은 아직 유지되고 있다. 인도와 중국은 꾸준히 성장하고 있어 세계 100대 베스트셀러 일간신문 중 74개가 아시아권에 속하고 이들 중 62개는 인도, 중국 및 일본에서 발행되는 것이다. 또한 킨들과 같은 전자리더기(e-reader)나 무료신문의 출현으로 새로운 변화를 추구하면 신문도 지속할 수 있다는 희망을 가지게 한다. 그러나 모든 신문이 변화에 성공하는 것은 아니다. 미국 저널리즘의 대표주자인 뉴욕 타임즈와 워싱턴 포스터는 오프라인에서의 포지션을 유지하기 위해 개혁을 모색하고 있지만, 워싱턴 포스트의 경우 교육출판으로 다각화하여 주가가 오히려 떨어졌다.[1] 반면, 파이낸셜 타임과 월스트리트 저널같이 고품질을 지향한 신문은 웹화(webocratization)에도 불구하고 콘텐츠를 보다 고급화하여 정기구독에 성공하고 있다. 이러한 현상을 어떤 비평가는 이렇게 표현하고 있다. "현위기의 특이한 사실은 대형신문의 수익은 줄어들지만, 오히려 인기가 더 올라갈 수도 있다는 것이다."[2]

---

1) "Future of Newspapers," Wikipedia, available at:http://en.wikipedia.org/wiki/Future_of_newspapers#cite_note_20(accessed 1 December 2009).

2) James Surowiecki, "News You Can Lose," The New Yorker, 22 December 2008, available at: http://www. newyorker.com/talk/financial/2008/12/22/081222ta_talk_surowiecki(accessed 1 December 2009); in "Fu-ture of Newspapers," Wikipedia, available at:http://en.wikipedia.org/wiki/Future_of_newspapers#cite_note-69(accessed 1 December 2009).

신문

뉴스보도, 정보 및 의견을 제공하는 신문은 수세기 동안 우리 사회에서 핵심적 위치를 누려왔다. 나폴레옹 보나파르트는 4장짜리 분노한 신문에 맞서는 것보다 수천 개의 포와 맞서는 것이 더 낫다고 하여 신문의 영향력을 표현하고 있다. 신문의 주 수익원은 광고인데, 광고면과 발행부수에 의해 수익이 결정된다. 1990년대까지 신문은 승승장구하여 미국 언론재벌인 루퍼트 머독(Rupert Murdoch)은 세계적으로 소유하고 있는 그의 신문사를 '금맥'으로 표현하고 있다.[3] 투자자들은 신문이 텔레비전, 인쇄물, 영화 및 온라인을 통합하는 플랫폼이 되어 새로이 도래되는 다양한 매체 중에서 황제로 군림할 것으로 믿었다. 이러한 판단으로 인해 1990년대 후반과 2000년대 초반에 인수합병이 유행하게 되었고 그 결과 이름난 신문에 최고수준의 가격이 책정되었다. 예를 들어, 루퍼트 머독(Rupert Murdoch)은 인터내셔널판 월스트리트저널을 2007년 56억 달러에 매각하였다.

오랫동안 경기순환에 연동된 광고물량은 부침이 있지만 신문의 생존문제는 없는 것으로 생각되었다. 이러한 생각과 TV 확산에도 존립한 신문의 경험이 웹 2.0과 상호작용기술이 가져오는 중대한 위협을 오판하게 한 것이다. 20세기 내내 신문의 외형은 거의 바뀌지 않다가, 1990년대 후반 인터넷의 보급으로 약점이 노출되게 되었다.

인터넷이 일간신문을 사살

18세기 영국 작가이자 극작가인 헨리 피들링(Henry Fielding)은 "신문은 새로운 뉴스가 있든 없든 동일한 수의 단어들로 구성되는 특징을 갖는다"라고 했는데, 이는 신문의 약점인 역동성 부족을 지적한 것이다. 텔레비전과 인터넷은 거의 실시간으로 업데이트할 수 있고, 특히 인터넷은 이미지, 사운드, 다른 콘텐츠와의 연결로 기사(stories)를 향상시킬 수 있다. 짧은 형식의 문서를 소통하는 모바일 블로그 기술인 트위터는 주류매체에 앞서 네트워크

---

3) "Who Killed the Newspaper?," The Economist Magazine, 24 August 2006, available at: http://www.economist.com/opinion/displaystory.cfm?story_id=7830218(accessed 1 December 2009).

를 통해 세계적 관심사를 소통할 수 있어 즉시성(immediacy factor)에서 신기원을 장식하고 있다.

텔레비전과 인터넷은 신문보다 더 흥미를 주는 매체이다. 더구나 웹의 광대한 정보자원에 접근할 수 있는 인터넷은 표적고객에 맞추는 개별화능력과 텔레비전이 갖는 편익을 통합하는 최고의 매체라고 할 수 있다. 이러한 특징은 분류광고에 특히 장점이 있어 크레익스리스트(Craigslist)와 검트리스(Gumtrees)와 같은 분류광고사이트가 출현하게 된 것이다. 분류광고사이트란 광고를 카테고리별로 분류하여 무료로 실을 수 있게 한 광고사이트이다.

현대 상업저널리즘에서는 광고가 핵심수익원인데, 광고매체로서의 품질저하는 여러 가지 시사점을 내포한다. 광고수입이 줄어들자 심층취재는 어렵게 되고 해외주재원은 철수시키며, 좋은 인재도 쓸 수 없어 신문을 더 외면하게 하는 악순환이 초래되고 있다는 것이다.

물론, 신문이 온라인을 잘 포용하여 온라인으로 추가적 서비스를 제공할 수도 있다. 문제는 가상의 공간에서 독자의 관심을 끌기 위해서는 거센 경쟁을 해야 하기 때문에, 광고를 하기가 어렵다는 것이다. 인터넷으로 신문을 제작하는 비용이 낮아지자 허핑톤 포스트(Huffington Post)와 같은 시민저널리즘이 나타나고 있는 것도 문제다. 확산되는 시민저널리즘에 대해 기존신문은 저널리즘이 지켜야 할 기준, 책임, 신용 등을 문제점으로 지적하고 있다. 이익은 나지 않지만 뉴욕타임즈와 워싱턴 포스트의 인터넷 판이 세계 20위 글로벌 뉴스사이트에 랭크되어 브랜드자산을 유지하고 있는 것은 가능성을 보여주는 좋은 예다.

그러나 신문을 더 걱정스럽게 하는 것은 바쁜 네티즌이나 자주 이용하는 웹 유저들을 위해 웹 전반에 걸쳐 정보를 모아주는 구글뉴스와 같은 온라인 종합인터페이스이다. 이렇게 종합하는 사업모델로 구글뉴스는 지출은 거의 없이 광고수익으로 1억 달러를 벌어들이고 있다. 콘텐츠생산자에서 콘텐츠제공자로 가치가 이동하는 것을 보여주는 사례이다. 신문 역시 온라인에서 광고수익을 내고는 있지만 사이버공간에서는 경쟁이 치열하여 광고료를 많이 받을 수가 없다.

미래 대안

> 단순히 생각하자. 인터넷뿐만 아니라 케이블과 위성방송이 먼저 시작되었더라도 우리가 아는 신문은 아마 존재하지 않았을지도 모른다.
>
> – 워렌 버핏(Warren Buffett)[4]

새로운 기술, 현실성 있는 새로운 전략, 디지털 비즈니스모델 등으로 신문은 기회를 모색할 수 있다. 어떤 기회를 활용하더라도 새로운 기사를 발굴하고 뉴스를 보도하는 신문 고유의 활동에는 변함이 없을 것이며, 이러한 활동에서 다른 매체보다 앞서야 하는 과제를 신문은 안고 있다.

신기술

인쇄신문은 원가에서 뒤처지는 노후한 기술로 이미 신문을 압박하고 있다. 게다가, 픽셀(pixel)로 가능한 전자신문은 인쇄신문보다 더 많은 경험을 제공할 수 있다. 아마존이 개발한 킨들(Kindle)과 같은 전자 리더기(e-reader device)는 종이신문의 원가문제와 인터넷의 위협을 극복하게 하는 이상적인 방법으로 신문에 어필하고 있다. 하지만 킨들의 가격은 독자들이 신문사에 보조금을 요청할 만큼 비싸다. 아마존에 지급해야 하는 임대료, 독자 보조금 등으로 인해 신문사에 돌아오는 이익은 매우 적다. 다른 전자 리더기들도 있지만 비용문제가 풀어야 할 과제이다. 게다가, 와이파이 기술을 통해 인터넷에 접근할 수 있는 스마트폰은 빠르게 주류 상품이 되어 가고 있고 기능도 다양하여 보다 많이 수용될 것이 확실하다. e-리더기라도 현실화되고 있는 장기적인 트렌드를 무시할 수 없다. 증강현실이나 가상현실과 같은 차세대기술은 현실과 가상 세계를 최적화하는 디지털포멧으로 신문을 읽는 것보다 더 생생한 경험을 독자들에게 제공할 수 있게 될 것이다.

---

4) Buffeted: "Newspapers Are Paying the Price for Shortsighted Thinking," *American Journalism Review*, October-Nonember 2007, available at: http://www.ajr.org/Article.asp?id=4416(accessed 1 December 2009); in "Future of Newspaper," Wikipedia, available at: http://en.wikipedia.org/wiki/Future_of_newspap-ers#cite_note-32(accessed 1 December 2009).

새로운 전략

현금이 있거나 시장의 신용을 얻고 있는 사업이 택할 수 있는 전략대안은 시너지를 추구하기 위해 인수합병을 하는 것이다. 다른 산업에서의 합병은 안정성을 위한 것으로 호의적인 안목으로 볼 수 있지만, 저널리즘에서는 도덕성 문제를 야기하고 있다. 이러한 윤리적인 문제를 제쳐놓더라도 시장은 새로운 합병에 부정적으로 반응하고 있다. 예를 들어, 미국에서 세 번째로 큰 신문사 소유주인 맥클래시(McClatchy)사가 2005년에 수십억 달러를 들여 나이트리더(Knight-Ridder)를 인수하였지만 시장가치의 98%를 잃어버렸다.

신문사의 또 다른 선택은 주말 섹션이나 금요 비즈니스 섹션과 같이 가치 높은 특별판(edition)을 발행하는 것이다. 이는 매일 발행되는 신문과 함께 일주일 내내 열독률을 유지하는데 도움이 된다. 이러한 주말 특별판 전략은 독자들의 신문에 대한 선호를 유지하도록 할 것이다. 다른 한편 어떤 신문사는 무가지를 배포하여 차세대 표적독자인 젊은이들을 자극하고 있기도 하다. 무가지의 인기에도 불구하고 전적으로 광고수익에 의존하는 사업모델이라 지속성을 유지하기 어렵다는 지적을 받고 있다.

인도, 중국, 아프리카와 같은 성장시장을 표적으로 하여 국제적으로 시장을 확장하는 전략은 큰 신문사에게는 새로운 기회가 될 수 있다. 예를 들어, 인디펜던트 뉴스 앤 미디어(Independent News and Media)사는 매체 포트폴리오로 수익을 안정화한다는 관점으로 이미 인도시장에 진입하였다. 급격히 늘어 가고 있는 중국과 인도의 중산층은 현재 TV나 인터넷 보급에서 선진국의 중산층에 미치지는 못하고 있지만 조만간 버금갈 것으로 예상할 수 있다. 이렇게 볼 때 이들 시장에서도 신문의 미래는 보증할 수 없다. 특히 중국에서는 언론의 자유가 없고 외국인의 언론 소유를 정부가 통제하고 있어 성장의 가능성은 매우 제한적이다.

디지털 전략

디지털 세계가 신문이 장기적으로 살아남을 수 있는 여러 가지 시나리오를 보여준다. 시애틀 포스트 인텔리전서(Seattle Post-intelligencer)와 크리스찬 사이언스 모니터(Christian Science Monitor)가 해온 것처럼 온라인으로만 신문을 발행하면 간접비를 줄일 수 있고, 브랜드자산을 지렛대로 삼아 이용료를 지불하게 하는 다양한 추가서비스로 수익을 올릴 수 있다. 이들 신문은 이용료를 내고 낱말퀴즈나 아카이브 접근, 풍부한 미디어, 특집 보도, 혹은 재무시장정보를 이용하도록 하고 있다. 일부에서는 틈새서비스를 제공하여 보다 성공하고 있다. 아이튠즈(iTunes) 스타일의 인터페이스를 개발하여 기사나 콘텐츠를 팔고 돈을 받는 방안도 있지만 아직은 신문사가 이런 것까지 하고 있지는 않다.

대신, 포탈로 모든 신문을 보게 하는 것은 신문의 전망을 유지하는데 도움이 될 것이다. 저널리즘 온라인(Journalism Online)은 신문에 오랫동안 몸담은 베테랑이 설립한 벤처기업으로 500개의 신문사와 계약하고 온라인으로 정기구독하게 하는 사업모델로 2009년에 출시하여 성공판단을 기다리고 있다. 하지만 무수한 포털 사이트가 있고 뉴스공급원이 다양하여 이러한 사업모델도 낙관하기는 어려울 것으로 보인다.

온라인 전문신문사가 직면하는 또 다른 과제는 한국의 오마이뉴스와 같은 시민저널리즘의 존재이다. 오마이뉴스는 5만 명의 일반인과 전문 저널리스트에게서 기사를 소싱하고 소싱된 스토리를 제공한 사람들이 돈을 받는 사업모델이다. 설립자인 오연호씨는 언론인 출신으로 한국 언론의 보수성에 도전하는 것을 목적으로 오픈 스타일의 온라인 신문을 만든 것이다. 2009년 현재 웹사이트에 매일 200여개의 기사가 실리고 120만 명에서 200만 명의 독자들로부터 평균 1,600만의 히트수를 기록하고 있다. 이는 기사작성과 뉴스제보의 민주화에 인터넷이 기여할 수 있는 힘을 보여주는 대표적인 사례다. 구체적으로 오마이뉴스는 노무현을 한국의 대통령으로 당선시키는 데 영향을 미쳐 대통령으로서 최초인터뷰를 오마이뉴스와 하도록 하였다. 전문저널리즘과 일반저널리즘이 혼합한 이러한 매체는 뉴스보도에서 획기적인 새로운 모델을 모색하려는 기존 매체를 속타게 하고 있다.

인쇄신문에서의 광고매출의 감소는 명백하고 피해 갈 수 없는 것으로 언제 닥치느냐의 시기의 문제일 뿐이다. 독자와 기업이 온라인으로 이동하는 상황에서 상호작용성을 포함하는 온라인 매체를 모색하는 것은 기존의 신문사가 풀기에 어려운 과제다. 먼저 적응한 회사들도 글로벌 경기침체로 온라인 광고수익 감소에 시달리고 있다. 경기에 따른 광고비감소를 제쳐놓더라도 신문의 생존기반인 광고는 다른 곳으로 옮겨 가고 있다. 이러한 어려운 여건에서 살아남기 위해서는 과거의 규범과 관점으로부터 벗어나 리포지셔닝할 수 있는 신문사만이 다가오는 네트워크 세상에서 오랫동안 생존할 수 있는 기회를 잡을 것이다.

질 문

1. 어떠한 트렌드가 소비자를 신문으로부터 멀어지게 하였는가? 이들 중 근원적인 소비자 트렌드라고 할 수 있는 것은 무엇인가?
2. 이들 트렌드 중 향후 5년 내에 일반화될 것은 무엇인가? 그 트렌드가 일반화될 가능성을 어떻게 예측할 수 있는가?
3. BBC나 CNN과 같은 매스컴이 직면한 위협과 기회는 무엇일까?
4. 위의 분석에 근거하여 온라인 콘텐츠 전반에 걸쳐 요금을 부과하면 성공할 수 있을지를 논의하라.

참고문헌

1. Kenneth Li, "Newspapers Join Online Payment Platform," *Financial Times*, 14 August 2009, available at: http://www.ft.com/cms/s/0/5e64a656-885f-1 1de-82e400144feabdc0.h-tml?nclick_check=1 (accessed 27 January 2010).
2. Jeremy Caplan, in Time Magazine on-line, available at: http://www.time.com/time/bu-siness/article/0,8599,1566014,00.html (accessed 1 December 2009).
3. "Who Killed the Newspaper?," *The Economist Magazine*, 24 August 2006, available at: http://www.economist.com/opinion/displaystory.cfm?story_id=7830218 (accessed 1 December 2009).
4. "Future of Newspapers," in Wikipedia, available at: http://en.wikipedia.org/wiki/Future_of_newspapers#cite_note-32 (accessed 1 December 2009).
5. Miguel Helft, "Newspapers Worldwide (Minus U.S.) Oppose Google-Yahoo Deal," in *New York Times* on-line blogs, 15 September 2008, available at: http://bits.blogs.nytimes.com/2008/09/15/newspapers-worldwide-minus-us-oppose-google-yahoo-deal/? ref=technology (accessed 1 December 2009).
6. "Newspapers and the Kindle," in *Financial Times* on-line blogs, 8 May 2009, available at: http://blogs.ft.com/techblog/2009/05/lex-newspapers-and-the-kindle/ (accessed 1 December 2009).
7. Andrew Edgecliffe-Johnson, "Google Chief Urges Newspapers to Use Technology to Boost Revenue," Financial Times, 8 April 2009, available at: http://www.ft.com/cms/s/0/bc9e25a4-23d2-11de-996a-00144feabdc0.html (accessed 1 December 2009).
8. Andrew Edgecliffe-Johnson and Kenneth Li, *Financial Times*, 7 May 2009,

available at: http://http://www.ft.com/cms/s/0/db6c8cb2-3b30-11de-ba91-00144feabdc0.html (accessed 1 December 2009).

9. Robert Anderson and Christopher Mason, "Newspapers Face Fresh Pricing Pressures," *Financial Times*, 17 November 2008, available at: http://www.ft.com/cms/s/0/88ffa868-b446-11dd-8e35-0000779fd18c.html (accessed 1 December 2009).

10. Ben Fenton, "Free Newspapers are in the Frontline Trenches of This War," *Financial Times*, 17 March 2009, available at: http://www.ft.com/cms/s/0/8cef0ff2-1294-11de-b816-0000779fd2ac.html (accessed 1 December 2009).

11. Andrew Edgecliffe-Johnson, "When Newspapers Fold," *Financial Times*, 16 March 2009, available at:http://www.ft.com/cms/s/0/d00f013a-1261-11de-b816-0000779fd2ac.h-tml (accessed 1 December 2009).

12. Ben Fenton, "Upmarket Newspapers Profit from Tough Economic Times," *Financial Times*, 20 February 2009, available at: http://www.ft.com/cms/s/0/d6807a92-feef-11dd-b19a-000077b07658.html (accessed 1 December 2009).

사례 2 ::: 새로운 사업모델의 평가– 스포티파이

2009년 8월에 세계적으로 백만 명의 회원을 가진 3년 된 스웨덴계 음악 다운로드 기업인 스포티파이(Spotify)는 놀라운 뉴스를 발표하였다. 애플로부터 앱 스토어를 통해 스포티파이 앱을 글로벌시장에 판매할 수 있는 승인을 받은 것이다. 논평가들은 애플이 자사 현금젖소인 아이튠즈와 직접 경쟁할 수 있는 스포티파이에게 앱 스토어를 왜 개방했는지 의아해하고 있다.

초기 음악 다운로드 사이트인 블리프 닷컴(Bleep.com)의 설립자인 제드 데이(Ged Day)는 스포티파이의 성과를 "시장리더는 아이튠즈가 아니라 무료다"라는 말로 논평하고 있다. 이 말은 온라인 뮤직 산업의 핵심을 너무나 잘 지적하고 있는데, 스포티파이든 아이튠즈든 궁극적 경쟁자는 무료임을 지적하는 말이다.[5] 실제로 스포티파이의 설립자인 다니엘 에크(Daniel Ek)가 처음부터 생각한 사업모델이 회원들이 듣기만 한다는 조건으로 600만 곡에 무료로 접근하는 무료음악서비스이다. 다만 무제한 무료음악에 접근하는 대신 한 시간에 3분은 광고를 들어야 하는 것이 조건이다. 영국의 3대 이동전화 네트워크의 소유자인 리카싱(Li Ka-Shing)이 2,000만 달러를 스포티파이에 투자했는데 이것이 2억 5,000만 달러의 시장가치가 되었다. 하지만 광고수익은 아직 10만 달러에 불과하다. 과연 급격히 변화하는 뮤직산업에서 단연 지배적인 애플의 아이튠즈에 위협을 주면서 스포티파이가 앞으로도 지속할 수 있을까에 대해 산업분석가들이 의심하고 있다.

소용돌이치는 뮤직산업

언제나 새로운 것을 추구해야 하는 스타처럼 뮤직산업도 항상 변화의 소용돌이에 휩싸여 있다. 인터넷, 디지털 음악 포맷 및 플레이어, 복제금지를 무시한 파일공유 기술, 그리고 무료 다운로드 등이 뮤직산업에 변화를 요구하고 있다. 이러한 이유로 인해 힘의 균형은 이미 음악 청취자에게로 이전되었고 변화의 속도는 거침이 없다. 사실, 음악 산업분석가들은 1998년 한국의

5) Joseph Menn and Tim Bradshaw, "Double Blow for Music Sites From Ads and Labels," *Financial Times*, 30 March 2009, available at: http://www.ft.com/cms/s/0/99d32942-1cc1-11de-977c-00144feabdc0.html (accessed 1 December 2009).

새한이 출시한 MP 맨이 10년 전에 나타난 DMP(digital music player)를 2009년께 종말을 고하게 할 것으로 예언했었다. 그러나 음악을 구입하고 청취하는 방법에 급격한 변화를 가져온 것은 새한의 MP 맨이 아니라 애플의 아이팟과 아이튠즈였다. 뮤직스튜디오들은 판매액을 추적할 수 있고 수입이 발생하기 때문에 이들을 좋아했고, 소비자들은 접근하기 쉽고 믿을 수 있어서 이들을 좋아했다. 수천 곡의 노래를 저장할 수 있는 애플의 아이팟은 2007년까지 미국시장의 68%를 점유하고, 아이튠즈는 전세계 합법적인 음악 다운로드 시장의 75~80%를 점유한다.[6)]

3년이 지나자 아이팟의 매출은 정체되었고,[7)] 아이폰과 같은 스마트폰은 사람들이 음악을 구매하고 즐기는 방법에 큰 변화를 가져왔다. 스마트폰은 이메일, 인터넷, 내비게이션, 게임, 음악, 비디오 등에 접근하도록 하는 멀티미디어 장치로 다양한 영역에서 새로운 경쟁을 만들어 내고 있다.

스마트폰의 보급은 뮤직산업에 큰 변화를 몰고 온다. 노키아의 스마트폰을 구입하면 1년간 음악을 무료로 들을 수 있게 하는 "음악과 함께 하라(Come with Music)"라는 캠페인을 전개하고 있다. 이러한 캠페인을 보면서 어느 분석가는 노키아가 캠페인 시작 3년 전에 음악 라이센스를 확보하지 않았다고 비판한다.[8)] 하지만 뮤직스튜디오 및 통신회사와 긴밀한 관계를 구축해 놓은 스포티파이는 새로운 변화를 잘 실행할 수 있었다. 스마트폰은 스포티파이에게 여러 가지 기회를 제공하였다. 모든 것을 인터넷에 저장하기 때문에 음악을 대규모로 저장할 필요가 없고 음악재생기 또한 따로 필요로 하지 않는다. 더구나, 제한된 DRM(디지털권리관리) 기술 때문에 아이튠즈가 해결하지 못한 구매 후 파일공유에 대한 논쟁거리도 피할 수 있게 되었다.

이러한 아이튠즈 모델의 한계로 2006년에 루커스(Ruckus), 스파이럴프로그(SpiralFrog), 스포티파이 등과 같은 듣기전용 서비스가 출현하게 된 것이다.

---

6) Charles Arthur, "Twilight of the iPods," The Guardian, 9 September 2009, available at: http://www.guardian.co.uk/technology/2009/sep/09/apple-ipod-digital-music-sales (accessed 1 December 2009).

7) Charles Arthur, "Twilight of the iPods," The Guardian, 9 September 2009, available at: http://www.guardian.co.uk/technology/2009/sep/09/apple-ipod-digital-music-sales (accessed 1 December 2009).

8) Charles Arthur, "Twilight of the iPods," The Guardian, 9 September 2009, available at: http://www.guardian.co.uk/technology/2009/sep/09/apple-ipod-digital-music-sales (accessed 1 December 2009).

이들 새로운 진입자들은 광고노출을 조건으로 듣기전용 무료음악을 제공한다. 비록 뮤직스튜디오에게 주는 광고수익은 많지는 않지만 스튜디오는 수입기회의 하나로 이를 활용하는데 적극적이다. 그러나 2008년 글로벌 경제 침체와 그로 인한 광고비의 축소로 루커스와 스파이럴프로그는 2009년 초에 활동을 중단했다. 같은 시기에 스포티파이가 미국시장에 진출하기 위해 자금을 모으고 있다는 추측이 나돌았고, 애플의 앱 스토어 승인은 자본조달 및 미국시장 진출에 좋은 견인차가 될 것으로 보인다.

스포티파이의 배경

런던에 본사를 둔 스포티파이는 스웨덴 사업가인 다니엘 에크(Daniel Ek)와 마틴 로렌츤(Martin Lorentzon)이 설립하였다. 에크는 10대 소녀들의 소셜 네트워크인 스타돌(Stardoll)의 기술책임자였고 로렌츤은 디지털 광고 네트워크인 트레이드더블러(TradeDoubler)의 공동설립자였다. 런던, 룩셈부르크, 스톡홀름에 사무실을 개설한 이 회사는 두 가지 핵심 서비스를 제공하고 있다. 광고를 보는 조건으로 600만 개의 뮤직트랙에 접근하여 무료로 청취만 할 수 있는 서비스와 매달 12달러를 내는 프리미엄 버전 등 두 가지 서비스이다. 프리미엄 버전은 광고를 보지 않아도 되고 미리보기가 가능하며 자기만의 목록을 만들 수 있다. 스포티파이 앱을 컴퓨터에 다운로드한 후 청취자들은 장르를 선택하거나 목록을 만들거나 인터넷으로 내내 음악을 들을 수 있다. 다만 MP3 플레이어에 노래를 다운로드하거나 복제할 수는 없다.

아무나 들어오는 것을 막기 위해 스포티파이는 초청으로 고객기반을 구축하였다. 운영 3년 동안 에크는 마케팅에 7,500달러만 지출했다. 대신 회원들을 활용하여 구전마케팅을 전개하였고 온라인 블로그를 구축하였다. 2009년 3월 런칭한 후 청취자들은 매달 25% 증가하여 같은 해 8월에는 백만 명을 기록하였다.

이 사업모델의 핵심이 주요 뮤직 스튜디오와의 협력이기 때문에 에크는 예상보다 18개월이나 더 길어진 2년에 걸쳐 광범위하게 협상하였다. 협상조건은 광고수익과는 상관없이 노래가 연주될 때마다 로열티를 뮤직 스튜디오에게 지불하는 것이었다. 이러한 협약에 모든 아티스트가 행복해 한 것은 아니었다. 소수의 아이콘급 아티스트들은 보상이 적다고, 또한 많은 이름 없는 아티스트들은 그들을 차별화한다고 스포티파이의 시스템을 비난하였다. 게다가 2009년 영국 로열티 수집 대리인인 PRS는 로열티 수수료 체계의 변경을 발표하였는데 곡당 다운로드비를 0.22펜스에서 0.085펜스로 반감하였다. 이렇게 낮추는 대신 PRS는 광고수익의 비율을 8%에서 10.5%로 높였다.

하지만 경제 불황으로 광고에 의존하는 PRS와 같은 사업모델이 지속될 수 없다는 것을 에크는 확신했다. 스포티파이는 광고수입이 모자라는 경우라도 성장에 필요한 자금을 지원받기 위해서 음원 공급업체와 사업 파트너 간의 관계가 중요함을 깨달았다. 2009년 여름 후반부에 주요 뮤직 브랜드에게 주식을 판매하였고, 또 다른 업체와 협력하여 광고를 판매하고 가입자를 늘려가고 있다. 경영진은 다음 단계 전략이 성공할 수 있을 것으로 자신하고 있다.

차세대 스포티파이

짧은 기간 동안 이 회사는 급격히 성장하였고 변화하였으며 현재는 미래로 나아가기 위해 많은 기회를 마주하고 있다. 미국시장 진입, 이동전화에 적합한 소프트웨어 출시, 새로운 비즈니스 기회를 개발하기 위해 투자자인 리카싱(Li Ka-Shing)과의 파트너십 확보 등이다.

미국시장

스포티파이 경영진들은 미국시장의 진입에 많은 관심을 기울이고 있으며, 기존 서비스 포트폴리오에 스마트폰 앱을 추가하는 것이 필수적이라는 것을 알고 있었다. 따라서 애플의 앱 스토어에서 판매할 수 있도록 승인을 받은 것은 결정적으로 중요한 쾌거라고 할 수 있다. 앱 스토어에는 65,000개의 다른 앱이 판매되고 있으며 운영 1년 만에 10억 개를 판매하는 대기록을 세우고 있기 때문이다. 스포티파이와는 별개로, 애플은 최근 앱스토어에서 구글보이스를 판매하는 것을 금하여 비난을 받고 있다. 구글보이스는 한꺼번에 여러 전화를 받을 수 있게 하는 바쁜 전문가들을 위한 단순화된 소통방식이다. 이러한 금지로 애플이 언론으로부터 비난을 받게 될 것을 우려하여 스포티파이에게 기회를 열어 주게 된 것으로 전문가들은 보고 있다. 게다가 애플이 올리는 수익도 계산한 것으로 보고 있다. 애플은 아이폰과 맥 컴퓨터같은 애플 하드웨어를 팔아서 수입을 올리고, 스포티파이의 아이폰 앱으로도 수익을 올릴 것이다.

아이폰 앱

작가이자 인터넷 전문가인 크리스 앤더슨(Chris Anderson)은 현재와 같이 무료로 프리미엄서비스를 사용할 수 있는 시스템(freemium system)에서는 프리미엄 서비스로 단 5%의 고객에서만 수익이 발생한다고 한다.[9] 반면 다른 전문가들은 앱에 대한 요금을 부과하든지 앱을 이용하는 회원으로 가입시켜 앱으로 수익을 올릴 수 있다고 주장한다. 에크가 무료사업모델의 챔피언이 되자 그 역시 어떻게 패키지를 만들면 팬들이 음악에 지불할지에 대해 관심을 기울이게 되었다. 앱은 무료와 프리미엄 옵션 둘 다 가능할 것이다. 스포티파이는 모바일 커뮤니케이션이 그들의 장기성장의 핵심이라는 사실을 알 뿐만 아니라 소비자들이 광고가 없는 프리미엄서비스에 사용료를 지불할 것으로 믿었다. 앱은 스포티파이 회원들끼리 목록을 공유할 수 있게 하여 커뮤니티를 만들게 하였다. 게다가 결정적인 것은 이용자들이 오프라인 재생을 위해 휴대폰에 목록을 저장할 수 있게 한 것이다. 모바일 네트워크 접속품질이 유럽보다 나쁜 미국에서의 이것이 USP(unique selling point)가 되었다.

INQ와의 파트너십

스포티파이에 2천만 달러를 투자한 리카싱(Li Ka-Shing)재단은 중국 사업가 리카싱과 이동전화 제조사인 INQ 및 '3'의 오너인 허치슨 왐포아(Hutchison Whampoa)회장이 관리하고 있다. 리카싱재단의 투자로 스포티파이, INQ, '3' 세 회사는 시너지를 실현할 수 있게 되었다. 예를 들어 영국시장에서 가장 작은 모바일 운영회사인 '3'는 스포티파이와의 파트너십으로 차별화가 가능하게 되었고, 스포티파이와의 제휴로 INQ는 단말기를 판매

---

9) Robert Andrews, "Free of Fee-Which Way Should Tech Media Companies Go?," The Guardian, 2009, available at: http://www.guardian.co.uk/tech-media-invest-100/free-or-fee (accessed 27 January 2010).

할 수 있는 기회를 얻게 되었다. 이렇게 하여 스포티파이는 보다폰(Vodafone)과 휴대폰 제조사인 소니에릭슨이 협력하여 공급하고 있는 뮤직스테이션과 직접적으로 경쟁하게 된 것이다.

고려사항

스포티파이는 음악과 텔레콤 산업에서 불투명해 보이는 변화를 예측하고 대처해 왔다고 할 수 있다. 특히 사업 파트너십으로 매체소비습관의 컨버전스를 잘 활용할 수 있었다. 그러나 수익모델은 아직도 불확실하여 고객수입보다는 투자자의 확신에 더 의존하고 있다. 스포티파이의 사업모델이 아이튠즈에 큰 도전이지만 아이튠즈는 글로벌시장에서 매일 수백만의 거래로부터 꾸준하게 수입을 올리는 확고한 사업모델이다. 스포티파이는 고급 모바일 앱을 애플의 스마트폰으로 판매하여 어느 정도의 수익을 올리겠지만, 음원 공급업자와 투자자에게 지불할 만큼의 수익을 올릴 수 있을지는 미지수다.

질 문

1. 스포티파이의 새로운 비즈니스모델이 위협을 주는 산업과 기업은 어느 것인가? 위협의 본질은 무엇인가? 위협을 어떻게 평가해야 할까? 위협의 영향력을 어떻게 예측할 수 있을까? 통찰력을 줄 수 있는 과거의 유사한 예는 무엇인가? 어떻게 다른가? 기존기업이 새로운 비즈니스모델에 참여하는 것을 방해하는 것은 무엇인가?
2. 스포티파이의 비즈니스모델이 새로운 고객을 창출하여 뮤직시장을 확장시킬까? 혹은 기존사업을 단순히 교체하는 것에 그칠까?
3. 스포티파이가 혁신적인 비즈니스모델을 이용하기 위해 선택한 전략은 무엇인가?
4. 스포티파이의 브랜드와 포지셔닝을 평가하라. 성장의 원동력으로 이 브랜드를 관리하기 위해 스포티파이에게 어떻게 조언할 것인가?

참고문헌

1. Tim Bradshaw and Samantha Pearson, "Spotify Hopes to Steer Fans Away from Piracy," *Financial Times*, 1 March 2009, available at: http://www.ft.com/cms/s/0/117e0bd0-0690-11de-ab0f-000077b07658.html (accessed 1 December 2009).
2. Tom Mitchell, Tim Bradshaw, and Andrew Edgecliffe-Johnson, "Music Service Spotify Wins High-profile Backing," *Financial Times*, 3 August 2009, available at: http://www.ft.com/cms/s/0/d890cbea-8066-11dc-bf04-00144feabdc0.html (accessed 1 December 2009).
3. Tim Bradshaw, "Spotify Looks to iPhone Revenue," *Financial Times*, 4 September 2009, available at: http://www.ft.com/cms/s/0/841a1b66-98e9-11de-aa1b-00144feabdc0.html (accessed 1 December 2009).
4. Joseph Menn and Tim Bradshaw, "Apple Approves Spotify' s Rival Music Service," *Financial Times*, 28 August 2009, available at: http://www.ft.com/cms/s/0/f729fd76-9360-11de-b146-00144feabdc0.html (accessed 1 December 2009).
5. Maija Palmer, "Britons Keep Connected Despite Recession," *Financial Times*, 6 August 2009, available at: http://www.ft.com/cms/s/0/78fb1a4e-8207-11de-

9c5e-00144feabdc0.html (accessed 1 December 2009).

6. Helienne Lindvall, "Behind the Music: the Real Reason Why the Major Labels Love Spotify," *The Guardian*, 17 August 2009, available at: http://www.guardian.co.uk/music/ musicblog/2009/aug/17/major-labels-spotify (accessed 1 December 2009).
7. Tim Bradshaw and Salamander Davoudi, "Online Music Wins Boost from Cut in Fees," *Financial Times*, 27 May 2009, available at: http://www.ft.com/cms/s/ 0/42bd5778-4a56-11de-8e7e-00144feabdc0.html (accessed 1 December 2009).
8. Charles Arthur, "Twilight of the iPods," The Guardian, 9 September 2009, available at: http://www.guardian.co.uk/technology/2009/sep/09/apple-ipod-digital-music-sales (accessed 1 December 2009).
9. Eliot Van Buskirk, "U. S. Exclusive: Hands-On with the Spotify iPhone App," in *Wired Manazine* on-line, July 2009, available at:http://www.wired.com/epicenter/2009/07/spotify-iphone-app/ (accessed 1 December 2009).
10. Joseph Menn and Tim Bradshaw, "Double Blow for Music Sites from Ads and Labels," *Financial Times*, 30 March 2009, available at: http://www.ft.com/cms/s/0/99d32942-1cc1-11de-977c-00144feabdc0.html (accessed 1 December 2009).
11. Robert Andrews, "Free of Fee-Which Way Should Tech Media Companies Go?," *The Guardian*, 2009, available at: http://www.guardian.co.uk/tech-media-invest-100/free-or-fee (accessed 1 December 2009).
12. Robert Andrews, "Li Ka-Shing Confirms Spotify Stake, Will Tie Up with 3, INQ," *The Guardian*, 21, August 2009, available at: http://www.guardian.co.uk/media/pda/2009/aug/21/spotify-mobilephones (accessed 1 December 2009).

사례 3 ::: 산업거인 테스코(Tesco)와 경쟁하기

테스코는 영국에서 가장 크고 세계적으로는 월마트, 까르푸, 홈데포에 이어 4번째로 큰 소매상이며 온라인소매에서는 세계 1위를 달리고 있다. 1999년 이래로 영국에서 가장 수익성이 좋은 소매상이며 2009년 3/4분기 현재 전년도에 비해 약간 감소되었지만 영국 식료품소매시장(grocery retailer)의 31%를 점유하고 있다. 2009년 2월에 결산한 2008/9년의 총매출액은 594억 유로로 전년대비 13.5% 상승하였고 세전이익은 31억 2,000만 유로였다. 2009년 현재 세계 14개 국가에 4,308개(영국의 2,300개 이상을 포함)의 점포를 소유하고 있으며 종업원은 50만 명에 이른다. 2007년에는 영국 소매매출 7유로당 1유로 이상이 테스코가 점유하는 것으로 추산된다.

테스코는 1차 세계대전을 마치고 전역한 군인 잭 코헨(Jack Cohen)이 1919년 이스트 런던에서 노점으로 시작하였다. 점차 런던 전역으로 확대해 나갔고 도매도 시작하였으며 가장 많이 팔린 상품은 차(tea)였다. 개점 5년 후에 지금의 테스코(Tesco)라는 상호를 만들었다. Tesco의 앞 세 글자인 TES는 차를 공급하던 T.E. Stockwell의 이니셜을 딴 것이고, 뒤 두 글자는 Jack Cohen의 성에서 따온 것이다. 노점을 하다 1929년 노스 런던에다 처음으로 점포를 열었으며, 1934년 본사 사무실과 영국에서 최초로 현대적 물류관리시스템을 도입한 창고를 짓기 위해 땅을 매입하였다. 그러다 세계 2차 대전이 터지자 정부보다 먼저 식료품배급을 실시하여 미션을 실천하였다.

1947년에 런던 증권거래소에 상장되었으며 1948년에는 최초로 셀프서비스 점포를 오픈하였다. 1956년에는 에섹스(Essex)에 처음으로 수퍼마켓을 개점했고, 1968년에는 웨스트 서섹스(Sussex)에 처음으로 수퍼스토어를 열었다. 1974년에는 휘발유 판매를 시작하였고, 1995년에는 단골고객을 우대하기 위해 회원카드를 도입하여 천만 회원이 가입하였다. 1994년부터 해외시장진출을 시작하였는데 스코틀랜드에서는 수퍼마켓 체인인 윌리암 로(William Low)를 인수하였고 중부유럽, 아일랜드 및 동아시아로 확장하였다. 해외시장은 인수와 합작투자라는 두 가지 방식으로 진출하였는데, 1997년 아일랜드에서는 퀸즈워드와 크레이지 프라이스 점포를 인수하였고 태국에서는 테스코 로터스와 합작했다.

처음에는 식품을 중심으로 특화했지만 점차 의류, 가전, 금융서비스, 인터넷서비스, 통신 및 주유서비스 등으로 영역을 확장해 나갔다. 1990년대부터 2000년대까지 합작을 통해 이들 영역으로 진출하였다. 1994년 테스코는 인터넷 서비스인 Tesco.com을 시작하였고, 2001년 그로서리웍스(GroceryWorks)라는 미국의 인터넷소매업체와 함께 온라인소매시장에 진출하였다. 이것을 시작으로 통신, 금융, 항공, 휴가, 전기, 가스, 음악 및 DVD 렌탈 등과 같은 많은 영역에서 파트너십으로 온라인 시장에 진출하고 있다. 2003년에는 기존 통신회사와 파트너십으로 UK 텔레콤 사업부를 신설하였다. 이 사업부에서 O2와 합작하여 테스코모바일을 시작하였고 2004년에는 합작으로 브로드밴드 서비스를 시작하였다. 2006년 4월 현재 테스코는 모바일, 유선전화, 브로드밴드 등에서 50만 계좌를 가지고 있다. 테스코는 또한 스코틀랜드의 로열 뱅크와 합작하여 테스코 퍼스널 파이낸스라고 불리는 금융서비스를 제공하여 2006년 현재 500만 계좌를 가지고 있다. 2008년에는 금융서비스 사업에 박차를 가하는 계획을 발표하였다.

설립자인 잭 코헨은 단골고객을 확보하는 데는 단호하다. 그는 1960년과 1970년대에 영국에서 유행한 판촉기술인 그린 쉴드 스탬프(Green Shield Stamps)를 도입하기로 1963년에 계약하였다. 그러나 고객들은 스탬프를 모른다할지라도 단골프로그램을 운영하는 비용을 커버하기 위해 생필품 가격이 오른다는 사실을 깨닫기 시작했다. 그러자 테스코는 그린 쉴드 스탬프를 과감히 버리고 원가절감을 통해 최저가로 판매하는 전략으로 바꾸었다. 즉, 프로모션전략에서 최저가전략으로 과감히 선회한 것이다.

초기에 잭 코헨의 전략은 "높이 쌓아놓고 싸게 팔아라"는 것이었는데, 1970년대 중반 이 전략은 테스코가 과도하게 확장하는 계기가 되었다. 그 결과 중산층 고객이 테스코를 좋지 않게 보기 시작했고 1970년대 후반에는 테스코의 부정적 이미지를 없애려면 상호를 바꾸어야 한다는 조언을 듣기에 이르렀다. 그러나 당시 경영을 맡았던 이안 맥로린(Ian MacLaurin)은 상호를 바꾸는 대신 전략변경으로 브랜드 부활을 위해 노력하였다. 20~30년 동안 혁신을 통해 브랜드 이미지 구축에 성공하였고 2006년에는 세계적 수퍼마켓 체인으로 우뚝 서게 되었다.

과거 30년 동안 테스코가 성공과 성장을 위해 달려온 방향은 전략변경과 이미지 변신이다. 먼저, 하층, 중층, 상층의 모든 세분시장에 어필할 수 있는 '포괄적인 제공전략'을 실현한 것이다. 이를 위해 고품질 제품을 합리적인

가격으로 판매한다는 테스코의 단순한 비전에 기초하여 4개의 다른 수준별로 자체브랜드를 개발하였다. 1998년에 프리미엄 제품군인 '파이니스트(Finest)'를 도입하였고 이어서 2006년에 테스코 유기농군을 시작하였다. 다음으로 테스코 건강생활군을 출시했으며 마지막으로 밸류(value)군은 가격에 민감한 고객을 겨냥하여 도입하였다. 특히 밸류군은 2008년과 2009년 어려운 불경기를 극복하게 하는데 효자구실을 했다. 이처럼 다양한 자체브랜드를 개발하여 이미지 관리에 노력한 결과 내셔널브랜드 이상의 마진을 남길 수 있게 되었다.

두 번째로, 경영의 중심을 주주가치 극대화에서 고객가치 극대화로 바꾸었다. 기본 목표가 설혹 높은 수익일지라도 고객서비스를 전제로 추구되어야 한다. 제공하는 서비스의 표준은 끊임없이 향상되어야 하며 고객의 욕구에 반응해야 한다고 믿는다. 건강과 환경, 새로운 라이프스타일 트랜드를 서비스와 상품에 반영하도록 노력하였다.

세 번째로 테스코는 4개의 주요 영역으로 다각화를 하였는데 4개의 주요 영역은 다음과 같다. (1) 영국의 생필품시장을 혁신하고 확장하기 위해 편의점으로 진출 (2) 가전, 의류, 건강, 미용, CD 및 DVD와 같은 비식품류 사업으로 확장, 이들 비식품류에 파이니스트와 밸류 영역을 개발하는 것 (3) 개인 금융과 통신, 유틸리티산업으로 주요 기업들과 합작하여 확장 (4) 인도와 중국을 포함하여 해외시장으로 확장하여 2008/9년 매출의 25% 이상을 해외에서 달성하는 것 등이다.

그러나 이러한 전략이 테스코의 미래를 보장할 수 있을까? 오랫동안 소매기업들은 가격과 보완적 서비스로 투쟁해 왔다. 그러나 최근 경쟁의 방식은 환경으로 이동하고 있다. 환경인증을 받고 환경보호를 위해 모든 경쟁자들이 노력하고 있다. 환경에 관심을 갖는 새로운 소비트랜드는 테스코 전략에 중요한 영향을 주고 있다. 예를 들어, 테스코는 매년 기업의 사회적 책임 성과를 발표하고 있다. 테스코는 해외성장을 위해 지속적으로 인수를 하고 있는데, 2008년과 2009년 세계적 불황의 폭풍 이후에 따라오는 고객의 변화를 어떻게 소화할 수 있을지? 그리고 이 상황이 테스코 투자에 주는 시사점은 무엇인지? 테스코는 모든 실린더에 불을 붙이고 있는 기업이지만 여전히 더욱더 그러할 것이다.

토의사항

영국의 수퍼마켓들은 앞으로 테스코의 경쟁력이 더 높아질 것으로 보아야 하고, 테스코를 이해해야 하고, 어떻게 경쟁할 것인지를 고민해야 할 것이다. 테스코의 성공을 이끈 전략들 중 미래에도 사용할 수 있는 전략은? 테스코가 추구할 미래의 방향은 무엇인가? 새로운 산업과 제품으로 사업을 확장하려는 계획이 있는가? 영국 시장에서 경쟁브랜드인 ASDA와 세인스베리(Sainsbury's)의 입장에서 생각하라. 이들은 시장점유를 높이고 테스코와 경쟁하기 위해 새로운 전략을 설계할 필요가 있기 때문이다.

아스다

아스다(ASDA)는 1999년에 월마트가 인수하였고 영국에서 두 번째로 큰 소매상이다. 요크셔 농부들이 농장에서 수확한 제품을 직판하기 위해 1965년에 설립하였다. 다른 수퍼마켓들이 1970년대와 1980년대에 중상급시장으로 진출하였지만 아스다는 초지일관 저가에 집중한 채로 남아 있었다. 1980년대에 아스다는 경쟁력을 높이기 위하여 의류로 확장하려 하였지만 느린 시작이었다. 1990년대 초 불황으로 붕괴직전까지 가자, 아스다는 점포의 명예를 회복하기 위해 공격적 마케팅을 도입하자 매출이 증가하여 1995년경 영국의 3위 수퍼마켓 그룹이 되었다. 해외로 확장하는 대신 아스다는 영국에 머물렀고 자신의 고유제품에 집중하였다. 1999년 아스다는 월마트에 매각되었고 2000년 브리스톨에 있는 아스다 하이퍼마켓은 영국의 첫 번째 월마트 점포로 재개장되었다. 2001년에는 2개 점포를 더 개점하였다. 2009년 아스다는 아스다/월마트 슈퍼센터, 아스다 생활관, 아스다 조지(George) 스토어, 아스다 디렉트 등 다양한 업태로 영국소매시장의 16%를 점유하고 있다.

세인스베리

세인스베리(Sainsbury's)는 한때 영국의 시장선도자였지만 1995년 테스코의 공격을 그리고 2003년에는 아스다의 공격을 받아 지금은 3위 소매상으로 전락하였다. 세인스베리는 존 제임스 세인스베리와 그의 아내가 1869년 런던에 설립하여 초기에는 계란과 베이컨과 같은 기본적인 식품을 판매하였다. 1922년 개인 회사로서 법인이 되었고 1973년 증권거래소에 상장하였다. 1980년대에는 미국 체인인 쇼오즈(Shaw's)를 인수하여 해외로 확장하기 시작했다. 그러나 이러한 확장으로 인해 1990년대 초 세인스베리는 핵심시장에서 경쟁자에게 밀리게 되었고 여러 가지 어려움에 직면하였다. 2004년 회복 프로그램을 런칭한 후 살아나기 시작해 2009년 중반 매출이 전년 대비 15% 상승하여 대략 15%의 시장점유율과 200억 유로의 매출 및 6억 1,600만 유로의 수익을 올리게 되었다. 세인스베리는 소득이 낮은 고객을 유인하는 데는 관심이 없기 때문에 가격으로 고객에게 포지셔닝할 필요가 없이 품질에 초점을 두어 중상층의 이미지를 유지하는 전략을 사용해왔다. 그러나 세인스베리가 1995년 테스코에 1위 자리를 내 준 이래로 고객에 초점을 두는 전략으로 선회하자 결과적으로 테스코와 비슷해지고 있다. 그러자 2009년 미래 성장을 위한 다음과 같은

5가지 방법을 찾아 냈다. 공정한 가격으로 책정된 훌륭한 식품, 비식품과 서비스의 강화, 추가적인 채널을 통해 보다 많은 고객에게 접근, 수퍼마켓 매대 증대, 적극적인 자산관리 등이다.

질 문

1. 아스다와 세인스베리 관점으로 볼 때 테스코의 강점과 약점은 무엇인가?
2. 각 회사들이 테스코와 경쟁할 수 있는 전략은 무엇인가 그리고 피해야 할 전략은 무엇인가?
3. 아스다나 세인스베리가 활용할 수 있는 전략이나 약점을 테스코가 가지고 있는가?
4. 아스다나 세인스베리가 활용할 수 있고 테스코가 현재 들어가지 않고 있는 세분시장이 있는가?

PART

02

전략의 창출, 적용 및 실행

CHAPTER 07

우위창출, 시너지, 몰입, 기회주의, 적응성

모든 사람들은 내가 승리할 때 사용한 전술은 볼 수 있었지만,
아무도 보지 못한 것은 위대한 승리의 모태가 된 전략이다.
– 손자, 중국의 병법가

우리의 과업은 확실히 도전적이지만 더욱 뛰어나야 한다는 압박 외에는
어떠한 압박도 받지 않는다.
– 리카싱(Li Ka-Shing)

한때 행하기로 결정만 하고 실행하지 않은 것에 수많은 가능성이 있다.
– 조지 버나스 쇼(George Bernard Shaw)

지금부터 우리의 관심은 전략적 분석에서 사업전략의 개발로 옮겨 간다. 어떤 전략대안을 고려해야 할까? 자산과 역량, 표적세분시장, 가치제안, 기능별 전략은 무엇일까? 무엇이 투자와 투자회수를 결정할까? 이러한 질문들을 지금부터 논의할 것이다. 이런 질문을 하는 이유는 최선의 대안이 선정될 수 있는 가능성을 높이려면 전략대안의 범위를 넓혀야 하기 때문이다. 변변찮은 대안 중에서 내려진 훌륭한 결정보다는 우수한 대안 가운데 내려진 시원찮은 결정이 훨씬 낫기 때문이다.

[그림 7.1]에서 보는 것처럼 이 장에서는 성공전략의 핵심인 지속적 경쟁우위(sustainable competitive advantage: 이하 SCA로 약칭)의 개념과 창출을 설명한다. 그 다음, SCA 원천 중 하나인 시너지를 창출하고 레버로 활용하는 것에 대해 살펴본다. 마지막으로 전략적 철학인 전략적 몰입, 전략적 기회주의, 전략적 적응성, 전략적 의도 등을 설명한다.

8장에서는 다양한 가치제안을 설명한다. 8장의 가치제안은 고객가치제안뿐만 아니라 자산과 역량, 기능적 전략 및 프로그램을 함께 다루는 포괄적인

그림 7.1 전략의 창출과 실행

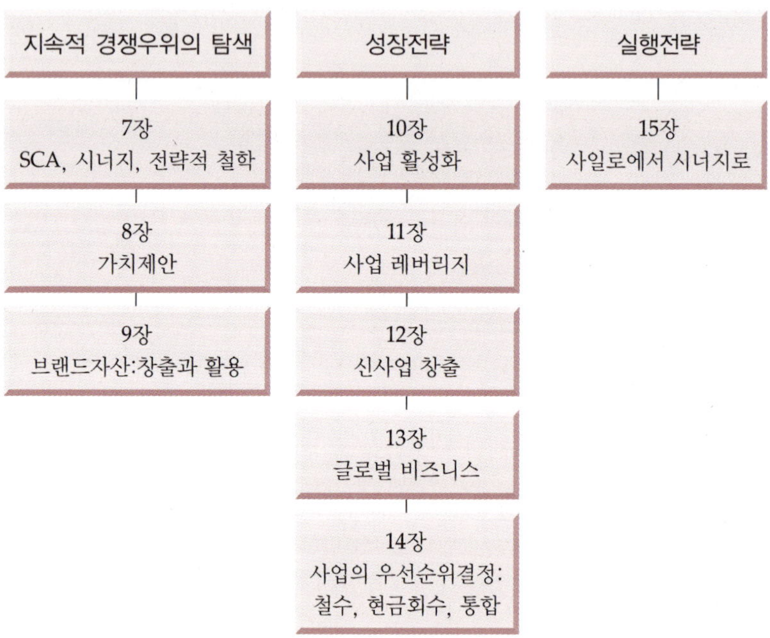

개념이다. 따라서 가치제안은 전략대안의 훌륭한 개요다. 9장에서는 핵심자산인 브랜드자산을 창출하고 지레로 활용하는 방법을 설명한다. 그다음 4개 장에서는 성장전략을 다루고 있다. 10장은 사업 활성화를, 11장은 사업 레버리지를, 12장은 신사업 모델 창출을, 13장은 글로벌화를 설명한다. 14장은 사업단위 간의 우선순위 결정, 투자회수, 성장자원의 핵심결정요인 등을 논의한다. 15장은 조직과 실행상의 쟁점을 소개한다.

7.1 ::: 지속적 경쟁우위

본서의 앞부분에서 정의한 것처럼 지속적 경쟁우위는 현재와 미래의 경쟁자보다 높은 경쟁우위를 제공하는 요소나 요소의 결합으로 [그림 7.2]와 같이 표현할 수 있다. 예를 들면, 프랑스 하이퍼마켓인 까르푸(Carrefour)는 규모의 경제, 시장력, 물류효율성, 가치명성, 글로벌화 등으로 원가우위를 확보한다. 라이언에어(Ryanair)는 편리하고 신뢰성이 있고 간단한 여행을 제공하

그림 7.2 지속적 경쟁우위

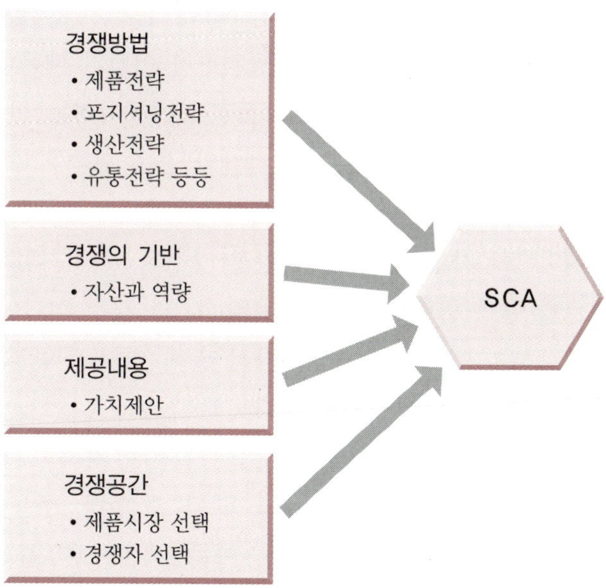

는 직항운행모델(point-to-point travel model)을 가지고 있다. 글로벌 중국 브랜드인 레노보(Lenovo)의 중국에서의 위상과 저원가 제조 시설은 HP와 같은 글로벌 거인들과 경쟁에서 우위를 점하게 한다.

지속적 경쟁우위를 구성하는 요소는 의미 있고 지속가능해야 한다. 의미 있다는 것은 차이를 만들 만큼 커야 한다는 것인데, 고객들이 중요하다고 생각하는 품질에서의 약간의 우위는 지속적 경쟁우위를 창출하지 못한다. 또한 '지속가능하다'란 표현은 미래에도 경쟁우위를 유지하고 향상시키는 것을 의미한다. 예를 들어, 질레트는 혁신에 혁신을 거듭하여 경쟁자가 복제하기 어렵게 함으로써 오랜 기간 면도기시장에서 기술상의 우위를 점하고 있다.

지속적 경쟁우위의 요소가 경쟁방법인 기능별 전략과 프로그램인 경우도 있다. 까르푸의 하이퍼마켓 시스템, 라이언에어의 직항운행시스템, 레노보의 모델 모두는 나름의 기능별 전략과 프로그램을 가지고 있어 지속적 경쟁우위의 원천이 되고 있다. 이들 외에도 [그림 7.2]에서 보는 바와 같이 사업전략의 다른 측면인 자산과 역량, 가치제안, 제품시장선택 등도 지속적 경쟁우위의 원천이 된다.

경쟁의 기반: 자산과 역량

기업의 자산과 역량은 사업전략에 있어 지속가능성이 가장 높은 요소인데, 이유는 대부분 모방하거나 공격하기 어렵기 때문이다. 예를 들어, 디자인과 생산역량이 부족한 채 좋은 품질을 제공하려는 품질전략의 추구는 무의미할 것이다. 누구나 시리얼이나 세제와 같은 제품을 수퍼마켓을 통해 유통시키고 있지만, 제품유통을 효과적이고 효율적으로 만드는 물류, 매대관리, 판촉, 소매점 실무자들과의 좋은 관계를 갖추고 있는 기업은 별로 없다. 유사하게 글로벌 댄스 클럽 체인인 파챠(Pacha)의 경우 적합한 사람과 문화가 없었다면 성공하지 못했을 것이다. 다시 말해 내가 무엇을 하고 있고 무엇을 할 수 있느냐가 경쟁의 기반이 된다.

3장에서 논의한 것처럼 다음의 질문이 지속적 경쟁우위의 원천이 되는 자산과 역량을 파악하는데 도움이 될 수 있다. 주요 세분시장의 핵심구매동기는? 가장 큰 부가가치요소는? 이동장벽은? 우위를 창출하는 가치사슬의 구성요소는? 성공한 사업체에는 있고 실패한 사업체에는 부족한 자산과 역량은?

무엇을 제공 – 가치제안

지속적 경쟁우위가 효과적이려면 가치제안(value proposition)이 분명해야 하고 이를 고객에게 보여줄 수 있어야 한다. 품질, 저가, 사회적 가치 등이 가치제안의 예인데, 이는 널리 사용되며 8장과 9장에서 논의하는데, 보여준다는 것은 가치제안과 포지셔닝전략을 연결하는 것이다. 제품의 신뢰성을 지속적 경쟁우위로 사용하려 하는데, 고객이 잘 모르는 경우 신뢰성 포지셔닝을 마케팅프로그램을 통해 보여줄 수 있다. 파일롯 펜(Pilot Pens)이나 도요타(Toyota)는 제품디자인과 성능이란 가치제안을 광고에서 강조하여 신뢰성으로 포지셔닝하고 있는 좋은 예다.

어떤 가치제안을 잘 제공하고 있다는 명성 자체가 그 명성의 기반이 되는 것보다 더 중요한 자산이 될 수 있는데, 이러한 명성을 가진 기업은 한때 주춤거릴 수 있지만 결국은 승리할 수 있을 것이다. 명성이 구축되면 소비자는 결코 약점을 알지 못하고 또 약점을 알더라도 용서할 수 있기 때문에 경쟁자가 이 기업의 문제를 이용하기는 어렵다. 그 이유는 경쟁기업이 명성을 가진 기업의 품질이나 성능에 대한 문제를 소비자에게 확신시키는데 비용이 많이 들기 때문이다. 지속적인 이미지, 즉 명성은 고객에게 의미 있는 가시적인 가치제안이 왜 전략적으로 중요한지를 잘 말해 주고 있다.

하지만, 견고한 가치제안이라도 핵심요소가 잘못되면 실패할 수 있다. P&G의 프링글스 감자칩은 일관성 있는 제품품질, 긴 매대수명, 부스러짐을 막는 포장, 전국 유통과 같은 여러 자산을 가지고 있다. 그런데 소비자가 맛이 좋은 것으로 지각할 때만 이들 속성들이 가치 있다는 것이 핵심이다. 이런 이유로 스낵시장에 대한 프링글스의 진입은 실제와 지각된 맛 모두에서 발전되기까지 수십 년이 걸렸다. 유럽에서 렉서스는 디젤 모델의 부족으로 처음에는 어려움을 겪었지만, 후에 렉서스 하이브리드의 시판으로 상당히 잘 나가고 있다. 유럽 소비자들은 미국 소비자들과는 달리 연료비를 중시하는 본원적 욕구를 가지고 있기 때문이다.

어디서 경쟁 – 제품시장선정

지속적 경쟁우위의 중요한 원천이 표적제품시장의 선정이다. 자산과 역량이 뒷받침되는 잘 정의된 전략이라도 시장현장에 맞지 않으면 실패할 수 있기 때문이다. 시장현장에서 가치를 창출하는 한 가지 방법은 고객에게 적합해야 한다는 것이다.

제품시장선정은 경쟁자 정의도 포함한다. 때로 자산 혹은 역량은 적합한 경쟁자가 주어졌을 때만 효과적이기 때문에, 경쟁자나 전략집단이 관련 자산과 역량에서 취약한지, 중간인지, 강한지를 평가하는 것은 매우 중요하다. 그 이유는 관련 자산과 역량에서 경쟁자의 약점에 적합한 전략을 수립하는 것이 지속적 경쟁우위가 되기 때문이다.

지속적 경쟁우위 대 핵심성공요인

1장과 4장에서 소개한 핵심성공요인(KSF)과 지속적 경쟁우위(SCA)의 차이는 무엇인가? KSF는 경쟁하는데 필요한 자산과 역량이고, SCA는 지속적 경쟁우위의 기반이 되는 자산과 역량을 말한다. 예를 들어, 마블 코믹(Marvel Comics)과 같은 만화기업은 독자들의 관심을 끌기 위해 다양한 캐릭터를 가져야만 하기 때문에 캐릭터 풀이 KSF이다. 마블 코믹사는 마블 캐릭터 영화를 브랜드화하여 풍부한 캐릭터 풀을 SCA로 바꾸었다. 2009년 디즈니사가 마블을 인수할 때 이 브랜드의 강점을 반영하여 28억 유로를 지급하였다. 가격을 중시하는 시장에서의 KSF는 수익을 남길 수 있는 원가통제 능력이다. 이 점에서 현대자동차는 경쟁자에 비해 놀라우리 만큼 탁월하였고 이것이 SCA가 되었다.

포커판에서 승자가 되기 위해서는 기술, 강심장, 돈을 갖추어야 한다. 포커판에서 패를 보기 전 배팅에 들어가기 앞서 일정한 액수의 돈을 걸어야 하는데, KSF는 시장현장의 판돈으로 볼 수 있다. 우수한 유저 인터페이스를 가진 웹사이트를 창출하는 것이 2000년대 초반 아이튠즈 스토어를 가진 애플의 SCA가 되었다. 그러나 스포티파이와 같은 다른 기업이 쉽게 이용할 수 있는 웹사이트를 가진 시장에 진입함에 따라 이것은 SCA 기반이 아니라 KSF가 되었다. KSF는 경쟁에서 이기는 수단이 아니라 테이블에 동참하는 자리를 사는 것이다.

1장에서 소개한 유사점(POP: points of parity)과 차이점(POD: points of differentiation)의 개념을 검토하면 이 구별을 보다 분명히 할 수 있을 것이다.[1] POD는 일부 속성이나 편익에서 특정 브랜드가 갖는 강하고, 호의적이고, 독특한 연상을 말한다. 예를 들어, 이케아(IKEA)는 소비자가 직접 다루고 조립하게 하는 독특한 디자인과 적당한 가격으로 가정용 가구를 판매한다. 반면 POP는 특정 브랜드의 독특한 연상은 아니다. POP는 ATM과 편리한 시간이 은행 업무에 갖는 의미처럼, 특정 카테고리에서 제공물을 서비스하는데 필요한 기본조건이다. 어떤 POP는 경쟁자의 득특성을 없애려 설계되는 경우도 있다. 예를 들어 베네콜(Benecol)과 같은 기능식품브랜드는 맛을 유사하게 만들려 노력하는데, 그 때문에 경쟁사 맛의 POD를 부인하고 고객이 자사의 POD인 콜레스테롤 감소능력을 선택하도록 이끌어 냈다. SCA는 POD와 유사하고 KSF는 POP 혹은 POD와 유사하다.

경영자들이 그들의 SCA로 규정하는 것

서비스 및 하이테크 산업에 속한 248개 사업의 경영자들에게 자사의 SCA를 규정해 달라고 요청했다.[2] 이 조사의 목적은 많이 채택하는 SCA가 무엇인지, 경영자들이 자사의 SCA를 어떻게 규정하는지, 같은 사업에 속한 여러 경영자가 같은 SCA를 생각하는지, 사업마다 얼마나 많은 SCA가 존재하는지를 알아보기 위한 것이었다. 설문응답을 카테고리로 코드화하였다. 그 결과는 [그림 7.3]에서 요약한 것과 같은데, 이 자료는 SCA에 통찰력을 제시해주고 있다.

그림을 보면 매우 다양한 SCA가 언급되고 있고 각자 독특한 경쟁방법을 택하고 있음을 알 수 있다. 물론 목록은 산업에 따라 다르다. 예를 들어, 하이테크산업에서는 브랜드 재인이 기술적인 우위, 제품 혁신, 튼튼한 고객기반보다 덜 중요하다. 8장과 9장에서 몇 가지 SCA를 보다 자세하게 논의할 것이다.

[그림 7.3]에 나타난 대부분의 SCA는 자산이나 역량을 반영하고 있는데, 예를 들어, 고객기반, 품질명성, 우수한 경영진과 기술진 등은 자산이고 고객서비스와 기술우위성은 대체적으로 역량에 속한다.

조사된 사업체 중 95개에 대해서는 두 명의 경영자를 대상으로 각각 따로 인터뷰를 했는데, 그 결과 SCA 조사가 매우 신뢰성이 높다는 것이 밝혀졌다. 76개 사업체의 두 경영자가 같이 분류할 수 있는 답변을 했고, 나머지는

그림 7.3 248개 사업체의 지속적 경쟁우위

	하이테크	서비스	기타	전체
1. 품질명성	26	50	29	105
2. 고객서비스/제품지원	23	40	15	78
3. 지명도/높은 프로필	8	42	21	71
4. 우수 경영진과 기술진	17	43	5	65
5. 저원가 생산	17	15	21	53
6. 금융자산	11	26	14	51
7. 고객지향성/피드백/시장조사	13	26	9	48
8. 제품계열의 폭	11	23	13	47
9. 기술 우수성	30	7	9	46
10. 튼튼한 고객기반	19	22	4	45
11. 세분화/집중화	7	22	16	45
12. 제품특성/차별화	12	15	10	37
13. 지속적 제품혁신	12	17	6	35
14. 시장점유율	12	14	9	35
15. 유통의 규모/입지	10	11	13	34
16. 저가격/고가치 제공물	6	20	6	32
17. 사업에 대한 지식	2	25	4	31
18. 산업의 개척자/조기진입자	11	11	6	28
19. 효율적이고 유연한 생산/고객에 맞춘 운영	4	17	4	25
20. 효과적 판매력	10	9	4	23
21. 전반적 마케팅 스킬	7	9	7	23
22. 공유된 비전/문화	5	13	4	22
23. 전략적 목표	6	7	9	22
24. 강력하면서 잘 알려진 모기업	7	7	6	20
25. 입지	0	10	10	20
26. 효과적인 광고/이미지	5	6	6	17
27. 기업가정신	3	3	5	11
28. 원활한 조정	3	2	5	10
29. 기술, R&D	8	2	0	10
30. 단기계획	2	1	5	8
31. 유통업체와의 좋은 관계	2	4	1	7
32. 기타	6	20	5	31
전체	315	539	281	1,135
사업체의 수	68	113	67	248
평균 SCA의 수	4.63	4.77	4.19	4.58

SCA 리스트상에서 단지 하나의 순위만 엇갈렸다. 또 다른 하나의 조사결과도 교훈적인데, 사업체당 평균 SCA의 숫자가 4.58개로 나타나 전략이 하나

의 SCA에 근거하는 것으로는 충분치 않음을 시사한다. 종종 '품질지향적' 기업, '서비스 중심적' 기업과 같이 한 사업체의 SCA를 하나의 자산과 역량으로 규정하기도 하지만, 이 조사결과는 여러 자산과 역량이 필요할 수 있다는 점을 알려 주고 있다.

7.2 ::: 시너지의 역할

사업단위 간의 시너지는 기업의 고유한 특징에 근거하는 것이기 때문에 SCA의 원천이 될 수 있다. 경쟁자가 시너지 관련 자산이나 역량을 획득하려면 조직을 모방해야 하기 때문에 SCA의 원천으로 중요하다.

올람 인터내셔널(Olam International)사는 세계적인 농산물 및 식자재 공급업체이며, 이 회사는 고무나무 원액과 참깨 종자를 공급하고도 있다. 처음에는 아프리카 북부지역 여기저기서 농장을 운영하였으나 점차 아프리카 여러 나라로 확장하여 다양한 농산물을 생산하여 공급하고 있다. 또한 이 회사는 부가가치를 높이고 수송비를 절감하기 위해 농산물을 가공하여 수출하는 전방통합을 하고 있다.

소니는 유럽과 호주의 소니 센터에서 다양한 제품군을 판매하여 시너지를 추구한다. 소니센터는 TV 수상기, 영화, 음향시설 등의 소니 엔터테인먼트 제품으로 가득하며, 이들 다양성으로 인한 시너지가 소니의 고품질, 고기술 엔터테인먼트를 강화하고 있는 것이다.

시너지는 자산과 역량을 지레로 활용하여 창출할 수도 있다. 아마존(Amazon)은 수백만 종의 서적을 처리할 수 있는 창고, 주문, 배송시스템을 갖추고 있는데, 이것을 지레로 활용하여 규모의 경제와 높은 수익을 올리고 있다. 디즈니는 캐러비안 해적과 같은 영화, 한나 몬타나(Hannah Montana)와 같은 TV 프로그램, 유로디즈니나 홍콩디즈니랜드와 같은 글로벌 입지 등을 지레로 활용하여 아이들과 가족들에게 서비스하고 있다.

시너지란 전체가 부분의 합보다 큰 것을 의미하는데, 두 사업단위를 함께 운영하는 것이 따로 운영하는 것보다 유리한 것을 뜻한다. 사업단위가 아닌 제품수준에서 보자면 제품을 집합으로 판매하는 것이 각 제품을 따로 내놓는 것보다 장기적으로 더 높은 수익을 올리게 되는 효과를 말한다. 시장수준에서 보자면, 여러 시장을 묶어 운영하는 것이 독립적으로 운영하는 것보다 더 낫다는 것이다. 결합된 사업은 다음과 같은 시너지를 가지게 될 것이다.

1. 고객가치의 증가와 그로 인한 매출의 증대
2. 운영비 절감
3. 투자 감소

일반적으로 시너지는 다음과 같이 공통성을 지레로 활용함으로써 발생한다.

- **고객과 고객의 제품용도.** 다농은 전체 식품에 걸친 과학적 고객조사를 지레로 활용한다.
- **유통경로나 판매원.** 헨켈이 운영하는 3개 비즈니스 그룹은 유통경로를 공유한다.
- **브랜드명과 이미지.** 빌라봉(Billabong)은 전세계에 의류를 판매하는데 호주의 이미지를 활용한다.
- **제조방법과 시설, 사무실, 창고.** 테스코시스템은 여러 지역에서 운영하여 이들을 공유한다.
- **연구개발.** 필립스의 여러 사업부는 신제품을 개발할 때 필립스의 디자인역량을 활용한다.
- **스텝이나 운영시스템.** 글로벌 시장조사기업인 마켓 팩트(Market Facts)의 모든 사업부는 통계 스텝과 운영시스템을 이용한다.
- **마케팅과 마케팅조사.** 디아지오(Diageo)시장조사 기술은 모든 디아지오 제품을 돕고 있다.

시너지를 개념적으로 이해하는 것은 어렵지 않으나 현실에 적용하기는 어려운데, 다른 이유도 있겠지만 시너지가 실제로 나타날지 알 수가 없기 때문이다. 두 개의 사업이 연관되어 있고 잠재적 시너지가 충분한 것처럼 보이지만 실제로는 나타나지 않는 경우가 많다. 때때로 잠재적 시너지는 합병을 하기 위해 서둘러서 창출한 신기루이거나 희망사항에 불과하며 또 어떤 때는 잠재적 시너지는 실제로 있지만 집행상의 문제로 이를 현실화하지 못하는 경우도 있다. 즉 두 조직 문화가 일치하지 않을 수도 있고 시너지를 거둘 수 있는 인센티브가 부족해서 그런 경우도 있다. 11장에서 잠재적 시너지를 현실화하는 어려움에 대해 다시 다룰 것이다.

제휴

즉각적인 시너지를 얻으려 하는 것이 제휴의 목적인데, 예를 들어 패스트푸드 상점과 주유소와의 제휴로 주유소는 많은 고객과 더 많은 부가가치를 제공할 수 있게 되고, 패스트푸드 상점은 좋은 입지를 얻게 된다. 일본에서 가장 큰 광고대행사인 덴츠(Dentsu)는 부분적으로 오너십을 갖는 백 개 이상의 제휴선을 확보하고 있어 고객에게 보다 다양한 소통 솔루션을 제공할 수 있다.

제휴는 종종 성공적인 인터넷 전략의 핵심이 된다. 페이스북과 아마존은 인터넷 트래픽을 높이기 위해 방문자들에게 차별화된 가치를 제공하려는 목적을 달성하기 위해, 수많은 주요 제휴사와 수천 개의 보다 작은 제휴사를 가지고 있다. 13장의 글로벌전략에서 제휴와 합작투자의 어려움을 설명한다.

핵심자산과 역량[3)]

한 기업이 가진 자산이나 역량 중 여러 사업에 걸쳐 경쟁기반이 될 수 있는 자산이나 역량을 핵심자산이나 핵심역량이라고 하는데, 이는 시너지의 원천이 된다. 나무에 비유하면, 핵심자산이나 핵심역량은 뿌리에, 핵심제품은 줄기와 큰 가지에, 사업단위는 작은 가지에, 최종제품은 잎과 꽃에 해당한다. 최종제품만을 보면 뿌리의 강인함을 보지 못하여 경쟁자의 강점을 제대로 인식하지 못할 수 있다. 핵심역량은 기업 전체가 갖는 기술과 기능을 하나로 응집한 것이며, 핵심자산은 브랜드명이나 유통경로와 같이 여러 사업단위에 걸쳐 투자하고 관리한 결과를 말한다.

핵심역량의 예로 소니의 소형화, 라이언에어의 운영상의 비용절감, 필립스의 가전 디자인, 볼보의 차량 안전성, 가전과 휴대폰에서 삼성의 제품 혁신, 샤브의 터보차징(turbocharging)이나 안전 및 그린 기술 등이 그 예다. 이들 각각의 역량은 여러 사업의 밑바탕이 되며 보다 많은 것을 창조할 수 있는 잠재력을 가지고 있다. 이들 기업은 다양한 방식으로 핵심역량에 투자하는데 핵심역량과 관련된 주요 작업은 아웃소싱하지 않고 내부에서 하며 최고수준을 달성하려 노력한다.

고도로 효과적인 운영프로세스도 여러 사업에 적용할 수 있어 핵심역량이 될 수 있다. 이러한 운영프로세스 중 하나는 신제품개발과정이다. 유통업체브랜드와 제조업체브랜드 간의 긴장관계의 원인을, 유통업체브랜드가 제조업체브랜드의 가격 및 품질에 대한 소비자의 기대를 높인 것에서 찾고 있다. 사실, 신제품 기회를 파악하고 발빠르게 개발하는 소매업자의 능력 때문에 긴장은 더 높아지고 있다. 소매업자가 신제품을 개발하고 시판하는데 걸리는 12주는 제조업체 브랜드의 18개월 이상과 비교할 때 진정한 우위의 원천이 된다. 또 다른 예는 글로벌 운영이다. 이는 네슬레의 SCA인데 네슬레는 세계 각국에서 영업을 하고 있으며 글로브(GLOBE)라고 불리는 향상된 IT 시스템을 사용하고 있다. 글로브는 여러 나라의 사업부와 경영본부를 통합하고 고객에 대한 정보를 실시간으로 제공한다. 테스코는 비용을 줄이고 경쟁력을 높이는데 공급사슬기술을 이용하고 있다. 헨켈이 사용한 역량은 소맷(Somat)이나 플링크(Flink)와 같은 지역브랜드뿐만 아니라 셀로테이프(Sellotape)와 퍼실(Persil)과 같은 글로벌브랜드를 성공적으로 관리하는 능력이다.

주요 프로세스에서 탁월한 능력을 개발하는 것은 사람과 하부구조에 전략적인 투자를 하고, 교차팀을 활용하고, 명백한 성과 목표를 설정하는 것이다. 진정한 프로세스 향상은 프로세스에 대한 통제와 소유권 없이는 달성할 수 없기 때문에 당장 필요한 조직의 과업을 여러 공급자에게서 조달하는 가상기업은 능력기반 경쟁(capabilities-based competition)의 좋은 모델이 아니다.

7.3 ::: 전략적 몰입, 전략적 기회주의, 전략적 적응성

성공적인 전략과 지속적인 경쟁우위를 개발하기 위해서는 매우 다른 세 가지 철학이 필요할 수 있는데 전략적 몰입, 전략적 기회주의, 전략적 적응성이다. [그림 7.4]에 요약한 바와 같이 세 가지 철학은 관점, 지향성, 리더십, 미래 관점 등에서 많이 다르다. 어느 철학이 좋은지는 주어진 상황, 인적자원, 문화, 전략에 달려 있다. 하지만 대부분의 기업들은 이들 3가지 철학

그림 7.4 세 가지 전략적 철학

조직 특징	전략적 몰입	전략적 기회주의	전략적 적응성
관점	지속적 개선	기회주의적	변화하는 시장현장에 적응
지향성	집중	빠른 반응	적합성 유지
리더십	카리스마적 리더십	전술적 리더십	비전적 리더십
구조	집권화	분권화	수평화
미래 관점	장기	단기	중기
인적자원	한 곳에 집중	기업가정신	다양성
위험	적합성 상실	뒤처지게 됨	트렌드 오해

을 혼합하여 사용한다. 이들 세 가지에 추가하여 전략적 의도라는 개념도 전략에 중요한 관점을 제공하고 있어 네 번째 전략적 철학이라고 할 수 있다.

전략적 몰입

전략적 몰입(strategic commitment)은 여러 해 동안 명확하게 정의된 사업전략을 열정적으로 고수하는 것을 말한다. 이 전략은 유혹적인 기회나 경쟁자의 위협이 있더라도 흐트러지지 않고 자신의 길을 가는 장점이 있다. 이러한 전략적 철학을 가진 예가 알디(Aldi)와 중국의 식품회사인 코프코(COFCO)사다. 알디는 저가격을 철저히 지키고 있으며, 중국의 코프코는 식자재의 글로벌 공급업체로 자사의 위치를 분명히 하고 있다.

야후나 마이크로소프트와 같은 경쟁사가 트래픽을 유도하기 위해 서비스를 확장하는 반면, 구글은 검색엔진에만 집중하고 있다. 구글은 몇 가지 핵심 신념에 기초하여 이렇게 하고 있다. 첫 번째 신념은 "한 가지 일에서 진정으로 잘하는 것이 최고다"와 "최고는 종점이 아니라 시작점이다"라는 개념이 예시하듯이 최고의 검색엔진에 대한 열망이다.[4] 또 다른 신념은 고객가치에 초점을 두고 있는데, 간단한 인터페이스, 빠른 로딩, 유혹물보다는 인기에 기초한 배치, 관련 있는 광고만 하기 등으로 고객가치를 높이고 있다.

전략적 몰입은 미래에도 오늘날의 사업모델이 성공할 수 있다는 가정에 기초하고 있다. 미래에 초점을 두는 장기적인 관점에서 투자결정과 전략개발을 접근하는데, 사업에 따라 계획기간이 2년, 5년 혹은 10년 이상까지 긴 것이 특징이다.

전략이 무엇이고 왜 추진되어야 하며 왜 달성해야 하는지, 그리고 왜 가치가 있는지에 대해 전사적으로 철저하게 이해하고 습득해야 전략적 몰입은 성공할 수 있다. 특히 구성원들은 가치제안, 표적시장, 기능별 전략, 자산과 역량 등을 알고 믿어야만 한다. 또한 재무적인 목적 이상의 사업미션이 있어야 한다.

전략을 실행하고 개선하는 것이 성공의 열쇠다. 따라서 전략의 기본을 변경하기보다는 끊임없이 향상하고 비용을 절감하며 효율성을 증대시키며 가치제안을 강화하고 고객만족을 증대시키며 자산과 역량을 강화하는 것이 강조된다. 매년 운영과 성과는 지난 해보다 더 나아져야만 한다. 시세이도나 캐논과 같은 일본기업은 이 끊임없는 개선을 카이젠(kaizen)이라고 부르며 성공적인 기업을 구축하였다. 끊임없는 개선을 추진하기 위해서는 변혁적 혁신보다는 점진적 혁신이 필요하며, 목표는 새로운 전략의 창출이 아니라 기존 전략의 개선이다. 이점에서 기술개발과 소비자태도에 대한 정보가 중요하다.

전략적 몰입은 조직과 그 구성원, 문화, 구조, 시스템에 대해 특별한 요구를 한다. 일반적으로 자원배분이 용이한 집권화된 조직이 유용하며, 조직 내외의 적합한 구매자에게 비전을 판매할 수 있는 강하고 카리스마 있는 리더가 필요하다. 구성원들은 전략과 이의 근간이 되는 자산과 역량을 향상시킬 기술을 각자 가지고 있는 전문가가 되어야 하고, 문화는 전략을 돕는 전략적 비전 전파에 초점을 맞추어야만 한다. 또한 재무적 목표 이상의 미션이 있어야 전략의 실행이 쉬울 수 있다.

전략적 몰입은 전략적 의도와 일부 공통점을 가지는데 전략적 의도는 하멜(Hamel)과 프라할라드(Prahalad)가 거의 20년 전에 정립한 개념으로 확실한 전략적 비전과 그 비전에의 몰입이라 할 수 있다.[5] 또한 몇 가지 중요한 차이가 있는데 전략적 의도는 기존이나 선도적인 포지션을 향상시키는 것이라기보다는 뒤처지거나 새로 진입하는 포지션에서 시작하는 기업에 보다 적합한 개념이다. 따라서 기존 시장질서를 변화시키기 위해 점진적 혁신보다는 변혁적 혁신을 더 중요하게 생각한다. 또한 새로운 SCA를 파악하고 개발하기 위해 조직 확장을 요구한다. 조직의 모든 수준에서 승리에 대한 강한 집념과 승리할 수 있는 확실한 아이디어로 주요 경쟁자를 이기는데 초점을 맞추고 있다.

전략적 완고함

[그림 7.5]에 예시한 것처럼 전략적 몰입의 위험은 비전이 진부해질 수 있거나 틀릴 수도 있고 또 너무 그것만을 고집하다 보면 많은 노력이 허사가 될 수도 있다는 것이다. 비전이 실현되지 못하게 하는 여러 함정이 있는데 그 중 뚜렷한 세 가지는 다음과 같다.

- **실행장벽.** 미래를 그린 그림이 매우 정확할지는 모르지만 기업이 이 전략을 실행할 수 없을 수도 있다. 많은 식품 및 생필품 기업들은 아프리카가 생산지역으로서 훌륭하다는 것을 알고 있다. 그러나 많은 아프리카국가의 통치방식과 물류가 생산기지로 활용하는 전략의 실행을 어렵게 만든다.
- **미래에 대한 그릇된 가정.** 미래에 대한 그릇된 가정 때문에 비전 자체가 잘못될 수 있다. 예를 들어, 테스코나 부츠(Boots)와 같은 소매업자가 사용한 고객 로열티 카드와 프로그램이 브랜드 충성도와 고객유지를 가져올 것이며 소매업자에게 유리하도록 고객 행동을 수정할 수 있을 것으로 믿었다. 그러나 많은 소매업자들이 이러한 프로그램의 도입에 적잖은 투자를 하였지만 이로 인해 이익이 높아졌다는 증거는 부족하다. 다만, 고객의 구매 행동에 관한 질적 및 양적 자료는 충분히 수집할 수 있었다.
- **패러다임 변동.** 세 번째 문제는 변혁적 혁신이 가져온 패러다임의 변

그림 7.5 비전 대 기회주의

전략적 철학	위 험
전략적 몰입	전략의 완고함
전략적 기회주의	전략적 표류
전략적 적응성	전략적 실수: 트렌드 오인

화이다. 예를 들어, 컴퓨터는 메인프레임에서 미니컴퓨터, 워크스테이션, 서버로 변화하였다. 진공관 사업에서 트랜지스터로, 트랜지스터는 반도체 통합회로 마이크로프로세스 등으로 변화하였다. 두 사례 모두에서 보는 것처럼 사업 본질에서의 큰 변화로 새로운 패러다임이 도래하였다. 이런 경우 전략적 완고함 때문에 한 패러다임에서 리더기업이 다음 패러다임에서도 리더가 되는 경우는 매우 드물다.

새로운 운영시스템 역시 패러다임을 바꿀 수 있다. 특히 페이스북, 트위터, 마이페이지와 같은 인터넷 사이트는 사람들과 소통하고 매체를 소비하는 방법을 변하게 하여 종이신문의 축소를 유도하고 있다. 냅스터(Napster)와 그 후에 나타난 온라인 음원사이트는 사람들이 음악을 듣고 음반을 구입하는 틀을 변화시켰다. 예를 들어, 음반을 판매하려 할 때 앨범은 더 이상 적합한 틀이 아니다. 이러한 변화를 이용하여 애플은 아이패드로 음악을 저장하고 청취하는 포터블 방식이라는 새로운 패러다임을 만들었다. 이는 전통적인 음반 회사의 힘을 감소시켰고, 오프라인 음반시장이 적합한가에 대해 강한 의문을 제기하게 하였다. 이지젯(easyJet)과 같은 저가 항공사는 소비자들이 항공권을 구매하고 여행하는 방법을 변하게 하였다. Rentamatic.co.uk, propertyworld.com과 같은 웹사이트는 사람들이 구입하고 임대할 자산을 탐색하는 방법을 변화시켜 신문의 임대광고에 위협을 가하고 있으며, 부동산 및 임대 중개인의 역할을 감소시켰다. 공정무역 운동의 도래와 대중화는 수퍼마켓이 공정무역 제품을 판매할 뿐만 아니라 제품의 생산자를 명시하도록 하였다.

이상의 사례는 새로운 패러다임은 새로운 진입자가 지배하고 있고, 이들은 대부분 기존의 선도기업들이 니치 기업으로 보아 간과한 기업들임을 말해주고 있다.

전략적 기회주의

전략적 기회주의(strategic opportunism)는 현재에 초점을 맞추고 있어 전략적 몰입과는 대비되는 전략적 철학이다. 현재에 초점을 맞추는 이유는 역동적인 미래를 예측하고 그 예측에 근거하여 전략을 개발하는 것은 위험하고 무의미하다고 보기 때문이다. 전략적 기회주의의 특징은 수익성이 있을만한 기회가 나타날 때, 이를 탐지하고 획득하는 것이 진정한 전략이라고 보는 것이다. 또한 단기성공이 통할 때 장기성공은 자연스럽게 다가온다고 믿는다.

전략적 기회주의라는 전략적 철학이 성공하는 데는 기업가정신과 기회를 빠르게 포착하려는 의지가 필요하다. 구성원들은 새로운 기회와 위협에 민감하고 빠르게 대응하는 기업가가 되어야만 한다. 나타나는 기회를 포착하고 대응하려면 의사결정 권한을 위임하는 분권화된 조직구조가 필요하다. 조직문화는 권한위임, 새로운 벤처, 변화를 지원할 수 있어야 한다. 전략은 역동적이어야 하며 변화가 전략선택의 중요한 기준이다. 신제품은 끊임없이 개발하고 기존제품은 폐기하며, 새로운 시장에 대한 투자를 늘리고 수익성이 없는 시장은 투자회수한다. 또한 새로운 시너지와 필요한 자산과 역량을 찾아나선다.

이 전략적 철학의 또 다른 성공열쇠는 시장밀착인데, 경영자는 고객과 대화해야 하며 고객의 취향, 태도 및 욕구의 변화를 간파해야 한다. 새로 나타나는 트렌드, 기회주의, 문제, 위협 등을 알기 위해 고객, 경쟁자, 업계 등을 분석하는 실시간 정보시스템을 가동해야 한다. 최근의 발전과 뉴스를 분석하기 위해 빈번하고 정기적인 모임을 갖는 것이 도움이 될 수 있다.

전략적 기회주의의 이점은 여러 가지인데, 그 중 하나가 새로 부상하는 사업기회를 놓칠 위험이 줄어든다는 것이다. 시리얼에서는 켈로그, 여행에서는 라이언에어, 정보산업에서는 구글과 같은 기업들이 새로 부상하는 틈새시장을 찾아 내 이 시장에 맞는 브랜드를 개발하였다. 라이언에어는 여행자의 수요와 새로운 트렌드의 출현에 따라 여행시를 끊임없이 추가하거나 없애고 있다. 구글은 구글 어스(Google Earth), 구글 맵(Google Maps) 그리고 구글 스콜라(Google Scholar)와 같은 틈새 제품과 주류제품을 끊임없이 개발하고 있다. 이렇게 하면 전략적 완고함의 위험이 감소된다는 것도 전략적 기회주의의 이점이다.

전략적 기회주의는 기업을 건강하게 하는 근원인 활기와 에너지를 창출하는데, 특히 사업단위가 분권화된 R&D와 마케팅으로 끊임없이 신제품을 출시할 때 그러하다. 예를 들어, 이지그룹(easyGroup)에서 새로운 사업을 끊임없이 창출하고 그들의 가능성을 평가하며, HP 또한 분권화로 에너지를 얻고 있는 좋은 예다.

전략적 기회주의를 택하는 기업은 여러 제품계열에 적용하는 자산과 역량으로 '범위의 경제'를 얻고 있는데, 제품디자인과 고객감지의 역량을 다양한 제품시장에다 적용하고 있는 아디다스가 좋은 예이다. 아디다스는 스포츠 신발과 의류를 비롯하여 각종 운동의 액세서리 등 다양한 제품에 걸쳐 고객감지 능력과 디자인 능력을 활용하고 있다. 그 결과 끊임없이 혁신적인 신발을 만들어 내며 유명인들을 이용한 마케팅으로 성공하고 있다. 명사, 우수한 제품디자인, 그리고 세계 최고로 넓게 알려진 브랜드명은 고객과의 강력한 감정적 유대를 구축한다. 아디다스는 전략적 기회주의로 성공한 기업의 특징인 전략적 유연성을 갖추고 있다.

전략적 표류

[그림 7.5]에 제시된 바와 같이 전략적 기회주의라는 철학의 문제는 전략의 표류(strategic drift)가 될 수 있다는 것이다. 투자는 비전이 아닌 기회에 대한 반응으로 점진적으로 이루어진다. 결국 어느 날 아침 갑자기 필요한 자산과 역량이 부족하고 시너지도 없는 여러 사업에 발목이 잡혀 있다는 것을 깨닫게 될 수도 있다. 최소 다음과 같은 세 가지 현상이 전략적 기회주의를 전략적 표류로 변하게 할 수 있다.

- **일시적 변화를 전략적 조치가 필요한 지속적인 것으로 착각한다.** 그 변화가 너무 단기적이어서 전략을 수립하여 효과를 거두기는커녕 집행될 기회조차 갖지 못할 때, 전략적 기회주의에 의해 수립된 전략은 사업환경에 적합하지 않게 될 것이다.
- **사실은 큰 의미가 없는데도 불구하고 즉각적인 이익을 가져오는 기회를 좋게 볼 수 있다.** 예를 들어, 공구제조업체는 특수한 용도의 공구를 고객으로부터 주문받는데, 이 때 이들 공구를 다른 고객도 사용할 수 있을 것이라고 생각하는 경우가 있다. 그러나 이러한 공구가 다른 회사에서는 별다른 가치가 없을 수도 있다. 이러한 기회가 처음에는 상당한 규모라서 본업을 벗어난 연구개발을 할 가능성이 있다.
- **기존 및 신규사업에 걸쳐 기대되는 시너지는 실행상의 문제.** 즉 문화가 다르고 시너지가 환상에 불과하여 실현되지 않을 수도 있다. 핵심 자산이나 역량을 공유하려는 의지가 없이 신규사업에 뛰어들면 이런 문제

가 생긴다.

전략적 표류로 인해 정작 필요한 자산을 기업이 갖고 있지 않는 사업에 진입할 수 있을 뿐만 아니라 가능성 있는 핵심사업을 지원하지 못하는 오류를 범할 수도 있다. 비전과 이를 뒷받침하는 몰입이 없으면 보다 즉각적이고 분명한 기회에 투자하려는 유혹을 받게 돼, 핵심비전으로부터 자원을 이탈하게 하는 계기가 될 수 있다.

전략적 표류의 한 예는 제철소용 주문장비를 설계하고 설치하며 서비스까지 하는 기업에서 볼 수 있는데, 시간이 지남에 따라 고객인 제철소는 제품지식이 쌓이자 표준화된 장비를 가격기준으로 구입하기 시작하였다. 이 회사는 시장점유율을 유지하기 위해 제철소가 주문하는 표준화된 장비시장으로 깊이 빠져들게 되어 결국 맞지도 않는 이중전략(주문장비시장과 표준화된 장비시장)을 동시에 취하고 있음을 깨닫게 되었다. 표준화된 장비시장에서 경쟁하기에는 간접비가 너무 높고, 한편 고급서비스를 제공하는 능력은 점차 마모돼 이제는 틈새사업자보다 못한 수준까지 갔다. 만약 전략적 비전이 있었다면 그러한 함정에 빠지지 않았을 것이다.

또 다른 예는 지역시장에서 저원가와 한정된 제품계열로 잘 운영하던 할인점이다. 고객가치는 명확하고 직접 운영하는 관리방식은 효과적이었다. 그러나 시장이 지리적으로 확장되고 제품범위가 식품잡화로 확장되자, 자신이 갖지 못한 자산과 역량을 요구하는 사업으로 표류하게 되었다.

전략적 적응성

전략적 기회주의처럼 전략적 적응성(strategic adaptability)은 시장이 역동적이며 기존사업모델이 미래의 시장현장에 최적이 아닐 것이라는 가정에 기초하고 있다. 그러나 전략적 기회주의와는 달리 도래되는 시장의 역동성을 예측하여 관리할 수 있고 심지어는 이들을 창출하고 영향을 끼칠 수도 있다는 가정을 하고 있다.

전략적 적응성은 4장에서 소개한 주제인 적합성(relevance)을 관리하는 것이다. 틈새시장과 하위시장이 나타나는 역동적인 시장에서 제공물의 적합성을 유지하는 것이 전략적 적응성의 핵심이다. 자동차시장이 하이브리드나 전기차로 이동하는데, 가솔린 자동차에 투자하지 않는 것이 적합성을 유지하는 것이다. 이와 같은 적합성 유지뿐만 아니라 새로운 시장과 하위시장을 창출하는 기회를 잡는 것이 전략적 적응성이 추구하는 바다. 한 연구에 따르면 시장을 바꿀 수 있는 기회는 평균적으로 10년에 한 번 혹은 두 번 오는데, 기회를 잡을 수 있는 시간은 매우 짧다고 한다. 따라서 전략적 적응성 관점에서는 새로운 시장을 창출하려 할 때 점진적 혁신보다 변혁적 혁신을 강조한다. 따라서 전략적 적응성은 트렌드 파악과 평가의 역량, 적극적인 반응을 지지하는 문화, 사업 창출과 수정을 빨리 할 수 있는 조직의 유연성을 가져야만 한다.

트렌드의 파악과 평가

전략적 적응성으로 전략을 개발하는 기업은 근본적인 고객 트렌드와 동인을 포함한 시장역동성을 탐지하는 훌륭한 감지시스템을 가져야만 한다. 예를 들어 트렌드에서 패드(fad)를 구별하고 이러한 트렌드의 본질, 역동성 및 시사점을 평가할 수 있어야 한다. 이것은 쉬운 일은 아니다. 따라서 직접적인 접촉과 연구를 통해 고객에게 밀착한다는 것은 중요하다.

적응성을 지지하는 조직문화

트렌드를 탐지하고 이로 인해 나타난 기회에 적극적으로 반응하려면 전략적 적응성을 지지하는 조직문화가 필요하다. 이것은 혁신, 기업가정신, 실험을 가치 있어 하고 실패를 허용하는 것을 의미한다. 혁신에는 태도가 중요하지만, 사내 혹은 외부기업과의 제휴를 통해 연구개발 역량을 갖는 것도 빼놓을 수 없이 중요하다. 기업가정신은 행동지향적인 전략으로 기회를 포착하는 것을 장려하는 조직구조와 보상 시스템으로 뒷받침할 수 있다. "준비(ready), 발사(fire), 조준(aim)"의 정신을 소화하고 파일럿 테스트가 무성해지도록 하는 능력이 필요하다. 전략적 기회주의와는 달리 즉각적으로 수익을 가져다주는 단기제품보다 새로 나타나는 시장에서 우위를 점할 수 있는 가치제안을 개발하는 것을 더 중시한다.

전략적 유연성

전략적 적응성은 유연성을 필요로 하는데 기업이 기회의 창(window of

opportunity)이 열렸을 때 활용할 수 있게 하기 위해서이다. 전략적 유연성(strategic flexibility)이란 내 · 외부의 변화에 대응하여 전략을 개발하거나 조정하는 능력을 말하는데, 복수의 제품시장과 기술에의 참여, 덜 사용된 자원 보유, 유연한 브랜드 포트폴리오 등 다양한 방법으로 성취할 수 있다.

복수의 제품시장이나 기술에의 참여가 전략적 유연성이 될 수 있다. 만약 수요가 신제품시장으로 이동하는 것으로 보이거나 보다 새로운 기술이 나타난다면, 큰 위험과 시간을 무릅쓰고 처음부터 시작하기보다는 기존의 복수제품시장을 확장할 수 있기 때문이다. 심지어 시장변화에 대처하는 전략적 유연성을 갖기 위해 수익이 적게 나는 비즈니스 영역에 참여할 수도 있다. 예를 들어 새턴(Saturn)에 대한 GM의 투자수익은 미미했으나, 만일 OPEC이나 전쟁으로 인하여 가솔린 가격이 오르게 된다면 새턴은 GM의 매우 좋은 전략 대안이 될 수 있을 것이다.

충분히 이용하지 않은 자산, 즉 여유자산을 보유하는 것도 전략적 유연성을 확보하는 방안이 될 수 있다. 그 예로 2009년 3월 말 기준 자산규모 1조 3,000억 달러인 세계에서 가장 큰 은행인 중국 공상은행(Industrial and Commercial Bank of China)은 투자기회 혹은 문제영역에 즉각적으로 투입할 수 있도록 유동성을 확보하고 있다. 유통, 스탭, 연구개발 등에서 초과용량을 갖는 것 역시 기업의 빠른 대응 능력을 증대시킬 수 있다.

유연한 브랜드 포트폴리오 또한 새로운 방향으로 브랜드자산을 활용하는데 유용하여 전략적 유연성을 높인다. 이러한 유연성은 강한 우산 브랜드(umbrella brand)에 기초할 수 있다. 퀵실버(Quiksilver)사는 퀵실버라는 브랜드뿐만 아니라 록시(Roxy)나 DC같은 다른 브랜드들도 가지고 있어 성장 플랫폼의 기반이 되고 있다. 구글 크롬(Google Chrome), 지메일(Gmail), 구글 래티튜드(Google Latitude) 등을 포함하는 구글의 포트폴리오 역시 유연성의 기반이 될 수 있다. 핵심은 새로운 시장에 진출하기 위해 새로운 브랜드를 만들지 않아도 된다는 것이다.

누코(Nucor) 역시 전략적 유연성을 보여주고 있다. 1970년대에 누코는 일관제철소와 수입 일본 철강의 공격을 받자 여러 방안으로 위기를 넘길 수 있었다. 건설현장에서 많이 사용하는 H빔에 집중, 지역에 기반을 둔 미니밀, 고철을 원료로 사용, 무노조 등으로 위기에 대처했다. 10년 동안 이러한 방법으로 재무적으로 성공할 수 있었으나, 1980년대 중반 다른 기업들이 이 전략을 모방하기 시작하자 고철은 더 이상 구하기 어렵게 되었고 알루미늄이 전통적인 철강시장을 심각하게 잠식하기 시작했다. 이러한 위기에 대응하여 누코는 자동차 강판인 압연제품으로 바꾸었고 브라질에서 철광석을 채굴하여 트리니다드섬에서 제철소를 만들어 철강을 생산하여 수입하였다.

마이크로소프트도 유사한 성공 사례인데, 기존의 비전을 포기하지 않고 오히려 새로운 방향으로 기존의 비전을 수정하였다. 마이크로소프트의 초점은 인터넷 운영시스템에서 애플리케이션으로 진화하였다. 뉴스 인터네셔널, BBC, 테스코와 같은 다른 기업들은 모두 그들의 전략에 역동적인 비전을 채택하여 인터넷 시대에 적합하도록 잘 포지셔닝하고 있다. 이들 기업들은 오래된 비전을 포기하는 대신 새로운 방향으로 이를 확장하거나 수정하는 조치를 취하고 있다.

전략 실책 – 트렌드 오인

트렌드와 출현하는 하위시장에 대한 투자는 불확실성과 실행의 어려움 때문에 위험을 수반한다. 더구나 트렌드나 출현하는 하위시장을 잘못 읽는다면, 투자로 인해 회사는 치명적인 손상을 입을 수 있다. 보다 생산적으로 이용할 수 있는 자원을 낭비하는 것은 말할 필요도 없고 브랜드자산과 내부문화에도 해로운 영향을 줄 수 있다. 또한 가시적인 실패는 향후 미래의 전략 선택을 방해할 수 있다. 식품산업은 저지방, 저탄산과 같은 트렌드에서 우위를 가지려 했으나 오래지 않아 잘못을 알게 되었다.

트렌드 오인에 추가하여 실행 이슈도 있다. 기민하고 통찰력 있게 개발한 전략이 쉽게 실행하기 어려운 경우가 흔하다. 1998년 다임러(Daimler)가 크라이슬러(Chrysler)를 37억 달러로 인수한 후 2007년 매각하여 6억 5,000만 달러 손실을 보았다. 원래 다임러가 인수한 이유는 세계적으로 통합된 자동차기업을 창출하고 새로운 조직의 각 수준에서 시너지를 획득하고자 한 것이다. 그런데, 이 인수합병의 실패는 실행문제였다. 다임러는 메르세데스 벤츠같은 프리미엄브랜드를 가지고 있었지만, 크라이슬러는 대중브랜드라서 두 조직은 브랜드를 비롯해서 많은 영역에서 부합하지 않는 어려움에 직면하였다. 덧붙여 독일기업들은 크라이슬러 공장의 효율성을 높일 수 없었고, 크라이슬러가 강한 경트럭시장이 가라앉아 새로운 모델을 개발할 수도 없었다. 통합의 목적은 분명했지만 실행상의 어려움으로 결국 실패하고 만 사례다.

혼합 철학

분명한 전략적 철학을 가진 기업들이 있다. 구글과 스타벅스는 원래 전략적 몰입을 보여주고, 제너럴 밀즈는 전략적 기회주의를 보여주며, P&G와 GE는 전략적 적응성을 보여주고 있다. 그러나 이렇게 하나로 분류하는 것은 쉽지 않다. 이유는 대부분의 기업들이 여러 가지 전략적 철학을 혼합하여 사용하고 있기 때문이다. 어느 사업단위에서는 전략적 몰입을, 다른 사업단위에서는 전략적 기회주의를, 또 다른 사업단위에서는 전략적 적응성을 택하고 있기 때문이다.

스타벅스는 아이스크림을 수퍼마켓에서 판매하고, 커피를 항공기에서도 판매하고 있어 전략적 기회주의를 나타낸다. 게다가 스타벅스는 수퍼마켓과 공항 매점에서 병커피를 판매하고 있는데 이는 전략적 적응성을 나타낸다. 구글은 데이터베이스에서 트래픽 흐름에 관한 지식을 활용하는 전략적 기회주의를 택하고 있지만, 많은 인수합병을 통해 적응성을 높이고 있다. 인수한 브랜드들 중에는 유튜브(YouTube), 닷지볼(Dodgeball; 모바일 소셜 네트워킹), 더블클릭(Double Click; 인터넷 광고대행사) 등이 있다.

제너럴 밀즈는 강력한 기회주의적 철학을 가지지만, 이 회사의 주요 브랜드인 치어리오스(Cheerios)는 전략적 몰입을 하고 있고, 특히 건강트렌드에 대해서는 전략적 적응성을 추구하고 있다. GE는 전략적 적응성을 택하고 있지만, 이 회사 역시 제트엔진과 같은 사업단위에는 몰입을 하고 수 년간 진행되고 있는 인수합병에서는 기회주의를 엿볼 수 있다.

전략적 철학은 또한 사업들 간에 중복될 수도 있다. 예를 들어, 도요타는 사업전략의 일부요소에서는 전략적 몰입을 하고 있다.[6] 모든 도요타 사업은 카이젠을 실행하는 능력, 시행착오를 거친 내부혁신, 고객을 최우선으로 하는 고객의 직접접촉 등을 전략의 기초로 믿고 있다. 동시에 도요타는 전략적 적응성의 요소를 갖는다. 특히 거의 모든 자동차 시장에서 나타나고 있다. 따라서 도요타는 다양한 틈새시장에 참여하고 있지만 잘못된 트렌드에 발목을 잡히지는 않을 것이다. 게다가 상당한 현금을 보유하고 있는 보수적인 재무전략은 유연성을 가지게 한다.

중요한 것은 어떤 전략적 철학을 갖느냐가 아니라, 여러 가지 철학을 혼합하여 성공으로 가는 응집력 있는 전략을 개발하는 것이다.

주요 학습내용

1. SCA는 경쟁자가 쉽게 모방할 수 없고 중화시키기 어려운 자산과 역량에 근거해야 한다. 가장 흔한 SCA는 품질명성, 고객지원, 브랜드이다.
2. 시너지는 조직의 독특한 특성에 근거하기 때문에 지속적이다.
3. 확실하게 분명한 전략에 초점을 두는 전략적 몰입은 사업모델을 수정하거나 향상시킬 필요는 있지만, 근본은 변하지 않는다는 가정을 하고 있다.
4. 전략적 기회주의는 미래를 예측하고 그러한 예측에 근거하여 투자할 가치가 없을 정도로 환경이 너무 역동적이고 불확실하다고 가정한다. 보다 빈틈없고 수익성 있는 전략은 기회가 나타났을 때 즉각적으로 발견하고 이용하는 것이다.
5. 전략적 적응성은 도래되는 시장의 역동성을 이해하고 예측하며 반응을 관리하는 것이 가능하며 심지어는 이들을 창출하고 영향을 끼칠 수 있다는 가정에 근거하는데, 핵심은 적합성을 관리하는 것이다.

토의사항

1. SCA란 무엇인가? 린케드인(LinkedIn), 헨켈, 레노보 그리고 HSBC의 SCA를 파악하라.
2. 제품군과 몇 개의 주요 브랜드를 선택하라. 각 브랜드의 유사점(POP)과 차이점(POD)은 무엇인가? POP와 KSF, POD와 SCA를 관련지어 보라.
3. 시너지는 무엇인가? 시너지의 원천은 무엇인가? 예를 들어 보라. 왜 이것은 파악하기 어려운가?
4. 전략적 몰입은 무엇인가? 본문에서 언급한 것을 제외하고 적합한 예시를 제시할 수 있는가? 전략적 완고함의 예를 생각해 보라? 훌륭한 전략가들이 이 문제를 알아채지 못 하는 이유가 무엇인가? 전략적 몰입은 전략적 의지와 어떻게 다른가? 예를 들라.
5. 전략적 기회주의와 전략적 적응성 사이에 어떤 차이점이 있는가? 각각의 예를 보여줄 수 있는가? 둘의 위험에는 어떤 차이가 있는가? 전략적 표류나 트렌드를 잘못 읽은 예를 들면?
6. 주요 기업을 검토하여 전략적 철학의 조합을 분석하라. 이들 철학은 각각

은 어느 사업단위에서 볼 수 있는가?

참고문헌

1. Keller는 다음의 저서 중 브랜딩 내용에서 유사점(POP)을 소개하였다. Kevin Lane Keller, *Strategic Brand Management*, 2nd edition, Upper Saddle River, NJ, Prentice Hall, 2003, pp.131-136.
2. David A. Aaker, "Managing Assets and Skills: the Key to a Sustainable Competitive Advantage," *California Management Review*, Winter 1989, pp.91-106.
3. C.K. Prahalad and Gary Hamel, "The Core Competence of the Corporation," *Harvard Business Review*, May-June 1990, pp.79-91. 본서는 프라할라드와 하멜의 논문에서 이용된 '핵심역량' 이라는 용어를 확장하여 '핵심 자산과 역량' 으로 사용하고 있음.
4. The Google Corporate Information site on Google.com, May 2009.에서 인용됨.
5. Gary Hamel and C.K. Prahalad, "Strategic Intent," *Harvard Business Review*, May-June 1989, pp.63-76.
6. 도요타 전략의 좋은 원천은 다음이다. Emi Osono, Norihiko Shimizu, and Hirotaka Takeuchi, *Extreme Toyota*, New York, NY, John Wiley & Sons, Inc., 2008.

CHAPTER 08

가치제안

새로운 방법을 발견하는 더욱 현명한 방법은 사람들이 일하지 못하게 방해하는 것이다.

– 세스 고딘(Seth Godin)

시장에서 경쟁자가 게을러지고, 독자들과 접촉하지 않는 이유를 찾아 내야 한다.

– 루퍼트 머독(Rupert Murdoch)

상상이 초점에서 벗어날 때는 두 눈에 의지할 수 없다.

– 마크 트웨인(Mark Twain)

1장에서 정의한 것처럼 사업전략은 제품시장투자결정, 고객가치제안, 자산과 역량, 기능별 전략과 프로그램이라는 네 가지로 구성된다. 따라서 주어진 산업과 조직여건에서 전략수립담당자는 수많은 경쟁방법을 생각할 수 있다. 제품시장 투자결정만 하더라도 새로운 시장, 하위시장, 제품계열 확장, 신제품 개발 등을 생각할 수 있고, 고객가치제안은 미묘한 차이를 보이지만 엄청나게 많은 대안이 있을 수 있다. 또한 수백 가지의 자산과 역량을 개발하고 육성하고 이용하고 결합할 수 있으며 수천 가지의 실행 가능한 기능별 전략과 프로그램이 존재할 수 있다.

이들 구성요소 중 사업전략의 핵심은 바로 가치제안(value proposition)이다. 특정 제품시장에 대한 가치제안을 자산과 역량, 기능별프로그램이 지지하는 것으로 볼 수 있기 때문이다. 가치제안은 매우 다양하며 예를 들면 다음과 같다. 탁월한 속성이나 편익(메르세데스-벤츠의 명성), 매력적인 디자인(토즈 신발), 완벽한 시스템 솔루션(DHL 공급사슬 솔루션), 사회적 책임(막스 앤 스펜서), 탁월한 고객관계(싱가포르 항공), 틈새전문(린키드인 LinkedIn), 탁월한 가치(알디 Aldi), 탁월한 품질(도요타), 친숙한 브랜드(네슬레), 강한 개성(킹피셔 항공 Kingfisher Airlines) 등이 있다.

사업전략은 여러 관점으로 접근할 수 있지만, 가치제안은 복잡한 전략의 요약 지표로 사업전략을 시각화하는 가장 간단한 방법이다. 또한 가치제안을 중심으로 이를 반영한 표적시장, 자산과 역량, 기능별프로그램 전략 등 상세한 사업전략을 논의하면 전략개발이 보다 쉬워진다. 시각화가 쉽기 때문에 보다 많은 전략대안을 고려할 수 있어 우수한 전략을 창출하는데 도움이 된다.

또한 가치제안으로 전략을 고려하면 극복해야 할 문제, 필요한 투자, 시장에서의 어필여부, 조직과의 적합성 등을 미리 평가할 수 있다. 따라서 어떤 전략대안은 많은 자원이 투자되기 전에 제거하거나 뒤로 미룰 수 있다.

사실 사업전략은 걸으면서 껌을 씹는 것처럼 하나 이상의 가치제안을 동시에 포함한다. 대부분의 성공전략은 둘 중의 하나가 아니라 여러 가치제안을 통합한 것이다. 가치제안의 다양한 대안에 대해 잘 이해하면 어느 것을 포함시킬지, 각각의 역할과 우선순위를 어떻게 정할지를 아는데 도움이 된다. 어느 것에 중점을 두어야 할까? 여러 가치제안 간에 어떻게 조화를 이루도록 해야 할까? 등의 질문에 답하도록 하는데 도움이 된다는 것이다.

여러 가지 가치제안을 동시에 사용할 수는 있으나 너무 많으면 오히려 불신을 초래할 수도 있다. 3가지 정도의 가치제안도 자원분산으로 보여 고객에게 혼란과 회의감을 줄 수 있다.

8.1 ::: 가치제안의 5가지 조건

어떤 가치제안이 표적시장, 자산과 역량, 기능별 전략을 이끄는 사업전략의 핵심이 될 수 있을까? 아래에 소개한 다섯 가지 조건으로 사업전략의 핵심이 되는 가치제안인지의 여부를 판단할 수 있다.

가치제안이 진짜 고객가치인가?

사업전략이 성공하려면 고객가치를 부가할 수 있어야 하고 그 가치가 단지 가정된 것이 아니라 진짜라야(real) 한다. 예를 들어, 영국 수퍼마켓 체인인 아이스랜드(Iceland)는 유기농제품만 취급하려 하였지만 핵심시장이 이들 제품을 구매할 여유가 없어 실패하였다. 빅(Bic)은 자사의 유명브랜드를 일회용 속옷시장으로 확장하려 하였지만 문구류나 라이터와 동일시되는 브랜드 이미지로 인해 실패하고 말았다.

기업의 관점보다 고객관점으로 생각하면 진짜 가치를 만들 수 있는데, 다음과 같은 질문이 도움이 될 것이다. 제안하는 고객가치가 고객의 구매 및 사용경험에 어떤 영향을 미치는가? 원가절감, 성과향상 혹은 만족증가를 가져오는가? 미충족 욕구나 고객문제점 해결에 적합한가? 추가하는 고객가치를 시장조사에서 확인할 수 있는가?

가치제안을 고객이 지각하는가?

가치제안은 고객이 이를 지각(perceived)할 수 있어야 한다. 제공하는 가치제안을 고객이 알지 못하거나 믿지 않으면 의미가 없기 때문이다. 예를 들어, 고객이 스카이프(Skype)를 통한 전화통화가 무료라는 사실이나 e비드(eBid) 목록에 제품을 올리는 것이 무료라는 사실을 지각하지 못할 수도 있다. 고객이 정보에 노출되지 않았을 때, 정보가 기억되고 믿기지 않을 때, 속성이나 서비스가 적절하지 않거나 가치 없는 것으로 여겨질 때 고객가치는 지각되지 않을 수 있다.

가치지각 문제는 특히 고객이 부가가치를 쉽게 판단할 능력이 없을 때 중요해진다. 가령 항공기 안전이나 치과의사의 기술은 고객이 많은 시간과 노력을 들이지 않고서는 평가할 수 없다. 대신 고객은 항공기의 외관이나 치과병원 프런트에 붙어 있는 자격증과 같은 시그널을 찾을 것이다. 이런 경우 부가가치를 암시하는 시그널이나 단서를 관리하는 것이 지각을 높이는데 유용하다.

가치제안이 실행가능한가?

가치제안을 고객이 열망하는 것이라면 과연 실행가능한가? 고객, 경쟁자, 시장여건에 맞는 완벽한 전략을 창출하는 것과 전략을 효과적으로 실행하는 것은 다르다. 새로운 가치제안이 현재 없거나 더 높은 수준의 자산과 역량을 요구할 수도 있는데, 이들을 개발하거나 업그레이드하기 위한 프로그램이 현실적으로 어려울 수도 있다. 부족한 자산과 역량을 메우기 위한 제휴파트너를 찾기 어렵고 설혹 있다 하더라도 같이 일하기 어려울 수도 있다. 게다가 고객트렌드, 경쟁자 강점 혹은 시장역동성 등을 객관적으로 분석해 보면 가치제안의 생명이 짧은 것으로 나타나 실행의 의미가 없을 수도 있다.

가치제안이 표적고객에게 적합한가?

기업은 고객이 구매하기를 원하는 것을 만들어야 한다. 따라서 경쟁하려는 시장에 적합한(relevant) 제품과 서비스를 고려해야 하는데, 예를 들어 고객이 신선한 음식에 관심이 있다면 조리가 다 되어 있는 음식을 생산하는 것은 의미가 없다. 만약 고객에게 두 번째로 관심 있는 가치제안을 가지고 있다면 이를 효과적으로 실행한다 할지라도 고객은 다른 곳을 찾아 헤맬 것이다. 제품이 구식이거나 열등한 것으로 생각되는 경우도 적합성이 결여된 것으로 볼 수 있다.

가치제안의 우위점이 지속가능한가?

가치제안은 경쟁자와 비교하여 우위점(point of superiority)을 가지고 있는가? 혹은 가치제안이 유사점(point of parity)에 불과한가? 그리고 만약 우위점이 있다면 지속가능한가? 대부분의 우위점이 쉽게 모방되기 때문에 지속성은 종종 힘든 과제이다. 지속성을 갖는 한 가지 방법은 10장에서 소개할 것처럼 우위점을 브랜드화하는 것이다. 필립스의 쿨스킨이 좋은 예인데, 이는 마찰이 적고 밀착된 면도기로 니베아 로션과 통합한 것이 우위점이다. 두 번째 방법은 항상 경쟁자를 앞서거나 경쟁자를 뛰어넘을 수 있도록 지속적인 투자와 개선프로그램을 개발하는 것이다. 세 번째 방법은 모방하기 어렵게 하는 것이다.

모방을 어렵게 하는 방법은 세 가지이다. 조직의 독특한 자산과 역량에 기반한 우위점을 창조하는 것이 있다. 또한 우위점이 되는 고객가치에 대한 과잉투자도 경쟁자의 모방의지를 꺾어 장기적으로 수익을 가져올 수 있다. 예를 들어, 현재의 고객기대를 넘어서는 정도의 서비스 지원시스템을 개발하는 것이 경쟁자를 단념케 할 수 있다. 광범위한 제품계열도 모방을 어렵게 할 수 있는데, 제품계열의 일부품목은 수익성은 없지만 만일 경쟁자들에게 틈새를 주지 않으려면 가치가 있을 수 있다.

8.2 ::: 가치제안의 대안

상황에 따라 수많은 변형이 존재하지만 기본이 되는 가치제안 대안은 [그림 8.1]과 같다. 3가지 대안을 제외한 9가지 대안을 8장에서는 간단히 소개하기로 한다. 9가지 중 품질과 가치는 비교적 상세하게 소개하고 본장에서 다루지 않는 3가지 대안은 9장과 13장에서 다루도록 한다.

우월한 속성과 편익

만일 제공물을 구매하고 이용하는 이유가 특정 속성이나 편익 때문이라면 이 속성을 지배하거나 소유하는 것이 전략적 대안이 될 수 있다. 스위스의

그림 8.1 가치제안 대안

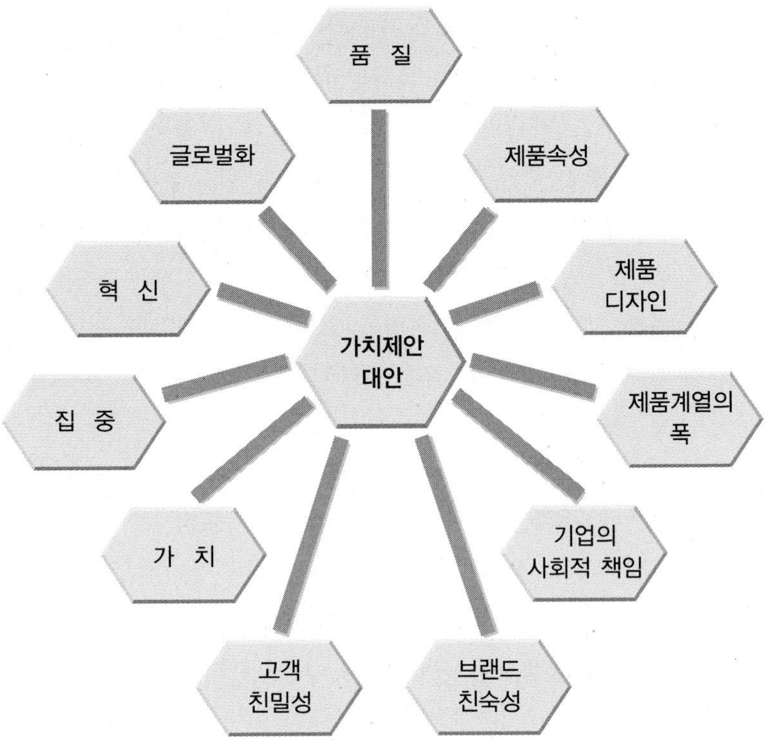

시계브랜드인 롤렉스는 오랫동안 고급시계시장에서 명성을 유지하고 있다. 니베아는 스킨케어 시장에서 오랫동안 선도적인 위치를 유지하고 있으며, 이 명성으로 남성용 스킨케어시장에 성공적으로 진입하여 시장리더가 되었다. 명성이라는 속성은 고객에게 적합하고 두 브랜드는 명성으로 확실하게 포지셔닝하여 성공한 것이다.

만약 우월한 속성과 편익이라는 대안이 생명을 계속 유지하려면, 경쟁자 공격을 방어해야 한다. 특허를 갖는 것이 보호막을 치는 하나의 방안인데, 네슬레에서 가장 빨리 성장하고 있는 제품인 네스프레소(Nespresso)가 좋은 예다. 또 다른 방법은 고객가치를 유지하기 위해 프로그램화된 투자전략을 갖는 것이다. 롤렉스시계는 5년이란 긴 시간이 걸리는 디자인프로세스를 가지고 있다. 다시 말해 철저한 디자인으로 품질과 명성에서 우위를 점하는 것이다. 세 번째로 속성을 브랜드화하여 관리하는 방안이 있다. 예를 들어 i드라이브는 BMW 자동차의 운전편의성이란 차이점을 브랜드화한 사례이다. 이 방안은 10장에서 다시 자세히 논의할 것이다.

기존의 속성과 편익을 넘어서는 관점으로 새로운 가치제안을 발견할 수도 있다. 크레욜라(Crayola)는 어린이를 위한 크레용과 그림도구로 유명하다. 그러다가 색상을 통한 재미와 독창성을 어린이의 생활에 제공하는 것으로 가치제안으로 바꾸어, 미술용품기업에서 비주얼 표현기업으로 변신하였다. 어른들도 아이들만큼이나 아이스크림을 좋아한다는 사실을 깨닫고 마즈(Mars) 아이스크림바나 매그넘(Magnum)과 같은 브랜드를 출시하여 아이스크림시장을 바꾸었다. 이러한 예는 우월한 기존의 속성이나 편익을 지키는 것만이 능사가 아니라 변화를 모색하는 것도 중요함을 시사하고 있다.

매력적인 디자인

제품의 디자인이 심미적 감각에 어필하여 기능적 편익뿐만 아니라 자기표현적 편익을 제공할 수 있다. 프라다, 구찌, 디젤과 같은 의류브랜드는 취향과 스타일을 표현하는 매력적인 디자인으로 승부를 걸고 있다. 자동차시장에서 미니나 시트로엔의 C3 플루리엘(Citroen C3 Pluriel)과 같은 아이콘 차종은 소유자가 자신과 자신의 스타일을 표현할 기회를 제공한다. 아이팟과 아이폰 또한 매력적인 디자인이 지속적인 가치제안이 될 수 있음을 보여주고 있다. 스티브 잡스는 "디자인은 인공 창조물의 영혼이다"라는 말로 그 중요성을 강조하고 있다. 폭스바겐 비틀은 오리지널 비틀의 외형과 개성을 살린 디자인으로 컴백했다.

매력적인 디자인을 추구하는 기업은 진실로 디자인에 열정을 가져야 하고 창의성을 발휘할 수 있도록 디자인 팀에 여유를 주어야 한다. 이러한 문화와 인프라의 창출은 다이슨(Dyson), 뱅 앤 올슨(Band & Olufsen), 수제화장품인 러쉬(Lush)와 같은 기업의 성공열쇠가 되고 있다.

디자인부서를 갖는 데는 비용이 많이 들기 때문에 디자인 회사와 제휴하는 것도 하나의 방안이다. 제휴하면 필요할 때 최고 수준의 디자이너와 접촉할 수 있다. 파트너를 적절하게 관리할 수 있고 산출물의 독점적인 소유권을 가질 수 있다면 제휴를 통한 아웃소싱은 성공할 수 있을 것이다.

디자인의 신뢰성과 가시성을 높이는 것 또한 중요한 과제다. 예를 들어,

독특한 개성을 지닌 유명 디자이너를 활용하여 유통업체브랜드의 디자인에 대한 신뢰성을 높일 수 있다. 조지 데이비스(George Davis)는 패션체인인 넥스트(NEXT)의 초창기를 이끈 사람이다. 그 후에 영국 소매점인 아스다(ASDA)와 막스 앤 스펜서로 스카우트되어 이들의 디자인 신뢰성을 높여 성공을 거두게 하였다. 그 후 불경기가 한참인 2009년 10월에 데이비스는 품질은 높으면서 가격이 적당한 판매수익의 1%를 기부하는 패션브랜드인 지브이(GIVe)를 디자인하여 출시하였다. 그의 디자인 명성과 판매기술이 결합하여 성공을 보장하고 있다.

시스템 솔루션

제품 판매에서 시스템 솔루션 판매로 옮기는 것도 가치제안 대안으로 주목받고 있다. 제품만을 판매하는 경쟁자는 제품 그 자체에서 우위를 가진다 할지라도 불리할 수 있다. B&Q는 집수리 프로젝트에 대한 모든 것을 제공하는 원스톱서비스를 제공하고 있고, 소니는 모든 가정용 엔터테인먼트 제품을 만들기 때문에 토털시스템 디자인과 업그레이드로 가정에 서비스하고 있다.

특히 산업재에서 많은 기업들이 단순 부품 공급자에서 시스템 솔루션 플레이어로 옮기려 하고 있다. 시스템 기반조직이 고객관계를 보다 잘 통제할 수 있기 때문이라는 것이 한 가지 이유이다. 또 다른 이유는 부품의 차이가 없어지는 상황에서 더 많은 마진을 얻기 위해서이다. 그러나 궁극적인 이유는 고객이 이것을 원하기 때문이다. 단순한 제품으로는 충분하지 않다. 제품뿐만 아니라 시스템과 전문성, 높은 수준의 고객서비스를 제공하는 번들링이어야 한다. 12장에서는 부품대신 시스템을 원하는 새로운 하위시장을 논의하기로 한다.

기업의 사회적 프로그램

이케아는 여러 대의(cause)프로그램을 지원하고 있는데, 인도 어린이를 위한 유니세프, WHO 면역프로그램, 글로벌 숲 감시(Global Forest Watch) 등이다. 독일 기업 바이엘(Bayer)은 내셔널 지오그래픽과 협력하여 새로운 물

공급원을 개발하였고 청소년 환경프로그램과 인권기구인 글로벌 컴펙트(Global Compact)를 지원하고 있다. 부츠(Boots)사는 선스마트(SunSmart)라는 캠페인으로 영국의 암연구를 지원하고 있으며 유방암관리와 가난한 아이들을 위한 기금을 모금하고 있다. 이들 기업들은 자사의 가치를 표현하고 이미지를 높이기 위해 사회적 프로그램을 운영하고 있는 예이다.

CEO들은 기업의 사회적 책임(CSR: Corporate Social Responsibility)이 수익을 가져올 수 있다고 믿는데, 한 조사에 따르면 90% 이상의 CEO가 CSR이 주주가치에 공헌한다고 믿고 있다.[1] 2000년 10월부터 2년 동안 CSR 몰입도가 높은 300개 기업을 조사한 결과에 따르면 주가수익이 그렇지 않은 기업들에 비해 약간 높은 것으로 나타났다.[2] 보다 직접적인 비교로 영국에서 세 에너지 회사의 시장성과를 비교하였다. BP와 쉘(Shell)은 환경에 우호적인 입장을, 에소(Esso)는 부정적인 입장을 갖는 것으로 지각되었다. 에소는 재생에너지가 실행할만한 솔루션이 아니고 교토의정서 또한 부정하는 입장이었다. 그러자 그린피스가 스탑에소(StopEsso)라는 캠페인으로 에소를 공격하였는데, 캠페인 동안 영국에서 에소의 휘발유점유율이 7%가량 떨어졌다.[3]

CSR이 수익성에 영향을 미치는 이유는 다음과 같다. 첫째, 대다수 사람들은 신뢰할 수 있는 좋은 사람들과 관계를 가지려 하는데, CSR 프로그램은 신뢰의 시그널이 된다. 둘째, 강하고 가시적인 CSR 프로그램은 특히 환경문제에 민감한 핵심고객집단에게 자기표현의 편익을 제공한다. 하이브리드카의 선두주자인 도요타 프리우스를 운전하는 사람들은 자기표현이란 중요한 편익을 얻고 있다고 한다. 바디샵 재팬(Body Shop Japan)의 CEO는 자신과 기업 전체를 표현하기 위해 프리우스를 운전한다고 말한다. 환경프로그램의 대표주자라고 할 수 있는 프리우스를 앞세워 도요타는 북미와 일본에서 CSR에 관한 포지션에서 리더십을 선점하고 있다. CSR의 리더 기업 중 하나인 노키아(Nokia)는 국제청소년재단(International Youth Foundation)이나 에코 선언(Eco Declaration) 등 다양한 프로그램을 자사의 비즈니스에 도입하고 있다. 에코 선언은 제품에 사용한 원물질을 상세히 기록하여 재생과 처리를 돕도록 하는 것이다. 셋째, CSR 프로그램이 따분한 브랜드에 흥미를 더하는 에너지가 될 수 있다. 끝으로, CSR 프로그램은 방어적인 의미를 가질 수 있는데 이것은 기업의 사회적 책임문제에 대한 사회운동가들의 비평을 처리하는 데도 도움이 된다.

하지만 그때그때 임시방편으로 하는 프로그램은 CSR의 좋은 방법이 아니다. CSR 프로그램은 초점이 있어야 하고 의미 있고 일관성이 있어야 하며 브랜드화되면 더 좋다. 많은 기업이 CSR을 립서비스로 하면서 일부 자금을 지원하지만, 도요타나 BP처럼 진실로 몰입하고 열정을 가지고 있는 뛰어난 기업도 있다.

CSR 전략을 추구하는 데는 몇 가지 짚고 넘어가야 할 과제가 있다. 하나는 가장 중요한 것인데 지나친 기대를 갖지 않게 해야 한다. 만일 기업이 CSR에 가시적이고 적극적이라면 사람들은 처음부터 흠이 없을 것으로 기대할 것이다. 그러나 문제가 복잡하기 때문에 기업은 한걸음 다가갈 수 있지만 여전히 비판의 여지는 있다. BP사는 경쟁사에 비해 재생에너지에 많은 투자를 하고 있지만 일부는 투자가 BP의 규모에 비해 작다고 꼬집는다. 아디다스는 해외 공급업체의 노동현실을 개선하는데 노력하여 많은 진전이 있어 왔지만 문제가 잔존하기 때문에 여전히 비난받는다. 또 다른 과제는 CSR 프로그램을 고객에게 보다 가시적이고 적합하도록 해야 한다는 것이다. 이 과제는 10장에서 자세히 다룰 것이다.

탁월한 고객관계

모든 기업이 고객을 강조하지만 몰입되고 열정적으로 고객에게 제공물을 제공하여 경험을 창조하려는 기업은 많지 않다. 이들 기업들은 고객친밀성을 전략적 대안으로 보고 있다. 페이스북은 탁월한 고객관계를 제공하고 있는데, 이용자들이 오랜 친구와 새로운 친구들과 접촉할 수 있도록 해주고 가장 중요한 것은 자신의 언어로 취미나 관심을 표현하게 한다는 것이다. 영국의 B&Q, 독일의 호른바흐(Hornbach), 프랑스의 가스또라마(Castorama)와 같은 지역의 가전소매점이 대형 소매점과 경쟁하여 살아가고 있는데, 그 이유는 지역고객에 적합한 제공물과 고객관계 때문이다. 헤롯백화점은 단순히 만족시키기보다는 감동을 주는 개별화된 서비스와 쇼핑경험으로 고객관계를 만들어 내고 있으며, 애플과 로지테크(Logitech) 또한 와우!의 반응을 일으키는 제공물로 고객과 연결하고 있다.

고객친밀성을 창출하는 기업들은 고객을 깊이 이해하며 기능적 편익을 넘어서 감정적, 사회적, 자기표현적 편익까지 충족시키는 체험을 제공한다. 마쯔다(Mazda)의 MX-5는 많은 비공식 클럽과 충성도 높은 웹사이트를 가진 아이콘 스포츠카이다. MX-5를 위해 마쯔다는 회사가 직접 웹사이트를 만들어 자동차에 대한 뉴스를 제공하고 소유자들 간의 상호작용을 도우며 마쯔다 스탭과도 소통하도록 하고 있다. 자주 업데이트하고 사이트를 잘 모니터링하자 방문자의 수는 150%가 증가하였고 한 달에 10%가 증가하고 있다. 마쯔다의 희망은 밀접한 상호작용으로 충성고객에게 더 나은 브랜드 경험을 제공하는 것이다.[4)]

고객친밀성을 얻는 또 다른 열쇠는 미충족 욕구를 해결하는 것이다. 다시 말해 기존에 솔루션이 없어 인내해야 했던 고객의 괴로움을 해결하는 것이다. 예를 들어, 포드나 렉서스가 새로운 경험으로 고객관계 기반을 쌓기 전에는 자동차 경험이란 불쾌하기 그지없었다. 렉서스는 12가지 뛰어난 특장점을 디자인하여 충성도를 얻었다. 친밀성을 창출하는 세 번째 방법은 예상하지 못한 경험으로 감동을 주는 것이다. 버진항공의 일등석 좌석에서의 마사지나 할리데이비슨의 바이킹(biking) 파티 등이 그 예이며 RIM 블랙베리는 탁월한 제품으로 감동을 주는 예다.

친밀성을 높이는 여러 가지 노력으로 창출된 열광적인 고객기반을 유지하고 육성하려면 따로 적극적인 프로그램을 마련할 필요가 있다. 예를 들어, 할리데이비슨은 지역과 전국 이벤트, 의류와 액세서리, 다양한 지원 서비스, 회원 웹사이트 등을 포함하는 HOG(Harley Owners' Groups)를 운영하고 있다. 버진 항공사는 즐거운 고객경험을 위해 창조적이고 심지어는 관행을 무시하기까지 하는 새로운 서비스를 끊임없이 추가하고 있다.

니치전문가

니치전문가가 된다는 것은 한 분야에 집중한다는 것을 의미하는데 어떤 제품시장에서나 있을 수 있는데 예를 들면 다음과 같다. 린키드인(LinkedIn)은 소셜 네트워킹 사이트 중 비즈니스 전문가들에 특화하고 있고, 올테크(Alltech)는 세계적 동물 보건기업들 중 하나지만 자연처방을 강조하는 것으로 유명하다. 판도라(Pandora)는 온라인 뮤직시장의 니치전문가인데, 이용자들을 초대하여 좋아하는 음악을 알아 내고 그다음 그들이 좋아할 것 같은 다른 음악을 권하며 구매할 수 있는 아이튠즈나 아마존에 연결시켜 주는 것이 특징이다. 홍콩의 페닌슐라(Peninsula) 호텔은 상류층 고객에 초점을 맞추어 롤스로이스 리무진으로 공항과 호텔 간의 이동서비스를 해준다.

니치전문가는 전략이 희석되거나 산만해지는 것을 피하려 전략적 몰입으로 경쟁우위를 유지하려 한다. 내부 투자, 프로그램, 문화 등이 한 가지 목적을 향해 있고 조직구성원 모두가 이를 받아들일 때 이들은 니치시장에 부합하는 자산과 역량 및 기능별 전략이 된다. 니치에 적합한 자산과 역량 및 기능별 전략에는 어떤 타협이나 희석이 있어서도 안 된다. 특화한 소매업체인 빅토리아 시크릿(Victoria's Secret)이 백화점이나 다른 유통점보다 성공한 이유는 우연이 아니다. 집중이라는 전략을 택했고 이를 잘 운영했기 때문이다.

제품에 집중하는 니치전략을 사용하면 종업원들이 해당제품에 전력을 다하기 때문에 기술우위를 가질 수 있다. 또한 해당제품이 핵심직원의 상상력을 유발하여 흥미롭고 혁신적이며 높은 품질을 가지게 할 수도 있다.

니치전문가가 고객을 위한 가치제안이 될 수 있는 이유는 다음과 같다. 첫째, 니치기업은 다양한 제품을 가진 기업보다 신뢰성에서 높다. 탈장전문병원인 슐디스, 비즈니스 소셜 네트워킹인 린키드인, 동물보건인 올테크 등

슐디스 병원

토론토 근처에 있는 슐디스 병원은 탈장수술만을 하고 있다. 1945년 설립된 이후 99%의 성공률로 거의 30만 번의 수술이 이루어졌다. 반복 치료횟수로 측정해 보면 슐디스 병원은 타병원에 비해 10배 효과적이며 사용한 외과수술 절차를 브랜드화하여 슐디스 테크닉으로 부른다.

의사와 스텝들의 경험도 뛰어나지만 병원의 위치와 치료 후 회복 프로그램도 그에 못지 않다. 국유지에 위치하고 있어 조용하고 환자의 회복에 좋았고 회복에 필요한 시설도 충분히 갖추고 있었다. 환자들이 걷는 것이 좋은 치료법임이 밝혀졌기 때문에 TV를 보기 위해, 식당에 가기 위해, 심지어 수술실에 가거나 수술실에서 나올 때까지도 걷게 돼 있다. 그래서 방으로 음식을 갖다 주지도 않고 휠체어도 필요 없다. 또한 병원 방문기간이 보통의 타병원에 비해 절반정도이고 탈장수술에는 국소마취가 싸고 안전하기 때문에 전신마취를 하지 않는다.

의료시장의 한 세분시장에 집중함으로써 슐디스는 숙련되고 값싸고 획기적인 수준의 환자만족을 제공하는 병원이 되었다. 퇴원환자는 대단히 만족하여 약 1,500명이 퇴원 후 모임까지 만들고 있다.

이 좋은 예다. 최고를 찾는 고객은 니치전문기업을 찾을 것이다. 둘째, 직원들이 한 브랜드에 열정을 다할 때 충성고객과 브랜드 간의 유대는 더욱 돈독해질 수 있다. 슐디스 병원 환자의 모임과 할리데이비슨 고객의 열정이 좋은 예다.

지금까지 논의한 가치제안은 상황에 맞게 확장할 수 있다. 이어서 품질과 가치라는 매우 중요한 두 가지 가치제안에 대해서 논의하기로 한다.

8.3 ::: 탁월한 품질

탁월성은 전략이 호텔이나 자동차 혹은 컴퓨터 등 무엇이든 간에 어떤 브랜드가 준거집단에 속한 다른 브랜드에 비해 탁월하다고 지각되는 것을 의미한다. 탁월한 점으로서 대표적인 것이 품질인데 이는 높은 가격으로 연상된다. 즉, 탁월한 품질이 프리미엄 가격을 받을 수 있게 한다는 것이다. 따

렉서스: 탁월성을 향한 열정

10년 이상 렉서스는 여러 가지 객관적인 품질 지표에서 선두를 달리고 있다. 렉서스의 성공을 뒷받침하는 많은 이유가 있지만 몇 가지가 눈에 띈다. 첫째, 렉서스라는 브랜드 컨셉트는 처음부터 품질에 기반하고 있다. 도요타는 디자인, 생산, 유통이 새로운 수준으로 업그레이드된 브랜드로 1980년대 초에 렉서스를 런칭하였다. 둘째, 더 신뢰할 수 있고 더 결함이 적은 자동차를 만들기 위해 도요타가 개발한 자산과 역량에 기반하고 있다. 셋째, 새로운 딜러 네트워크는 기존의 산업관행과는 달리 유쾌한 구매경험을 제공한다. 넷째, '완벽을 줄기차게 추구(relentless pursuit of perfection)'라는 태그라인을 가지고 렉서스 브랜드를 포지셔닝하여 렉서스는 오랜기간 동안 일관성 있게 품질메시지를 강조하고 있다. 마지막으로 렉서스는 새로운 품질 기준, 똑똑한 특징 그리고 승차감에서 탁월하다.

이제 렉서스가 직면한 도전은 품질 미션과 메시지에 성공했다 할지라도 BMW, 메르세데스, 재규어, 아우디와 비교해서 브랜드 개성을 개발하지 못하고 있다는 점이다. 또한 이들 럭셔리카들이 여러 해에 걸쳐 품질 갭을 좁혀 렉서스의 품질 메시지는 과거에 비해 호소력이 떨어진다. 이에 대한 대처로 조금 늦었지만 렉서스에 감성적이며 자기표현적인 편익을 주입시키려 노력하고 있다. 태그라인을 '완벽을 열정적으로 추구하는(the passionate pursuit of perfection)'으로 바꾸었으나 결코 쉽지 않은 일이다.

라서 소개된 렉서스의 사례에서처럼 지각된 품질은 사업전략의 원동력이 될 수 있다.

품질이 탁월하다면 다음과 같은 이점이 있다. 첫째, 카테고리에서 리더가 될 수 있는 기회이다. 알디(Aldi)나 라이언에어와 같이 모든 카테고리는 시장리더가 있고 그 리더는 항상 우수한 품질이란 이미지를 가진다. 둘째, 지각된 품질은 강력한 후광효과를 갖기 때문에 브랜드의 다른 속성에 대한 이미지를 좋게 한다. 셋째, 만약 종업원을 동기부여하는 다른 방법이 없다면 탁월한 품질은 종업원에게 영감을 갖게 하는데 좋다. 탁월한 품질을 추구하는 기업문화는 종업원들을 노력하게 하고 실수에 대처하는 가이드라인이 될 수 있다는 것이다. 넷째, 품질은 항상 높은 쪽으로 움직이기 때문에 혁신을 자극하는데 도움이 된다. 만약 품질이 우선시 되지 않는다면 혁신은 지속되지 않을 것이다.

이처럼 여러 가지 이유로 가치제안으로서 품질이 중요하지만 더 중요한 이유는 재무성과에 도움이 된다는 점이다. 품질이 높으면 고객 충성도뿐만 아니라 프리미엄 가격을 누릴 수 있기 때문이다. 아커(Aaker)와 제이콥슨(Jacobson)은 지각된 품질이 장기성과를 측정하는 도구인 주가수익과 밀접한 관계가 있다고 한다.[5] 이들은 IBM과 펩시를 포함한 35개 브랜드에 대한 연도별 지각품질 측정치를 TRET(Total Research EquiTrend) 데이터베이스에서 얻어 주가수익에 미치는 영향을 연구하였다. 연구에 따르면 지각된 품질이 주가수익에 미치는 영향력이 ROI의 영향력만큼이나 큰 것을 발견하였다. ROI가 주가수익에 미치는 영향력은 이미 입증되어 있기 때문에 이 결과가 시사하는 바가 크다. 이는 투자자들이 지각된 품질과 같은 무형자산에 영향을 주는 프로그램을 탐색하고 이를 투자결정에 반영할 수 있음을 의미한다. [그림 8.2]는 지각된 품질과 주가수익 간의 밀접한 관계를 보여준다.

품질의 탁월성은 고객이 정의하는 것인데, 거의 모든 상황에서 전반적 품질을 나타내는 단일의 지표는 존재한다. 성능이 대표적인 지표이고 이를 지원하는 또 다른 차원이 있다. 성능은 사용하기 전에는 잘 모르기 때문에 지각된 품질을 높이기 위해서는 나머지 차원을 잘 이해하고 관리해야 한다.

[그림 8.3]은 성능을 기본으로 하고 이를 지원하는 몇 가지 차원을 보여준다. 물론 이들 차원의 각각은 복수의 구성요소를 가질 수 있다. 예를 들면, 인쇄기의 성능은 속도, 해상도, 용량과 같은 속성이 있다. 또한 목록에 나열

그림 8.2 지각된 품질과 주가수익

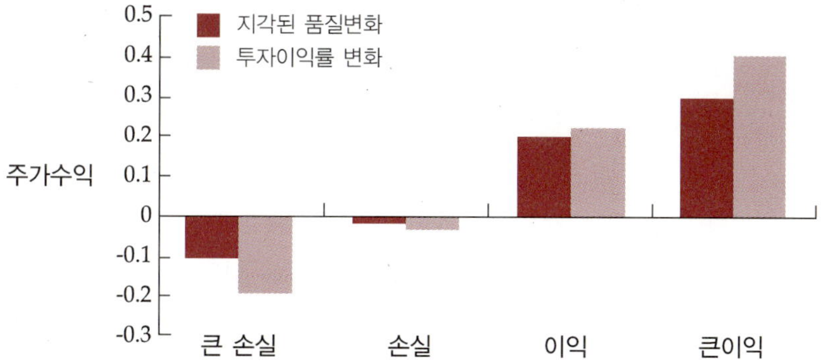

그림 8.3 제품품질 차원

1. **성능(performance).** 스펙은 무엇인가? 과업은 잘 수행되고 있는가? 잔디 깎는 기계로 잔디를 잘 깎을 수 있는가? 은행은 거래를 빠르고 정확하게 처리하는가?
2. **스펙부합성(conformance to specifications).** 제품이나 서비스는 애초 약속대로 성능을 발휘하고 있으며 고객은 만족하는가?
3. **특징(features).** 제품이 최신 특징을 제공하고 있는가? '와우' 속성을 가지는가?
4. **고객지원(customer support).** 기업은 배려 있고 능력 있는 직원과 효율적인 시스템으로 고객을 지원하고 있는가?
5. **과정품질(process quality).** 제품이나 서비스의 구매와 사용의 프로세스가 실망과 낙담이 아니라 즐거운가?
6. **심미적 디자인(aesthetic design).** 제품이나 서비스의 구매와 사용경험에 디자인이 즐거움을 부가하는가?

된 차원은 상황에 따라 다를 수 있다. 게다가 품질은 계속 변화할 수 있다. 따라서 고객의 트렌드, 선호, 만족의 원천, 미충족 욕구 등을 고려하여 품질을 정의할 필요가 있다.

서비스 품질

은행, 식당, 테마파크와 같은 서비스에서 조사를 해보면 서비스 품질은 접점직원의 역량과 반응성 및 공감성에 달렸음을 알 수 있다.[6] 그래서 좋은 서비스 품질을 제공하려면 이들 차원에서 일관성을 유지하도록 해야 하며, 나아가 이들에 대한 고객기대도 잘 관리해야 한다. 만약 기대가 너무 크다면 아무리 서비스 품질수준이 높다고 할지라도 불만족할 수 있기 때문이다. 따라서 기회가 있을 때마다 서비스 약속을 명확히 하면 도움이 될 것이다.

서비스 품질의 제공은 조직문화에서 시작되는데, 조직문화가 올바르면 혁신과 동기부여가 가능하다. 비즈니스 위크가 제이디 파워(J.D. Powers)와 합동으로 일류 서비스 기업에 대한 2009년의 연구에서, 문화가 성과에 미치는 영향과 고객서비스를 향상시킬 수 있는 다양한 방법을 제시하고 있다.[7)]

최고의 서비스 기업인 아마존은 매출의 30%를 차지하는 벤더를 지원하고 한편 아마존의 기준을 맞추지 못하는 벤더들과는 관계를 종결지었다. 아마존은 직접 고객과 대면하지 않는 종업원들도 고객경험을 하도록 기회를 제공하고 있다. 2년마다 2일씩 고객질문 데스크를 맡게 하여 고객경험의 중요성을 알게 한다.

서비스 접근성에서 실패가 없도록 하는 것이 탁월한 서비스를 제공하는 또 다른 열쇠가 된다. 서비스 접근성을 높이기 위해 최고의 서비스 기업들은 조직을 확장하고 있다. 예를 들어, 어떤 기업은 콜센타의 피크타임 때 투입하기 위해 퇴직한 300명의 직원을 활용하고 있고, 메리어트 호텔 체인은 예상을 초월하는 이벤트를 지원할 수 있도록 종업원을 교차훈련시키고 있다. 탁월한 서비스의 또 다른 열쇠는 혁신인데, 서비스 혁신의 아이디어는 직원과 고객들 간의 상호작용에서 나온다. 그러나 직원들이 접점 아이디어를 회사에 전달하려는 동기부여가 없다면 이를 얻기가 어렵기 때문에, 좋은 아이디어를 제시하면 공식적인 보상을 해줄 필요가 있다. 예를 들어, 렉서스는 탁월한 서비스 아이디어를 제시한 딜러에게 금전적 보상을 한다.

동기부여된 종업원들이 서비스에서 큰 차이를 만들어 낸다. 막스 앤 스펜서는 탁월한 고객서비스를 제공하기 위해 종업원 동기부여와 교육에 힘쓰고 있다.[8)] 모든 직원의 교육은 '우리의 서비스 스타일(our service style)' 이란 이름의 프로그램으로 시작하는데, 6명의 고객도우미를 한 조로 그 중 1명이 코치가 중심이 되어 판매현장에서 지속적인 개선을 이끌어 내도록 하는 프로그램이다. 직원의 품질, 인력채용과정, 산업기준에 비해 매우 낮은 직원이 직률 등이 이 회사의 탁월한 서비스에 공헌한다.

마지막으로, 탁월한 서비스에 이르는 길은 고객 서베이와 미스터리 쇼핑을 통해 고객서비스를 엄격하게 모니터링하는 것이다. 하지만 측정이 역기능을 초래하는 경우도 있다. 예를 들면, 이런 경우도 있다. 어떤 서비스 기업은 처음 전화벨이 울린 후 응답하는 비율을 측정함으로써 전화서비스의 품질을 개선하려 노력하였다. 불행히도 빨리 응답해야 한다는 압박 때문에 직원들이 상대에게 무뚝뚝하고 성급해져 고객만족은 오히려 상처를 입게 되는 경우도 있다. '당신이 받고 싶은 대로 배려하라'라는 격언은 특히 서비스 성과측정에서 진리이다.

이상에서 탁월한 품질과 서비스 품질에 대해 논의하였다. 그렇다면 어떻게 하면 품질명성을 얻을 수 있을까? 이에 대한 답은 상황에 따라 다르겠지만 올바른 문화, 인적자원개발, 품질관리프로세스, 고객과의 소통 등이 있다. 구체적인 기법으로서 전사적 품질관리, 품질시그널관리, 품질실수관리 등을 소개한다.

전사적 품질관리

품질을 가치제안으로 삼는 전략을 성공적으로 실행하기 위해서는 품질관리에서 남달라야 한다. 그러기 위해서는 전사적으로 이해되고 지원되는 전사적 품질관리(TQM) 시스템이 필요하다. 이러한 시스템을 도입하려면 다음과 같은 도구와 인식이 필요하다.

- 경영층은 고품질 제공에 몰입해야 하고 이것이 조직문화로 자리잡아야 한다.
- 품질개선 프로젝트를 시작하고 실행하는 교차기능팀에게 권한을 위임해야 한다.
- 결과보다는 과정지향적이어야 한다. 한 번의 품질향상보다는 지속적인 품질개선을 가져오는 과정과 교차기능팀을 중시해야 한다는 것이다.
- 제안시스템, 측정시스템, 보상시스템과 같은 일련의 시스템이 필요하다.
- 고객불평과 불만족의 근본적인 원인에 집중해야 한다. TQM에서 사용하는 하나의 접근방식은 '왜?'라는 질문을 반복하여 문제를 깊게 파고드는 것이다. 이러한 과정을 '파이브 와이(five whys)?'라고 부른다.
- 고객만족뿐만 아니라 충성도와 추천의도를 측정해야 한다. 이들 측정치

를 향상시켜 산업표준이 되거나 적어도 경쟁사와 같게는 해야 한다.
- 공급자와 공동팀이 되든지 공급자를 감시하고 평가하고 보상하는 시스템으로 참여를 높여야 한다.

고품질의 시그널

성능, 내구성, 신뢰성, 서비스 용이성 등과 같은 여러 품질차원은 구매자가 평가하기에 불가능한 것은 아니지만 어렵다. 그 결과 소비자는 품질을 나타내는 시그널을 찾게 되는데, 예를 들면 마무리(fit-and-finish)가 이러한 품질차원의 시그널이 될 수 있다. 구매자들은 어떤 회사 제품의 마무리가 좋지 않다면 보다 중요한 다른 품질도 좋지 않은 것으로 짐작한다. 품질전략을 추구하는데 있어 고객이 판단하기 어려운 보다 중요한 차원을 가시화하는 것은 중요하다. 예를 들면, 다음과 같다.

- **브로드밴드 인터넷 공급업체.** 설비팀부서의 프로다운 태도가 품질을 의미한다.
- **토마토 쥬스.** 진하다는 것이 고품질을 의미한다.
- **세정제.** 레몬향이 세정력을 나타낼 수 있다.
- **수퍼마켓.** 식품의 선도가 전반적인 품질을 의미한다.
- **자동차.** 견고하고 부드럽게 닫히는 자동차 문소리가 완벽한 조립과 안전한 차체를 의미한다.
- **의류.** 비싼 가격이 보다 높은 품질을 의미한다.
- **항공사.** 좌석의 얼룩이 비행기의 보수관리를 의심케 한다.

품질실수관리

높은 품질을 유지하는데 있어 아이러니한 문제 중 하나는 기대가 높으면 실망의 가능성이 높아지는 것이다. 부정적인 경험은 긍정적인 경험보다 더 두드러지기 때문에 품질전략을 추구하는데 있어 실망과 같은 부정적 경험은 특히 중요하다. 따라서 부정적 경험을 찾아 내고 발생빈도와 강도를 줄이도록 해야 한다. 예를 들어, 디즈니는 고객이 기다리는 것을 즐길 수 있도록 하기 위해 스탭을 캐릭터로 분장하게 하여 즐거움을 제공하고 있으며 증권회사인 찰스 스왑은 통화를 기다리는 동안 주식 뉴스를 제공한다. 부정적 경험을 완화하는 것보다 더 중요한 것은 이들을 없애는 것이다. 디즈니는 긴 대기시간이란 문제점을 제거하기 위해 예약시스템을 마련하고 있고, 스왑은 최소한 두 번째 통화에서는 스탭과 직접 통화가 될 수 있도록 장치를 마련하고 있다.

품질전략에서 부정적 경험보다 더 심각한 위협은 분명한 브랜드 실수이다. 품질이 차별화의 원천으로서 큰 의미가 없지만 품질명성을 잃는 것은 치명적일 수 있다. 소개된 슐리츠 일화는 비용을 줄이기 위한 결정이 지각된 품질에 어떻게 치명상을 입히는지를 잘 보여준다.

품질실수의 또 다른 예는 재해(disaster)라고 할 수 있는 사건이다. 재해관리를 하는 데는 이를 지원하는 품질존중의 문화뿐만 아니라 상황계획까지도 필요하다. 좋은 예는 타이레놀 독극물 사건을 처리한 존슨 앤 존슨의 사례인데, 존슨 앤 존슨은 책임감을 가지고 매대에서 제품을 회수하고 포장을 바꾸는 가시적인 솔루션으로 이 사건을 처리하였다. 허드슨강에 손상된 기체를 기적적으로 착륙시킨 후, US 항공이 취한 행동이 좋은 역할모델이 되고 있다.[9] US 항공은 1년에 3회씩 이러한 사고에 대비하여 연습해 온 100여명의 구조팀을 급파하였다. 또한 승객을 위해 특별번호인 800번을 개설하였고 비상자금, 선불 휴대전화, 의류 등을 공급하였다. 승객들은 구조 즉시 다른 비행기나 호텔로 안내되었다. 항공사는 법적인 문제를 거론하지 않고 무조건 5,000달러를 지급하였다. 그 결과 사건 이후에 다소 미진했던 명성이 급격히 높아졌다.

재해의 영향은 기업의 포지셔닝에 따라서 달라질 수 있다. 재미있는 실험으로 스탠포드대학의 제니퍼 아커(Jennifer Aaker), 보스턴대학의 수잔 푸르니에(Susan Fournier), 보스턴전문대학의 아담 브라셀(Adam Brasel)은 재미와 성실성이란 개성을 갖는 온라인 사진 인화사이트를 만들어 실험 참가자들을 두 사이트 중 하나에 무작위로 할당하였다.[10] 그리고 대략 10번의 거래 후 각 집단의 절반에게는 유감스럽게도 사진원본을 잃어버렸다고 하고 1주일 후 다시 되찾았다고 통보한다. 나머지 반은 서비스 중단을 하지 않고 6주가량을 운영하였다. 서비스 중단 없는 집단에서는 성실한 사이트가 재미있는 사이트보다 더 호의적으로 지각되었으나, 분실을 경험한 집단에서는 재미있

슬리츠(Schlitz): 지각된 품질이 비틀거릴 때

슬리츠 일화는 지각된 품질의 전략적 힘에 관한 극적인 실례를 보여준다. 1974년 '가스토(Gusto)를 향해 가자'라는 광고캠페인 시리즈에 의해 업계 2위라는 위치와 연 1억 7,800만 배럴의 맥주판매를 달성한 슬리츠는 1980년대 중반까지 매출액이 서서히 감소하여 겨우 1,800만 배럴 정도가 판매되어 결국 사라질 위기까지 왔다. 브랜드의 주식가치는 10억 달러 이상 감소하였다.

이러한 붕괴의 원인은 원가절감을 위해 숙성기간을 12일에서 4일로 줄이고, 보리맥아 대신 콘시럽으로 대체하고, 거품안정제를 바꾸기로 한 의사결정 때문이다. 이러한 변화의 소식은 시장으로 새어나갔고, 드디어 1976년 초에 새로운 거품안정제가 들어간 '얇은 조각 같고 구름같은' 맥주가 진열대에 나타났다. 출시 후 상태가 더 나빠지자 같은 해 여름 수정조치를 취했으나 사태는 호전되지 않았다. 1976년 가을에 천만 개의 병 맥주 및 캔 맥주가 비밀리에 회수돼 폐기처분되었다. 본래 공정으로 되돌아갔고 공격적으로 광고를 하였으나 슬리츠는 결코 예전의 명성을 회복하지 못했다.

는 사이트에 대한 신뢰는 다시 회복되었으나 성실한 사이트는 그러지 못했다. 이 실험의 결과가 주는 교훈은 포지셔닝이 기대를 만들어 서비스 문제를 더 작고 최소화할 수도 있다는 것이다.

8.4 ::: 가치

가전제품에서부터 소형차, 치약, 서적판매, 증권거래 서비스까지 거의 모든 시장에서 가격이 구매동기가 되는 세분시장이 있다. 심지어는 럭셔리 자동차와 같은 고급시장에서도 렉서스와 같은 일부 브랜드는 가치 포지션을 견지한다. 또한 불경기에 가치 세분시장은 커질 수 있다. 시장의 10%를 차지하든지 80%를 차지하든지 크기는 차이가 있지만 가격을 중시하는 세분시장은 항상 존재한다.

건강시장에서 조차도 가격이 중요해지고 있기 때문에 가치 세분시장을 무시하는 것은 위험할 수 있다. 소비자 가전이나 여타 제품시장에서는 과잉생산설비를 갖추고 있어 가치시장을 공략하여 일정수준 이상의 매출을 유지할 필요가 있다. 자체브랜드를 가지고 있는 강력한 소매업체들도 가치시장을 형

그림 8.4 가치대안

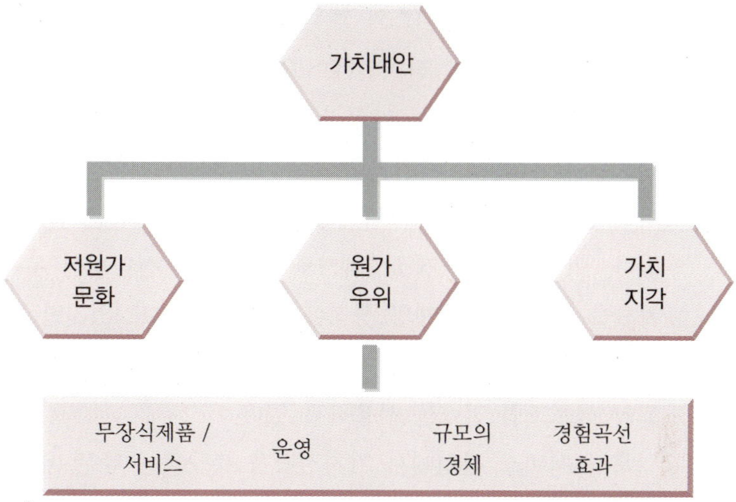

성하는 하나의 힘이다. 규모의 경제를 위해 가치브랜드를 갖거나 유통업체브랜드를 공급할 수 있다.

[그림 8.4]는 가치시장에서 성공적으로 경쟁하기 위한 필요조건이다.

- 원가우위를 확보해야 한다. 최소한 원가불리는 피해야 한다.
- 원가를 중시하는 기업문화를 육성해야 한다.
- 품질은 브랜드 구매를 고려할 만큼은 되면서 가치지각을 창출해야 한다.

원가우위창출(혹은 원가열위 회피)

가치대안을 실행하는 기본이 저원가로 알고 있지만, 실제는 원가를 통제하고 절감하는 방안은 다양하다. 성공적인 저원가 기업들은 무장식 제품/서비스, 운영 효율성, 규모의 경제, 경험곡선과 같은 다양한 접근법을 활용하고 있다.

무장식 제품/서비스

저원가를 달성하는 직접적인 접근방법은 단순히 어떤 제품이나 서비스에서 장식이나 비용추가를 제거하고 기능상 적정한 원자재나 부품을 사용하는 것이다. 저리스 인(Jury's Inn)과 호텔 포뮬1(Hotel Formule 1)과 같은 저렴한 호텔들은 추가서비스와 쾌적한 시설을 제한하는 서비스를 제공한다. BMI 베이비(BMI Baby), 라이언에어(Ryanair), 에어 데칸(Air Deccan)과 같은 무장식(no-frill) 항공사들은 무장식 서비스를 저원가로 공급하는 유사한 전략을 사용한다. 테스코, 키위 세이브(Kwik Save), 아이슬란드(Iceland)와 같은 수퍼마켓체인 모두는 제조업체브랜드가 아닌 저렴한 유통업체브랜드를 가지고 있다. 이들 제품은 제조업체브랜드에 비해 심미성이 부족할 수 있고 브랜드 자산을 중시하는 마케팅 상식에서 벗어날 수도 있지만 소비자에게는 통한다. 가치가구업체인 이케아는 지속적인 원가우위를 가지기 위해 셀프서비스 창고와 셀프조립 전략을 사용하고 있다.

특히 서비스 산업에서 가치전략을 추구하는 주된 위험은 경쟁자가 무장식에 대항하여 몇 가지 특징을 추가하여 포지셔닝한다는 것이다. 영국의 저원가항공시장에서 제트블루(JetBlue)는 요금이 저렴하고 스넥과 기내 TV같은 기내서비스를 추가하여 강하게 진출하고 있다. 이러한 경쟁으로 '특장점 전

알디(ALDI)

알디(Aldi)는 1946년 독일에 설립된 견실한 할인 수퍼마켓 체인이다. 공격적인 저가전략을 사용하는 전술로 큰 시장을 확보하고 있다. 알디의 가격 경쟁력은 무장식에서 나온다. 장식 없는 통로에 있는 팔레트(pallet)에다 제품을 올려놓는다. 고객이 팔레트를 비우면 다시 채운다. 직원 또한 최소한으로 쓰고 있어 계산대에 길게 늘어선 줄을 흔히 볼 수 있다. 전화에 응대하고 계산대가 비어 있는 시간을 줄이기 위해 전화번호도 아예 알리지 않고 있다. 도심지의 높은 임대료나 지가를 견디기 위해 가능한 작은 점포를 고집한다. 2005년 영국에서 광고를 처음 시작했지만 대부분의 유럽에서 알디는 지역신문이나 다이렉트 메일 외에는 광고하지 않는다. 유로화의 도입으로 다른 소매업자는 반올림하여 가격을 올렸지만 알디는 유로화 이전과 이후 가격을 표시하고 내림으로 계산하였다. 이로 인해 큰 신용을 얻게 되었다. 알디가 취급하는 대부분의 제품은 자체브랜드이고 제조업체브랜드는 소수이다. 알디는 의류, 장난감, 꽃 등에 대해 '목요 구매'나 '일요 구매' 등과 같은 주별 프로모션을 시행하고 있다. 이러한 전략을 고객은 알디로부터 받는 서비스로 받아들인다. 알디는 품질이 좋지 않은 저렴한 상품을 파는 가게로 연상되지만, 독일과 같은 나라에서는 알디 제품만을 이용하는 요리책을 만들어 나름의 명성을 쌓고 있다.[11]

쟁(feature war)' 으로 이어질 수도 있다.

운영효율성

지속적인 원가우위는 정부보조금, 프로세스혁신, 유통효율성(예: 테스코의 공급체인 경영시스템), 표적시장에의 접근(직접방문을 하지 않아도 되는 젊은 중산층 직장인을 겨냥한 인터넷뱅킹 서비스), 아웃소싱, 간접비 절감 등을 기반으로 하는 운영효율성으로 창출할 수 있다.

운영효율성을 얻기 위해 가치사슬을 검토하여 제거하거나 줄일 수 있는 고비용 구성요소를 찾아 내야 한다. 가장 좋은 예는 탈중간상(disintermediation)인데 직접 판매로 스포티파이와 아이튠즈는 가치사슬로부터 많은 구성요소를 제거하였다. 예를 들어, 전통적인 서점에서 팔린 책의 30%가 반품되어 생존을 위협하는 비용압박이 되지만 아마존에서는 그 비율이 3%로 낮아 엄청난 절약이 되고 있다.[12]

운영에서 비용절감을 가져올 수 있는 또 다른 곳은 공급업체나 고객과의 접점이다. 패스트패션인 유니클로는 점포판매와 재고를 중국의 공장과 직접 연결하여 깜짝 놀랄만한 효율성을 창출하고 있다. 자라(Zara) 또한 고객에게 신속히 반응하기 위해 점포, 창고, 디자인센터를 직접연결하고 있다. P&G는 운송 및 보관비 절감, 재고 및 품절 최소화 재주문, 선적 및 상품보충 등을 위한 프로그램으로 월마트와의 파트너십을 구축하고 있다. 파트너십 프로그램이 시작된 10년 후 SKU(stock keeping unit)는 25%가 줄었고 판매직원도 30%가 줄었으며 재고는 15% 감소하여 이 프로그램을 P&G는 주요 고객 모두에게로 확장하였다.[13]

규모의 경제

규모의 경제는 규모로 인해 생기는 자연스러운 효율성을 말한다. 광고, 판매력, R&D, 스텝, 시설유지 등에 들어가는 고정비를 여러 단위에 골고루 분산시킬 수 있기 때문이다. 게다가 규모가 커지면 시장조사, 법률서비스, 생산 엔지니어링 등과 같은 활동을 자사의 요구에 맞도록 전담시킬 수도 있다. 아마존은 매출을 높여 규모의 경제를 창출하는 사업모델을 기반으로 하고 있다.

사업이 너무 작아 필요한 자산이나 운영을 지원할 수 없을 때 심각한 경쟁상의 불이익에 직면할 수 있다. 해결책은 작은 사업단위를 없애거나 통합하는 것이다. 규모의 경제는 여러 브랜드가 제한된 자원으로 브랜드구축을 하려 할 때도 중요하다. 최근 네슬레, 유니레버, P&G, HP 등은 중요한 브랜드에 자원을 집중하기 위해 그들의 브랜드 포트폴리오를 재구축하고 있다. 아마 가장 잘 알려진 예로는 유니레버의 '성장에 이르는 길(Path to Growth)' 전략일 것이다. 이 전략은 리딩브랜드에 초점을 두어 1,600개에서 400개로 브랜드를 줄인 것이다. 이렇게 줄인 이유는 리딩브랜드에 집중하여 성장을 향상시킬 수 있고, 제품혁신도 용이하며 공급체인 관리 및 경영정보흐름 모두를 개선할 수 있기 때문이다.

소매에서 규모의 경제는 사업단위들을 결합하여 얻을 수 있다. 윰 브랜드(Yum! Brands)는 KFC, 피자헛, 타코벨, 롱 존 실버스(Long John Silver's), A&W 등을 결합한 두 브랜드 점포다. 이렇게 결합하여 임대료가 비싼 곳에 입점할 수 있어 맥도널드나 버거킹과 경쟁하고 있다.

경험곡선

수많은 연구에서 입증된 경험곡선은 기업이 제품을 생산하는 경험을 쌓으면 실제 발생한 원가가 예측한 비율로 감소한다는 것이다. 경험곡선 논리에 따르면 최초시장 진입자가 큰 시장점유율을 확보하면 지속적으로 원가우위를 누릴 수 있다. 경험곡선의 효과가 발생하는 이유는 사람들이 일을 여러 번 하다 보면 더 빨리 더 효율적으로 하는 방법을 깨닫고 프로세스 개선이 이루어지고 제품은 생산하기에 보다 쉽도록 다시 디자인하기 때문이다.

경험곡선의 고전적인 예는 포드자동차의 1908년에 출시된 모델 T이다. 모델 T는 최초가격이 850달러(지금 시세로 1,8000달러)로 책정되었으나 14년이 지나 1,500만 대 이상이 팔려 1922년에는 300달러 이하까지 떨어져 자동차를 대중화시키는 드라마틱한 계기가 되었다. 일정한 디자인, 수직적 통합, 거대한 리버 러프(River Rough) 공장 등으로 생산원가는 85% 경험곡선으로 감소하였다. 즉 누적생산이 두 배가 될 때마다 비용이 대략 15%씩 떨어졌으며 감소 패턴은 [그림 8.5]와 같다.

경험곡선 개념을 적용하는 데는 몇 가지 조건이 필요하다. 첫째, 경험곡선은 저절로 나타나는 것이 아니다. 효율성향상, 품질관리활동, 제품디자인향상, 설비고급화 등에서 도전적 목표를 정하고 이를 달성하기 위해 줄기차게

그림 8.5 모델 T의 가격, 1909 ~ 1923 (1958년 평균장부가격)

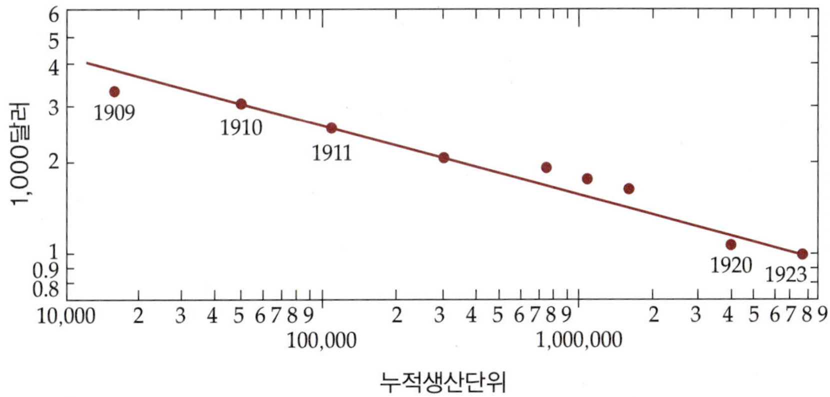

노력해야 한다는 것이다. 최신 디자인의 후발 진입자가 경험을 쌓은 기존 벤더를 이용하여 원가우위를 따라 잡을 수도 있기 때문에 이러한 조건은 매우 중요하다. 둘째, 기술이나 시장이 변하여 경험곡선은 진부화될 수도 있다. 1920년 초 자동차 시장은 모델 T를 외면하였고 포드는 GM과 경쟁하기 위해 1년 동안 문을 닫아야만 했다. 셋째, 경험곡선 개념은 절감된 원가를 저가격으로 전환하고 높은 점유율을 달성해야만 지속될 수 있다고 한다. 그러나 소비자가전에서 볼 수 있는 것처럼 보다 낮춘 가격은 가격전쟁을 유발하고 마진을 감소시키는 문제를 야기할 수 있다.

저원가 문화

성공적인 저원가전략은 원가지향적인 문화로 뒷받침되어야 한다. 성과측정, 보상시스템, 조직구조, CEO 가치관, 문화 등에 걸쳐 전방위적으로 원가절감을 강조해야 한다. 전사적 품질관리를 성공적으로 수행한 기업에서 볼 수 있듯이 임직원의 마음을 한 곳으로 모을 필요가 있기 때문이다. 이러한 원가절감 몰입은 가치전략으로 성공한 라이언에어, 티케이 맥스(TK Maxx), 아이슬란드(Iceland) 등에서 그 예를 볼 수 있다.

저원가 세계로 발을 들여 놓기로 결정하였으나 그들의 문화가 따라주지 않아 실패한 많은 예들이 있다. 한 거대 수퍼마켓 체인이 할인 음료체인을 만들었으나 할인이란 약속을 제대로 제공하지 못하였다. 그 이유를 분석해 보니 구성원들과 운영프로세스가 원가구조에 적합하지 않은 것으로 밝혀졌다. 할인점을 성공적으로 운영하는 데는 기존과 다른 문화, 프로세스, 사람으로 구성된 새로운 조직이 필요하다.

지각된 가치

가격책정은 일종의 묘책(tricky)인데, 가격이 품질단서가 되어 고객이 저가를 열등한 품질의 시그널로 지각하기 때문이다. 만약 가격으로 인해 품질을 수용할 수 없을 정도로 낮게 지각한다면, 제공물은 고객으로부터 외면을 받을 것이다. 가격시그널은 특히 실제품질을 판단하기 어려운 향수나 모터오일과 같은 카테고리나 불경기의 프리미엄브랜드에서 중요하다. 불경기에서는 가치를 추구하기 때문에 프리미엄브랜드의 경우 브랜드이미지를 떨어뜨리지 않으면서 가격을 낮출 필요가 있기 때문이다. 따라서 가격이 아닌 가치로 말하는 것이 좋다. 어떤 가치 스토리가 있을까?

- **원가를 절감한 이유를 말하라.** 델의 직접판매, 라이언에어의 직항운행과 무장식 서비스, 포드의 대량생산, 아마존과 테스코의 규모의 경제, 이케아, 카르푸, 로열 에이홀드(Royal Ahold)의 무장식 매장 등은 싼 이유가 명확해서 품질지각 문제의 위험을 줄인다.
- **비교가 되는 적절한 제품카테고리나 경쟁자 집단을 말하라.** 혼다는 아쿠라(Acura)를 2010년 유럽에서 런칭하려 할 때, 자사를 BMW와 렉서스와 비교하였다. 많은 패스트푸드 가게들은 가정에서 조리된 음식 다음으로 싸다는 것을 강조하여 2008/9년 불경기에서도 성장하였다. 64가지 색상의 크레욜라는 값비싼 장난감과 비교하였고 닥터 오트커(Dr Oetker)와 웨그너(Wagner) 피자는 배달 피자보다 더 저렴함을 강조하고 있다.
- **가격을 고객이 감당할 수 있음을 말하라.** 질레트는 소득이 높은 집단에게 1주일당 가격이 얼마라고 주장함으로써 퓨전 파워(Fusion Power) 면도날의 가격을 정당화하였다.
- **가격할인 대신 번들(묶음)이나 무료 추가서비스를 말하라.** 아마존은 무료배송과 같은 서비스를 제공하고 묶음가격을 제시하고 있다.

- **품질의 가치를 말하라.** 화장지인 바운티(Bounty) 타월은 적게 쓰고도 성과는 높음을 강조하고 있다.
- **현재대로 가치를 강조하는 하위브랜드로 옮겨라.** BMW의 원(One)시리즈나 테스코의 벨류브랜드 혹은 웨이트로즈(Waitrose)의 에센셜(Essentials)이 가치브랜드이다.
- **가시적인 가격점을 관리하라.** 가격점이란 소비자가 가격을 비교할 때 사용하는 포인트로 식품점은 고객이 어떤 카테고리나 브랜드로 가격점을 삼는지 이미 간파하고 있다. 주요 서점들은 베스트셀러 서적을 가격점으로 삼고 있으며 자동차회사들은 옵션을 제거한 기본가격을 가격점으로 삼고 있다. 옵션을 추가한 가격은 비교하기가 어렵기 때문이다.
- **묶음으로 가치를 추가하라.** 요즘 이동전화는 다양한 특징을 갖는데, 적은 요금으로 추가 특징을 이용할 수 있게 하여 가치지각을 높일 수 있다.

주요 학습내용

1. 가치제안 대안은 탁월한 속성, 매력적인 디자인, 시스템 솔루션, 사회적 책임, 탁월한 고객관계, 니치전문가, 탁월한 품질, 탁월한 가치와 같은 것이 있다.
2. 가치전략은 무장식 제공물, 운영의 효율성, 규모의 경제, 경험곡선 등으로 뒷받침되어야 한다.
3. 주가수익을 가져오는 탁월한 품질은 프로세스와 프로그램을 통해 지속적으로 관리되어야 하며 지각품질로 이전되어야 한다.

토의사항

1. 호텔이나 가전 혹은 자동차와 같은 3가지 산업을 택하라. 이들 산업에 속하는 기업들의 사업전략을 이루고 있는 가치제안이 무엇인지를 파악하라. 가치제안이 다양한가? 그들이 제시하는 가치제안이 성공하였는지 아님 성공할 것 같은지 평가하라.
2. 다음의 가치제안 중 세 가지를 선택하라: 시스템 솔루션, 기업의 사회적

책임, 탁월한 고객관계, 품질 그리고 가치. 이들 각각에 해당하는 두 기업을 생각하라. 두 개 중 어느 기업이 앞서 설명한 가치제안의 5가지 조건을 더 잘 충족하고 있는가? 왜 그런지 또 어떻게 하면 조건을 더 잘 충족할 수 있는지를 제시하라.

3. 5가지 조건으로 렉서스의 품질전략을 평가하라. 렉서스는 브랜드에 어떻게 더 많은 개성과 감성을 추가하였는가? 품질 명성과 강력한 개성을 확보하고 있는 역할모델을 생각하여 이 질문에 답하라.
4. 제품이나 서비스를 선택하라. 지속적으로 품질을 측정하기 위한 고객 서베이 질문을 만들어 보라? 서베이를 어떻게 관리할 것인가?
5. 넷앨범 실험을 생각하라. 당신은 어떤 설명을 할 수 있는가?

참고문헌

1. Stan L. Friedman, "Corporate America' s Social Conscience," *Fortune*, June 23, 2003, p. S6.
2. Stan L. Friedman, "Corporate America' s Social Conscience," *Fortune*, June 23, 2003, p. S4.
3. "Esso-Should the Tiger Change Its Stripes?," *Ruputation Impact*, October 2002, p. 16.
4. "Brand Engagement," *Marketing*, 5 July 2006.
5. Valarie A. Zeithaml, *Service Quality*, Boston, MA, Marketing Science Institute, 2004.
6. Jena McGregor, "When Service Means Survival," *Business Week*, 2 March 2009, pp.26–40.
7. Jena McGregor, "When Service Means Survival," *Business Week*, 2 March 2009, p.31.
8. Marks & Spencer Annual Review and Financial Statement, 2006.
9. Jena McGregor, "When Service Means Survival," *Business Week*, 2 March 2009, pp.26–40.
10. Jennifer Aaker, Susan Fournier and S. Adam Brasel, "When Good Brands Do Bad," *Journal of Consumer Research*, 2004, 31(June), 1–18.
11. http://www.aldi.com/ http://biz.yahoo.com/ic/54/54910.html; 'Aldi', Wikipedia, http://en.wikipedia.org/wiki/Aldi (all accessed 1 December 2009).

12. Jena McGregor, "When Service Means Survival," Business Week, 2 March 2009, pp.26–40.

13. 자료는 Lawrence D. Milligan, "Keeping it simple: The Evolution of customer Business Development at Procter & Gamble," remarks made at the American Marketing Association Doctoral Symposium, Cincinnati, July 1997.에 의해 만들어짐.

CHAPTER 09

브랜드자산

최고 중의 최고가 되는 것을 원하지 말고 당신이 이룩한 것을 유일하게 한 사람으로 생각되기를 바라라.

– 제리 가르시아(Jerry Garcia), 위대한 죽음

자신을 떠난 사업은 할 수 없다. 즉, 사업에는 자신의 모습이 들어 있다.

– 제프 베조스(Jeff Bezos), 아마존

실제 당신으로부터 무언가를 듣기를 원하는 사람들에게 판매하는 것은 그렇지 않은 이방인을 끌어들이는 것보다 효과적이다.

– 세스 고딘(Seth Godin)

사업전략의 성공 가능성은 브랜드에 있다. 강력한 브랜드는 주어진 제품시장에서 경쟁력을 갖도록 하며 가치제안을 표현하기도 한다. 따라서 강력한 브랜드를 개발하고 관리하고 이를 레버로 활용(leveraging)하는 것은 전략적으로 매우 중요하다. 강력한 브랜드를 일반적으로 브랜드자산이라고 표현하고 때로는 브랜드 파워라고 하기도 한다.*

브랜드 파워가 재무적 성과를 향상시킨다는 일화는 많고 제대로 된 연구에서도 주가상승에 미치는 영향은 입증되고 있다. 사실 8장에서 이미 지적했지만 강한 브랜드가 주가상승에 미치는 효과는 ROI가 미치는 효과에 버금간다. 사람과 기술같은 무형자산, 유형자산 등과 브랜드의 가치를 비교 · 계산한 연구조사에 따르면 브랜드자산이 기업가치의 15%(도요타와 방코 산탄더Banco Santander), 30%(차이나 모바일), 70%(구글과 BMW) 정도를 차지하는 것으로 나타났다. 15% 밑으로 기업가치에 공헌하더라도 브랜드는 전략적으로 매우 중요하다.

브랜드자산(brand equity)은 브랜드와 관련된 자산과 부채의 집합이다. 1980년대 후반부터 논의되기 시작한 브랜드자산이란 개념은 마케팅의 사내위상을 바꾸었다. 브랜드자산의 일부인 이미지관리는 광고책임자에게 위임되지만 브랜드자산 전반에 대한 책임은 CEO가 맡게 되었다. 그 결과 브랜드를 중요한 자산으로 보고 장기적이면서 전략적인 안목으로 접근하게 된 것이다. 따라서 CMO(chief marketing officer)의 역할이 중요하게 되었다.

브랜드자산은 [그림 9.1]에서 보는 바와 같이 브랜드 인지도, 브랜드 충성도, 브랜드 연상으로 나누어진다. 각각은 따로 혹은 전체로 놀라운 경쟁우위를 가져오기 때문에 적극적으로 관리해야 한다.

9.1 ::: 브랜드 인지도

브랜드 인지도(brand awareness)는 흔히 당연하게 받아들이지만 중요한

---

* 역자 주: 브랜드자산에 해당하는 영어는 brand equity와 brand assets가 있는데, 전자는 브랜드의 재무적 가치를 후자는 경쟁우위의 원천을 표현할 때 사용한다. 하지만 본서에서는 브랜드 자산으로 통일해서 번역한다. 다만 필요한 경우 (　　)에 영어를 병기한다. 9장의 타이틀은 브랜드 자산(brand equity)이다.

그림 9.1 브랜드자산

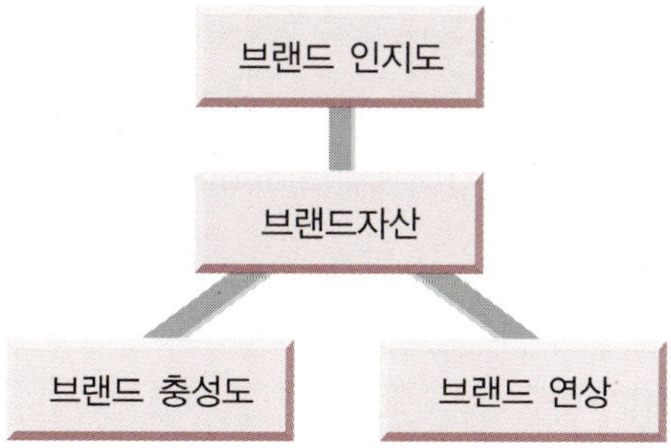

전략적 자산이 될 수 있다. 제품이 유사한 일부 산업에서는 [그림 7.3]에서 세 번째 SCA로 언급된 인지도가 중요한 차이를 제공한다. 인지도가 높으면 회상과 친숙도가 높기 때문이다.

브랜드 인지도는 수많은 경쟁우위를 제공할 수 있다. 첫째, 인지도는 브랜드 친숙감을 높인다. 일반적으로 사람들은 친숙한 것을 좋아하는데, 특히 비누나 껌같은 저관여 제품에서 친숙도는 구매결정에 중요한 영향을 미친다. 음료 맛테스트를 해보면, 설혹 브랜드를 구매한 경험이 없더라도 알고 있는 브랜드명이 평가에 영향을 미치는 것을 알 수 있다.

둘째, 브랜드 인지도는 비싼 품목을 구입하는 산업재 구매자에서 내구재 구매자에 이르기까지 매우 중요한 속성인 존재(presence), 몰입(commitment), 본질(substance)을 나타내는 시그널이 될 수 있다. 기본 논리는 이름이 들어 있다면 다 이유가 있다는 것이다. '인텔 인사이드' 프로그램은 인텔부품에 대해 아무것도 얘기하지 않지만 큰 성공을 거두어 수십 년 동안 인텔에게 큰 이익을 가져다 주었다. 순전히 인지도만으로 어떤 파워를 갖는지를 보여 주는 예다.

셋째, 높은 브랜드 인지도(이를 브랜드 현저성이라고 함)는 구매과정의 가장 중요한 순간에 브랜드를 회상하게 해준다. 예컨대, 광고대행사, 자동차, 컴퓨터 시스템 등을 선정하는 과정에서 첫 번째 단계는 고려할 브랜드를 회상하는 것이다. 극단적으로 어떤 제품을 고려할 때 유일하게 하나의 브랜드만을 회상한다면 이것을 브랜드 지배(name dominance)라고 한다. 제품군과 브랜드가 동일시되는 경우에 브랜드 지배현상이 생긴다. 환경운동의 그린피스,

스무디의 이노센트(Innocent), 반창고와 붕대를 합친 밴드 에이드(Band-Aid), 스마트폰의 아이팟, 인터넷포탈사이트의 구글, 크레용의 크레욜라, 티슈의 크리넥스, 마요네즈의 헬만(Hellman), 크림치즈의 필라델피아, 야채 주스의 V–8 등을 생각해 보자. 이들 카테고리에서 다른 브랜드를 몇 개나 떠올릴 수 있는가? 지배브랜드(dominant brand)와 어떻게 경쟁할 수 있을까?

브랜드 인지도는 놀라울 정도로 지속성이 있다. 지배적인 인지도를 갖는 브랜드를 기억에서 밀어 내기는 매우 어렵다. 예를 들어, 닛산의 옛 이름인 다천(Datsun)은 상호를 바꾼 후 4년이 지나서도 인지도가 닛산과 같았다.[1] 브랜드 친숙성에 대한 또 다른 연구에서 주부들에게 가능한 많은 브랜드를 말해 보라고 했더니 각 범주별로 평균 28개의 브랜드를 기억했으며, 놀랍게도 85% 이상의 브랜드가 25년이 넘었고 36%는 75년이 넘었다.[2]

인지도는 재인(recognition)과 비보조 회상(unaided recall)으로 측정할 수 있는데 양자 간에는 큰 차이가 있다. 재인은 브랜드 X를 아는지를 물어 보는 것이고, 비보조 회상은 4륜구동 자동차에는 어떤 브랜드가 있는지를 물어 인지도를 측정하는 것이다. 재인은 높으나 회상이 낮은 브랜드를 수확 후 포도넝쿨에 비유하여 포도넝쿨 브랜드(graveyard brand)라고 한다. 회상이 없으면 소비자의 고려집합에 들어가지 않기 때문에 아예 경쟁을 할 수도 없다. 재인이 높은 것은 어제의 뉴스에 비유할 수 있는데, 알고는 있지만 의사결정에 도움이 되지는 않는다. 쇠퇴기에 접어든 브랜드가 일반적으로 재인은 높으나 회상은 낮다.

매일매일 마케팅 메시지가 소비자에게 쏟아지고 대중매체가 혼란스러울 정도로 다양하고 매체혼잡 또한 엄청나게 높아 브랜드 인지도를 적은 비용으로 높이는 것은 매우 어렵다. 이러한 상황을 타개하는 방안으로 여러 제품범주에다 같은 브랜드를 사용하게 하여 브랜드 가시성을 높이는 것이다. 예를 들어, 캐드베리(Cadbury), 필립스, 소니, 도시바, GE 등이 넓은 범주에다 브랜드를 노출하여 우위를 누리고 있다. 또 다른 방안은 판촉이벤트, 홍보, 샘플링 및 주의를 끌 수 있는 다른 방법으로 기존의 매체채널을 넘어서는 것이다. 예를 들어, 레드불(Red Bull)의 플러그태크(Flugtag) 이벤트, 혼다가 영국시장에서 새로운 어코드(Accord)를 런칭하기 위해 혼다의 이름을 쓰는 스카이다이버을 보여 주는 생생한 이벤트 광고, 버거킹의 와규(Wagyu) 고기와 흰 송로버섯으로 만든 95달러짜리 버거, 네슬레의 네스프레소 클럽프로그램의 영향력을 생각해 볼 수 있다. 이들 모두는 대중매체 광고에만 의존할 때보다 더 효과적으로 인지수준을 높이고 있다.

9.2 ::: 브랜드 충성도

[그림 7.3]에서 브랜드 충성도는 10번째 항목을 차지하고 있다. 경쟁자들이 제품이나 서비스를 모방하거나 능가할 수는 있지만, 고객들로 하여금 브랜드를 전환하게 하는 것은 쉽지가 않다. 브랜드 충성도는 전환에 대한 저항으로 볼 수 있는데 단순한 습관, 선호, 전환비용 등에 근거하고 있다. 친숙한 주유소나 수퍼마켓을 바꾸지 않으려 하는 것이 단순한 습관이고, 오랫동안 사용하여 익숙한 케익 믹스의 브랜드나 심볼을 진정으로 좋아하는 것이 선호이다. 소프트웨어 이용자의 경우, 특정 소프트웨어시스템을 학습하기 위해 종업원을 교육하는데 이미 상당한 시간과 비용을 투자하였다면 전환비용이 발생하여 다른 업체로 바꾸기가 어려울 것이다.

충성도가 높은 고객기반은 다음과 같은 이유로 큰 지속적 경쟁우위가 된다. 첫째, 친숙성이 편안함과 확신감을 주어 기존고객을 유지하기가 상대적으로 쉽기 때문에 마케팅 비용이 적게 든다. 기존고객을 행복하게 하고 전환동기를 줄이는 것이 신규고객을 찾아 나서고 그들로 하여금 자기 브랜드를 구매하도록 권유하는 비용보다 적게 들기 때문이다. 당연한 말이 되겠지만 충성도가 높아질수록 고객을 행복하게 하는 것이 쉬워진다.

둘째, 기존고객의 충성도는 잠재경쟁자에게는 커다란 진입장벽이 된다. 충성도가 높거나 혹은 단순하게 만족하는 기존고객일지라도 브랜드 전환을 유도하는 데는 상당한 자원이 요구되기 때문이다. 이러한 장벽을 유효하게 하려면 잠재경쟁자로 하여금 그것을 알도록 하여 고객을 끌어들이기 쉬울 것이라는 망상을 갖지 않도록 해야 한다. 따라서 할리데이비슨의 HOG와 같은 강력한 고객충성도를 보여주는 시그널이 필요한 것이다.

셋째, 만족한 큰 고객기반은 애프터서비스도 좋고 제품개량도 잘 할 수 있는 성공적인 제품일 것이라는 이미지를 브랜드에 준다. 충성고객집단은 또 다른 사람들에게 확신을 주는데, 고객은 다른 사람들이 브랜드를 선택했다는 사실을 통해 안심하기 때문이다.

마지막으로 브랜드 충성도는 경쟁자의 움직임에 대처할 시간, 즉 기업에게 숨쉴 여유를 준다. 만약 경쟁자가 더 좋은 제품을 개발했다면 충성도가 이와 일치하거나 이를 중화시키는 제공물을 개발할 시간을 벌어 준다. 따라서 브랜드 충성도가 높은 기업은 위험이 낮은 후발전략을 택하는 호사를 누릴 수도 있다.

이러한 이유로 해서 브랜드 충성도 관리는 성공전략의 열쇠가 된다. 브랜드 충성도 관리의 가이드라인을 소개한다.

- 기존고객의 충성도를 측정하라. 측정은 만족이란 민감한 지표뿐만 아니라 고객과 브랜드의 관계를 포함해야 한다. 브랜드를 신뢰하는가? 좋아하는가? 존경하는가? 등으로 관계를 측정하고 마지막으로 브랜드 추천 의도를 물어야 한다.
- 취약점을 알아 내기 위해 이탈고객과 인터뷰하라.
- 고객중심문화를 만들라. 고객중심문화는 고객행복을 위한 권한이 종업원에게 위임되어 있고 고객행복을 위해 종업원이 동기부여된 것을 말한다.
- 고객수명가치를 측정하라.
- 단골고객프로그램(frequent-buyer program), 특별한 편익이나 프리미엄으로 충성고객을 보상하라.
- 고객클럽과 같은 고객참여 제도를 마련하여 고객이 브랜드와 일체감을 느낄 수 있도록 하라.
- DM, 인터넷, 수신자 부담 전화, 견고한 고객지원 조직으로 고객과 끊임없이 소통하라.
- 고객접점을 잘 관리하여 주요 상황에서 흔들림이 없음을 보라.
- 마케팅 예산을 줄여야 하는 불경기라도 충성고객과의 관계는 손상되지 않도록 하라.

9.3 ::: 브랜드 연상

기업이나 브랜드에 대한 연상은 브랜드의 전략적 위치를 반영하기 때문에 핵심적인 경영자산이 될 수 있다. 브랜드 연상(brand association)은 어떤 브

그림 9.2 브랜드 연상

연상	브랜드
속성/편익	Volvo, Crest
디자인	Jaguar, Calvin Klein
시스템솔루션	Siebel, IBM
사회적 프로그램	Body Shop, McDonald' s
고객관계	Harrods, Ritz Carlton
니치 전문가	Ferrari, Gold Violin
품질	Lexus, Hertz
가치	Lide, Hyundai
제품카테고리	Google, Toyota' s Prius
제품계열의 폭	Amazon, Marriott
조직의 무형자산	Marks & Spencer, Accenture
감성적 및 자기표현적 편익	BMW, Jaguar
경험	Blackberry, Heineken
글로벌화	Visa, Ford
현대성	Spotify, Apple
브랜드 개성	Mozilla Firefox, Singapore Airlines

랜드와 직 · 간접으로 연결되는 기억 속의 그 무엇을 말하는데, [그림 9.2]와 같이 다양하다. 이노센트(Innocent)라고 하면 건강한 삶, 하루에 5가지 요구 들어 주기, 바나나전화기로 응답하는 즐거운 일자리, 소가 풀을 뜯고 있는 그림이 그려진 운반트럭, 스무디, 쥬스 등을 연상한다. 이들 연상들이 이노센트를 흥미 있게 하고 기억될 수 있게 하며 소비자들에게 어필하도록 한다.

가장 흔한 연상은 제품속성이나 고객편익과 관련된 것인데, 하인즈(Heinz)는 가장 천천히 나오는 진한 케찹으로, 앱솔루트(Absolut)는 프리미엄 보드카로, 스코다(Skoda)는 싸지만 믿을 수 있는 자동차로, 자라(Zara)는 맵시 있는 패션으로, 런던은 방문하기 좋은 곳으로 연상한다. 기업들은 자사 제품의 우수한 속성을 강조하기를 좋아한다. 따라서 켈로그 브레인 플레이크가 고섬유 시리얼이고, 에어버스 비행기의 연비가 가장 높다는 것과 같이 기업은 제공물이 어떤 속성에서 탁월하다고 강하게 주장한다.

하지만 이렇게 속성의 스펙을 강조하는 것(specmanship)에는 몇 가지 문제가 따른다. 첫째, 속성으로 포지셔닝하면 더 나은 속성(더 빠른 속도, 더 많은 섬유질, 더 긴 항속거리)을 가진 경쟁자에게 추월당할 수 있다. 레지스 멕케나(Regis McKenna)는 '스펙에서 언제나 뒤처질 수 있다' 고 주장한다.

둘째, 여러 기업이 같은 스펙을 주장하기 시작하면 스펙은 신뢰감을 상실하게 된다. 예를 들어, 많은 브랜드가 빠른 약효를 주장하자 얼마 지나지 않아 소비자들은 의심하기 시작했다. 또한 분쟁이 많을 수 있어 모두의 주장이 평가 절하될 수 있다.

셋째, 사람들이 항상 특정 스펙으로 의사결정을 하는 것은 아니다. 속성에서의 작은 차이를 무시할 수 있으며, 사소한 것까지 깊이 생각할 필요를 못 느끼거나 따질만한 능력이 없을 수도 있다.

강한 브랜드를 만들려면 속성을 넘어서서 더 신뢰할 수 있고 모방하기 어려운 연상으로 넘어가야 한다. 따라서 고객관계와 차별화점을 창출하기 위해 기업이 이용할 수 있는 다양한 연상차원을 소개하려 한다. 이미 8장에서 소개한 가치제안 대안들이 훌륭한 연상차원이다. 여기에 소개한 연상차원은 8장에 추가하는 것이다.

제품카테고리

어떤 제품카테고리나 하위카테고리를 브랜드 연상에 사용할 수 있다. 레드불(Red Bull)은 극한 스포츠나 클럽 문화에서 나타나는 에너지 욕구와 연상되고 있어 기존의 스포츠음료와 구분된다. 레드불 이전 대부분의 음료는 가족건강으로 포지셔닝하고 있고 스포츠음료는 스포츠 스타를 내세워 광고를 하고 있었다. 레드불은 극한 스포츠와 클럽문화라는 하위카테고리로 확장하여 도전을 통해 젊음을 유지하고 활기차게 어울리기 위한 젊은이의 음료로 포지셔닝하였다. 이처럼 하위카테고리에 접근하여 레드불은 기존의 스포츠음료와 직접적인 경쟁을 피했고 상당한 가격 프리미엄도 누리게 되었다. 린키드인(LinkedIn)은 비즈니스 네트워킹 SNS로 포지셔닝하고 있다. 이처럼 하위카테고리를 창출하여 리더십을 갖게 되면 여러 가지 이점이 있다.

적합성 유지

4장에서 설명한 적합성 개념은 새로 나타나거나 사라지는 하위카테고리를 찾아 내는데 도움이 된다. 연상에서의 적합성이란 고객이 관심을 갖는 제품카테고리로 해당브랜드가 연상되는지의 여부를 말한다. 영 앤 루비캠(Young & Rubicam)의 브랜드자산 평가모델에는 차별화, 존경, 지식과 함께 적합성을 브랜드자산 평가의 핵심차원에 포함시키고 있다. 어떤 사업이 적합성을 잃게 되면 차별화는 무의미할 것이기 하기 때문에 적합성은 중요하다.

적합성을 유지하는 기업의 능력을 [그림 9.3]과 같이 세 가지로 나눌 수 있다. 한쪽 끝인 트렌드 간과자(trend neglectors)는 트렌드를 무시하거나 잘못 해석하는 기업을 말하는데, 기존 비즈니스모델에 집착하기 때문이다. 이러한 기업은 전략적 분석을 제대로 하지 않고, 조직이 경직되어 있으며, 브랜드 포트폴리오도 취약하다. 이들은 더 이상 자사 제품이 적합하지 않음을 알아채고는 소스라치게 놀란다. 연속선의 반대편 끝에는 카테고리나 하위카테고리 트렌드를 끌고 가는 트렌드 추동자(trend drivers)가 있으며, 중간에는 카테고리의 트렌드와 진화를 면밀히 추적하여 뒤처지지 않도록 하는 트렌드 반응자(trend responders)가 있다.

버진 아틀랜틱(Virgin Atlantic), 자라 그리고 다이슨(Dyson)은 트랜드 추동자의 예들이다. 버진은 일등석에 마사지 서비스와 같은 새로운 서비스를 도입하여 새로운 하위카테고리를 창출하였다. 자라는 유럽에서 직접 디자인하고 생산하여 고객 트렌드에 빨리 반응하고 있다. 다이슨은 진공청소기에 새로운 흡입기술을 도입하여 청소기에 새로운 관심을 갖게 하였으며 경쟁하고 있던 여러 지리적 시장에서 리더십을 갖게 되었다.

트렌드 반응자는 트렌드를 인지하고 평가하여 반응하는 기업을 말하는데 역동적 시장에서 성공을 유지하는데 유리하다. 레고는 1930년대 초반에는 목재 장난감을, 1940년대 후반에는 유명한 블록을, 최근에는 비디오 게임과 테마파크를 판매하고 있다.

구글은 검색엔진이란 원래의 포지션에서 다양한 정보를 분류하여 이용할 수 있게 하는 정보조직자로 진화하였고, 후지필름은 디지털 시대에 빨리 적응하여 고화질 디지털 카메라와 디지털 사진인화에서 리더가 되었다.

그림 9.3 적합성 유지

그러나 성공적인 트렌드 반응자가 된다는 것은 쉽지 않다. 4장에서 설명한 것처럼 트렌드를 단순한 유행과 분리하여 파악한다는 것이 어려울 수 있기 때문이다. 특히 기존사업과 브랜드가 잘 정립되어 떠오르고 있는 하위카테고리가 작다면 이에 반응하는 것은 어렵다. 맥도널드, 버거킹, KFC 등 패스트푸드의 거인들이 건강을 추구하는 먹거리 트렌드에 반응하는 어려움을 생각해 보자. 건강은 그들의 DNA와는 다르기 때문에 떠오르는 영역에서 제품을 개발하고 제공하는 것은 쉽지가 않은 것이다. 건강을 소화할 인재도 없고 문화도 다르기 때문이다. 더구나 그들의 브랜드는 수십 년 동안 확고한 뿌리를 내려 변신하는데 오히려 걸림돌이 된다. 이러한 난관을 극복하고 맥도날드가 변신에 성공한 것은 좋은 사례라고 할 수 있다. 맥도널드는 여러 번 실패한 후 부모님이 아이들의 건강을 걱정하는 것을 해소하기 위해 새로운 디저트와 샐러드를 만들었고 스타벅스에 버금가는 구어메이 커피를 제공하고 있다.

제품계열의 폭

제공물의 폭이 넓다는 것이 원스톱 쇼핑의 편의성, 리더십, 수용, 중요성 등의 시그널이 될 수 있다. 예를 들어, 아마존의 오늘이 있게 한 전략적 포지션은 처음부터 단순히 책만을 판매하는 것이 아니었다. 아마존은 자사를 book.com으로 불리는 것을 피하려 하였다. 오히려 자사를 '세상에서 가장 큰 선택'이라고 하여 탁월한 구매경험을 제공자로 포지셔닝하였다. 전문화의 압력도 있었지만 이 포지션 때문에 아마존은 다양한 제품시장에 진출할 수 있었다.

제품계열의 폭은 폭스바겐, 데스코, 힐티(Hilti)와 같은 기업에서도 중요한 전략적 포지션이다. 그러나 강력한 브랜드에서 조차도 계열확장은 위험할 수 있다. 스킬과 역량이 부족한 제품계열에 도전하다 브랜드는 손상되고 자원은 바닥날 수 있기 때문이다.

조직의 무형자산

이미 논의한 것처럼 속성과 편익 연상은 쉽게 모방될 수 있다. 반면 가치, 문화, 인적자원, 전략, 프로그램 등에 근거한 독특한 연상은 쉽게 모방할 수 없다. 세계화(HSBC나 영국항공), 혁신(로지테크나 삼성), 품질지향(지멘스 Siemens 이나 파텍 필리프 Patek Philippe), 고객지향(싱가포르 항공이나 만다린 오리엔탈 호텔), 커뮤니티나 사회적 이슈(팀버랜드나 고드레지 Godrej), 환경에 대한 관심(DSM이나 텔레포니카 Telefonica) 등과 같은 조직의 무형자산은 속성연상보다 경쟁자에 더욱 저항적이다.

카메라를 대상으로 한 실험연구에서 무형속성의 영향력을 확인할 수 있다. 피실험자들에게 두 개의 브랜드를 보여주는데, 하나는 기술적으로 더 정교한 브랜드이고 다른 하나는 사용하기가 더 쉬운 브랜드이다. 또한 두 브랜드가 상세한 스펙에서 차이가 나지 않음도 보여준다. 두 개의 브랜드를 함께 보았을 때 피실험자의 94%가 사용하기 쉬운 브랜드를 기술에서도 앞선다고 평가하였다. 그러나 2일이 지나 제품 스펙이 생생하지 않을 때 다시 질문을 하니 36%만이 사용하기 쉬운 브랜드가 기술에서 앞선다고 했다. 이러한 실험결과는 기술적으로 더 정교하다는 추상적인 속성이 구체적인 스펙보다 더 효과적이라는 것을 말해 준다.

감성적 그리고 자기표현적 편익

속성이나 기능적 편익을 넘어서는 또 다른 방법은 감성적 혹은 자기표현적 편익으로 포지셔닝하는 것이다.

감성적 편익(emotional benefit)이란 구매하고 사용하는 소비경험 동안 고객이 무언가를 느끼게끔 하는 제공물의 능력을 말한다. 강력한 브랜드들은 일반적으로 감성적 편익을 제공하는데, 예를 들면 다음과 같다.

- 사브(Saab)의 안전한 여행
- TVR의 유쾌한 드라이빙
- 유튜브(YouTube)를 보는 동안의 활기참
- 해로드(Harrods)에서 쇼핑하는 동안 VIP 느낌
- 이노센트(Innocent) 스무디를 마실 때의 건강
- 홀마크 카드를 구입하거나 읽을 때의 따스함
- 레인지 로버(Range Rover)를 운전할 때의 강인함과 억셈

감성적 편익이란 "나는 … 을 느낀다(feel)"라는 표현에서 … 에 해당하는 모든 것이 될 수 있다. 나는 활기차다고 느낀다, 나는 따스하다고 느낀다, 나는 우아하다고 느낀다. "나는 … 을 느낀다"라는 질문으로 어떤 감성적 편익으로 브랜드를 차별화할 수 있는지를 알 수 있다. 이러한 질문에 대해 핵심충성고객이 일관성 있게 어떤 감성을 말한다면 이것이 전략적 포지션의 일부분이 될 수 있을 것이다.

자기표현적 편익(self-expressive benefits)이란 구매하고 사용하는 소비경험 동안 제공물이 자아개념을 표현하는 수단이 될 수 있는 능력을 말한다. 예를 들어, 사람들은 다음과 같이 자기개념(self concept)을 표현할 것이다.

- 로시뇰(Rossignol) 파우더 스키를 소유함으로써 모험적이고 대담한 사람으로 표현
- 이세이 미야케(Issey Miyake)를 입음으로써 최신 유행에 밝은 사람으로 표현
- 토즈(Tod' s) 신발을 신음으로써 세련된 사람으로 표현
- 메르세데스를 운전함으로써 성공한 리더로 표현
- 알디(Aldi)에서 쇼핑함으로써 검소하고 겸손한 사람으로 표현
- 스카이프(Skype)를 이용한 전화를 사용함으로써 유능한 사람으로 표현
- 아이들이 학교에서 마실 음료로 다농(Danone)의 액티멀(Actimel)을 구입함으로써 영양을 챙기는 엄마로 표현

자기표현적 편익은 모두 "나는 … 이다"라는 진술에서 … 에 해당하는 것으로 나는 젊다, 나는 훌륭한 선수이다 등이 그 예다. 만약 자기표현적 편익을 브랜드를 차별하는데 사용하려면 충성고객에게 "나는 … 이다"라는 질문을 하고 만일 어떤 지속적인 답이 나오면 이것을 사용할 수 있다.

현대미술을 생각해 보자. 왜 일부 현대 미술품은 천문학적인 가격으로 판매되는가? 왜 박제한 상어는 4천만 달러의 가치를 가지며 뉴욕 메트로폴리탄 박물관에 걸려 있는가? 왜 예술가들이 물감으로 점을 찍어 놓은 직사각형은 60만 달러에 판매되는가? 이것은 확실히 객관적인 품질은 아니다. 전문가들조차 벼룩시장에서 팔리고 있는 모작과 진짜 잭슨 폴락(Jackson Pollock)의 물방울이 떨어지는 그림을 구분하기가 어렵다. 그럼에도 불구하고 전문가

들의 판단에 따라 그 그림은 몇 천 달러 내지 4,000만 달러의 가치를 가질 것이다. 이러한 가격 프리미엄을 가질 수 있는 브랜드를 예술가들이라면 어떻게 창출할까? 답은 단순하지 않지만 물어 볼 것도 없이 자기표현적 편익이 탁월한 역할을 할 것이다.

경험

브랜드의 소비경험을 통한 감성적 혹은 자기표현적 편익은 그 자체로서도 의미가 있지만, 기능적 우위까지 있다면, 즉 모두가 결합되었을 때 더 중요하다. 세계 전역에서 티파니(Tiffany)는 즐겁고 품위 있는 쇼핑경험을 할 수 있도록 상품구색, 상점인테리어, 직원서비스, 분위기 등을 디자인하고 있다. 블랙베리는 경쟁 브랜드들이 부족한, 깊이 있는 커넥션을 경험하게 하여 기능적, 감성적, 자기표현적 편익을 제공하고 있다.

아마존은 제공물의 폭뿐만 아니라 경험제공으로도 포지션하고 있다. 아마존은 효율적이고 유쾌한 세계일류의 쇼핑체험을 약속하고 있다. 빠르고 편한 선택, 원클릭 주문, 특별한 계기를 기억하는 사람, 안전한 쇼핑보증, 신뢰할 수 있는 배달 등이 아마존이 창조한 쇼핑경험이다. 아마존은 개인화된 추천 프로그램으로 고객에 적합한 책이나 CD, 선물을 발견하는 흥분이란 감성적 편익도 제공한다. 아마존 리버(Amazon River)라는 은유로 발견과 모험이란 감성적 편익을 강조하고 있다. 아마존 브랜드의 도전과제 중 하나는 감성적 편익을 사이트가 제공하는 기능적 편익이 가리지 않게 하는 것이다.

글로벌화

HSBC는 글로벌 금융회사이고 비자(Visa)는 글로벌 신용카드이며 렉서스는 글로벌 자동차 브랜드이다. 글로벌화는 어디서든지 HSBC나 비자의 서비스를 접할 수 있는 기능적인 편익을 제공한다. 이는 또한 기업이 세계전역에서 성공적으로 경쟁할 능력이 있다는 명성과 확신을 제공한다. 렉서스가 미국에서 강력하다는 사실을 아는 것은 유럽에서 도움이 되며, 그렇지 않았다면 유럽 고객들이 렉서스를 그저 그런 브랜드로 보았을 것이다. 글로벌 연상과 전략에 대해 13장에서 다시 설명한다.

현대화

대부분의 기존사업은 그대로 있을 것인지 아님 현대화할 것인지의 고민에 직면하고 있다. 오랜 전통이 있는 기업은 믿을만하고 안전하고 우호적이며 심지어는 혁신적이라는 신뢰감을 준다. 그러나 앞에서 지적한 것처럼 오랜 전통은 '당신의 아버지나 할아버지의 브랜드'로 지각되게 할 수 있다. 이들 기업이 당면한 도전과제는 시대의 흐름과 같이 하기 위해 지금 시장에서 일어나고 있는 에너지, 활기 등과 관련성을 갖는 것이다. 동시대성을 갖는 방법은 기능적 편익의 함정을 깨뜨리는 것이다. 에너지를 추가하는 접근법은 10장에서 살펴볼 것이다.

미국의 종이타월 브랜드인 바운티(Bounty)는 유통업체브랜드가 지배적인 영국시장에 진입하기 위한 수단으로 새로운 용도를 활용하였다. 바운티의 독특한 품질은 젖었을 때의 강도이다. 다른 종이타월과 다른 바운티의 잠재력을 강조하기 위해 "젖었을 때 사용해 보셨어요?"라는 헤드라인으로 시리즈 광고를 하였다. 이 광고로 사용량, 사용용도 및 빈도가 높아졌다.[3]

브랜드 개성

사람처럼 개성이 있는 브랜드를, 단지 속성을 합쳐놓은 브랜드보다 사람들은 더 잘 기억하고 선호한다. 브랜드나 기업이 갖는 개성의 예를 든다. 전문적이고 유능한(BBC와 EDF), 고소득층을 겨냥하고 세련된(프라다와 토즈), 확실하고 진짜인(파이낸셜 타임즈와 고어텍스), 재미있고 대담한(포르쉐와 디젤), 적극적이고 거친(팀버랜드와 폰쉐Ponsse) 등과 같이 브랜드도 사람처럼 다양한 개성을 가질 수 있다.

베스파(Vespa)는 이탈리아인의 냉정, 자유탐구, 젊음 등을 브랜드 개성으로 가진다. 베스파의 드라이빙 경험으로 사람들은 그들의 개성을 표현한다. 2000년 미국시장에 재런칭하기 전, 낡은 베스파를 수선하고 개조하는 24개의 점포가 있었을 뿐이다. 재런칭으로 매출을 늘리기 위해 베스파는 브랜드 개성에다 2가지 요소를 추가하였다. 첫째는 '베스파노믹스(Vespanomics)'이고 둘째는 '베스파웨이(Vespaway)'다. 전자는 공무원들이 스쿠터로 출근함으로써 환경보호의식을 갖게 하는 것이고 후자는 블로그로 소비자, 잠재소비자,

숭배자들과 직접 소통하는 것이다.[4)]

"라이언에어는 가장 저렴한 항공료를 의미한다"라는 단 하나의 메시지로 강력한 개성을 구축하고 있다. 라이언에어 대부분의 개성은 CEO인 마이클 오리어리(Micheal O' Leary)의 개성을 통해 창출되었다. 따라서 많은 유럽인들은 라이언에어를 매우 저렴한 비용으로 가족이나 친구를 방문할 수 있게 하는 브랜드로 알고 있다. 라이언에어에는 이보다 더 많은 것이 있다. 이전에는 갈 수 없었던 유럽 전역으로 운항을 넓혀 집에서 휴일을 즐길 수 있게 하는 따뜻한 브랜드이기도 하다. 라이언에어는 여행을 일상품으로 만들었다. 고객서비스 수준이 5성급 호텔에 미치지는 못하지만 최고 저렴한 요금이라는 약속을 철저히 지켜 사랑받는 브랜드가 되고 있다.

린스(Lynx)

'어떻게 2.19유로에 불과한 탈취제를 젊음의 아이콘이 되게 할 수 있을까요? 그런 다음 계속해서 아이콘으로 머물게 할 수 있을까요? 두 질문에 대한 답이 궁금하면 린스(Lynx)에게 물어 보세요.[5)] 유럽에서 엑스(Axe)로 판매되는 린스(Lynx)는 유럽의 남성용 탈취제시장의 1위를 달리고 있다. 린스는 레버(Lever)사의 남성 케어용품 브랜드로 50개국 이상에서 팔리고 있다. 린스(Lynx)의 성공은 표적시장인 젊은 남성들의 특별한 감성을 낚아채는 능력에 있다. 린스(Lynx)는 젊은 남성들이 여성들을 만날 때 향이란 기능적 편익보다, 좋은 향이 난다는 자신감에 더 많은 관심을 가진다는 것을 간파했다. 따라서 "린스를 사용하고 여친을 만드세요"란 메시지를 채택하였다.[6)] 이 메시지를 실행하기 위해 제품혁신을 하였고 광고를 통해 고객들이 이를 연상하도록 하였다. 린스의 제품혁신은 단순하다. 6개의 버전의 탈취제를 판매하는데, 전 해에 가장 약한 한 브랜드를 새로운 브랜드로 교체하는 것이 전부이다. 이처럼 새로운 버전을 도입하여 기존고객을 유지하고 새로운 고객을 끌어들였다.[7)]

한편 린스가 만든 광고는 과거 20년 동안의 광고 아이콘에 몇 개가 포함될 정도로 유명하다. 크리에이티브에서도 탁월했지만 전략적인 면은 아마 더할 것이다. 1985년 린스 도입당시 사회에 널리 퍼져 있는 남성다움을 광고테마로 하였다. 광고테마는 영웅이나 정복자로서 남성을 내세웠고 그 결과 린스는 대단한 성공을 거두었다. 광고의 영향으로 남성들은 영웅적인 방식으로 여친을 구했다. 그러나 1990년대 초 조사에서 린스가 생각하는 남성성은 시대에 뒤떨어지는 것으로 밝혀졌다.[8)] 린스와 광고 대행사는 변화된 남성다움을 모니터하고 업데이트하게 되었다. 린스는 1990년대 중후반 새로운 청년 문화와 1990년대 젊은 여성 문화와 함께하는 청년들의 출현, 그리고 유혹과 같은 보다 최근의 주제를 담은 광고를 하기에 이르렀다. 2006년 월드컵에서 영국 대 스웨덴 경기에 앞서 린스는 '10억(Billion)' 이라는 광고를 런칭하였다. 광고는 해변가에서 린스 두통을 자신의 몸에 뿌리고 있는 한 남자를 잡기 위해 달리고 수영하고 등반하고 있는 무수히 많은 젊은 여성들을 보여준다. 마지막 마무리 헤드라인은 '더 많이 뿌리고 더 많이 잡아라' 인데, 이는 '린스를 이용하여 여친을 잡아라' 라는 처음의 광고카피와 연결된다. 광고는 린스 웹사이트를 비롯한 여러 다른 웹사이트로 방영하였고 2006년 여름 동안 진기한 광고가 되었다.

이러한 노력의 결과로 50%의 가격프리미엄을 누리게 되었다. 가격프리미엄 덕분에 매출량이 3배 이상 증가한 것과 마찬가지다. 만약 유통업체 브랜드의 가격으로 환산하면 4.7배를 더 판 것으로 볼 수 있다.[9] 젊은 표적시장은 특히 변화가 심하기 때문에 매 5년 정도마다 시장이 재편된다. 린스는 15～19세 시장에서 1990년 32.7%, 1996년 72.1%, 2001년에는 81.5%로 급증하는 놀라운 성과를 보이고 있다.[10]

린스 사례는 브랜드를 구축하고 유지하며 브랜드자산을 창출하는 것이 주주에게 이득이 된다는 것을 보여주고 있다. 브랜드 이미지의 개발은 생기 없는 제품에 생명을 불어넣는 것으로 소비자의 시각에서 브랜드에 개성을 부여하는 것이다. 브랜드자산은 브랜드와 소비자 사이에 보이지 않는 매력적인 관계를 만든다. 또한 브랜드자산은 사회적 시그널로서 브랜드와 사용자의 자아이미지를 일치시켜 선택에 영향을 미친다. 브랜드가 소비자의 일부인 것처럼 소비자도 브랜드의 일부이다.[11] 린스의 사례는 브랜드가 소비자의 삶에 어떻게 영향을 미치는지를 보여주고 있어 경쟁우위 창출에서 정말로 가치 있는 수단임을 입증하고 있다.

9.4 ::: 브랜드 정체성

브랜드를 창출하고 관리하는 데는 브랜드 전략이 필요한데, 그 핵심에는 브랜드 정체성(brand identity)이 있다. 브랜드 정체성은 브랜드에 방향과 목적 그리고 의미를 제공한다. **브랜드 정체성**은 기업이 창출하거나 유지하고 싶어 하는 브랜드 연상이다. 이들 연상은 브랜드가 나타내기를 원하는 것이 무엇인지를 보여주고 브랜드의 고객에 대한 약속을 내포한다. 브랜드 정체성은 현재 이미지를 포함하는 경우도 있고 희망하는 이미지를 담아 낼 수도 있기 때문에 브랜드 이미지와는 다르다.

브랜드 정체성은 다음과 같은 세 단계로 설명할 수 있다. 이들 단계는 포괄적인 전략적 분석을 전제로 하는데, 특히 고객, 경쟁사 및 내부 분석이 중요하다.

1. **브랜드가 나타내고자 하는 것은?** 첫 번째 단계는 브랜드가 원하는 6~12개 정도 나름의 연상을 창출하는 것이다. 고객, 경쟁자, 앞으로 전개되는 사업전략을 고려하여 희망하는 연상을 적어 나가는 것으로 시작한다. [그림 9.4]는 아약스(Ajax)라는 산업재 서비스 회사의 26개 연상목록이다. 실제로 해보면 목록은 50~100개가 넘어갈 정도로 다양하다. 브랜드 연상을 창출하는 동안 기존의 조직무형자산과 브랜드 개성을 많이 고려하지 않아도 되고 연상의 카테고리를 줄이려 해서도 안 된다.

   다음 단계로 창출된 연상들을 그룹화하고 각 그룹에 라벨을 붙인다. 아약스(Ajax)의 사례에서는 연상을 6개로 범주화하였고 이들 각각을 나름대로 운영하는 것으로 하였다. 그러나 고객은 많은 능력을 가진 단일 솔루션 기업을 선호한다. 따라서 아약스는 넓은 고객 솔루션을 서비스하고 운영단위는 단일로 하는 새로운 전략을 개발하였다. 이러한 전략은 문화와 운영에서 중요한 변화를 가져올 것이고 브랜드 정체성도 새롭게 정하게 한다. 브랜드 정체성의 측면에서 '고객과의 파트너', '고객화된 솔루션', '협력적인', '고객과 밀착' 등을 군집화하여 팀 솔루션이라는 이름을 붙였으며 이것은 8가지 브랜드 정체성 요소 중 하나가 되었다. 새로운 전략의 얼굴이 바로 브랜드 정체성이다.

그림 9.4 Ajax의 열망적인 연상의 부분적인 목록

가치창출	고객에의 밀접성
유연성	팀지향성
자원의 풍부성	고객과의 파트너
역동성	협력자
광범위한 수용능력	개방된 소통
우수성에의 집중	다문화
최고의 품종	위험공유 파트너
월드 클래스	다각적인 노동력
수행된 직무 획득	기술과업
경험된	글로벌
자신감	거만하지 않고 대담한
유능한	세계 건강
솔직한 고객의 깊은 이해	

---

2. **핵심 정체성** 두 번째 단계는 브랜드 정체성 요소의 우선순위를 정하는 것이다. 가장 중요하고 가장 영향력 있는 정체성은 핵심 정체성으로 분류된다. 핵심요소는 브랜드 구축프로그램에서 가장 중요한 제1의 동인이다. 이는 사업성공에 가장 중요하기 때문에 투자는 여기에 집중된다. 핵심요소를 다양하게 구체화하여 균형을 맞추는 브랜드 정체성을 **확장된 정체성(extended identity)**이라고 한다. 이는 브랜드 정체성에 부합하는 활동과 프로그램에 대한 결정에 도움이 되며 자원이 많이 들지 않는 사소한 프로그램을 이끌어 내는데 도움이 된다. 핵심 및 확장 정체성을 창출할 때 도움이 되는 4가지 기준이다.

- **표적시장과 공명하라.** 궁극적으로 시장이 성공을 규정하기 때문에 정체성은 고객과 공명해야 한다. 단순하게 구매 결정을 이끌어 내는 것이 무엇인지보다는 오랜 시간에 걸쳐 브랜드와 고객이 어떻게 관련되는지를 생각하면 공명을 찾아 낼 수 있다. 이 경우 기능적 편익에 덧붙여 감성적, 자기표현적 편익도 고려해야 한다.
- **경쟁자와 차별화하라.** 차별화는 종종 승리의 열쇠이다. 브랜드 정체성에 차별점을 부여하여 우리 브랜드가 다른 브랜드와 어떻게 다른지에 대한 질문에 정체성이 답하도록 해야 한다.
- **고객에게 어필하는 유사점을 제공하라.** 모든 차원에서 다르거나 더 나을 필요는 없다. 유사한 수준으로 맞추어 브랜드를 구매하지 않는 이유가 되지 않도록 해야 한다. 예를 들어, 현대자동차는 품질에서 도요타와 동일해질 필요가 없다. 단지 품질이미지가 구매를 방해하지 않을 정도로 근접하면 된다.
- **전략과 문화를 반영하라.** 브랜드는 사업전략을 가능하게 하고 지지할 필요가 있다. 특히 전략이 바뀔 때 브랜드 정체성은 새로운 전략을 반영할 필요가 있다. 브랜드 정체성은 또한 조직문화와 가치를 지지하고 반영해야 한다. 브랜드 정체성으로 약속을 제공하는 주체는 기업이기 때문이다.

3. **브랜드 에센스** 핵심 정체성이 브랜드 비전을 요약하고는 있지만, 브랜드 에센스로 핵심에 더 접근하는 것이 유용할 수 있다. 브랜드 에센스

란 브랜드의 심장으로 비유할 수 있는데, 이는 내부적으로 브랜드를 소통하는데 특히 유용하다. 브랜드 정체성을 외부에 소통하기 위해 만든 태그라인이 브랜드 에센스인 경우도 있지만 아닌 경우도 있다. [그림 9.5]는 브랜드 에센스를 포함한 아약스의 브랜드 정체성을 보여준다.

브랜드 에센스는 조직의 내부 시각에서 브랜드 정체성을 파악하는 것이기 때문에 여러 가지 영감을 줄 수 있다. 영국 모바일 폰 브랜드인 오렌지(Orange)의 브랜드 에센스가 'I am' 이다. 이는 소비자와 휴대폰 간의 관계의 현재성을 표현하고 있는데, 브랜드 경험창조에 소비자의 동참(cocreating)과 소비자가 브랜드를 사용할 때의 느낌(feel)을 강조한 표현이다.

네스카페는 브랜드 에센스를 'coffee at its brightest' 로 표현하고 있는데, 가장 밝다, 근사하다 등의 의미인 brightest가 갖는 함축적 의미는 두 가지이다. 카페에서 커피와의 관계를 키워 온 젊은이들을 표적으로 하겠다는 것과 커피품질을 타협하지 않고 지켜 나가겠다는 것이다.

브랜드 에센스를 정할 때 에센스의 선택은 두 가지 관점으로 접근할 수 있는데, 브랜드 관점과 고객관점이다. 전자는 영국 통신회사인 O2의 "우리는 더 잘 연결됩니다" 혹은 아우디의 'Vorsprung durch Technik(기술을 통한 우

그림 9.5 아약스 브랜드 정체성

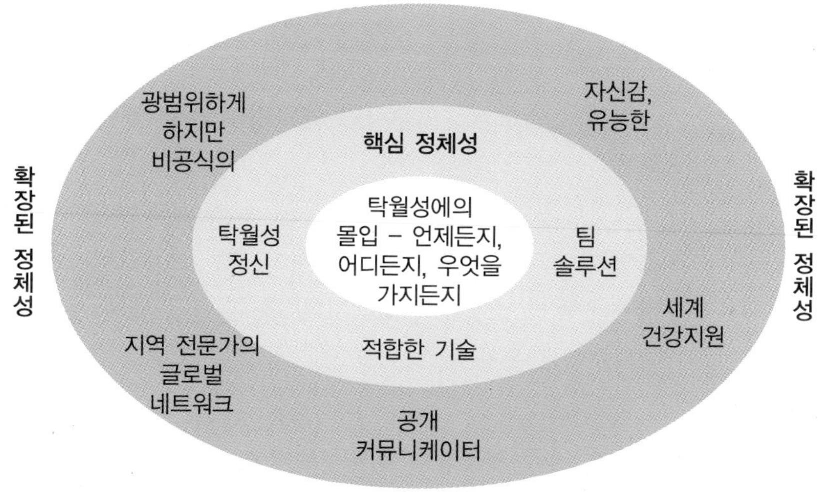

위)' 와 같이 기능적 편익과의 관련을 강조하는데 반해, 후자는 로레알의 '당신은 이것을 쓸 가치가 있기 때문입니다' 혹은 BMW의 '최고의 드라이빙 머신' 과 같이 감성적 편익과 자기표현적 편익을 강조한다.

증거점과 전략적 조치

브랜드 정체성은 단순히 고객에게 매력적인 무언가를 표현한 것이어서는 안 된다. 실질적으로 브랜드 정체성을 실현하기 위해 노력하고 있다는 증거점(proof points)이 필요하다. 약속을 지킬 수 있는 투자, 전략적 조치, 제품과 프로그램 등이 증거점이다. 심지어 정체성 요소가 다양한 경우에는 각 정체성 요소마다 각각의 증거점이 필요하다.

빌라봉(Billabong)은 스포츠 열광자들을 위한 의류와 액세서리를 만드는 활기넘치는 호주의 브랜드다. 증거점은 호주의 야외 활동 전통, 보딩 전문 플래그십 점포, 카테고리에 적합한 브랜드의 지속적인 인수, 서퍼(surfer), 스케이트보더, 기타 보더 등과의 연상이다. 싱가포르 항공은 고객서비스란 브랜드 에센스를 갖는데 증거점은 다음과 같다.

- 경영자들이 전략적 의사결정을 할 때는 반드시 해당 전략이 고객서비스에 미치는 영향을 따진다.
- 고객서비스에서 갖는 역사적인 명성
- 비즈니스 클래스의 침대, 기내 엔터테인먼트 등과 같이 서비스 향상을 위한 혁신
- 세계에서 가장 큰 여객기인 에어버스 A380-800 등과 같은 최신 기종 확보
- 고객경험을 제일 중요시하는 직원 보상프로그램
- 스탭의 질과 좋은 스탭을 고용하기 위한 프로그램
- 광고나 여타 소통에서 고객서비스를 일관성 있게 강조하고, 가끔 스탭을 광고모델로 등장시킨다.

브랜드가 지금 제공하는 것과(설혹 증거점이 있더라도) 브랜드 정체성이 암시하는 약속 간에 갭이 있는 경우 이를 메우는 전략적 강령(strategic imperatives)이 요구된다. 전략적 강령은 다양한 의미로 사용되지만 여기서는 고객에 대한 약속을 제공하기 위해 필요한 자산이나 프로그램에 대한 투자를 말한다. 브랜드 정체성이 함축하는 조직의 자산과 역량은 무엇인가? 고객 약속을 제공하기 위해 필요한 투자는 무엇인가?라는 질문을 하면 전략적 강령을 파악할 수 있다.

만약 은행이 고객과의 관계를 열망한다면 두 가지 전략적 강령이 있을 수 있다. 첫째, 고객 데이터베이스를 마련하여 모든 접점직원이 고객계정에 접근할 수 있게 하는 것이 필요하다. 둘째, 접점직원의 대면접촉기술을 향상하기 위한 훈련 및 성과측정 프로그램이 필요하다.

브랜드 정체성의 역할

브랜드 정체성을 정교하게 정하면 전략수립과정에 도움이 되는데, 전략의 방향을 명쾌하게 하고 원칙 있는 의사결정을 할 수 있게 한다. 이러한 중요한 역할을 구체적으로 살펴보기로 한다.

첫 번째 역할은 운영에서부터 생산, R&D 프로젝트 선별에 이르기까지 조직 전반에 걸쳐 전략적 방향을 이끌어내고 또 지침이 된다. 예를 들어, 우리가 e-비즈니스 기업이 되고 싶다면 고객이 우리에게 기대하는 수단과 프로그램은 무엇일까?라는 질문에서 정체성이 전략적 방향의 지침이 될 수 있음을 짐작할 수 있다. 정체성을 향상시키지 않는 전략적 방향과 프로그램은 제거되어야 한다.

두 번째 역할은 커뮤니케이션프로그램을 이끌어 내는 것이다. 진실로 제품을 차별화하고 고객과 공명하는 브랜드 정체성은 외부소통에 활기를 불어넣고 효과를 높이며 장기적으로 일관성을 유지하도록 한다.

세 번째 역할은 종업원과 비즈니스파트너가 조직의 가치와 문화를 공유하는데 도움을 준다. 이러한 내부소통은 고객에 대한 외부소통만큼이나 성공에 중요하다. 린 업쇼(Lynn Upshaw)는 종업원과 비즈니스 파트너들에게 다음과 같은 두 질문을 하였다.

- 우리 사업의 정체성을 아는가?
- 신경을 쓰는가?

이들 질문에 대한 답이 '예'가 아니면, 즉 종업원과 사업 파트너들이 정체성을 이해하지 못하고 신경을 쓰지 않는다면, 전략은 제대로 힘을 발휘하지 못할 것이다. 너무나 많은 비즈니스가 정체성이 없이 표류하고 있다. 브랜드 혼과 정체성이 없으면 판촉에 의존하여 세일만 외칠 것이고 아무 유통경로로나 확장할 것이다.

다수의 브랜드 정체성

하나의 브랜드 정체성이 모든 제품이나 세분시장에 적용될 것이라는 독단은 자멸로 가는 길이다. 오히려, 각 상황에 적합한 것을 고려해야 할 것이다. 하나의 방법은 브랜드 정체성을 특정 상황에 적합하도록 확장하는 것이다. 가령, 혼다는 품질초점과 자동차 전문회사라는 정체성은 공유하면서 시장마다 다르게 정체성을 정하고 있다. 미국에서는 가족지향적으로, 유럽에서는 프리미엄 대중시장 자동차로, 일본에서 젊음과 레이싱으로 연상되고 있다. 또 다른 방법은 브랜드 정체성 요소 중 하나를 상황에 맞게 정의하는 것이다. 품질수준은 두 회사 모두 중요하지만 삼성전자의 품질수준과 삼성중공업의 품질수준은 다르게 정의할 수 있다.

브랜드 포지션

브랜드 포지션(brand position)은 정체성의 일부를 표적고객에게 소통하는 버전으로 바꾼 것이다. 브랜드 정체성이 아닌 브랜드 포지션으로 버전을 바꾸면 오히려 브랜드 정체성이 더 풍요롭고 다양하게 그려질 수 있다. 브랜드 정체성은 소통에 적합하도록 간결하지가 않기 때문이다.

원래 브랜드 포지션은 브랜드 정체성보다 더 역동적인데, 시장상황에 따라 소통목표의 충족 여부에 따라 새로운 포지션이 필요할 수 있기 때문이다. 브랜드 정체성을 성취하는 데는 수 년에 걸쳐 4개 내지 5개의 브랜드 포지션이 필요할 수도 있다.

전략가들이 당면하는 기본적인 선택 중 하나는 어떤 포지션을 열망하는 포지션으로 정할 것인가이다. 아약스의 경우 에너지와 최고의 품질이란 전설을 정체성으로 가지고 있는데, 이를 어떤 기능적인 요소와 감성적 요소로 풀어 내느냐 하는 것이 브랜드 포지션을 정하는 것이다. 브랜드 포지션은 브랜드에 신뢰를 주고 더 실행하기 쉽게 하지만 새로운 전략을 지원하기는 어렵다. 또한 브랜드 포지션은 구성원이 건방지고 각자의 사일로에 들어 앉아 있는 경우 협력과 팀 솔루션을 끌어 내는 것도 어렵다.

브랜드 포지션 선택은 두 가지 질문으로 할 수 있다. 기업은 새로운 약속을 전달할 프로그램을 가지고 있는가? 시장은 변화한 기업을 수용할 준비가 되어 있는가? 두 질문 모두의 답이 '아니오'라면 바라는 새로운 포지션을 늦추는 것이 좋을 것이다.

또 다른 포지션 선택의 방법은 어떤 차별점 혹은 유사점을 강조할 것인가이다. 답은 표적 시장에 미칠 영향력에 달려 있다. 만약 브랜드가 알디(Aldi)의 가치나 볼보의 안전과 같이 차별점이 잘 정립되어 있다면, 알디에게는 품질이 볼보에게는 스타일이 유사점으로서 의미가 있을 것이다. 따라서 품질과 스타일을 포지션으로 선택할 수 있을 것이다.

주요 학습내용

1. 브랜드자산은 브랜드 인지도, 브랜드 충성도, 브랜드 연상으로 구성된다.
2. 인지도는 친숙성, 신뢰성 및 적합성을 높이기 때문에, 사람들은 맨 먼저 떠오르는 브랜드를 더 많이 고려하게 된다.
3. 핵심고객의 충성도는 마케팅 비용을 줄이고 경쟁자에게 장벽을 제공하며 긍정적인 이미지를 지원하고 경쟁자의 움직임에 반응할 시간을 제공한다.
4. 브랜드 연상은 속성과 편익연상을 비롯하여 브랜드 개성, 기업 무형자산, 제품 카테고리 연상 등도 포함한다.
5. 브랜드 정체성은 브랜드가 연상되기를 열망하는 연상이다. 이들 중 가장 중요한 핵심정체성은 증거점과 전략적 강령으로 구체화되어야 하며, 핵심정체성은 신제품 개발을 포함한 전략적 프로그램을 이끌어 내기도 한다.
6. 정체성이 브랜드가 장기적으로 열망하는 연상이고 다차원적인 반면, 브랜드 포지션은 단기적인 소통이 목표이며 보다 집중적이다.

토의사항

1. 브랜드자산 세 차원 각각이 어떻게 기업에 가치를 제공하는지 설명하라. 또한 이들 차원이 어떻게 고객에게 가치를 제공하는지도 설명하라.
2. 정체성과 포지션은 어떤 차이가 있는가? 아약스(Ajax)의 대안적 포지셔닝 기술서를 개발하라. 아약스를 위한 슬로건을 만들고 그렇게 만든 이유도 설명하라.
3. 린스(Lynx)의 브랜드 정체성을 창출하라. 브랜드 개성과 일치하지 않는 잠재적인 차원이 있는가? 만약 그렇다면 어떻게 처리할 것인가? 정체성에 어떻게 생명을 불어 넣을 것인가? 증거점은 무엇인가? 보다 많은 브랜드들이 린스의 브랜드 구축프로그램을 모방하지 않는 이유가 무엇인가?
4. 특정 산업에서 3개의 브랜드를 선택하라. 이들은 어떻게 포지션되어 있는가? 당신의 관점에서 가장 최고는 어느 것인가? 그 브랜드의 포지션이 감성적 혹은 자기 표현적 편익을 제공하는가? 각 브랜드의 포지셔닝전략을 어떻게 평가하는가? 각 브랜드의 증거점과 전략적 강령을 가상적으로 만들어 보라.
5. 당신이 컨셉호텔 설계를 요청받았다고 상상하라. 잡지나 영화가 유발한 테마를 생각하고 각 테마로 호텔을 어떻게 설계할 것인지를 토의하라. 각각의 테마를 반영하는 단어 5개를 선택하라.

참고문헌

1. David A. Aake, *Managing Brand Equity*, New York, NY, Free Press, 1991, p. 57.
2. Leo Bogart and Charles Lehman, "What Makes a Brand Name Familiar?." *Journal of Marketing Research*, February 1973, pp.17-22.
3. Sam Dias and Fiona Keyte, "How Advertising Caused a Seismic Change in the UK' s Use of Paper Towels," IPA Effectiveness Awards, 2004. (www.WARC.com) ⓒ 2006 Copyright and database rights owned by WARC.
4. www.Vespa.com
5. Michael Kelly and Matthew Gladstone, "Lever Faberge – Lynx," *Advertising Effectiveness Awards*, 2002. (www.WARC.com) ⓒ 2006 Copyright and

database rights owned by WARC.

6. Michael Kelly and Matthew Gladstone, "Lever Faberge – Lynx," *Advertising Effectiveness Awards*, 2002. (www.WARC.com) ⓒ 2006 Copyright and database rights owned by WARC.
7. Michael Kelly and Matthew Gladstone, "Lever Faberge – Lynx," *Advertising Effectiveness Awards*, 2002. (www.WARC.com) ⓒ 2006 Copyright and database rights owned by WARC.
8. Michael Kelly and Matthew Gladstone, "Lever Faberge – Lynx," *Advertising Effectiveness Awards*, 2002. (www.WARC.com) ⓒ 2006 Copyright and database rights owned by WARC.
9. Michael Kelly and Matthew Gladstone, "Lever Faberge – Lynx," *Advertising Effectiveness Awards*, 2002. (www.WARC.com) ⓒ 2006 Copyright and database rights owned by WARC.
10. Michael Kelly and Matthew Gladstone, "Lever Faberge – Lynx," *Advertising Effectiveness Awards*, 2002. (www.WARC.com) ⓒ 2006 Copyright and database rights owned by WARC.
11. Michael Kelly and Matthew Gladstone, "Lever Faberge – Lynx," *Advertising Effectiveness Awards*, 2002. (www.WARC.com) ⓒ 2006 Copyright and database rights owned by WARC.

CHAPTER 10

사업 활성화

확장은 우리의 의무이다. 이에 동참하지 않는 사람들은 불행하게 될 것이다. 해야만 하고 할 수 있고 또 함께 할 것이다. 찬란한 미래여!

– IKEA 설립자 잉바 캄프라드(Ingvar Kamprad)

많은 실패는 포기하기 전에 성공이 얼마나 가까이에 있는지를 알지 못하는 사람의 몫이다.

– 토마스 에디슨(Thomas Edison)

바람이 불지 않는 곳에서는 노를 저어라.

– 포르투칼 속담

사업에서 성장은 매우 중요한데 재무적인 이유 때문만은 아니다. 성장은 도전과 보상을 줌으로써 조직에 활기를 불어넣는다. 또한 성장할 수 없는 조직은 생존가능하지도 않다. 원가절감과 다운사이징으로 재무성과를 향상시키는 것은 종업원과 파트너의 사기를 저하시킬 뿐만 아니라 성장기회를 창출하고 지원하는데 필요한 근육을 잘라버리는 것이나 마찬가지다.

[그림 10.1]에서 보는 것처럼 4가지 성장방법이 있다. 11장에서 다룰 첫 번째 방법은 현사업을 지렛대로 활용하는 사업레버리징이다. 이것은 새로운 시장으로 기존의 제품을 가져가는 것이거나 기존의 고객기반에 새로운 제품이나 서비스를 제공하는 것을 말한다. 12장에서 소개하는 두 번째 방법은 시장에서의 갭을 발견하여 와해적 혁신으로 새로운 사업을 발굴하는 신사업창출이다. 13장에서 다루는 세 번째 방법은 보다 넓은 시장을 창출하기 위해 사업을 새로운 국가로 확장하거나 글로벌 시장에서 지속적인 경쟁우위를 가져올 새로운 자산과 역량을 창출하는 글로벌화이다.

이 장의 주제인 네 번째 방법은 운영경험, 자산, 역량, 고객기반을 가지고 있어 매력적인 기존사업을 활성화하는 사업 활성화(energizing the business)이다. 다른 방법이 위험을 가지고 있고 기존전략과 문화를 희석할 수 있는 염려가 있어 사업 활성화는 상대적으로 유리한 장점을 지니고 있다. 다음과 같은 세 가지 전략으로 기존사업을 활성화할 수 있다.

- 제공물을 개선하는 혁신
- 브랜드와 마케팅의 활성화

그림 10.1 성장전략

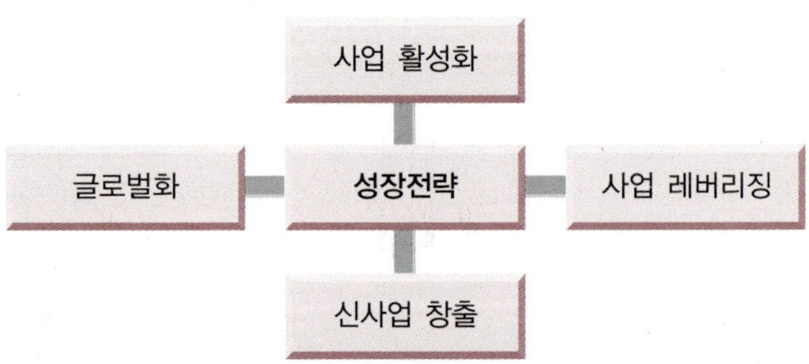

• 기존고객의 사용 증대

10.1 ::: 제공물 혁신

이는 혁신으로 제공물을 개선하는 것을 말한다. 혁신은 점진적(incremental), 중간적(substantial), 변혁적(transformational) 혁신으로 나눌 수 있는데, 정도에 관계없이 모든 혁신은 사업에 활력을 불어넣는다.

혁신의 첫 번째 방법은 고객경험 향상이다. O2가 만든 런던의 경험공간인 O2 무대에서는 'O2 천사'가 고객을 맞이하고 질문에 응대하며 방문 동안 발생하는 문제를 해결해 준다. 기존의 경험공간은 매우 넓어 개별적인 접근이 어려운 장소였다. 이 점에 착안하여 모든 접점을 고객에 미치는 영향력으로 분석하여 '천사' 서비스를 도입함으로써 문제점을 탁월점으로 바꾼 것이다. 이처럼 고객의 기대를 넘어서는 경험을 제공하는 것이 사업을 활성화하는 힘이 될 수 있다.

두 번째 방법은 제공물 향상이다. 테스코는 식품판매라는 기본 비즈니스모델에다 금융서비스, 통신서비스, 주유서비스 등 다양한 서비스를 추가하여 성장을 도모하고 있다. 이러한 제공물 향상은 기존사업에 활기를 불어넣고 고객의 믿음을 높인다. 제공물 향상을 잘 하려면 새로운 가치제안이 고객에게 적합성이 있는지를 잘 판단해야 한다.

세 번째 방법은 계열연장으로, 새로운 버전을 추가하는 것을 말한다. 제품은 그대로 이지만 새로운 향을 추가하거나 다른 크기의 패키지를 출시하면 기존시장에 활력이 되고 고객의 관심을 끌 수 있으며 세분시장을 창출할 수도 있다. 기존 제공물로 만족하는 세분시장이 있고 새로운 버전을 요구하는 세분시장도 있을 수 있기 때문이다. 새 버전을 추가하려면 트렌드를 잘 파악해야 한다. 하지만 계열연장에는 위험도 따른다. 새 버전의 추가로 원가가 높아질 수 있고 복잡성이 높아져 고객이 싫어할 수도 있기 때문이다. 따라서 콜게이트(Colgate)가 이러한 복잡성을 줄여 주는 토털(Total)을 출시하여 크게 히트한 사례를 염두에 둘 필요가 있다.

어떤 방법으로 혁신을 하든 중요한 것은 끊임없는 혁신으로 경쟁우위를 확보하는 것이다. 단발적으로 혁신해 보아야 이렇게 혼잡한 시장에서 리더자리를 차지할 수도 없고 쉽게 모방되어 의미가 없기 때문이다. 어떻게 하면 지속적으로 혁신을 할 수 있을까? 근본적인 답은 지속적 혁신을 가능하게 하는 조직문화이다. 비즈니스 위크, 애플, 구글, 도요타, 마이크로소프트, 닌텐도, IBM, HP, 리서치인 모션(Research in Motion), 노키아, 월마트, 아마존, P&G, 타타(Tata), 소니, 리라이언스 인더스트리(Reliance Industry) 등의 사례가 조직문화의 중요성을 잘 말해 주고 있다.[1] 이들 기업들은 혁신능력을 향상하기 위해 외부의 다른 기업들 심지어 다른 나라 기업들과도 손을 잡는다. 보다폰은 누구든 이동전화 앱을 올릴 수 있고 또 이를 검증할 수 있게 하는 새로운 웹 포털인 베타바인(betavine)을 개발하였다. 앱 개발자는 이를 이용하여 판매가능성을 타진하는 동안 보다폰은 새로운 아이디어를 알 수 있게 되고 이것이 발전하는 것을 보면서 미래의 협력자들을 발굴할 수 있다.[2]

조직문화뿐만 아니라 혁신한 제공물을 브랜드화(branding)하는 것도 지속적 혁신을 하는데 중요하다. 혁신을 브랜드화하는 것은 소통을 돕고 신뢰를 추가하지만 무엇보다도 차별점이 될 수 있기 때문에 중요하다. 차별점의 브랜드화(branded differentiators)라는 개념으로 혁신의 브랜드화를 소개한다.[3]

차별점의 브랜드화

차별점의 브랜드화란 차별점을 브랜드화하여 지속적 경쟁우위로 삼는 것을 말하는데, 특징, 요소(ingredient), 기술, 서비스, 프로그램 등으로 나누어 예를 든다.

웨스틴 호텔(Westin Hotel)체인이 1999년 시행한 헤븐리 베드(Heavenly Bed) 프로그램이 좋은 예다. 시몬스(Simmons)가 맞춤 설계한 900개 코일로 된 매트리스, 기후에 맞게 수정한 아늑한 털 담요, 갓 지은 것 같은 오리털 이불, 고품질 담요, 거위털로 만든 5개의 베게 등이 이 프로그램을 구성하는 요소이다.

차별점의 브랜드화는 차별점에 이름만 붙인다고 되는 것이 아니다. 의미성(meaningful)과 영향력(impactful)이란 두 조건을 갖춘 차별점이라야 한다. 의미성이란 고객에게 중요해야 한다는 것이고 영향력이란 차이가 커야 한다는 것이다. 헤븐리 베드(Heavenly Bed)는 호텔의 핵심편익인 편안한 잠자리

(의미성)를 기존 호텔과는 확연히 차이나게(영향력) 충족시켜 성공한 것이다. 또한 성과도 좋아 첫해에 고객만족은 5%가 증가하였고 투숙률도 그만큼 높아졌다.

또한 브랜드화가 유지되려면 늘 적극적으로 관리하고 브랜드 구축노력을 게을리 해서는 안 된다. 헤븐리 베드의 브랜드 구축노력을 소개한다. 웨스틴은 헤븐리 베드를 판매하기 시작하였는데, 2004년에 무려 3,500개의 침대가 팔렸다. 호텔 침대가 3,500개 팔린 것을 상상해 보라, 그러면 버즈마케팅의 효과를 짐작할 수 있을 것이다. 침대뿐만 아니라 두 개의 샤워기와 비누, 타월을 패키지로 한 헤븐리 베스(Heavenly Bath)도 팔았다. 또한 헤븐리란 브랜드를 단 다양한 제품을 온라인에서 판매하고 있다.

헤븐리 베드는 웨스틴이 직접 개발하고 소유하였지만, 직접 한다는 것이 자원이나 이미지상의 어려움 때문에 쉽지 않은 경우도 있다. 그 대안으로 유명한 브랜드와 제휴하는 방안이 있다. 예를 들어, 포드 익스플로러는 에디 바우어(Eddie Bauer) 에디션으로 20년 동안 미국에서 백만 대 이상을 팔았다. 이는 처음부터 성공을 예약하였는데, 이유는 프리미엄 고품질 아웃도어 패션인 에디 바우어가 스타일, 편안함, 아웃도어 등을 연상시키기 때문이다. 포드 익스플로러를 기존의 브랜드인 리더라이드(LeatherRide)로 팔았다면 결코 거두기 어려운 성과다. 이처럼 시간과 자원이 충분하더라도 자기표현적 편익과 같은 이미지상의 어려움이 있다면 제휴를 통해서 보다 쉽게 극복할 수 있을 것이다.

제품특징을 증폭하여 차별점을 더 효과적이게 할 수 있다. 고객에게 의미 있고 선택과 충성도에 영향을 미치는 특징으로 증폭하면 좋다. 아우디의 콰트로(Quattro)라는 특징은 1970년대 후반 경주용 자동차에서 처음 사용한 4륜 구동 기술이지만 이를 승용차에 도입한 것이다. 이 기술이 파워풀한 운전에 대한 수요를 충족시킬 수 있었고, 비교적 오랫동안 아우디의 차별점이 되었다.

[그림 10.2]에서 보는 바와 같이 제공물에 영향을 미치는 특징, 요소나 기술, 서비스, 프로그램 등이 브랜드화하는 차별점의 예다. 특징을 브랜드화한 예인 BMW의 아이드라이브(iDrive)는 우수한 성능을 보여주기 위해 그래픽을 이용한다. 또한 모든 것을 하나의 통제시스템으로 운전하는 것을 보여주기 위해 둥근 손잡이 형태의 제어장치(single knob controller)를 중앙에 위치

그림 10.2 차별점의 브랜드화

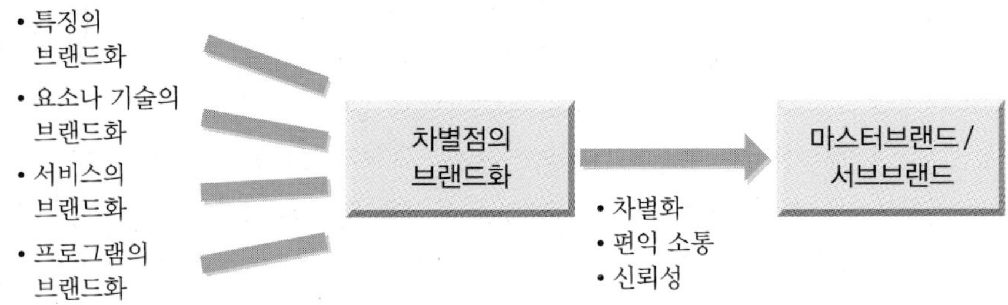

시키고 있다.

인텔 인사이드, 고어텍스, 아디프레네(adiPRENE)와 같이 요소나 기술의 브랜드화는 고객이 이해하지 못한다 할지라도 신뢰를 높이는데 공헌한다. 서비스 브랜드화의 예로는 운전자가 필요로 하는 순간 정보를 제공하는 BMW의 커넥티드 드라이브(Connected Drive)이다. 또한 할리데이비슨의 라이드 플래너(Ride Planner)와 같은 프로그램 브랜드화도 고객관계를 더욱 깊게 한다.

가치 있는 특징, 요소나 기술, 서비스, 프로그램 등은 브랜드화를 하든 안 하든 차별점이 될 수 있을 텐데, 왜 브랜드화를 해야 하는가? 한 가지 이유는 브랜드가 차별점 주장에 신뢰성과 합법성을 제공할 수 있기 때문이다. 브랜드화는 차별점이 의미가 있고 영향력도 크다는 것을 보여주기 때문이다. 신뢰를 추가하는 브랜드의 능력은 브랜드화된 속성에 대한 연구에서 입증되고 있다. 카펜터, 글레이저, 나카모토(Carpenter, Glazer and Nakamoto)는 브랜드화된 속성이 있는 경우, 프리미엄 가격을 책정하더라도 더 선호하는 것을 실험을 통해 입증하고 있다. 이들은 다운 자켓의 다운에 '알파인 클래스(Alpine Class),' 파스타에 '진정한 밀라노(Authentic Milanese),' CD플레이어에 '스튜디오에서 제작한(Studio Designed)'과 같이 속성을 브랜드화하여 가격을 책정한 결과 그렇지 않은 경우에 비해 더 선호되는 되는 것을 발견하였다.[4]

두 번째 이유는 브랜드네임이 소통을 더 쉽도록 한다는 것이다. 오랄 B의 액션 컵(Action Cup)과 같이 특징의 브랜드화는 세부특징을 구체적으로 나타내고 있어 기억하고 이해하기 쉽도록 해준다. 특징과 달리 서비스나 프로그램을 소통하는 것은 더 어려운데, 아이튠즈 DJ는 어려움을 없앤 서비스 브랜드화의 좋은 예다. 음악을 들으려 하지만 광범위한 콜렉션에서 무엇을 들을지 확신이 서지 않은 사람들에게 이 서비스는 매우 환영받는다. 아이튠즈 DJ는 이 서비스가 무엇을 하는지 뿐만 아니라 브랜드의 에너지와 개성, 즉 이 서비스가 무엇인지도 소통한다. 일반적으로 서비스의 브랜드화는 서비스가 다차원적이며 복잡하여 고객이 외면하는 경우에 효과적이다.

마지막으로 차별점의 브랜드도 브랜드자산으로 지속적 경쟁우위를 창출한다. 경쟁자는 특징이나 요소, 기술, 서비스, 프로그램을 복제할 수 있지만, 이것이 브랜드화되어 있다면 브랜드를 극복해야 하기 때문이다. 다른 호텔들도 훌륭한 침대를 만들어 브랜드화할 수는 있지만 단하나의 호텔만이 '헤븐리 베드'를 가질 것이고 신뢰성을 가질 것이다. 단, 하나의 음악 서비스만이 아이튠즈 DJ이다. 브랜드화하면 혁신하기가 더 쉬워 모방이 더 어렵고 진부화의 염려도 그만큼 줄어든다.

아마존은 고객의 구매이력에 근거하여 책을 추천하는 새로운 특징을 개발했으나 브랜드화하지 않아 초래된 비극을 아는가? 결과적으로 이 특징은 전자상거래 사이트라면 어느 사이트나 해주는 상용화된 특징이 되어 버렸다. 만약 아마존이 이를 브랜드화하여 특징을 개선하고 적극적으로 관리하였다면 오늘날 지속적인 경쟁우위가 되었을 것이다. 그들은 황금같은 기회를 놓친 것이다. 하지만 아마존은 자신의 서비스 핵심을 원클릭(One-Click)으로 브랜드화하여 같은 실수를 되풀이 하지는 않았다.

10.2 ::: 브랜드와 마케팅 활성화

사업을 활성화하는 최고의 방법은 혁신을 통해 제공물을 개선하는 것이다. 그러나 그 방법이 항상 열려 있는 것은 아니다. 많은 경우 건전한 노력, 예산, 파트너가 있더라도 혁신이 어려울 수 있다. 진정으로 차이를 만들고 현재의 시장포지션을 넘어서는 혁신은 더욱 어렵다. 게다가 핫도그나 보험처럼 일부 카테고리는 성숙되어 별다른 혁신을 할 수 없는 경우도 있다. 따라서 제공물의 혁신이 아닌 다른 방안으로 브랜드에 관심, 몰입, 열정을 불어넣고 심지어 대화의 주제가 되도록 할 필요가 있다. 다른 방안을 소개한다.

• **고객을 참여시켜라.** 고객을 참여시킨 프로그램이 브랜드에 활력을 불어넣는다. 아스다(ASDA)는 세 방향으로 '민주적 소비자주의'를 실행하고 있다. 다음 시즌의 의류와 가정용품 디자인에 소비자가 의견을 제시하는 프로그램인 'Chosen by You,' 아이디어를 제안하여 절약된 금액의 5%를 소매점에게 주는 현금보상제도인 'Bright Ideas,' 구매자와 직원이 일상적으로 만나고 고객이 반응할 수 있게 하는 블로그인 'Aisle Spy' 등이다.[5] 푸조는 마이 푸조 웹사이트를 통해 자사에 대한 정보를 제공하고 사후서비스 기억을 일깨워 주며 BMW는 자차를 시승하게 하는 프로

창조적 사고

모든 성장전략이 명료한 것은 아니다. 사실 명확한 것은 성공과 영향력이 적을 가능성이 있어, 획기적인 아이디어를 찾아 내는 것이 필요하다. 창의적 사고(creative thinking)는 획기적인 아이디어를 내는데 도움이 되는데, 가장 많이 제안되는 가이드라인은 다음과 같다.

- 다수의 관점과 배경이 예기치 않았던 결과를 자극할 수 있기 때문에 집단으로 창조적인 사고를 추구하라.
- 기존사고를 깨뜨리는(마음의 지평을 넓히는) 노력부터 시작하라. 예를 들어 기발한 생각을 유도하기 위해 어떤 동물이 자신의 개성을 표현하고 있는지 정하게 하고 그 동물의 소리를 흉내내도록 해보라. 또 다른 예로 랜덤하게 두 단어를 정하여(예: blue and sail) 이야기를 하게 하고, 그 이야기에 기초하여 브랜드의 포지션을 정하도록 하는 방법도 있다.
- 자산(예:브랜드 네임)이나 역량(다양한 색상의 비닐봉지를 설계하는 능력)을 어떻게 이용할 것인가와 같이, 특별한 과업에 초점을 맞추라.
- 대안을 개발하면서 미리 판단하지 마라. 대안을 만드는 동안 평가를 피하는 것은 독창적인 사고의 핵심이다.
- 문제의 관점을 바꾸는 측면사고(lateral thinking)를 하라. 브랜드나 제품사용에 관한 연상의 목록을 만들고 새로운 사고를 자극하기 위한 출발점으로 두 개를 선택하라. 서로가 어울리지 않을수록 더 좋으며 혹은 간단하게 무작위로 고르는 것도 좋다(호랑이와 시드니 오페라 하우스).
- 실행가능성을 걱정하지 말고 매력도(잠재적인 영향력)에 근거하여 대안을 평가하라.
- 그런 다음 매력적인 대안의 실행가능성을 높이는데 창조적 사고를 집중하라.
- 최종 선택은 이성적(사실이 말하는 것은 무엇인가?)으로 뿐만 아니라 감성적(직감이 말하는 것은 무엇인가?)으로 하라.
- 구체적인 실행계획을 짜라.

그램을 가지고 있다.

- **소매접점에 들어가라.** 판매를 통제할 수 있다면 브랜드 스토리를 가장 잘 말할 수 있다. 기업이 직접 점포를 운영하면 브랜드의 핵심정체성을 접점에서 보여줄 수 있기 때문이다. 앱 스토어가 하나의 좋은 예다. 앱 스토어의 성공에 자극을 받아 마이크로소프트 또한 소매접점에 들어간다고 2009년에 발표하였다. 디젤(Diesel), 프라다, 중국의 스포츠브랜드인 리닝(Li Ning) 등은 고객에게 핵심 브랜드 가치를 전달하기 위해 세계의 주요 도시에 플래그십 스토어를 운영하고 있다. 최신의 제품과 프로모션은 이들 점포에서 제일 먼저 소개된다.
- **홍보 이벤트.** 홍보 이벤트가 시선을 끌고 대화를 유발시키는 방법이 될 수 있다. 방파제에서 직접 만든 비행기를 날리는 대회인 레드불의 플러그태크(Red Bull Flugtag), 라이언에어가 이지젯 본부에 탱크를 보내 가격전쟁을 선포한 이벤트, 2008년 여름 로터스(Lotus) 자동차의 얼굴 없는 사람 이벤트 등이 그 예다. 이러한 이벤트로 브랜드에 활력을 불어넣고 고객들의 입소문을 자극한다.
- **새로운 고객을 유인하는 프로모션.** 기존고객은 브랜드를 오래된 모자로 취급하지만, 새로운 고객은 매출기회뿐만 아니라 새로운 시각을 제공한다. 브랜드가 이미 잘 알려진 경우에는 새로운 고객을 유인하기가 쉽지 않다. BMW 영화(BMW Films)나 BMW 오디오북(Audibooks)이 비사용자를 유인하고 그들에게 새로운 경험을 제공하려는 목적으로 기획된 프로모션이다. BMW 영하는 2001~2005년에 진행된 프로그램인데 그만눈 2005년까지 누적 관람자가 1억 명 이상이었다. BMW 영화는 아직도 인터넷 사이트에서 유명하다.

이상에서 논의한 방법 외에 또 다른 방안을 소개한다. 브랜드 활성화요소(brand energizer)를 찾아 브랜드회하고 이를 마케팅프로그램으로 지원하는 것이다.

활성화요소의 브랜드화

표적 브랜드(마스터브랜드)에 에너지를 불어넣는 스폰서십, 프로모션, 심볼, 사회적 프로그램 등을 브랜드화한 것을 활성화요소의 브랜드화(branded energizer)라고 한다.

활성화요소의 브랜드화는 [그림 10.3]과 같은 프로세스를 거쳐 표적 브랜드에 활력을 불어넣는다. 활성화요소의 브랜드화가 성공하려면 다음과 같은 조건이 필요하다. 첫째, 브랜드화할 활성화요소 그 자체가 무기력해서는 안 되고 활력이 넘쳐야 한다. 다음과 같이 활력을 체크할 수 있다.

- 흥미롭다 대 진부하다.
- 젊다 대 노쇠하다.
- 재미있다 대 지루하다.
- 역동적이다 대 변하지 않는다.
- 현대적이다 대 전통적이다.
- 적극적이다 대 소극적이다.
- 하나다 대 둘(분리)이다.

둘째, 활성화요소는 표적 브랜드에 연결되어야 한다. 앞서 논의한 차별점의 브랜드화와는 달리 마스터브랜드의 일부가 되어 기능적 편익을 약속해야 한다는 뜻이다. 이 연결은 어렵고 비용이 많이 든다. 한 가지 연결 경로는

그림 10.3 활성화요소의 브랜드화

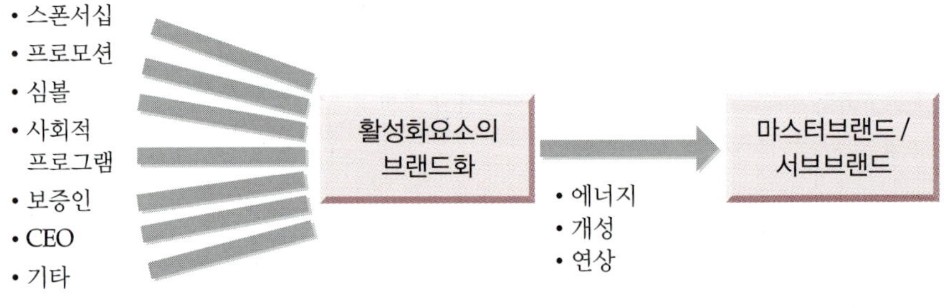

로널드 맥도널드 하우스(Ronald McDonald House)와 같이 마스터브랜드가 들어 있는 서브브랜드를 만드는 것이다. 두 번째 경로는 브랜드안(on-brand)에 이미 이미지가 들어 있어 연결이 자연스럽게 이루어지는 활성화요소를 택하는 것이다. 아기에 초점을 맞춘 프로그램은 거버, 누트리시아(Nutricia), 밀루파(Milupa), 카우 앤 게이트(Cow and Gate) 등의 브랜드와 쉽게 연결이 된다. 세 번째 경로는 너무나 당연한 얘기가 되겠지만 연결을 위해 줄기차게 자원으로 투입하는 것이다.

셋째, 활성화요소는 표적 브랜드에 힘을 불어넣어야지 손해를 끼치거나 고객을 불편하게 해서는 안 된다. 처음 시작한 레드불, 이노센트, 이지젯과 같은 브랜드는 도입할 수 있는 활성화요소가 많지만, 기존 브랜드들은 서브브랜드로 만들어 다양한 활성화요소를 고려할 수 있다.

넷째, 활성화요소를 내부에서 발굴하는 것에 문제가 있다면 외부에서 찾을 수 있다. 외부에서 활성화요소를 찾을 경우 고객의 라이프스타일과 연결되어야 하고 경쟁자가 선점하고 있지 않아야 하며 마스터브랜드와 연상이 쉬운 요소여야 하는데, 이러한 요소의 발굴에는 독창성이 요구된다.

다섯째, 활성화요소는 장기간에 걸친 투자가 필요하다. 내부 활성화요소에 투입된 투자라면 장기간에 걸쳐 상각되어야 하며, 외부 활성화요소라면 마스터브랜드와 연결하는 비용과 노력이 추가로 필요하다. 당연한 말이지만 브랜드화가 성공하려면 지속적이고 적극적으로 관리되어야 한다.

활성화요소 브랜드화와 차별점 브랜드화는 구분되어야 하며, 많은 형대의 활성화요소가 있다. 가장 유용한 것들을 소개한다.

스폰서십의 브랜드화

잘 기획된 좋은 스폰서십은 브랜드에 활력을 불어넣고 고객과의 관계를 강하게 하는 데도 도움이 된다. 영국의 이동통신업체 O2는 효과적으로 스폰서십을 이용한 좋은 예다.[6] O2는 도입초기에 스포츠스폰서십으로 인지도를 높이는데 성공했다. 그러다 2006년쯤에는 시장이 성숙되어 많은 경쟁사와 승산 없는 싸움에 들어서게 되었다. 이러한 싸움에서 벗어나서 영국에서 가장 사랑받는 브랜드가 되는 것으로 목표를 수정하였다. 또한 기술, 콘텐츠(특히 음악), 통신의 컨버전스화에 대처하기 위해 브랜드는 충분히 커져야 할 필요가 있었다. 이러한 목표를 달성하기 위하여 O2는 새로운 스폰서십 컨셉을 개발하였다. 런던에다 O2 무대로써 밀레니움 돔(Millennium Dome)을 만든 것이다. 돔에 입점한 여러 점주들과 협력하여 특별한 고객경험을 설계하고, 콘서트를 기획하여 미리 와서 O2에 젖어들도록 하였다. 이로 인해 O2는 이동전화 이상으로 향상되었고 고객은 O2와 깊은 상호작용을 하게 되었다. 그 결과 O2는 영국에서 가장 사랑받는 브랜드 리스트의 맨 위쪽에 자리를 잡게 되었다.

E.ON이 에너지 사용방식을 바꾼다는 강한 미션을 가지고 영국에너지시장에 진입했다. 캠페인의 하나로 영국의 FA컵(Cup)을 후원하기 시작하였다. E.ON의 과제는 탄소배출량을 줄이는데 스폰서십을 이용하는 것이었다. 이를 위해 '탄소발자국' 캠페인을 개발하여 축구팬으로 하여금 웹사이트에서 서약하도록 하고 상품을 주었다. FA컵이 라운드를 높여가자 16만 이상이 에너지사용 변화서약을 하였다. 그 결과 2,200톤의 이산화탄소가 절감된 것으로 추산한다.[7]

스폰서십은 리더브랜드뿐만 아니라 적어도 수용 가능한 브랜드가 되도록 하는데 도움이 된다. 유럽시장 진입에 어려움을 겪고 있던 어느 소프트웨어 업체가 자전거 경주 상위 3개 팀 중 하나를 후원한 몇 달 동안 리더로 지각되었다. 글로벌 브랜드가 되려는 한국의 브랜드들 중 삼성의 약진은 올림픽 스폰서십 때문이다. 스폰서십은 제품광고가 말할 수 있었던 것보다 더 많은 것을 전한다. 데이터를 조사해 보면 잘 기획되고 잘 관리된 스폰서십이 차이를 만들 수 있다는 사실을 확인할 수 있다. 비자카드 선호도 지각에서 올림픽 이전 15%에서 올림픽 동안 30%, 올림픽 한 달 후 20%로 나타났다. 이는 매우 안정된 시장에서 대단한 선호도의 변화다.[8]

스폰서십의 중요한 문제는 브랜드와의 연결성이다. 이러한 연관성을 측정하는 DDB의 연결성을 조사하는 스폰서 와치(Sponsor-Watch)에 따르면 스폰서십 혼동이 일반적이라고 한다.[9] 1984년 이후 추적된 102개의 올림픽 공식 스폰서들 중 단지 절반만이 연결성(link)이 있는 것으로 나타났다. 연결성이란 스폰서가 아닌 상태에서의 인지도에 비해 최소 10%~15% 이상 인지도가 높아진 경우를 말한다. 비자와 삼성처럼 연결을 창출하는데 성공한 브랜드들은 스폰서십 동안 프로모션, 홍보 이벤트, 웹사이트, 뉴스레터, 광고 등으로 이를 지원했기 때문이다.

대부분의 스폰서십이 외적이지만 기업이 통제하는 스폰서십도 있다. 전세계의 여러 도시에서 이루어지고 있는 아디다스 스트리트볼 챌린지(Adidas Streetball Challenge)가 그 예다. 3인 농구 토너먼트를 중심으로 자유투경쟁, 스트리트 댄스, 벽 낙서 이벤트, 익스트림 스포츠의 시연 등으로 이루어진 브랜드화된 주말 이벤트인데 이들 모두 힙합과 밴드가 연주하는 랩과 함께 진행된다. 파티컨셉으로 젊은이들의 심금(sweet spot)을 울린 캠페인이다. 이것이 역사상 중요한 시점에 선 아디다스를 재활성화시켰다.

보증인

브랜드는 에너지가 부족할 수도 있는데 브랜드에 활기를 주고 흥미를 주는 스타들이 있다. 리버풀 FC의 페르난도 토레스, 레알 마드리드의 카카, 바르셀로나의 메시와 같은 축구스타들이 우승자로서의 에너지와 아우라를 스포츠웨어, 시계, 금융서비스, 자선활동 등에 불어넣어 주고 있다. 메시 아디다스 F50.9 축구화처럼 스포츠 스타 이름 뒤에 제품 이름을 붙여 스포츠 스타와의 관계를 이용하는 경우도 있다. 펩시 또한 토레스, 메시, 헨리, 램파드, 파브레가스, 카카와 같은 다양한 클럽과 다양한 국가 출신의 축구스타를 광고모델로 등장시키고 있다. 이처럼 브랜드 활성화로 활용되는 스타를 보증인(endorser)이라고 한다. 이것이 성공하려면 보증인을 잘 골라야 하는데 다음과 가이드라인이 있다.

- **매력적인 이미지:**
  - 표적고객들의 눈에 띄어야 한다(눈에 띄지 않는다면 영향력이 작다).
  - 매력적이고 호감을 주어야 한다(호감은 보증브랜드로 전환될 수 있다).
  - 진솔해야 한다(돈을 위한다거나 제품에 대한 믿음이 결여되었나고 느껴지는가?).
  - 신선하고 많이 노출되지 않아야 한다(많이 노출되면 영향력이 희석될 수 있다).
- **브랜드와의 연상:**
  - 브랜드 정체성에 부합해야 한다.
  - 브랜드와 자연스럽게 부합해야 한다(연결이 상식적인가?).

– 긍정적인 연상을 활용할 수 있고 부정적인 연상은 관리할 수 있어야 한다.

- **장기적인 관계가 가능해야 한다.** 보증인이 바라는 연상을 얼마나 오래 가질 수 있는지 그리고 부합된 관계가 얼마나 지속될 것인가? 새로운 스타가 항상 좋은 것은 아니다. 타이거 우즈는 10년 이상 수많은 브랜드에 연상을 주고 있다.
- **보증인을 지원하는 프로그램을 창출할 수 있어야 한다.**
- **보증인을 활용하는 비용을 산정할 때 지원프로그램 비용도 포함시켜야 한다.**

프로모션의 브랜드화

이노센트 스무디는 자동차를 프로모션 도구로 이용하고 있다. 이들 중 가장 유명한 것이 카우 밴(cow van)이다. 소에 색을 칠하고 소의 눈과 꼬리가 그려진 밴으로 소 울음까지 낼 수 있다. 또한 춤추는 잔디 밴도 운행하는데, 잔디로 덮여진 밴으로 주차하여 춤을 추고 창문으로 음료를 나누어 준다. 이들 밴으로 운반하고 수금하는 동안 그리고 이벤트를 할 때 브랜드에 독특한 흥미를 준다.

인상적인 심볼의 브랜드화

페라리의 검은 종마, 처칠보험(Churchill Insurance)의 처칠수상의 별명인 불독, 미셸린타이어의 미셸린 맨 등이 심볼을 브랜드화하여 성공한 예들이다. 심볼은 개성이 없는 브랜드에 개성을 줄 수 있으며 또한 브랜드의 속성을 암시하기도 한다.

특히 대단한 개성을 갖는 심볼이라면 브랜드에 극적인 효과를 줄 수 있다. 대부분의 경쟁자들은 그들의 제공물에 대해서는 신경을 쓰지만, 이것은 가볍게 여기는 경우가 많다. 보험산업에서 특히 사실이다.

영국 보험회사인 Comparethemarket.com은 성숙한 시장에 늦게 진입하여 보험비교 웹사이트에 트래픽을 구축하려는 어려운 과업에 직면하였다. 이를 위해 러시아 미어캣(역자주: 마켓이 미어캣으로 오타가 날 수 있음을 착안하여 미어

캣을 심볼로 함)을 브랜드 심볼로 삼아 이름을 알랙산드르 오를로브(Aleksandr Orlov)라고 하였다. 알랙산드르는 광고에서 붉은색 벨벳의 가운과 스카프를 매고 나와 소비자들이 그가 소유하고 있는 웹사이트에 잘못 방문했을 때 웹 주소를 바꾸려 하는 시도가 실패하는 것을 보여준다. TV 광고에서 그는 소비자들이 지속적으로 어떻게 실수하는지를 설명하고 둘 사이(컴페어더마켓닷컴과 컴페어더미어캣닷컴)의 명백한 차이를 설명한다. 그가 마지막으로 외치는 캐치프레이즈는 'Simples' 이다. 그 결과 미어캣은 빠르게 보험업의 아이콘이 되었으며 경쟁자에게 중상을 입힐 수 있었다.

심볼의 역할을 이해하는 것이 중요하다. 개성을 창출하는 것인가? 연상을 제안하거나 재강화하는 것인가? 개성 없거나 재미 없는 메시지에 유머나 호감을 주입하는 수단이 될 것인가? 어플랙(Aflac)의 심볼인 오리처럼 흥미와 가시성을 창출하는 것인가? 역할을 가지고 적극적으로 올바른 것을 찾거나 개발하는 것이 필요하다.

사회적 프로그램의 브랜드화

사회적 프로그램의 브랜드화가 브랜드에 신뢰와 존경을 주어 고객관계를 튼튼히 하고 성과를 거둘 수 있게 한다. 재미있는 아이디어와 프로그램을 창출함으로써 에너지를 제공할 수 있으며, 심지어는 고객관여의 기회, 열정, 확실한 결과까지도 제공할 수 있다. 걷기대회에 환자뿐만 아니라 가족과 후원자들까지도 믿을 수 없는 관심을 보여주었고, 미국의 에이번 유방암 십자군(Avon Breast Cancer Crusade)은 걷기대회를 개최하여 5억 5천만 달러 이상을 모았다. 이러한 관심과 에너지는 결코 에이번 제품에 의해서 창출된 것은 아니지만 에이번으로 브랜드화하여 성공한 프로그램이다.

사회적 프로그램의 브랜드화는 기존의 현금이 초점이나 영향력 없이 단순히 박애정신에 근거하여 이루어진 점을 고려하면 비용 면에서도 효과적일 수 있다. 하지만 브랜드와 사회적 프로그램을 연결하는 것은 무척 어렵다. 참여하려는 기업은 많지만 프로그램에 부합하는 기업을 찾기가 어렵기 때문이다. UC 버클리 하스스쿨(Haas School)의 CSR센터의 매니저인 켈리 멕켈하니(Kellie McElhaney)는 다음과 같은 행동지침을 제시하고 있다.[10]

- **너 자신을 알라.** 효과적이고 진정성이 있는 사회적 프로그램을 창출하기 위해서는 기업이 자신을 정확히 알아야 한다. 사업전략을 지원하고 기업의 자산과 역량에 부합하며 브랜드 이미지를 향상할 수 있으면 이상적인 사회적 프로그램이다. 따라서 자신을 제대로 아는 것이 사회적 프로그램 창출의 출발이다. 어떤 사업을 하고 있는지, 강점과 약점은 무엇인지, 나타내고 싶은 것이 무엇인지 등에 관한 기본적인 질문이 필요하다.
- **잘 부합(good fit)해야 한다.** 사회적 프로그램과 기업이 잘 부합하면 진정성도 있고 효과성도 더 높아진다. 삼성은 유럽의 유방암 캠페인을 위해 피카디리 서커스에다 스크린을 기부하였다. 스크린은 유방암 진단을 받은 젊은 여성을 주인공으로 한 캠페인에 활용된다. 이러한 활동은 삼성의 표적고객의 주요 관심사에 부합하여 고객과의 관계를 맺는데 공헌한다. 다농(Danone), 아레바(Areva), 슈나이더 전기(Schneider Electric)는 '다양성의 날(Diversity Day)'을 전파하는데 협력하고 있다. 이 프로그램을 다양성의 가치와 중요성에 관해 관리자들을 교육하는 내용으로, 교육 마지막 날에 다양성을 높이기 위해 기업이 해야 하는 일을 제안하도록 되어 있다.
- **브랜드화하라.** 만약 프로그램이 강력하고 가시적인 브랜드를 가진다면 학습되고 기억하기가 쉬울 것이다. 브랜드화하는 방법은 두 가지인데, 기존의 강력하고 가시적인 브랜드를 활용하는 것이 그 중 하나다. 예를 들어, 월풀(Whirlpool)은 저소득층에 집을 지어 주는 휴머니티 프로그램인 해비타트(Habitat)를 집중지원하고 있다. 다른 하나는 자사 이름으로 직접 프로그램을 만들어 시행하는 것이다. P&G는 0~13세 아이들의 삶을 향상시킨다는 단 하나의 이유로 P&G 생존, 생활, 학습(Live, Learn and Thrive)이라는 프로그램을 개발하였다. 이는 P&G의 자원과 전문성을 활용하는 좋은 프로그램이며 2012년까지 개도국 아이들에게 깨끗한 생수 40억 리터를 제공하기로 계획하고 있다.
- **정서적 연결을 창출하라.** 사실과 논리보다 정서적 연결을 갖는 메시지가 소통에 더 유리하다. 정서적 연결은 브랜드와 고객의 관계를 향상시키는데도 유리하다. 도브가 온라인 영화로 만든 진정한 아름다움(Dove Real Beauty Campaign)은 전세계 소녀들과 여성들에게 큰 감정적 반응

을 불러일으키고 있다.

- **프로그램을 소통하라.** 고객들 심지어 직원들도 모르는 프로그램에 돈을 지불하는 수많은 캠페인이 있다. 사회적 대의를 위하고, 직원을 활기차게 하며, 브랜드의 명성을 높인다는 목표를 달성하려면 프로그램을 알려야 한다. 이를 위해 웹사이트, 사회적 기술(SNS), PR, 능동적인 직원 등을 비롯한 올바른 수단에 접근할 필요가 있다. 또한 너무 복잡하고, 너무 자세하며 너무 계량화되는 메시지는 조심해야 한다. 이해할 수 있는 심볼, 태그라인 그리고 스토리를 단순하게 하는 것이 필요하다. 은유법은 도움이 되는데, 예를 들어 너무 많은 CO^2를 곧 넘쳐흐를 목욕물에 비유할 수 있다.
- **고객을 참여시켜라.** 참여는 지원자와 지지자를 얻는 최고의 방법이다. 친환경 제품을 만드는 메소드(Method)는 고객을 브랜드 홍보대사로 삼는 프로그램을 가지고 있다. 허락한 고객에게 제품과 티셔츠를 제공하고 친구들에게 친환경 제품을 소개할 수 있는 정보를 이들에게 주는 프로그램이다. 막스 앤 스펜서 또한 플랜 A이라는 이름의 프로그램으로 고객이 환경보호에 동참할 수 있는 다양한 활동을 제안한다.

CEO의 브랜드화

여러 기업들이 브랜드 에너지를 높이고 심지어 브랜드에 에너지를 불이넣기 위해 CEO를 활용한다. 유나이티드 오버시즈(United Oversea Bank Group)의 회장인 위초 야(Wee Cho Yaw)가 하나의 예다. 그는 지역사회에 공헌할 뿐만 아니라 기업의 윤리와 성장포부를 몸으로 구현하고 있다. 마이클 오레이(Michael O' Leary)의 확고한 신념과 독특한 개성이 유럽 항공산업을 바꾼 라이언에어를 구축하는데 중요한 역할을 하고 있다. 테스코의 CEO인 테리 레아이(Terry Leahy)는 고객을 만나고 이해하는 몰입으로 테스코의 정체성을 구현하였다. 스티브 잡스와 빌 게이츠 또한 가시적인 리더십으로 애플과 마이크로소프트에 많은 에너지를 불어넣고 있다. 옳은 CEO가 옳은 메시지를 말하면 언론은 주목하게 되어 브랜드 홍보에도 유리하다. 브랜드를 대표하는 CEO가 되려면 아이디어가 있어야 하고, 독특한 개성을 가져야 하며, 복무기간 또한 지속적이어야 한다.

에너지의 필요성

적합성과 차별화가 브랜드의 성공기반으로 오랫동안 생각되어 왔다. Y&P의 BAV(Brand Asset Valuator) 데이타베이스를 활용하여 44개국 4만 개 브랜드에 대해 1993년부터 2007년까지 분석한 조사연구에 따르면 브랜드 에너지(혹은 활력)의 중요성을 알 수 있다.[11] 신뢰, 존중, 지각된 품질, 인지도 등으로 측정한 브랜드자산이 여러 해 동안 가파르게 떨어지고 있음을 보여준다. 예를 들어, 지난 12년 동안 신뢰는 거의 50%가 떨어졌고, 존중은 12%, 지각 품질은 24%, 놀랍게도 인지도도 24%나 떨어졌다. 반면 에너지를 가진 브랜드는 건강을 유지할 수 있었고 재무적인 수익성도 양호했다.

사실, 거의 모든 브랜드는 에너지가 필요하다. 특히 보다폰, 르노, 캐드버리(Cadbury), 선빔(Sunbeam), 오스트레일리아(Australia), 소니, 네슬레와 같은 전통적인 브랜드는 에너지가 더 필요하다. 이들 브랜드는 믿을 수 있고 정직하며 의지할 수 있고 존중할만하다고 생각된다. 하지만 구식이며 현실에 맞지 않고 지루하며 일부 세분시장에서는 적합성을 상실하고 있다는 인상도 있어 이와 싸워야 하기 때문이다. 이들이 안고 있는 문제점을 극복하는 해법이 바로 에너지와 활력을 브랜드에 투입하는 것이다. 높이 평가되고 있지만 성숙한 이들 브랜드는 미래의 생명줄인 젊은이들에게 적합성을 상실하고 있어 에너지가 특히 더 필요하다.

10.3 ::: 기존고객의 사용 증대

시장점유율을 높이려는 시도는 경쟁자에게 직접적으로 영향을 미쳐 경쟁자의 역공을 즉각적으로 불러일으키지만, 기존고객의 사용을 증대시키려는 노력은 경쟁자에게 덜 위협적이다.

사용증대를 위한 프로그램을 개발하려 할 때, 특정제품이 속해있는 사회의 소비시스템과 사용자에 대해 몇 가지 근본적인 질문을 던지면서 시작하는 것이 유용하다. 특정 제품이나 서비스를 더 많이 사용하지 않는 이유는? 사용증대의 걸림돌은? 누가 경사용자(light user)이며 이들의 사용을 높이는데 영향을 미치는 요인은 무엇인가? 중사용자(heavy user)는 누구이며 이들의 사용을 더 높일 수는 없는가?

사용증대는 사용빈도의 증대와 사용량의 증대의 두 가지 방법으로 가능하다. 두 가지 방법을 실행하는 구체적인 방안을 소개한다.

중사용자가 더 많이 사용하도록 동기부여

중사용자들은 대개 수익성이 가장 높은 고객집단이다. 예를 들어, 축구장에 가끔 오는 관중으로 하여금 티켓 두 장을 사도록 하는 것보다 2시즌용 축구 티켓을 가진 관중으로 하여금 4~6시즌용 티켓을 사도록 하는 것이 더 쉽다. 특급 중사용자를 눈여겨 볼 필요가 있는데, 특별대우를 하게 되면 사용은 굳히고 사용증대도 가능하기 때문이다. 예를 들면, 영국항공(British Airways)은 골드회원에게 자사를 이용하지 않을 때도 비즈니스라운지를 이용할 수 있게 하고, 서비스를 업그레이드하며, 예약확인 보증서비스를 제공한다. 많은 기업들은 웸블리(Wembley), 산티아고(Santiago), 베르나뷰(Bernabéu), 시드니 오페라 하우스 등과 같은 엘리트 스포츠시설과 공연시설에 특별석을 확보하고 있다.

사용을 보다 쉽게 하기

고객이 제품이나 서비스를 왜 좀더 자주 사용하지 않는지를 물어 더 쉽게 사용하는 방법을 찾아 낼 수 있다. 예를 들어, 종이컵이나 종이수건 디스펜서는 사용을 더 쉽게 하기 때문에 사용을 촉진할 수 있다. 전자레인지에 직접 넣을 수 있는 포장은 사용을 보다 편리하게 하며, 온라인 예약서비스는 호텔이나 여타 서비스를 선택해야 하는 사람들을 도울 수 있다. 간편조리 음식, 피자, 샐러드, 파스타, 스프, 소스, 준비된 과일 등이 사용을 보다 쉽게 하는 제품변경의 예들이다.

인센티브 제공

사용빈도를 높이기 위해 인센티브를 제공할 수도 있는데, 항공사가 제공하는 더블 마일리지 여행이나 상용고객우대제도(frequent-flyer plan) 등이 그 예다. 패스트푸드 레스토랑에서는 메인 요리를 먹을 경우 할인된 가격이나 공짜로 많은 음료를 제공하고 있다. 가격경쟁을 불러일으키지 않으면서 사용빈도가 높아지도록 인센티브를 만드는 것이 과제이다. 예를 들어, '한 개 값으로 두 개'와 같은 가격인센티브는 유효할지는 모르지만 가격보복을 초래할 수 있다.

구매하지 않는 이유의 제거 혹은 축소

잠재구매자는 있으나 이들이 구매하지 않거나 더 많이 구매해야 하는 이유가 있기 때문에 한계에 부딪히는 경우가 흔히 있다. 식기(tableware) 회사인 덴비 포터리(Denby Pottery)는 프리미엄 이미지로 인해 매일 사용하지 않고 교체 주기도 길어 매출이 증가하지 않아 어려움을 겪고 있었다. 이 문제를 해결하기 위해 덴비는 매일 사용하는 브랜드로 재포지셔닝을 시도하였다. 광고와 웹사이트에 '사랑스러운 음식, 사랑스러운 덴비'라는 슬로건과 함께 감자튀김과 같은 일상적인 요리에 이용되는 덴비를 보여주고 있다. 2008년 금융위기 후 불경기 동안 현대자동차는 구매자들이 실직한다면 자동차를 반환할 수 있다는 깜짝 놀랄만한 제안으로 직업 불안정의 문제로 구매를 망설이는 이유를 축소하였다.

기억재생

어떤 사용상황에서는 브랜드에 대한 재인이나 회상이 사용의 추동력이 되는데, 브랜드와 이의 사용법을 알고 있는 사람일지라도 기억을 환기시키는 단서가 없이는 이를 사용하려는 생각을 하지 않기 때문이다.

그래서 기억을 재생시키는 소통이 필요하다. Thedoghouse.co.uk는 고객에게 중요한 날, 생일, 기념일을 상기시켜 주고 선물을 구매하는 기회도 제공한다. 또 유도하지 않으면 쉽게 간과되는 제품의 이용을 권장하는 소통을 할 수도 있다. 예를 들어, 영국의 유기농 농산물회사인 후래시 푸드(Fresh Food Company)는 시즌이 다가온 농산물을 수시로 알려 주고 요리법도 알려 유기농산물의 사용을 증대시키고 있다.

정기적이거나 빈번한 사용

정기적 혹은 빈번히 사용해야 하는 이유를 제공하라. 웹사이트는 업데이트된 정보를 실시간으로 제공하여 빈번히 방문하도록 유도한다. 사람들은 실시간으로 사건이 일어나는 것을 알고 싶어, 자기가 관심 있어 하는 축구팀의 소식을 알고 싶어 몇 분 간격으로 Timesofindia.indiatimes.com, BBC.co.uk, Guardian Unlimited, elpais.es 등을 방문한다. 데일리 텔레그라프(Daily Telegraph)는 웹사이트에 매일 만화를 바꾸어 방문을 높이고, 브랜드 컨설팅 회사는 웹사이트에 좋은 사례를 게시하여 방문을 유도하고 있다. 리포지셔닝 캠페인으로 가끔씩 사용하던 이미지에서 빈번히 사용하는 이미지로 바꿀 수도 있다. 예를 들어, 켈로그의 스페셜 K는 제품의 사용빈도를 증대시키기 위해 스페셜 K 챌린지라는 캠페인을 하였다. 다농은 소화불편을 줄인 액티비아 요거트를 2주 동안 매일 먹는 프로그램에 고객을 초청하였다. 각종 클럽을 만들어 꽃과 과일을 보내 정기적 구매자로 전환시킬 수도 있다. 예를 들면, 북 클럽(MANGO Girls Book Club UK), CD 클럽, 맥주 클럽(Month Club), DVD 클럽 등이 있다. 사용증대를 위한 아이디어를 정리하면 [그림 10.4]와 같다.

그림 10.4 기존 제품시장에서 사용 증대

전략	예
중사용자들에게 더 많이 사용하도록 동기부여	여러 시즌 티켓으로 유인
사용을 보다 쉽게 하기	전자레인지용 용기
인센티브 제공	상용고객우대제도
구매하지 않는 이유의 제거나 축소	빈번한 사용을 위한 순한 샴푸
기억재생	생일 상기 이메일
정기적 사용	식사 후 치실사용
새로운 용도 발견	배달용 스노우모빌(snowmobiles)

새로운 용도 발견

새로운 용도를 발견함으로써 수 년간 한물간 것으로 간주돼 오던 사업이 원기를 회복할 수도 있다. 고전적 사례는 혈압과 협심증 약으로 원래 개발된 비아그라이다. 애초의 용도와는 달리 발기부전 치료에 탁월한 효능이 있는 것으로 밝혀져 출시 2년 동안 10억 달러 이상의 매출을 올린 블록버스터 약이 되었다. 또 다른 고전적인 사례는 암 앤 해머(Arm & Hammer)의 베이킹소다인데, 베이킹소다를 냉장고의 탈취제로 사용하도록 함으로써 매출액이 10배나 늘었다. 14개월 동안의 초기 광고캠페인으로 베이킹소다를 탈취제로 사용하는 비율이 1%에서 57%로 치솟았다. 이에 힘을 얻어 암 앤 해머는 다른 탈취제, 치약, 세제로 브랜드 확장을 했다. 원유에서 물을 분리시키기 위해 사용하는 화학처리는 물의 정화과정에서 원치 않는 기름을 제거하는 새로운 용도로 이용되었다. 크래프트(Kraft)는 간단한 식사로 크래커나 셀러리와 함께 크림치즈를 구멍에 넣은 베이글을 먹도록 권장하였다.

새로운 용도를 잘 파악하기 위해 고객에게 특정 브랜드를 어떻게 사용하는지를 묻는 시장조사가 필요하다. 조사를 통해 얻은 여러 가지 용도 중에서 몇 가지를 선택하여 기회로 삼을 수 있다. 용도추적을 통해 뜨거운 열을 발생시키는 고무를 관절염으로 고통받는 사람들이 많이 사용하고 있음을 제조업체는 알게 되었다. 그 결과 이 회사는 관절염 치료용의 고무를 따로 개발하여 성장하고 있다. 또 다른 전술은 경쟁 제품의 용도를 살펴보는 것이다. 브리트빅(Britvic)은 오랜 역사를 가지고 있으며 대중술집에서 팔리는 혼합음료와 쥬스시장의 리더이다. 건강음료에 대한 고객의 요구가 증가하고 프리미엄쥬스에 대한 술집주인들의 요구로 프리미엄급 100% 쥬스인 Britvic Squeezed Orange Juice와 Britvic Pressed Apple Juice를 출시하였다. 제과시장에서 건강에 대한 관심에 역행하는 트렌드 중 하나는 기호제품을 소비자에게 제공하는 것이다. 이러한 예는 네슬레의 Aero Chocolate Truffle과 마르스(Mars)는 갤럭시 세트이다.

때때로 아직은 사용할 수 없는 새로운 용도로 큰 수익을 얻기도 한다. 따라서 현재의 용도를 조사하는 것으로는 불충분할 수 있다. 알테크(Alltech)와 에머샘(Amersham)과 같은 기술기업은 과학자들의 컨퍼런스와 포럼을 후원하여 연구에 자사기구를 사용하게 하여 새로운 용도를 발견하도록 유도

한다. 라벨을 붙이는 기구와 같이 다양한 방식으로 사용되는 제품인 경우 브레인스토밍이나 여타 창조적인 연습을 통해 새로운 용도를 발견할 수도 있다.

만약 일부 용도가 상당한 매출을 창출 할 수 있을 것으로 본다면 이를 철저히 평가해야 된다. 또한 제품개선, 많은 광고, 가격전쟁 등으로 경쟁사가 새로운 용도 영역을 가져갈 가능성도 고려할 필요가 있다. 새로운 용도를 사업구축에 사용하는 경우 지속적 경쟁우위를 갖는지도 따져 보아야 한다. 크랜베리로 연상되는 오션 스프레이(Ocean Spray)는 크랜베리 스낵으로의 진입에는 도움이 되지만, 비스켓이나 시리얼과 같은 가공을 해야 하는 용도에는 도움이 되지 못하였다.

주요 학습내용

1. 기존사업의 활성화는 새로운 자산과 역량을 요구하는 새로운 모험적 영역에 투자하는 위험을 피할 수 있기 때문에 효과적인 성장방법이다.
2. 성장과 수익성에 최고의 방법은 혁신을 통한 제공물 개선이다. 그러나 브랜드화되지 않은 혁신은 단기적인 우위에 불과하다. 브랜드화된 차별점은 특징, 요소나 기술, 서비스, 프로그램 등이 있으며 이들은 장기간에 걸쳐 적극적으로 관리되어야 한다.
3. 혁신이 어려운 경우에는 브랜드나 마케팅을 활성화할 필요가 있다. 이 경우에도 브랜드화는 필요한데, 브랜드화된 활성화요소는 제품, 촉진, 스폰서십, 심볼, 프로그램 등이 있다.
4. 경쟁자의 역공을 피하면서 성장하는 방안이 사용증대이다. 사용증대는 사용률과 사용빈도의 증대 및 새로운 용도의 발견으로 가능하다.

토의사항

1. 창의적 사고의 가이드라인에 따라 다음 제품의 사용증대 방안을 제안하라.
   (a) 워커스 크리스프(Walkers Crisps)
   (b) 스코다(Skoda) 자동차
   (c) 자라(Zara) 패션

2. 차별화가 잘된 몇 개의 브랜드를 생각하라. 그 브랜드들은 어떤 차별점을 브랜드화하고 있는가? 만일 그렇지 않다면 차별화를 어떻게 달성하고 있는가? 그것이 지속될까?
3. 차별점을 브랜드화한 예를 생각하라. 얼마나 차별화되었는가? 고객의 관심이 있는가? 영향력이 있는가? 줄곧 잘 관리되었는가? 지속될까?
4. 높은 에너지를 가진 브랜드를 생각하라. 무엇이 브랜드에 에너지를 주는가? 미래에도 지속될까?
5. 에너지원을 브랜드화하고 있는 예를 생각하라. 브랜드에 들어 있는지, 활기찬지 그리고 마스터브랜드와 연결되는지 평가하라.

참고문헌

1. "Do Ideas Cost Too Much, "*Business Week*, 20 April 2009, pp.46–47.
2. "Vodafone: Embracing Open Source With Open Arms," *Business Week*, 9 April 2009.
3. Branded differentiators and Branded energizers are introduced and discussed in more detail in David Aaker, *Brand Portfolio Strategy*, New York, NY, The Free Press, 2005.
4. Gregory S. Carpenter, Rashi Glazer, and Kent Nakamoto, "Meaningful Brands from Meaningful Differentiation: the Dependence on Irrelevant Attributes," *Journal of Marketing Research*, August 1994, pp.339–350.
5. "ASDA Explains its Bold Attempt to Involve Customers in Decision-Making," *Marketing*, 6 October 2009, available at: http://www.marketingmagazine.co.uk/news/943449/ASDA-explains-its-bold-attempt-involve-customers-decision-making:DCMP=ILC-SEARCH (accessed 10 October 2009).
6. Naana Orleans-Amissah, Sophie Maunder-Allan, Paul Feldwick and Lousie Cook, "The O2-A Blueprint for 21st Century Sponsorship," *Institute of Practitioners in Advertising*, IPA Awards 2008. ⓒ 2009 Copyright and database rights owned by WARC.
7. "Green Shoots, Green Scores! How E.ON got soccer fans to change their environmental footprint," *WARC exclusive*, Jun 2008 (accessed 10 October 2009). ⓒ 2009 Copyright and database rights owned by WARC.
8. James Crimmins and Martin Horn, "Sponsorship: from Management Ego Trip to Marketing Success," *Journal of Advertising Research*, July-August 1996, pp.

11–21.

9. James Crimmins and Martin Horn, "Sponsorship: from Management Ego Trip to Marketing Success," *Journal of Advertising Research*, July-August 1996, pp. 11–21.

10. Kellie A. McElhaney, *Just Good Business*, San Francisco, CA, Berriett-Koehler Publishers, 2008.

11. John Gerzema and Ed Lebar, *The Brand Bubble*, San Francisco, CA, Jossey-Bass, 2008, Chapters 1 and 2.

CHAPTER 11

사업레버리징

성과는 문제해결을 통해 얻는 것이 아니라 기회를 활용하여 얻어진다.

– 피터 드럭커(Peter Drucker)

항상 상자 밖을 생각하고 그 곳이 어디든 기회가 나타나면 껴안아라.

– 락시미 미탈(Lakshmi Mittal)

가장 위험한 순간은 승리와 함께 온다.

– 나폴레옹(Napoleon)

기존사업 바깥에서도 성장의 길을 찾을 필요가 있다. 이 길은 익숙한 것으로부터 이별하는 위험은 있지만, 성장의 한계를 돌파하는 길이기도 하다. 기존사업 바깥으로 나가고자 하는 마음을 먹고나면 시장은 무한히 눈앞에 전개될 것이다.

이 장의 목적은 기존사업을 지레로 활용하여 새로운 제품시장으로 진출하는 것, 즉 사업레버리징(leveraging the business)을* 논의하는 것이다. 특히 기존의 자산과 역량인 마케팅 스킬, 유통력, 제품개발 및 생산능력, R&D, 브랜드자산 등은 새로운 성장 사업에서 우위를 점하게 하는 잠재력의 원천이다. 잠재력의 원천을 현실화하려면 시너지를 창출해야 하는데, 이것이 생각만큼 쉽지가 않다는데 문제가 있다.

기존사업 바깥으로 벗어나는 길은 핵심사업으로부터의 거리에 따라 스펙트럼을 구성한다. 가까운 길은 위험이 적으면서 핵심자산과 역량을 지레로 활용할 수 있는 좋은 기회이다. 기존사업으로부터 멀어질수록 기회는 많아지지만 위험 또한 증가한다. 멀리 있는 사업에서 성공할 수 있는 자산과 역량을 얻기가 어렵기 때문이다. 이러한 위험을 감수할 수만 있다면 새로운 사업은 커다란 성장의 기회를 가져다 줄 것이다. 따라서 위험을 철저히 분석하는 것이 현명하다.

핵심자산과 역량을 지레로 활용할 수 있는 새로운 사업안을 찾아 내는 방법은 여러 가지가 있다. 다음과 같은 질문에 창조적으로 답하는 것이 새로운 안을 찾아 내는 출발이다.

- 어떤 자산과 역량을 지레로 활용할 수 있는가?
- 브랜드 확장이 가능한가?
- 제공물을 확장할 수 있는가?
- 매력적인 새로운 시장이 존재하는가?

이들 질문들을 논의한 후 대안을 평가할 때의 쟁점과 시너지 개념을 논의하도록 한다.

---

* 재무관리에서 차용한 leveraging을 그대로 번역한 경우도 있지만 '지레 혹은 레버로 활용하는 것'으로 문맥에 알맞게 번역한 경우도 있음.

11.1 ::: 어떤 자산과 역량을 지레로 활용할 수 있는가?

이러한 질문에 대한 답은 기존사업에 강점을 주는 자산과 역량의 리스트를 만드는 데서 시작한다. 리스트를 작성하는 데는 3장에서 소개한 자산과 역량을 파악하고 평가할 때 사용하는 3가지 질문이 도움이 될 수 있다. 기존 핵심사업의 강점인 주요 자산과 역량은 무엇인가? 그들의 특징은? 얼마나 강한가?

자산과 역량을 발견하는 또 다른 방법은 각 자산의 여유를 검토하는 것이다. 어떤 자산이 저활용되고 있는가?를 질문하는 것이다. 이 질문으로 어떤 회계법인은 남은 사무실공간을 법률서비스를 제공하는데 사용했으며, 쓸모없게 된 부지를 가진 수퍼마켓은 할인소매점을 개점하였다. 만약 여유자산을 활용할 수 있다면 큰 비용우위를 달성할 수 있을 것이다.

두 번째 단계는 자산과 역량을 우위로 사용할 수 있는 사업영역을 발견하는 것이다. 예를 들어, 약국(드러그 스토어)을 통해 감사카드(greetings cards)를 판매하는 업체라면 예술적인 재능과 유통력을 지레로 활용할 수 있을 것이다. 이를 활용할 수 있는 영역을 발견하기 위해 이렇게 질문할 수 있다. 약국에 예술적인 재능을 활용하면 더 팔릴 수 있는 다른 품목들이 있는가? 어떤 품목의 소싱에서 약국은 어려움을 느끼고 있는가? 약국이 느끼는 문제가 바로 자산과 역량을 사용할 수 있는 기회인 것이다.

마지막 단계는 실행문제이다. 자산과 역량을 다른 사업에다 활용하려면 그 사업에 맞게 수정해야 하고, 더구나 역량을 개발할 필요도 있다. 비용 및 실행상의 어려움 때문에 새로운 사업을 내부에서 개발하기보다 인수합병을 할 수도 있는데, 두 기업이 시스템, 인력, 문화가 달라 어려움을 겪을 수도 있다.

3장에서 간단히 논의한 것처럼 이전할 수 있는 자산과 역량은 매우 다양하다. 여기서는 4가지만 좀더 자세히 설명하기로 한다.

마케팅 스킬

특정시장에 필요한 강력한 마케팅 스킬을 기업이 가지고 있을 수도 있고 부족할 수도 있다. 그래서 마케팅 스킬을 팔거나 사는 것이 새로운 제품시장으로 확장하는 흔한 동기가 된다. 2005년 P&G의 질레트 인수가 좋은 예인데, 마케팅 스킬을 획득한 면도 있고 활용한 면도 있다. P&G는 여성시장을 표적으로 한 마케팅 스킬은 뛰어나 올레이(Olay), 카메이(Camay), 맥스 팩터(Max Factor) 등의 브랜드가 잘 나가고 있다. 반면 혁신적인 면도기와 면도용품을 가진 질레트는 남성시장에서 앞서가는 브랜드로 인식되고 있다. 두 회사가 합쳐져 두 고객층에 어필할 수 있는 제품믹스를 갖게 되었고 상호 학습할 수 있는 기회가 되었다.

하지만 마케팅 스킬을 적용하는 것이 보기만큼 쉽지는 않다. 프라다는 고급 핸드백시장에서 갖고 있는 마케팅 스킬을 활용하려고 펜디, 헬무트 랭, 질 샌더 등 여러 브랜드를 인수하였으나 뒤의 두 개는 수익에 도움이 되지 않아 2006년에 다시 매각하였다.

영업력과 유통력

강한 유통력을 갖춘 기업은 그 능력을 이용할 수 있는 제품이나 서비스를 추가할 수 있다. 테스코의 점포 네트워크와 온라인 점포로서의 강점이 금융서비스 사업에서 선전할 수 있도록 하였다. 우체국은 유통과 보안에서 강점을 갖는데, 영국의 우체국은 이들 강점을 활용하여 외환, 보험, 자산투자 등에 활용하고 있다. 유사하게 아일랜드 국립 우편서비스인 안 포스트(An Post)는 현금전송 및 은행 서비스를 제공한다. 아마존과 같은 전자상거래 기업은 버튼만 추가하면 다른 제품그룹에 쉽게 접근할 수 있는 운영기반을 갖추고 있다. 따라서 단순한 추가로 매출은 증가하고 고정비는 분산되어 마진은 더 좋아질 수 있다.

디자인과 제조 스킬

디자인이나 제조능력이 신사업 영역에 진입하는 기초가 될 수 있다. 플레이크 생산에서의 캐드베리(Cadbury)의 전문성은 타임아웃(TimeOut) 스넥바를 만들게 하였다. 자라(Zara)의 디자인, 생산 및 점포운영 능력이 패스트패션시장에서 리더십을 갖게 했다. 소형제품을 만드는 소니의 능력이 급격히 이동해 가는 가전제품시장에서 경쟁력을 유지하게 하고 있다.

R&D 스킬

특정 기술에서의 전문성이 그 기술에 근거한 신사업을 탄생시킬 수도 있다. 노키아(Nokia)는 패키징회사에서 이동전화기 생산회사로 변신한 기업으로 유명하다. 이 회사의 역사를 살펴보면 전선회사에서 전자제품 및 전화교환기 회사로 거듭나고 있음을 알 수 있다. 이들 영역에서 탁월성을 유지할 수 있었던 근본은 R&D 중심의 혁신이다. 이러한 혁신에 필요한 것은 바로 열린 마음이다. 많은 경우 기존사업의 진화에 너무 집중하여 기회를 놓치는 경우가 있다. 다이슨(Dyson)은 볼베로(ballbarrow) 및 듀얼 사이클론 진공청소기, 더블드럼 세탁기, 에어블래이드(Airblade) 핸드 드라이어로 신사업을 창조하는데 R&D를 잘 활용하고 있다. 일반적으로 기존사업영역에서의 와해적 혁산은 다른 산업이 소유한 기술로부터 오는 경향이 있어, 기초기술과 R&D에서 창조력이 요구된다.

규모의 경제 확보

제품시장 확장으로 규모의 경제가 생기는 경우가 있다. 예를 들어, 소형 소비재 기업은 혼자서는 효과적인 영업력, 신제품 개발이나 테스트 프로그램, 창고 및 물류시스템을 갖출 능력이 없지만 결합하면 효율적인 수준에서 운영될 수 있을 것이다.

11.2 ::: 브랜드 확장

강력한 브랜드 또한 공유할 수 있어 이전 가능한 자산이다. 강력한 브랜드란 어떤 고객집단이 가시성, 연상, 지각된 품질, 충성도 등을 갖는 브랜드를 말한다. 과제는 이러한 브랜드자산을 갖는 것이고 이를 새로운 제품시장에 진입하는데 이용하는 것이다. 강력한 브랜드는 인지도, 신뢰, 관심을 보다 쉽게 높일 수 있기 때문에 신제품을 보다 효율적으로 정착시키는데 도움이 된다.

2007년 MTV는 MTV 아라비아를 런칭하는데 글로벌 명성이 큰 도움이 되었다. 인도 우유회사인 아물(Amul)은 저가, 품질, 유통망, 고객중시 등의 브랜드 이미지를 이용하여 피자, 스포츠음료, 아이스크림 등의 신제품 영역에 성공적으로 진출하였다. 중국 백색가전 거인인 하이얼(Haier)이 처음 미국시장에 진출할 때 비교적 경쟁자가 없는 니치시장인 소형냉장고와 와인쿨러시장에 먼저 진입하여 브랜드 명성을 구축하였다. 거기서 구축된 브랜드 강점을 이용하여 메인 브랜드들과 경쟁하는 시장으로 옮겨 갔다.

소니, HP, 미쯔비시, 지멘스, 네슬레, 타타, 삼성, 다농 등 많은 기업들이 강력한 브랜드를 중심으로 다양한 사업을 하고 있다. 300개 이상의 사업들이 버진(Virgin)의 이름으로 운영되고 있는데, 소유주인 리차드 브랜슨(Richard Branson)의 PR 효과를 받고 있다. 인도의 타타(Tata) 또한 여러 제품과 서비스에 이 이름을 사용하고 있어 브랜드 노출 및 브랜드 활력을 얻고 있다.

증기선 윌리(Steamboat Willie)라는 만화로 유명해진 미키마우스를 초기자산으로 1923년에 설립된 디즈니는 자사브랜드를 지레로 활용하여 가장 성공한 기업이라고 할 수 있다. 1950년대 디즈니랜드를 건설하고 장수 TV 쇼인 '디즈니의 신비한 세계'를 런칭하여 브랜드를 전보다 훨씬 풍부하고 깊어지게 하였다. 특히 플로리다, 파리, 일본에 테마파크를 확장하였고 소매점, 리조트, 크루즈여행사를 설립하였다. 그 결과 디즈니는 만화를 보는 것 이상의 경험을 제공할 수 있었다. 이 브랜드 파워로 디즈니채널은 그 어떤 TV 채널보다 성공한 강력하고 차별화된 TV 네트워크가 되었다.

디즈니의 공격적 브랜드 확장이 성공할 수 있었던 이유를 알면 도움이 될 것이다. 첫째, 시작할 때부터 일관되게 마술과 같은 가족 엔터테인먼트임을 분명히 했다. 디즈니가 한 모든 사업은 이러한 브랜드 정체성을 강화하는 것으로 어른들을 위한 영화산업에 들어갈 때는 디즈니 대신 터치스톤(Touchstone)이라는 이름을 사용하였다. 둘째, 만화와 테마파크에 대한 열광적 관심으로 시작한 디즈니는 운영의 탁월성을 위해 끊임없이 노력하였다. 운영의 탁월성을 배우려는 다른 기업을 위해 학교를 세울 만큼 잘 운영된다. 지연비용이 엄청나지만 크루즈여행은 모든 것이 완벽하다고 판단될 때까지 연기하는 엄격함을 보이기도 했다. 셋째, 디즈니는 그들의 정체성을 공유하는 하위브랜드 관리를 철저히 했다. 미키마우스, 도널드 덕, 마터호른(Matterhorn) 산, '작은 세상'이라는 노래, 메리 포핀스나 라이온 킹과 같은 영화캐릭터 등이 하위브랜드이다. 넷째, 디즈니는 시너지를 이해했다. 라이온 킹은 영화뿐만 아니라 비디오/DVD로 판매되었고, 디즈니 점포를 지원하는 캐릭터였고, 패스트푸드 체인과 여타 장소에서는 판촉물이기도 하였다.

그러나 브랜드 확장의 길은 평탄하지 않다는 것을 유념해야 한다. 1992년 디즈니랜드가 처음 파리에 테마파크를 열었을 때, 관객 수가 실망스러울 만큼 적었다. 개장일 50만 관객을 예상했는데 일부만 입장하였고 그 수는 초기 3개월 간 더 떨어졌다. 이유는 문화적 쟁점에서 찾을 수 있다. 프랑스 사람들은 미국요리가 아닌 프랑스 요리와 와인을 테마파크에서 찾고 있었던 것이다. 높은 입장료도 방문객을 감소시키는데 일조했다. 더구나 프랑스 비평가들은 디즈니를 프랑스 문화에 해악을 끼칠 미국문화로 비난하였고 심지어 '문화적 체르노빌'이라고 부르기도 하였다.

보다 최근에는 문화가 아닌 마케팅 문제로 디즈니랜드 파리는 다시 압력을 받게 되었다. 2001년에는 디즈니랜드 파리는 방문객으로 가득 차 프랑스에서 가장 인기 있는 관광명소가 되었다. 그러나 2002년 두 번째 테마파크인 월트디즈니 스튜디오(Walt Disney Studios)의 개장은 9-11과 맞물려 어려움을 겪었으며 수익의 주요 원천 중 하나인 호텔은 경쟁호텔의 개장으로 어려움을 겪었다. 또한 테마파크의 방문객 특히 반복 방문의 핵심 동인이 새로운 놀이기구인데 2004년 디즈니랜드 파리는 새로운 놀이기구가 없었다. 2005년 후반부에 호텔사업을 강화하는 계획과 새로운 놀이기구를 론칭하는 계획을 발표하였다.[1] 그 결과 2008년 디즈니랜드 파리는 유럽에서 가장 방문하고 싶은 관광명소가 되었다.

개장 초기에 홍콩 디즈니랜드는 다른 문제에 직면하였는데 너무 많은 사람이 몰리는 바람에 너무 대기열이 길어 기대한 브랜드 경험을 하지 못하게 된 것이다.

브랜드 확장은 [그림 11.1]에서 보는 바와 같이 브랜드 이미지와 새로운 제공물이 부합하는지를 따져 성공여부를 판단할 수 있다. 구체적으로 다음과 같은 세 가지 질문에 긍정적인 답변이 나오면 브랜드 확장은 성공할 수 있을 것이다.

1. **브랜드가 확장하려는 제공물에 부합하는가?** 만약 고객이 불편하고 부합하지 않는다고 느끼면 쉽게 수용하지 않을 것이다. 브랜드가 해당 상황에 필요한 신뢰성이나 전문성을 가진 것으로 보이지 않거나 그 상황

그림 11.1 브랜드 확장 논리

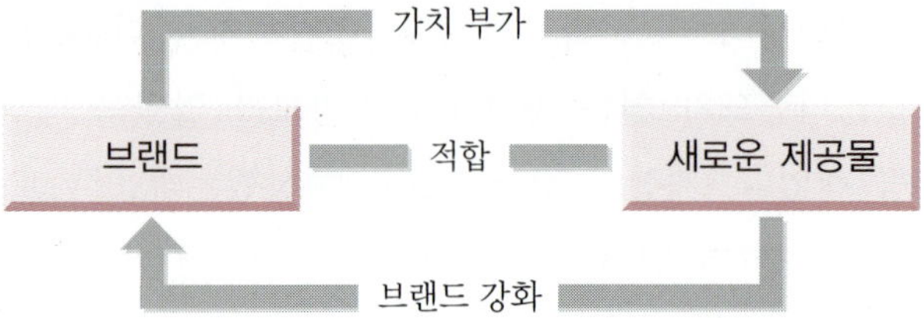

에서 잘못 연상될 수도 있다. 부합성(fit)이 높은 경우를 소개하면 다음과 같다.

- **관련제품** – 베르톨리(Bertolli)는 마가린에서 드레싱, 올리브 오일 그리고 파스타 소스까지 확장하였다.
- **공통의 사용자** – 이코노미스트의 생활잡지인 인텔리전트 라이프(Intelligent Life), 거버(Gerber)의 유아의류.
- **독특한 속성 · 편익** – easyCar.com, 테리(Terry)의 초콜릿 오렌지 바
- **전문성** : 상하이에 위치한 디즈니잉글리쉬(Disney English)는 디즈니 캐릭터를 이용하여 중국 아이들에게 영어를 가르치는 서비스를 제공하고 있다. 어린이를 위한 디즈니라는 이미지가 아이들에게는 재미를 부모님에게는 신뢰를 주고 있다.
- **개성/자기 표현적 편익** – 킹피셔 맥주의 설립자인 비제이 말랴(Vijay Mallya)의 개성을 성장하는 항공산업에 적용하여 킹피셔 항공(Kingfisher Airline)을 만들었다.

일반적으로, 제품군이나 속성과 강하게 연관된 브랜드(예: 에어버스, 현대 혹은 페트로브래스Petrobras)는 개성과 같은 무형적인 것을 연상시키는 브랜드보다 확장이 더 어렵다. 티핑스프렁(TippingSprung)에 의한 연구조사에 따르면 소비자들은 부합성 문제로 버거킹의 남성용 의류, 켈로그의 힙합의류, 올스테이트(Allstate) 그린보험, 플레이보이지의 에너지 음료 등에 열광하지 않은 것으로 나타났다.[2)]

2. **브랜드가 새로운 제공물에 가치를 부가하는가?** 고객이 그 브랜드를 새로운 상황에서도 선호할 수 있어야 한다. 디즈니 크루즈여행을 하면 어린이는 말할 것도 없고 가족 모두가 즐길 수 있는 마술같은 가족 엔

터테인먼트가 될 것이라고 생각한다. 재무안정성으로 유명한 인도의 킹피셔 맥주가 항공산업에 진출하여 만든 킹피셔항공이 승객들로부터 호평을 받고 있다. 또한 카리스마적 소유자인 비제이 말랴(Vijay Mallya)는 최신의 항공기를 사고 모든 좌석에 기내 엔터테인먼트를 갖추도록 했으며 독특한 승무원 서비스를 제공하고 있다.

만약 브랜드가 고객의 눈에 가치를 부가하는 것으로 비쳐지지 않으면 브랜드 확장은 경쟁에 있어 취약할 수 있다. 예를 들어, 이지젯은 오늘날 유럽에서 가장 잘 알려진 소비자 브랜드 중 하나이다. 이지젯은 최근 남성용 멋내기 제품으로 브랜드를 확장하여 이지포맨(easy4men)이라고 하였다. 이지그룹의 브랜드 확장이 이 카테고리에서 얼마나 가치를 부가할 것인지는 분명하지 않다. 때로 지나친 확장으로 브랜드 가치가 감소할 수도 있다. 극단적인 경우지만 피에르 가르댕은 800개 이상의 제품에 사용되고 있다. 암 앤 해머(Arm & Hammer) 또한 겨드랑이 스프레이와 스프레이 살균제에 잘못 확장하여 실패했다.

브랜드가 가치를 부가하는지를 알아보는데, 컨셉테스트(concept test)가 도움이 될 수 있다. 가망고객에게 브랜드명만 알려 주고 제품에 호감이 가는지를 물어(이를 컨셉테스트라고 함) 그렇다고 하면 브랜드가 가치를 부가하는 것으로 볼 수 있다.

3. **확장이 기존브랜드의 이미지를 향상시키는가?** 브랜드 확장이 모브랜드의 가시성, 활기, 연상 등을 지지한다면 이상적이다. 패션 소매상인 몬순은 액세서리로 확장하여 브랜드 위치를 강화하고 있으며, 디즈니가 유럽과 아시아에 테마파크를 신설하고 소매점, 크루즈여행 등으로 진출하여 모브랜드가 강화되고 있다. 이지젯은 온라인 쇼핑(easyValue.com), 직업탐색(easyJobs.com), 이동전화(easyMobile.com), 온라인 개인금융(easyMoney.com) 등으로 확장하여 모브랜드에 활기를 주고 있다. 패션 브랜드인 코치(Coach)가 이전에 결코 성공한 브랜드라고 하기는 어려웠는데, 새로 디자이너를 고용하고 가죽으로 된 'C'라는 태그를 모자, 신발, 선글래스, 코트, 시계, 해변모자 등에 부착하여 강한 브랜드로 변신할 수 있었다. 이처럼 브랜드 확장이 모브랜드에 활기를 넣고 젊은 고객으로 고객기반을 넓히는 데도 도움을 준다. 하지만 확장한 브랜드가 고객의 기대에 못 미치는 위험도 있다. 따라서 브랜드 확장은 모브랜

드에 활력과 경험을 추가할 수도 있지만 모브랜드를 위험에 빠뜨릴 수도 있다.

만약 확장으로 모브랜드가 손상될 수 있다면 사업기회를 포기할 것이 아니라 다른 대안을 생각할 수 있다. 패션 브랜드 프라다는 크지만 저가라 모브랜드에 부합하지 않는 세분시장에 미우미우(Miu Miu) 브랜드로 진입하였다. 하위브랜드와 보증브랜드로 모브랜드에 손상을 줄 수 있는 시장에 진출할 수 있다.

하위브랜드와 보증브랜드

하위브랜드와 보증브랜드는 다음과 같은 불행한 현실이 존재할 때 대안이 될 수 있다. 첫째는 앞서 논의한 바와 같이 브랜드 확장으로 모브랜드가 손상을 입을 수 있는 위험이 존재할 때이고 둘째는 경쟁이 치열하고 자원이 부족하고 규모가 맞지 않아 새로운 브랜드로 진입하기가 어려운 경우이다.

이러한 상황에서, 답은 하위브랜드(subbrand)나 보증브랜드(endorsed brand)의 사용이다. 소니는 게임(Playstation), 컴퓨터(Vaio), 엔터테인먼트 로봇(AIBO), 텔레비전(Brava)과 같은 새로운 시장에 효과적으로 진입하기 위해 하위브랜드를 이용하였다. 비슷하게 인텔은 펜티엄 제온(Pentium Zeon)이라는 하위브랜드로 고가 서버 마이크로프로세서를 제공하고 있다. 하위브랜드는 제공물을 어느 정도 모브랜드로부터 분리시켜 모브랜드를 보호하는 효과가 있는데, 예를 들어, 2006년 소니의 아이보(AIBO) 엔터테인먼트 로봇의 중단 발표다. 이러한 퇴출발표로 소니의 엔터테인먼트나 다른 영역에서 조금도 의심을 받지는 않았다.

보증브랜드를 이용하면 더 잘 분리할 수 있다. 테스코는 영국 소매시장에서 두 개 세분시장의 성장잠재력을 간파하였다. 첫 번째는 신문이나 우유, 초콜렛바 등으로 이루어진 이른바 '충전(top-up)' 시장으로 테스코 익스프레스(Tesco Express)를 만들어 진입하였다. 주로 주유소에 입지하고 있는 것이 특징이다. 또 다른 세분시장은 가정용품과 전자제품 시장인데, 이상은 테스코 엑스트라(Tesco Extra)로 커버하고 있다. 그 외에도 테스코 수퍼스토어가 있다. 이처럼 새로운 브랜드의 대안으로 보증브랜드를 사용하면 비용과 위험을 줄일 수 있다.

11.3 ::: 제공물 범위의 확장

제공물 범위의 확장(expanding the scope of the offering)이란 덜 사용된 자산을 활용하는 것으로 볼 수 있다. 스웨덴의 전문냉장고회사인 도메틱(Dometic)은 소음이 적은 냉장고를 호텔, 이동식 주택, 레저차량, 선박에 판매하고 있다.[3] 이 성공에 힘을 얻어 에어컨, 자동차양, 발전기, 조리와 위생설비, 정수기시스템 등으로 확장하였다. 이처럼 단순한 냉장고에서 인테리어 시스템으로 확장하였고 유통도 직접 하게 되었다. 제공물 범위를 확장하는 여러 가지 방안을 설명한다.

먼저, 제공물이 이용되는 상황을 보다 넓게 생각하는 것이 제공물 범위를 확장하는 아이디어이다. 예를 들어, 오렌지 쥬스 사업 대신 아침식사 사업으로 범위를 넓힐 수 있다. 테니스 라켓만 판매하는 대신, 네트와 코트를 만드는 것도 생각하라. GE의 잭 웰치 회장은 성숙된 사업에서 지배적인 기업들이 넓게 시장을 재정의하면 많은 기회를 가질 수 있다고 한다.

슬리워츠키와 와이즈(Slywotsky and Wise)는 "시장이 성장하지 않을 때 성장하는 법(How to Grow When Markets Don' t)"이라는 저서에서 유사한 제안을 한다.[4] 이들은 자사의 기존제품을 사용하고 있는 고객의 또 다른 욕구를 파악하고 이를 제공할 것을 권유하고 있다. 예를 들어, 약국에 약을 공급하던 카디널 헬스(Cardinal Health)는 기록관리 서비스와 수술용 도구로까지 그 범위를 넓혔다. 어떤 인쇄기업은 은행의 수표 인쇄에서 콜센터를 포함한 고객관계관리까지 범위를 넓혔다. 이코노미스트지는 이코노미스트 인텔리전스 유니트(Economist Intelligence Unit)를 통해 경제정보와 사업정보 등 다양한 영역의 정보를 제공한다.

둘째, 고객사용경험(customer use experience)을 분석하는 것도 제공물 범위를 확장하는 아이디어를 얻는 훌륭한 방법이다. 고객사용경험이란 구매, 지불, 수송, 저장, 사용 준비, 사용, 복원, 재생 등 고객이 제공물을 사용하는 과정전반을 말한다. 이는 제품이나 서비스를 이용하는 고객을 따라가면서 조사할 수 있다. 예를 들어, P&G는 월마트와 함께 자사제품이 입고되어 판매되는 전체과정을 분석하여 재고비, 관리비, 품절비 등을 줄일 수 있었다.

셋째, 소비시스템 자체를 분석하여 이를 결합하면 제공물의 범위를 확장하는 아이디어가 될 수 있다. 간편식을 만드는 회사가 고객의 소비시스템을 조사하여 소스와 면을 함께 전자레인지에 넣어 조리할 수 있는 접시를 만들어 성공하였다. 이렇게 함으로써 요리를 위한 몇 단계가 제거되거나 결합되어 간편하게 요리할 수 있다는 고객가치를 창조한 것이다.

마지막으로 제공물 범위를 확장하는 또 다른 아이디어는 단순하게 고객이 필요한 것을 추가하는 것이다. 기존고객이 우리 제공물 외에 어떤 다른 것을 구매하는가?를 질문하면 아이디어를 얻을 수 있다. 패스트푸드 체인이 이러한 방법을 잘 이용하고 있는데, 맥도널드는 맥카페라는 브랜드로 고급커피를 추가하여 오전과 오후 비수기에 판매를 늘리고 있다.

11.4 ::: 새로운 시장

기존 제공물을 그대로 혹은 약간 수정하여 새로운 시장에 진출하는 것도 타당한 성장방법이다. 새로운 시장에 진출하는 것을 시장확장이라고도 하며 기존의 기술, 전문성, 시설 등을 활용하기 때문에 시너지가 있어 투자비와 운영비가 절감될 수 있다. 물론 시장확장은 기존사업이 성공적으로 운영되고 있음을 전제로 하고 있어, 실패나 시원찮은 성과를 이전하는 것을 말하는 것은 아니다.

지리적 확장

지리적 확장은 지역에서 전국으로, 지역에서 지역으로, 국가에서 국가로 확장하는 것을 말한다. 대표적인 것이 국가간의 확장으로 해외시장진출이라고 한다. 윰!브랜드(Yum! brands), 테스코, 네슬레, IBM, 비자 등이 세계적으로 사업운영을 확대하여 성공한 사례다. 이들은 미래의 성장 동력을 얻기 위해 떠오르는 시장으로 조명을 받고 있는 중국, 인도, 브라질 등으로 시장을 확대하고 있다. KFC와 피자헛은 윰!브랜드로 20년 이상 중국에 투자해 오고 있는데 그 결과 KFC는 패스트푸드 시장에서 이제 선두가 되었고 피자헛은 캐주얼식사시장의 리더가 되었다. 해외시장 진출에는 물류와 유통 인프라 투자, 조직구축 및 적응 등이 중요한데, 13장에서 자세히 다룰 것이다.

지역에서 지역으로, 지역에서 전국으로 확장하는 것도 지리적 확장의 중요한 대안이다. 이 경우에는 능력 있는 파트너와의 제휴나 합병을 하는 것이 유리하다.

새로운 세분시장으로 확장

새로운 세분시장에 진출하여 성장할 수도 있다. 만약 표적 세분시장이 잘 정의되어 있다면 고려되지 않은 많은 다른 세분시장들이 있을 것이다. 예를 보기로 한다.

- **유통경로.** 제2의, 제3의 유통경로를 개설함으로써 새로운 세분시장에 도달할 수 있다. 많은 패션브랜드들은 직영점, 백화점이나 패션전문점, 온라인 점포 등을 통해 제품을 판매한다. 소비자에게 직접 판매하는 오리플레임(Oriflame)과 같은 브랜드는 다른 브랜드를 만들어 백화점에서 판매할 수도 있을 것이다.
- **나이.** 존슨 앤 존슨의 베이비 샴푸는 유아시장이 점차 차츰 줄어들자 머리를 자주 감는 성인 시장으로 눈을 돌렸다.
- **가정용 대 사무용.** 사무용품 공급자는 홈오피스 시장으로 진출할 수 있을 것이다.

새로운 시장을 탐색하는 열쇠는 다양한 세분화변수를 고려하는 것이다. 때로 다른 방식으로 시장을 보게 되면 유용한 세분시장을 찾아 낼 수 있다. 특히 여성용 컴퓨터 시장과 같이 잘 충족되지 않고 있는 세분시장을 파악하는 것이 도움이 된다. 그렇다고 모든 세분시장에 진출할 수 있는 것은 아니고 자사브랜드가 가치를 제공할 수 있는 세분시장을 찾아야 한다. 기존 세분시장에도 경쟁자는 있기 때문에 고객가치를 높이지 않고서 새로운 시장으로 진입하는 것은 매우 위험하다.

11.5 ::: 사업레버리징 대안의 평가

기존사업을 레버로 활용하여 성장을 모색하는, 즉 사업레버리징의 여러 방법을 위에서 소개했다. 하지만 아무것도 쉽게 판단할 수 있는 것은 없다. 즉시 해야 할지, 시간을 두고 천천히 해야 할지를 신중히 평가하고 검토해야 한다. 검토사항을 5가지 질문으로 제시한다. 그 전에 이러한 질문을 하게 된 배경부터 설명한다.

베인 앤 컴버니(Bain and Company)의 크리스 주크(Chris Zook)가 세 번에 걸쳐 사업레버리징에 대해 조사한 결과가 제임스 알렌(James Allen)과 공저한 두 저서 "핵심사업으로부터 수익을(Profit from the Core)"과 "핵심사업을 넘어서(Beyond the Core)"에 보고되어 있다.[5] 첫 번째 연구조사는 1992년부터 2002년까지 10년 동안 경쟁자들보다 지속적으로 높은 성과를 보이는 25개 기업을 사례 분석한 것이다. 두 번째 연구는 동일한 산업에서 유사한 출발을 하였으나 10년 이상이나 매우 다른 성장곡선을 보인 12쌍의 기업들을 분석한 것으로 이들 기업이 사업레버리징을 150번 시도한 것으로 나타났다. 세 번째 연구는 미국과 영국 기업들이 시도한 180회의 사업레버리징을 분석한 것이다. 이들 세 연구에서 사업레버리징을 성공적으로 할 수 기준을 찾아내 5가지 질문으로 만든 것이다.

제품시장이 매력적인가?

사업레버리징이 성공하려면 확고한 수익 풀(pool)이 있는 시장으로 진출해야 한다. 4장에서 소개한 포터교수의 5포스 모델을 보면 수익 풀을 짐작할 수 있다. 지배적인 경쟁자가 있거나 과잉생산이나 고객 수요의 특성상 마진이 정체되어 있으면 수익이 발생하지 않아 실패할 가능성이 높다. 유틸리티 산업의 기업들이 이동통신사업에 들어가 대부분 실패했는데, 경쟁이 치열하여 수익 풀(pool)이 작아졌기 때문이다. 반면, 농산물 회사인 올램(Olam)은 항상 수익 풀이 좋은 영역으로 확장하여 성공하였다. 수익 풀을 예측하는 것은 어려운데, 특히 잠재적 진입자가 많고 경쟁이 치열한 적의시장(hostile market)은 매우 위험이 크다. 4장에서 설명한 성장시장의 위험을 다시 상기하기 바란다.

핵심사업이 성공하고 있는가?

평범한 것을 확장하는 것은 성공의 길에서 벗어나는 것이다. 본업에서 약하면 성장에 활용할 수 있는 자원 혹은 자산과 역량이 거의 없을 것이다. 주크(Zook) 연구에 의하면 사업레버리징의 성공가망성은 약 25% 정도인데,[6] 핵심사업이 약할 때는 8% 정도로 떨어진다고 한다.[7] 예를 들어, 버젯 렌터카(Budget Rent A Car)는 본업의 위상을 높이려는 노력을 하지 않고 여행과 트럭임대업을 포함한 여러 사업에 진출하여 실패하고 말았다.

핵심사업이 새로운 제품시장으로 이전될 수 있는가? 얼마나 많이 이전될 수 있는가?

사업레버리징의 성공가능성은 핵심사업과 새로운 사업이 가까울수록 높아진다. 테스코는 소매업에서 쌓은 경험을 바탕으로 점포 내 약국, 안경점, 주유소, 주방용품, 커피숍 등으로 확장하였다. 이러한 레버리징은 시너지를 발휘하여 본업과 새로운 사업 모두를 강화하는데 도움이 되었다. 반면 테스코보다 성과에서 뒤처지고 있는 세인스베리(Sainsbury)는 이집트에서 식료품체인을 영국에서는 DIY 체인에 투자하여 실패했다. 본업과 거리가 먼 절제 없는 확장의 결과를 잘 보여주는 사례다. 프랑스는 미국문화에 가장 저항적인 유럽국가라고 흔히 말한다. 그러나 미국 최고의 아이콘 브랜드 중 하나인 맥도날드는 프랑스에서 맥도(McDo)로 불리는데 1979년에 프랑스에서 런칭하여 1,000여개 이상의 점포로 성장하여 유럽에서 최고의 수익을 올리는 시장이 되었다. 이를 위해 맥도널드는 프렌치 요거트, 프렌치 커피, 프렌치 음료수 등을 제공하는 프랑스 취향에 맞는 메뉴를 개발하였다. 또한 매년 얼마나 많은 소, 닭, 양상추, 토마토를 프랑스에서 조달하는지를 광고하여 프랑스 공급업자들의 몰입을 유도하고 있다.[8]

본업과 신사업이 고객, 경쟁자, 유통채널, 원가구조, 자산 및 역량 등에서 동일한지(0) 혹은 다른지(1)를 주크(Zook)는 계산하였다. 부분적 일치가 있어 0과 1 사이의 수치가 있을 수 있으나 합계는 작게는 0에서 최고 5까지이다. 차이합계가 2 이상일 경우 성공의 가능성은 평균 25% 이상에서 10% 밑으로 하락한다고 한다.[9]

본업을 그대로 신시장에 도입하는 경우도 있지만 그렇지 않은 경우도 있기 때문에 수정(adaptation)이 필요한데, 이를 간과하는 경우가 있다. 월마트가 유럽시장에 진출하면서 겪은 경험이 그 예가 될 것이다. 월마트는 독일시장에 진입하는 대로가 될 것으로 보고 베르트카푸(Wertkauf)와 인테르스파(Interspar)를 인수하였지만 어려움을 겪었다. 이유는 공급업자들이 집중화된 공급시스템을 싫어했고, 미국인 경영자와 종업원의 갈등, 정부의 저가격 규제 등이었다. 이러한 교훈을 바탕으로 영국시장에 들어갈 때는 아스다(ASDA)를 인수하여 성공하였다. 인수한 아스다경영자들에게 권한을 많이 위임했고, IT 노하우와 글로벌소싱 능력을 제공하여 성공한 것이다.[10)]

새로운 사업이 성공할까 그리고 시장 리더가 될 수 있을까?

평범하지 않은 첫 번째 질문은 이유가 무엇이든지 간에 단순히 시장 수용이 부족하여 신사업이 실패할 수 있다는 것이다. 신제품 수용은 낮다. 본사업에서 경쟁력이 높고 새로 진입하는 사업에서도 충분한 시너지를 갖는 경우라도 실패율은 상당히 높은데 우리는 주된 이유를 안다. 다른 상황에서 행한 많은 연구들은 실패의 주된 이유로 신제품의 차이점 부족으로 결론짓고 있다. 차이점이 있는 것으로 기업은 착각하지만 소비자의 눈에는 모방(me too) 제품으로 보이는 일이 너무 많기 때문이다. 핵심은 성공할 수 있는 이유가 없기 때문에 실패했다는 것이다. 고객이 제공물을 가치 있다고 느낄만한 증거가 필요하며, 또한 제공물은 경쟁사의 공격을 견딜만해야 한다.

심지어 기업이 진정으로 향상된 제공물로 생각하더라도 고객은 반대로 생각하여 향상이 제공물을 오히려 외면하게 하는 원인이 되는 경우도 있다. 클레롤(Clairol)은 몇 가지 샴푸에 사용할 수 있는 새로운 헤어 컨디셔너인 스몰 미라클(Small Miracle)로 실패하였다. 그 이유는 잘 씻겨지면 머리에 남지 않아 효과가 없는 것으로 생각했기 때문이다. 잘 구축된 브랜드를 사용하는 경우에도 고객이 다르게 지각하여 실패하는 경우도 있다. 무색 콜라인 크리스탈 펩시가 실패하였는데 색상이 부정적인 맛을 느끼게 했기 때문이다.

물론 목적은 단순히 생존하는 것만이 아니다. 전체시장이 아니면 매력적인 하위시장에서라도 시장선도자가 되는 것이 목적이다. 4, 5위 혹은 3위가 되더라도 지속적인 투자를 하기 어려울 수 있기 때문이다. 합당한 매출과 재무적인 성공 없이 투자를 정당화하기는 힘들다. 부유한 조직에서도 투자자원 경쟁은 언제나 존재한다.

레버리징 전략을 반복할 수 있을까?

사업레버리징을 반복 사용할 수 있다면 대단한 가치가 있다. 반복성은 학습곡선의 효과가 있고, 실행속도를 높이며, 전략을 명확히 수립할 수 있게 하고 디테일에도 능할 수 있게 한다. 주크(Zook)의 데이터베이스에 의하면 레버리징이 성공한 기업의 2/3가 반복사용할 수 있는 두 가지의 공식을 가지고 있었다.[11] 예를 들어, 나이키는 리복보다 레버리징에서 늘 앞서 갔다. 리복이 보트 회사를 매입할 때, 나이키는 농구에서의 성공공식을 테니스, 야구, 미식축구, 배구, 하이킹, 축구, 골프로 옮겨 가며 복제하였다. 마이클 조던이나 타이거 우즈와 같은 스포츠 스타를 모델로 등장시켜 신뢰를 얻고, 신발에서 의류, 스포츠용품으로 점차 확대해 가는 것이 나이키의 레버리징 공식이다.

11.6 ::: 시너지의 망상

7장에서 언급한 것처럼 시너지는 경쟁우위의 중요한 원천이다. 그러나 시너지는 현실이 아니라 망상일 수도 있다. 시너지가 존재하지 않거나, 실현되지 않거나, 과대평가되어 있을 수 있다는 것이다.

잠재적 시너지가 존재하지 않는다

전략수립자들은 시너지가 존재한다고 스스로를 조작한다. 제약산업에서 한때 합병의 바람이 불었는데, 합병이 글로벌 마케팅과 의약품 개발에서 시너지가 있을 것으로 기대했기 때문이다. 2000년 240억 유로를 투입하여 글락소 웰컴(Glaxo Wellcome)이 스미스클라인 비참(SmithKline Beecham)을 합병하였으나 아직도 새로운 블록버스터 약품은 어디에 있는지 모호하다.

스쿨버스 운영자가 앰블런스 사업을 인수하였으나 금방 복잡하고 규제가 심한 사업을 운영할 능력이 없다는 것을 알게 되었다. 또한 많은 수퍼마켓 체인들이 공통의 공급망을 확보하고 정보시스템을 이용할 목적으로 해외 시장에 진출하였으나 결과는 두 가지가 오히려 운영을 방해하는 것으로 나타났다.

잠재적 시너지는 존재하지만 실현하기 어렵다

때로 잠재적 시너지가 있지만 실행상의 어려움이 생각했던 것보다 커 실행되지 않는 경우가 발생한다. 두 조직은, 심지어 같은 회사 내의 다른 사업부조차도 문화, 전략, 프로세스가 달라 시너지를 실현하는데 난관이 된다. 다임러 벤츠(Daimler-Benz)와 크라이슬러(Chrysler)가 시너지를 기대하고 합병했으나 결국은 많은 비용을 감수하고 다시 분리되었다. 멀티서비스 텔레콤 기업과 엔터테인먼트 기업들이 시너지 창출을 목적으로 결합하지만 수포로 돌아가는 경우가 많다.

두 조직의 난관을 극복하여 최종적으로 시너지를 실현하는 길은 고객솔루션이다. 다시 말해 통합으로 고객가치가 높아졌느냐가 궁극적인 시너지 실현인 것이다. 여기에는 긴 시간과 여유, 많은 자원이 필요하다. 모리슨(Morrisons)는 영국에서 가장 성공한 소매상 중 하나로 주로 북부에서 활동하고 있으며 오랜 역사를 가진다. 2004년에 세이프웨이(Safeway) 수퍼마켓 체인을 인수하였는데, 남부에 집중하고 있는 세이프웨이가 북쪽 기반인 모리슨을 보완할 것으로 보았기 때문이다. 그러나 많은 문제점들이 재빠르게 나타나기 시작했다. 모리슨은 점포를 통제하는데 반해 세이프웨이는 전통적으로 점포관리자에게 자율권을 많이 허용하고 있었다. 또한 세이프웨이는 모리슨보다 더 다양한 구색을 갖추고 있었다. 두 기업의 IT와 재무시스템을 통합하는 데도 어려움이 있어 비용이 발생했고 경영진의 통제가 어려웠다. 마지막으로 모리슨이 북부의 고객과 남부의 고객이 다름을 제대로 인식하지 못했다는 점이다. 그 결과 모리슨은 2006년 창사 이래 처음으로 적자를 발표하였다. 적극적인 리스트럭처링과 점포 철수 등으로 2009년에는 흑자로 돌아서게 되었다.

시너지 탐색의 어려움

광고, 직접마케팅, 마케팅조사, 홍보, 디자인, 판매촉진, 인터넷 커뮤니케이션 등을 포괄하는 토탈커뮤니케이션이란 개념은 20년 동안 많은 조직의 꿈이 되어 왔다. 그 개념은 보다 일관적이고 조정된 커뮤니케이션을 고객에게 제공하고 여러 서비스를 교차판매하여 시너지를 창출하는 것이다. 오길비 & 매더는 '오길비 오케스트라'란 이름으로, 영 앤 루비캠(Young & Rubicam)은 '완전한 계란(whole eggs)'이란 이름으로 토탈 서비스를 제공한다.

논리적으로 타당하고 노력 또한 열심히 했음에도 시너지를 찾기는 어려웠다. 각 커뮤니케이션을 담당하는 사람이 다르고 패러다임, 문화, 성공측정, 프로세스가 달라 함께 일하기 어려울 뿐만 아니라 커뮤니케이션전략과 비주얼공유와 같은 간단한 일도 하기 어려웠다. 다른 부서를 파트너라기보다는 열등한 경쟁사로 여기는 경향이 있었다. 일처리를 잘 하지 못할 것으로 의심되는 자매사를 고객에게 추천하는 것을 주저하였고, 다른 부서를 자기 고객을 빼앗아 가는 경쟁자로 생각했다.

어느 정도 성공했다고 보는 영 앤 루비캠(Young & Rubicam), 덴츠(Denstu), 맥캔 에릭슨(McCann Ericson) 등과 같은 회사는 직접 마케팅, 홍보, 인터넷 커뮤니케이션, 광고 등을 소유하고 있었고 같은 곳에 입지하여 부서가 아닌 회사가 고객관리를 하는 것이 특징이다. 이들 기업은 여러 부서가 같은 사무실을 쓰고 팀으로 성과측정을 하며 신뢰를 받는 팀 리더가 있었다. 이러한 특징을 갖추고 있더라도 지속적으로 성공하는 회사는 매우 드물다. 한 회사 안에 있는 부서끼리 한 우산아래 모여 가상팀을 만들어 일을 할지라도 성공은 매우 드물다.

여기서의 교훈은 시너지가 논리적이고 동기부여 되었다고 할지라도 꼭 발생하는 것은 아니라는 것이다. 더욱 열심히 노력하는 것이 아니라 진정한 혁신을 해야 시너지가 실현될 수 있음을 말하고 있다.

잠재적 시너지가 과대평가될 수 있다

다른 영역에 있는 기업을 인수할 때는 잠재적 시너지가 실제보다 매력적으로 보여 위험을 초래하는 경우가 있다. BMW는 1994년에 11억 유로로 들여 4륜 구동 자동차시장에 진입할 목적으로 랜드로버(Land Rover)라는 브랜드로 유명한 로버자동차를 인수하였다. 랜드로버 브랜드의 명성과 BMW의 프레스티지 이미지 및 마케팅 스킬을 결합하면 4륜구동시장에서 최고가 될 것으로 예상했기 때문이다. BMW는 기존의 경영자에게 랜드로버회사를 그대로 맡겼는데, 랜드로버는 BMW가 생각한 것보다 더 나쁜 상황이었고 기대한 시너지는 달성될 수 없다는 것을 깨닫는데 긴 시간이 필요하지 않았다. 2000년 BMW는 수익성이 있는 랜드로버와 미니(Mini) 브랜드만 남기고 나머지를 매각했는데, 총손실은 10억 유로 이상이었고 30억 유로의 추가투자를 단념해야만 하였다.

바비(Barbie)로 유명한 장난감 회사인 마텔(Mattel)이 리더 래빗(Reader Rabbit), 말하기 학습(Learn to Speak), 오리건 트레일(Oregon Trail)과 같은 타이틀의 어린이용 책을 발간하는 러닝 컴퍼니(The Learning Company)를 인수한 것은 매우 논리적인 것처럼 보인다. 35억 달러를 지불하고 인수한지 채 반 년도 되지 않아 눈덩이처럼 불어나는 적자로부터 벗어나기 위해 러닝 컴퍼니를 매각하였다.

인수 경험이 있는 40개 기업 75명의 경영자를 대상으로 한 연구조사에서 두 가지 결론을 얻을 수 있다. 첫째, 인수의 결과를 최선과 최악으로 나누어 고찰하는 엄격한 위험분석을 거의 하지 않는다는 것이다. 낙관적으로 보는 것은 좋지만 무엇이 잘못될 수 있는지 내리막길은 없는지 등에 대해 세세한 것까지 체크하는 것이 현명할 것이다. 둘째, 인수에 지불할 수 있는 상한선을 정하는 것이 현명하다. 이렇게 하면 시너지에 너무 흥분해서 회수할 수 있는 것 이상으로 가격을 지불하는 위험을 피할 수 있을 것이다.[12)]

주요 학습내용

1. 자산과 역량을 레버로 활용하려면(사업레버리징을 하려면) 먼저, 이들을 파악해야 하고 다음으로, 적용할 수 있는 사업영역을 결정해야 한다.
2. 브랜드 확장이 성공하려면 확장대상과 적합성이 있어야 하고 모브랜드에도 도움이 되어야 한다.
3. 사업레버리징의 방법은 기존시장에 새로운 제품을 도입하거나 기존제품을 새로운 시장으로 확장하는 것이 있다.
4. 새로운 제품이나 시장으로 확장하는 것에는 위험이 따르는데, 이유는 시장이 수용을 거부할 수 있고 많은 투자자원이 필요하기 때문이다. 이러한 위험을 줄이고 성공가능성을 높이는 조건은 다음과 같다. 핵심사업이 건강해야 한다. 새로운 제품시장이 매력적이어야 한다. 사업모델이 반복될

수 있어야 한다. 시장 리더십이 가능해야 한다. 본업으로부터 가까워야 한다.

5. 시너지는 망상일 수 있다. 거의 존재하지 않거나 존재하지만 실현할 수 없거나 과대평가될 수 있기 때문이다.

토의사항

1. 어떤 제공물을 선택하여 10장에 소개한 창조적 사고방법으로 다음을 해보라. 먼저, 제공물을 개량하는 아이디어를 내 보고, 다음으로 기존과는 완전히 다른 제공물을 만들어 보라.
2. 다음과 같은 확장 안을 평가하라.
   - 이코노미스트(*Economist*)지가 비즈니스 스쿨 운영
   - HSBC은행이 가정안전서비스로 진출
   - 린스/엑스(Lynx/Axe)의 남성용 미용실 체인으로의 진출
   - 폰즈(핀란드의 벌목기계 기업)의 자동차시장으로의 진출
   - 웨이트 와쳐(Weight Watchers)의 체육시설로의 진출
3. 이노센트 스무디와 같은 유명한 브랜드를 선택하라. 브랜드를 확장할 수 있는 제품이나 서비스 20개를 제안하라. 물론 기존 제품의 연장도 포함한다. 그 다음 이 장에서 제안한 3가지 기준으로 20개 안을 평가하라.
4. 다음의 합병이나 인수 사례를 보라. 논리적으로 어떤 시너지가 가능할까? 시너지를 방해하는 것은 무엇인가? 특히 운영, 문화, 브랜드자산을 고려하라.
   - a. 로레알(L' Oréal)의 바디 샵(The Body Shop) 인수
   - b. 캐드베리(Cadbury)의 유기농 초콜랫회사인 그린 앤 블랙(Green & Black)의 인수
   - c. 타타(Tata)의 재규어(Jaguar) 인수
5. 스타벅스의 브랜드 확장에 대한 질문이다. 비행기에 스타벅스 커피를 탑재하기, 서점이나 잡화체인에 스타벅스점을 열기, 아이스크림업체에게 브랜드를 라이센스하기, 오트밀을 스타벅스에서 판매하기, 수퍼마켓에서 스타벅스 인스턴트커피 판매하기 등을 평가하라.
6. 사업결합으로 시너지를 얻는 사례와 실패한 사례를 찾아 내고 평가하라.

참고문헌

1. "Trouble in le Royaume Magique," *The Economist*, 5 August 2004; Euro Disney SCA, Consolidated Financial Results, Fiscal Year 2005, Analysts Conference Call, 12 November 2005.
2. "TippingSprung Publishes Results for Fifth Annual Brand-Extension Survey," *PRWeb*, 7 January 2009.
3. Chris Zook, "Finding Your Next Core Business," *Harvard Business Review*, April 2007, p.70.
4. Adrian Slywotsky and Richard Wise, *How to Grow When Markets Don't*, New York, NY, Warner Business Books, 2003.
5. Chris Zook and James Allen, *Profit from the Core*, Boston, MA, Harvard Business School Press, 2001; Chris Zook, Beyond the Core, Boston, MA, Harvard Business School Press, 2004.
6. Chris Zook, *Beyond the Core*, Boston, MA, Harvard Business School Press, 2004, p. 22.
7. Chris Zook, *Beyond the Core*, Boston, MA, Harvard Business School Press, 2004, p. 112.
8. 'Burger and Fries á la Francaise', The Economist, 15 April 2004.
9. Chris Zook, *Beyond the Core*, Boston, MA, Harvard Business School Press, 2004, pp. 87–88.
10. Wendy Zellner, Katherine Schmidt, Moon Ihlwan, and Heidi Dawley, "How Well Does Wal-Mart Travel," *Business Week*, 3 September 2001.
11. Chris Zook, *Beyond the Core*, Boston, MA, Harvard Business School Press, 2004.
12. Robert G. Eccles, Kirsten L. Lanes, and Thomas C. Wilson, "Are You Paying Too Much for That Acquisition?," *Harvard Business Review*, July-August 1999, pp. 136–143.

CHAPTER 12

신사업창출

변화에 대처하는 가장 효과적인 방법은 변화창출을 돕는 것이다.

– I.W. 라이넷(Lynett)

과대망상만이 살아남는다.

– 앤드류 그로브(Andrew Grove), 인텔의 전 CEO

악마는 지지자를 필요로 하지 않지만 용감한 자는 지지자들이 필요하다.

– 세스 고딘(Seth Godin)

엔터프라이즈 렌트카는 미국, 캐나다. 영국, 아일랜드에서 영업을 하고 있으며 1990년대에 허츠를 추월하였다. 2008년에는 허츠의 매출액이 67억 달러인데 반해 엔터프라이즈는 101억 달러로 훨씬 앞섰고 수익 또한 그렇다. 1957년도 세인트루이스에서 설립된 엔터프라이즈는 기존의 렌트카 업체들과 달리 시내의 레저여행객과 수리중인 자동차를 대신 서비스해야 하는 보험회사를 표적으로 하여 서비스를 시작하였다. 이 시장은 엔터프라이즈가 만들고 키운 시장이라고 할 수 있다. '우리가 당신을 태우러 갈 것이다(We' ll pick you up)' 라는 슬로건을 내걸고 고객만족에 따라 보너스를 주는 시스템으로 사업자들을 동기부여했다. 허츠를 바짝 추격한 1980년대 후반이 되어서야 전국적인 광고를 시작하였고 그제서야 공항 위주로 서비스하던 기존의 렌트카 업체들이 주목하게 되었다.

라이언에어는 유럽에서 항공여행을 확장시킨 장본인이다. 최저가 요금정책으로 이전에는 비싸 엄두를 내지 못하던 세분시장을 항공여행으로 끌어들인 것이다. 좌석지정, 무료 기내식사와 음료, 신문서비스와 같은 표준적인 항공여행의 부가서비스를 줄이거나 없앰으로써 저가격을 가능하게 했다. 또한 여행사 없이 직접 예약하도록 하여 마진을 제거하였으며 공항이용료가 저렴한 2등급 공항을 주로 이용하였다. 가격은 낮추고 대신 기본은 충실히 했다. 수화물 분실 가능성을 줄이는 직항(point-to-point)시스템, 단일기종의 더 새로운 비행기로 운행하여 보다 높은 안전기록, 온라인 체크인과 핸디 캐리를 권장하여 공항에서의 소요시간 감소, 운항시간의 철저한 준수 등의 기본에 충실하였다. 2009년 라이언에어는 5천 9백만 승객을 운송하였고 223개의 새로운 항로를 열었으며 에어 프랑스, KLM, 영국항공 및 역사적으로 리더였던 다른 항공사들을 앞질러 유럽에서 가장 큰 항공사가 되었다.

그라민(Grameen) 은행은 담보 없이 개인에게 대출하는 소액금융은행이다. 규정이 있는 것은 아니지만 대출은 주로 여성에게 많이 이루어졌고 돈이 낭비되지 않고 정확히 투자되도록 지도한다. 또한 은행은 예금도 받고 다농과 함께 고영양 요거트를 생산하고 판매하는 활동도 한다. 이 사업모델의 핵심은 무손실, 무배당이다. 그라민 뱅크의 설립자인 무하마드 유누스(Muhammad Yunus)는 2006년에 은행과 함께 공동으로 노벨 평화상을 수상하였다. 모사마트 타슬리마 베굼(Mosammat Taslima Begum)은 은행을 대신하여 상을 받았는데, 그녀는 1992년 처음으로 염소를 사기 위해 16유로를 대출받았다. 염소를 키우고 새끼를 낳아서 팔아 작은 망고 과수원, 물고기 연못, 인력거를 사게 되었고 2006년에는 700만에 이르는 회원을 대표하는 운영위원으로 선출된 것이다. 은행의 영향력을 말하라고 했을 때 유누스는 "만약 700만 명의 타슬리마가 있을 때의 방글라데시를 상상하면 그라민은행의 영향력을 알 수 있을 것이다"라고 응답하였다.[1]

크록스(Crocs)는 아이들과 여성 그리고 남성을 위해 밝은 컬러로 만들어진 가벼운 플라스틱으로 된 신발이다. 신으면 발에 맞추어 변하기 때문에 매우 편안하다. 착용감이 좋고 또한 착탈이 편하여 가정, 해변, 정원, 체육관에서 애용되는 캐쥬얼 신발이다. 2002년과 2009년 사이 1억 컬레 이상의 크록스가 팔렸다. 2009년에는 플라스틱 신발을 하나의 카테고리로 정착시켜 다른 신발 카테고리와의 동반성장을 모색하고 있다.

12.1 ::: 신사업

성장을 추구하는 두 가지 접근법을 앞의 두 장에서 소개했다. 기존사업을 활성화는 것과 기존사업을 레버로 삼아 새로운 제품시장으로 확장하는 사업 레버리징이다. 이들 두 접근법은 기존사업을 중심으로 성장방향을 다양한 길로 모색하는 것이 특징이다.

그러나 기존사업을 넘어서는 다른 접근법도 있다. 레드불, 크록스, 라이언에어, 그라민은행의 예에서 보는 것처럼 새로운 시장과 하위시장을 창출함으로써 고객의 구매패턴을 바꾸는 것이다. 이러한 접근법은 과거와는 크게 다른 사업전략으로 시장을 변모시키는 변혁적 혁신이다.

저가 항공여행, 이동전화, 스마트폰, 서버, 커피숍, 스노우보드, 비디오 대여, 24시간 뉴스 네트워크, 멀티플렉스 영화관, 고속 화물 배달, 다양한 카테고리의 할인점, 4륜구동차, 저탄수화물 식품, 유기농 식품 등과 같이 시간이 지남에 따라 나타난 새로운 산업을 생각해 보자. 이들 혁신을 선도한 기업은 오랜 시간 동안 성장과 수익이 누리고 있다.

김위찬과 르네 마보안(Kim and Mauborgne) 교수는 이러한 변혁적 혁신으로 새로 창출한 시장영역을 '블루오션'이라고 표현한다.[2] 반면 경쟁이 치열하고 적의적인 기존시장을 '레드오션'이라고 한다. 블루오션에서의 도전과제는 존재하지 않는 수요를 창출하고 경쟁을 무의미하게 만드는 것이다. 반면 레드오션에서의 과제는 경쟁을 물리치고 시장점유율을 증대시키는 것이다.

성공적인 블루오션은 일반적으로 새로운 사업모델을 창출하는 혁신에 근거한다. 소형제철소와 같이 기술적 진보가 혁신의 동인이 되는 경우도 있지만 주요 동인은 사업모델이다. 상장지수펀드(ETF)과 같은 혁신적인 아이디어, 미국이나 호주에서 만든 블렌디드 와인, 스카이프가 제공하는 새로운 편익, 이지젯의 직항 무장식 서비스, 주부들을 활용하는 힌두스탄 레버(Hindustan Lever)의 샤티(Shakti) 유통모델 등이 그 예다. 샤티유통모델은 주부를 활용하여 가계소득에 보탬이 되도록 설계한 것이다.

혁신은 고객가치에서 도약이 있어야 하는데, 혁신 그 자체는 극적이지만 고객가치에서 도약하지 못 하면 성공할 수 없다. 비용을 줄이면서 편익은 늘리는 것이 고객가치 도약의 핵심인데, 레드오션에서는 편익을 높이면 비용이 증가하는 혁신을 한다. 레드불과 크록스가 고객가치를 도약시킨 좋은 예다.

설명은 양극단으로 했지만 새로운 사업이란 블루나 레드와 같이 흑백으로 구분되지는 않는다. 레드와 블루를 양극으로 한 연속선에 있는 것으로 봐야 할 것이다. 레드에 가까운지를 판단하는 주요 지표는 두 가지인데, 경쟁적 분위기와 기존 것과의 차이정도이다. 경쟁적 분위기란 거의 경쟁이 없거나 혹은 전혀 없는 시간의 길이다. 이러한 기준으로 볼 때 진정으로 블루란 레드불, 라이언에어, 최초의 24시간 뉴스 채널인 CNN 등이다. 런칭한 지 오래 지나도록 여전히 경쟁자들을 거의 볼 수 없다. 또 다른 지표는 사업전략이 이전과 얼마나 다른지이다. 공급하는 시장, 제공된 제품이나 서비스, 가치제안, 활용한 자산과 역량, 서비스 제공, 기능상의 전략 등에서 기존과의 차이가 얼마나 있는지가 판단의 지표가 된다. 기존사업의 활성화와 사업레버리징에서 논의한 대부분의 성장전략들이 경쟁을 줄이거나 거의 없게 하기 때문에 어느 정도 블루의 조건을 갖추고 있다.

하지만 라이언에어와 레드불은 이전의 사업과는 매우 많은 차원에서 다르며 경쟁자를 압도하였기 때문에 근본적으로 다른 것으로 볼 수 있다. 특히 새로운 자산과 역량이 창출된 것은 중요한 차이요소이다.

블루오션이 매력적인 재무수익을 가져온다는 직 · 간접적인 증거들을 보기로 한다. 먼저, 150개의 새로운 사업을 분석한 김위찬과 마보안의 연구에서 블루오션으로 분류할 수 있는 14%의 사업이 매출의 38%, 수익의 61%를 차지하는 것을 보여주고 있다.[3]

다음으로 기업의 역동성에 대한 연구조사가 이를 지지하고 있다. 1957년에 S&P 500대 기업에 속한 기업 중 단지 74개만이 1997년까지 그대로 있었고, 이들 기업의 성과는 500대 기업의 평균성과보다 20%가 낮았다. 이는 새로운 기업들의 성과가 보다 높다는 것을 보여주는 증거이다.[4] 맥킨지(McKinsey)는 40년 동안 15개 산업에서 50% 이상 매출을 갖는 1,000개 기업의 데이터베이스를 이용하여 연구조사를 하였다. 데이터베이스에 새로 진입한 기업들(데이타베이스 중 84%가 한 산업에서 새로 진입하였음)이 진입 후 처음 10년 동안 산업평균보다 높은 주가수익을 달성한 것으로 나왔다.[5] 수익 프리미엄은 첫 해에 13%였고 5년되는 해엔 3%로 떨어졌으며 그 다음 5년 동안 그 수준 이상으로는 증가하지 않았다. 게다가 어떤 산업의 새로움과 그 산업수익성 간에 매우 강한 상관관계가 있음이 밝혀졌다. 산업의 새로움(industry newness)은 7년 동안 새로 진입한 기업 수에서 떠난 기업 수를 뺀 수치로 측정하였다. 새로운 기업이 새로운 사업모델을 가지고 산업에 진입할 것이기 때문에, 블루오션이 보다 나은 이익을 가져올 것이라는 간접 증거가 될 수 있다.

한편 기존의 사업모델을 가진 기업들은 우수한 경영성과와는 상관없이 노력한다는 것을 보여주는 연구조사가 있다. 10년 동안 7개국의 1,850개 기업 데이터베이스를 분석해 보면 13%만이 소박한 성장(5.5% 실제 성장률)과 자본비용을 초과하는 수익성을 달성한 것으로 밝혀졌다.[6] 따라서 만약 몇 년 동안 혁신을 잘해 왔다면 조만간 주춤거릴 가능성이 높다.

기존 제품시장에서 장기간 성장하는 데는 여러 가지 장벽이 존재한다. 첫째, 경쟁자들의 반응이 더 빠르고 강력하여 제품우위를 지속하거나 차별점으로 삼기가 매우 어렵다. 둘째, '평편해지는 세상(flat world)' 현상과 정보기술 때문에 점진적 혁신은 숨기기가 어렵다. 다시 말해 기존제품시장에서의 전략은 뻔히 들여다보인다. 셋째, 시장이 너무 역동적이어서 쉽게 뒤떨어지거나 적합성을 상실하기 쉽다. 넷째, 기업들이 비현실적인 성장 목표에 기초하여 생산능력을 결정하기 때문에 거의 모든 기존산업에서 초과공급 현상이 나타나 가격과 마진 압박이 존재한다. 이러한 이유들 때문에 새로운 사업모델은 그 위험에도 불구하고 지속적인 성장과 재무성공에 최고의 희망을 제공한다.

12.2 ::: 혁신자 이점

새로운 사업모델을 창출한 혁신자가 평균보다 더 많은 수익을 올리는 가장 큰 이유는 혁신자 이점(innovator's advantage) 때문이다. 혁신자 이점은 선발이점(first-mover advantage)이라고 불리며 다음과 같은 요인 때문에 발생한다. 첫째, 경쟁자가 제때에 경쟁조치를 취하지 못하게 하는 요인이 있기 때문이다. 그것은 자기시장잠식에 대한 우려다. 진공기를 이용한 청소기인 다이슨(Dyson)이 처음 나왔을 때 기존의 백을 이용한 청소기 메이커들은 기존 수익을 포기하기 어려워 진공방식의 청소기 시장진입을 주저하였다. 또한 이들은 자사브랜드에 미칠 영향에 대해서도 걱정을 하였다. 이러한 오류는 저가항공사에 잘못 대응하여 곤경에 처한 각국의 대표항공사들이 잘 말해주고 있다. 이들은 주요 수익원천인 비즈니스클래스 여행을 욕심내고 있었던 것이다. 이러한 염려 때문에 새로운 혁신의 영향력을 축소하여 지나가는 패드(fad)로 믿으려 하였다.

둘째, 경쟁자가 혁신에 반응할 수 있는 능력이 없기 때문이다. 특허로 보호되는 기술이나 기술이 진화하는 경우에는 기술을 따라 하는 것을 전략으로 생각하는 기업도 있다. 또한 시장이 작아 혁신기업만이 존립할 수 있는 경우에는 들어가기를 꺼려한다. 예를 들어, 하나의 멀티플렉스 영화관만이 들어갈 수 있는 시장이라면 자연스러운 독점이 이루어질 것이다. 조직의 제약 때문에 혁신에 반응하지 못하는 경우는 매우 흔하다. 혁신은 조직문화, 인적자원, 시스템 등 여러 영역에 걸쳐 변화를 요구하지만 이는 쉽지가 않다. 기존 항공사들이 라이언에어, 이지젯, 버진 블루와 같은 저가항공사의 비즈니스모델을 모방하려 시도하였으나 수포로 돌아갔다. 그 이유는 혁신자의 조직문화, 인적자원, 시스템을 모방할 수 없었기 때문이다.

셋째, 혁신자는 먼저 제품과 서비스를 노출시켜 고객충성도를 창출할 수 있다. 고객이 처음 경험한 제공물에 만족한다면 굳이 위험을 감수하면서까지 후발 제공물을 시도하지 않을 것이다. 혁신자들은 또한 '원조(authentic)' 브랜드란 이미지를 얻을 수 있다. 일본에서 성공한 아사히 드라이 맥주를 기린이 모방하려 했을 때 직면한 어려움이었다. 이 외에도 장기몰입과 같은 고객전환비용이 후발기업에게 경쟁열위가 된다. 네트워크 외부효과도 중요한데 많은 사람들이 린키드인(LinkedIn)의 회원이 되면 외부효과가 눈덩이처럼 커져 후발 경쟁사가 진입하기 어려울 수 있다.

선발이점을 얻기 위해 시장을 먼저 치고 들어가 포지션을 구축하는 것이 중요하다. 초기고가전략은 마진을 좋게 하여 개발비용의 회수가 용이하고, 저가전략은 시장점유율을 높일 수 있어 후발주자들이 따라올 수 없는 높은 장벽을 구축할 수 있다. 후발기업들은 혁신을 쉽게 모방할 수 있어 유리한 점이 있지만 혁신자의 사용자 기반을 흔들기 위해서는 더 나은 가치를 제공해야 하는데 그것이 쉽지가 않다. 따라서 선발이점을 누리려면 초기에 사용자 기반을 구축하는 것이 중요하다.

개척자들이 사라지는 경우도 흔한데 이유는 기술이 제대로 완성되지 않은 상태에서 성급하게 진입한 경우이거나, 후발로 진입한 큰 경쟁자가 이들을 휩쓸어 버렸기 때문이기도 하다.[7] MP3 시장에서 한국의 새한, 소셜 네트워킹 시장에서 SixDegrees.com, 음악 다운로드에서 냅스터, 프리젠테이션 소프트웨어에서 하버드 그래픽과 같은 개척자들은 그들의 선발위치를 이용하지 못했거나 할 수 없었다. 반면, 텔리스와 골더(Tellis and Golder)는 개척자보다 뒤에 들어와 시장성장단계에서 시장점유율을 획득하는 기업이 실패율이 낮고 시장점유율 또한 개척자에 비해 평균 3배는 높고 시장리더가 더 많다고 한다.[8] 이처럼 개척자보다 뒤에 시장에 들어와 시장이 한창 성장하고 있을 때 시장리더십을 획득한 기업을 초기시장리더(early market leader)라고 하는데 이들은 몇 가지 특징을 공유하고 있다.

- **대중시장에 먼저 진출.** 개척자인 비디오 레코더의 암펙스(Ampex)나 일회용 기저귀의 축스(Chux)가 고가제품을 내놓은 반면, 비디오 레코더의 소니와 마쯔시다, 일회용 기저귀의 P&G와 같은 후발자는 대중시장에 맞추어 가격을 책정하여 시장리더가 되었다. 시계의 스와치, 필름의 코닥, 항공의 라이언에어, 자동차의 포드, SNS의 페이스북 등 이들 모두는 대중시장을 성공의 원천으로 보았다.
- **경영자의 집념.** 기술이 진보하여 시장이 성숙되는 데는 수 년간의 투자가 필요한데, 이러한 투자를 할 수 있는 집념을 가져야 초기시장리더가 될 수 있다. 네슬레가 네스프레소 특허를 출원한 것은 1970년대 중반인데, 이후 10년이 지나서야 제품을 런칭하였다. 이처럼 대중시장에 진출하는 데는 10년 이상이 걸렸지만 지금은 네슬레의 스타가 되었다. 소

니와 마쯔시다가 비디오 레코더를 실용화하는 데도 20년이 걸렸다.

- **재무적 몰입.** 수익이 미래에 실현되는 곳에 투자하려는 의지와 능력을 말한다. 예를 들어, 냅스터는 재무적인 강점과 디지털 음악시장에서 협상할 수 있는 법적인 제도 없이 1990년대 후반에 전형적인 dot.com으로 시작하였다. 반면 애플은 아이팟과 아이튠즈에 대한 지속적인 투자로 시장지배자가 되었다.
- **끊임없는 혁신.** 장기적으로 시장리더십을 가지려면 끊임없는 혁신이 필요하다. 질레트는 영국 기업인 윌킨슨 스워드(Wilkinson Sword)가 질레트의 탄소강 날보다 3배 더 오래 가는 스테인리스 면도날을 개발한 1960년대 초반에 깨달음을 얻었다. 가파른 시장점유율 하락을 경험한 후 질레트는 혁신으로 돌아와 트랙 2에서 퓨전까지 시리즈로 새로운 제품을 개발하였다.
- **자산 레버리지.** 후발자는 관련범주에서 지배적인 위치를 점하는 유통력과 브랜드명을 선발자를 따라잡는데 사용할 수 있다. 애플의 브랜드 강점과 유통경험이 아이팟, 아이터치, 아이폰의 성공적 마케팅에 자산이 되었다.

선발자가 출현하는 하위시장에서 리더가 되는 것은 그 자체로 의미가 있지만 그 이상의 의미를 갖는다. 사람들이 혁신자라는 이미지를 갖는 것이 매우 가치가 있다. 혁신자로 지각되는 것을 거의 모든 산업에서 중요하게 생각하는데, 그 이유는 혁신이 활기와 신뢰를 제공하기 때문이다. 하지만 소수의 브랜드만이 혁신자로서의 이미지를 얻고 있다. [그림 12.1]은 2007년에 Y&P에서 3,000개 이상의 브랜드자산을 평가하여 혁신등급에서 상위 15개 브랜드

그림 12.1 혁신 순위, 2007

1. Bluetooth	6. DreamWorks	11. Disney
2. Pixar	7. TiVo	12. Google
3. iPod	8. iMac	13. Swifter
4. IMAX	9. Discovery Channel	14. Wikipedia
5. Microsoft	10. Blackberry	15. Dyson

로 평가된 리스트이다.[9] 거의 모든 브랜드가 변혁적 혁신으로 하위시장을 창출하였고, 또 그 시장에서 리더로서 위치를 가지고 있다.

12.3 ::: 카테고리 지각관리

스마트폰, 넷북, 검색엔진, 하이브리드 자동차와 같은 신제품 카테고리나 하위카테고리가 출현할 때, 혁신자들은 제공물과 브랜드의 창출뿐만 아니라 새로운 카테고리나 하위카테고리의 지각을 관리하는 것이 자신들의 과제임을 깨달아야 한다. 카테고리 지각관리(managing category perceptions)란 새로운 카테고리로 고객을 이동시키는 것을 말한다. 즉 기존 자동차 대신 하이브리드 자동차를 고객들이 찾도록 하는 것이다. 그렇게 하면 새로운 카테고리에 경쟁자들이 제공물을 출시할 것이고 안정된 카테고리로 정착하게 된다. 하이브리드 자동차의 혁신자인 도요타가 할 일은 자동차 소비자의 카테고리 지각을 관리하는 것과 해당 카테고리에서 리딩브랜드로 인식되게 하는 것이다. 유사하게 검색엔진에서는 구글이 도요타의 역할을 하고 있다. 혁신자는 어떤 브랜드를 구매하도록 할 것인가(선호 질문)에 초점을 두어서는 안 되고, 어떤 제품 카테고리를 구매하도록 할 것인가(적합성 질문)에 초점을 두어야

피터 드러커의 조언: 혁신자가 해야 할 일과 하지 말아야 할 일[10]

해야 할 일

- 기회를 분석하라
- 기존에서 벗어나 보고, 묻고, 경청하라
- 단순하라, 초점을 맞추어라
- 작게 시작하고 구체적인 것을 하도록 노력하라
- 시장리더십을 노려라

하지 말아야 할 일

- 더 현명하려 애쓰지 마라
- 분산하고 한 번에 너무 많은 일을 하려 하지 마라
- 미래를 위해 혁신하려 하지 마라

한다.

카테고리의 지각 관리에는 두 가지 지침이 있다. 이들 지침은 서구에서는 잘 알려진 카테고리이지만 중국과 같이 새로운 시장에 들어갈 때도 통하는 지침이다. 먼저, 새로운 카테고리의 가치제안을 소통할 때는 속성이나 편익에 초점을 두어야지 감성적, 자기 표현적 편익에 초점을 두어서는 안 된다. 후자는 후선으로 미루어 소통해야 한다. 둘째, 여객운송, 캠코더, 4륜 구동 등과 같이 새로운 카테고리의 속성을 라벨로 표현하는 것이 좋다. 물론 구글이나 제록스와 같은 선발 브랜드가 새로운 카테고리 브랜드로 호환되는 경우는 예외다.

12.4 ::: 신사업 영역 창출

혁신의 첫 단계는 아이디어를 수집하고, 아이디어를 정재하여 잠재력이 있는 사업개념을 끌어 내는 것이다. 조직이 아이디어를 소중하게 생각하고 아이디어 창출을 자극하는 프로세스를 가진다면 좋은 아이디어는 나올 수 있다. 많은 기업들은 앞으로 5,000만~1억 유로를 벌 수 있는 획기적인 아이디어를 창출하는 목표를 설정하고 있다.

이전 장에서, 출발점은 기존의 자산과 역량을 레버로 활용하는 아이디어를 내는 것이었다. 이 장의 출발점은 새로운 아이디어를 고객에게서 발굴하는 것으로 다르다. 고객에게서 아이디어를 발굴하기 위해 던지는 질문이다. 어떤 점에서 기존 제공물이 실망을 주는가? 미충족 욕구는 무엇인가? 기존 제품이나 서비스가 어떻게 활용되고 있으며 그 목적은 무엇인가?

신사업 아이디어는 도처에서 나올 수 있다. 그러나 블루오션을 찾아 낸 성공모험을 살펴보면 어떤 패턴을 찾을 수 있는데, 다음과 같다. 기술혁신, 요소에서 시스템으로, 미충족 욕구, 니치시장, 고객 트렌드, 파격적 저가포인트 창출 등이다.

기술혁신

일회용 면도기, 노트북 컴퓨터, 신섬유, 하이브리드 자동차와 같은 신기술이 하위시장을 만들어 낼 수 있다. 일본 아사히맥주는 드라이맥주라는 하위 카테고리를 창출하여 라거맥주의 리더브랜드인 기린을 끌어 내렸다. 1986년 시장점유율이 10%에도 못 미치던 아사히가 기린으로부터 점유율을 가져와 1990년대 후반 시장점유율 1위가 되었다. 이에 대응하여 기린은 저맥아 맥주인(저맥아는 소비세가 낮음) 하포수(happoshu)를 만들었고 이어서 무맥아 맥주를 만들어 '제3의 맥주'로 명명하여 리더십을 회복하기에 이르렀다. 놀랍게도 1년에 3개가량 신제품 도입과 엄청난 마케팅 비용이 아니라 시장점유율 변화의 3/4는 드라이맥주, 하포수, 제3의 맥주라는 혁신 때문이었다.

기술혁신은 다양한 형태를 띠는데 모양혁신(format innovation)도 중요하다. 케리 그룹(Kerry Group)의 치즈스트링(Cheesestrings)은 모양혁신의 예로, 치즈의 모양을 바꾸어 아이들이 스스로 치즈를 찾는 새로운 시장을 창출하였다. 소프트웨어 혁신도 있다. 이베이가 온라인 옥션에서 도입한 소프트웨어 혁신은 운영효율성과 규모로 인해 후발자의 공격을 따돌렸다.

요소에서 시스템으로

이는 시장을 창출하는 고전적인 방법인데 요소(components)에서 시스템으로 확장하는 것이다. 예를 들어, 시벨(Siebel)은 고객관계관리(CRM) 프로그램을 새로 출시하여 새로운 시장을 창출하고 있다. 콜센터관리, 로열티프로그램, DM, 고객획득, 고객서비스, 영업자동화 등의 소프트웨어 프로그램을 결합하여 하나의 우산패키지(umbrella package)를 만든 것이다. 이러한 단일 종합패키지(우산패키지)로 인해 교육훈련비가 많이 들고 보완 프로그램이 부족한 독립 소프트웨어는 더 이상 설 자리가 없게 되었다.

화물항공이 비슷한 서비스로 저마진이 되자 KLM카고(Cargo)는 새로운 혁신을 단행하기로 했다.[11] 이를 위해 상하기 쉬운 물건을 선적하는 고객들의 화물운송에 대한 욕구를 조사했는데, 고객들은 냉장이나 냉동 공간뿐만 아니라 목적지까지 책임지고 갖다 주는 것을 원하는 것이었다. 상품에 손상이 있는 경우 수입상, 운송사, 소매상 등 물류체인 전반에 걸쳐 누구에게 책임소재가 있는지가 명확하지 않기 때문이었다. 신선 파트너(Fresh Partner)라는 이름으로 KLM은 운송차량에서부터 창고, 기내, 소매상 창고, 소매상 배송 차량까지 특정 온도를 맞추는 것을 보장하는 서비스를 개발하였다. 또한 이

서비스는 프레쉬 레귤러(fresh regular), 프레쉬 쿨(fresh cool), 프레쉬 수퍼쿨(fresh supercool) 등 3개 수준으로 세분화하였다. 태국으로부터 난을 수입하거나 노르웨이로부터 연어를 수입하는 기업들은 이 서비스를 이용하였다. 이러한 혁신으로 KLM은 저마진의 항공화물 서비스를 매력적인 시장으로 변모시킬 수 있었다.

미충족 욕구

미충족 욕구가 제품이나 서비스로 전환되었을 때 고객에게 적합성이 매우 높기 때문에 새로운 사업을 발굴하는데 통찰력을 제공한다. 음원다운서비스인 냅스터(Napster)는 무료라는 사실도 중요하지만 청취할 수 있는 트렉의 순서를 정해 주고 개별적인 욕구에 맞게 믹스할 수 있도록 하여 초기에 성공하였다. 프리젠테이션 소프트웨어 툴인 프레지(Prezi)는 발표자들이 프리젠테이션 동안 직관적으로 왔다갔다할 수 있는 것을 원한다는 것에 초점을 맞추어 성공하였다.

멕시코의 콘크리트 회사인 세멕스(Cemex)는 콘크리트가 쉽게 굳기 때문에 고객들이 예측 가능한 운송에 많은 돈을 쓴다는 사실을 알아차렸다.[12] 그 결과 시멕스는 운전자들이 실시간으로 교통상황과 고객의 일정표에 운송을 맞출 수 있는 디지털시스템을 개발했다. 이제는 정확히 몇 분 차이로 제품을 수송할 수 있게 되었다. 미충족 욕구에서 아이디어를 얻어 작은 지역 사업자에서 30개국에 시멘트를 판매하는 세계에서 세 번째로 큰 콘트리트 회사가 되었다.

고객에게서 항상 미충족 욕구를 찾아 낼 수 있는 것은 아니다. 특히 감정적 욕구와 자기표현적 욕구와 관련된 미충족 욕구를 찾아 내는 데는 전문가의 통찰력이 요구된다. 예를 들어, 4×4(4륜 구동)의 매력은 기능적인 편익에 있는 것은 아니다. 게다가 기존 제품을 넘어서는 미충족 욕구는 고객으로부터 구하기가 더 어렵다. 말에서 자동차로 비행기로 이어지는 욕구를 찾아 내는 것은 어렵다. 따라서 고객을 분석함에 있어 깊이와 폭 모두가 필요하며 민속학적 연구(ethnographic research)가 좋다.

2장에서 소개한 민속학적 혹은 인류학적 연구는 미충족 욕구를 발견하고 분석하는 좋은 방법이다. 단순하게 '자연스러운 거주지'에서 고객을 관찰하는 것이 고객이 직면하고 있는 문제점에 신선하고 통찰력 있는 관점을 제공할 수 있다.

니치시장

시장은 니치들로 분할될 수 있는데 각 니치에는 지배적인 브랜드가 있다. 예를 들어, 에너지 음료시장은 에너지 음료(레드불, 루코즈에이드 에너지(Lucozade Energy)), 스포츠음료(파워에이드, 루코즈에이드 스포츠), 회복음료(루코즈에이드) 등의 다양한 하위시장과 지배적인 브랜드가 있다.

제품의 용도에 따라 니치시장이 창출될 수도 있다. 바이엘(Bayer) 아스피린은 81mg인 어린용 아스피린을 심장발작을 막는 용도로 정기적으로 복용하는 새로운 하위시장을 창출하였다. 더 나아가 아스피린의 정기적인 복용으로 위장이 상하는 것을 안심시키기 위해 장 안전 코팅(Enteric Safety Coating)을 한 아스피린이란 하위시장을 새로 만들었다.

니치는 또한 독특한 포지션으로도 정의될 수 있다. 그레이 구스(Grey Goose), 벨베데르(Belvedere), 케텔 원(Ketel One)같은 브랜드들이 주도하는 수퍼프리미엄 보드카 시장은 미묘한 맛의 차이와 제품품질에 집중하여 대단한 성공을 거두고 있다. 반면에 일반 보트카 시장은 누구나 좋아하고 칵테일하기 쉽다는 것을 강조하고 있다. 이러한 경험중심의 포지션으로 수퍼프리미엄 보드카 시장은 폭발적으로 성장하였으며 일반 보드카를 경쟁적으로 무의미하게 만들었다.

고객 트렌드

고객 트렌드가 하위시장의 동인이 될 수 있다. '퍼레이드를 발견하면 앞에 서라' 라는 표현을 곱씹어 볼 필요가 있다. 과일 스무디를 만든 이노센트(Innocent)와 음악공유서비스에서 애플의 아이팟이 좋은 예다.

여러 트렌드가 있다면 경쟁자들이 흩어지기 때문에 새로운 하위시장을 창출하기가 더 쉽다. 건강, 허브, 자연 첨가물에 대한 다중 트렌드가 건강회복음료(healthy refreshment beverages)라는 새로운 카테고리를 만들게 하였다. 이제 이 카테고리는 강화된 차들, 과일 음료, 콩으로 만든 음료, 미네랄 물과 같은 많은 하위 카테고리를 가지게 되었다. 건강회복음료의 개척자인 소베(Sobe)는 1996년 인삼, 은행, 과라나(guarana)를 넣은 3G(SoBe Black Tea 3G)로 시작하여 지금은 차, 쥬스, 에너지음료 등의 하위시장으로 확장하였다. 큰 음료 회사들은 너무 오랫동안 이 트렌드를 방치하여 지금은 비용이 엄청나게 드는 게임을 하고 있다.

파격적인 저가포인트 창출

많은 블루오션은 기존 제공물보다 더 단순하고 저렴한 제공물이 나왔을 때 창출된다. 하버드대학의 저명한 전략연구자인 크레이튼 크리스텐슨(Clayton Christensen) 교수는 동료들과 다양한 산업을 연구하여 와해적 혁신에 관한 두 가지 이론을 개발하였다. 그의 연구결과는 다음과 같은 3권의 책에 기술되어 있다. 〈혁신가의 딜레마〉, 〈혁신가의 솔루션〉(마이클 레니노 Michael Raynor와 공저), 〈다음 세대의 탐색〉(스코트 앤서니 Scott Anthony와 에릭 로쓰 Erik Roth와 공저) 등이다.[13)]

첫 번째 이론이 '저가형 와해적 혁신(low-end disruptive innovation)'에 대한 것이다. 이는 극도로 낮은 가격의 제공물 출현으로 기존기업이 겪는 변화를 말한다. 기존기업은 최고의 고객을 표적으로 하여 그들에게 비싼 가격으로 더 나은 제품을 판매하려 노력한다. 이들은 다양한 특징, 좋은 서비스, 높은 신뢰성으로 높은 충성도와 마진을 얻고 있다. 또한 이들은 존속적 혁신(sustaining innovations)을 위험이 적고 수익성이 높은 성장방법으로 생각한다. 따라서 조직구조, 인력, 인센티브, 스킬 등을 존속적 혁신에 적합하도록 설계한다. 이들은 풍부한 자원을 활용하여 부자고객을 유지하는 것으로 승리하려 한다. 예를 들어, 금융기관들은 부유한 고객에게 집중적인 투자를 하고, 생필품 업체들은 다양성을 제공하기 위해 계열확장을 하고 충성고객들에게 주로 관심을 기울인다. 소매업체는 로열티 프로그램으로 부유한 고객을 놓치지 않으려 한다.

가장 수익성이 높은 고객만을 추구하는 이 전략이 저가시장(low-end)을 탄생시킨 것이다. 기존기업이 무시하거나 성가신 존재로 여긴 이들 고객들은 기존 제공물을 과잉으로 보고, 최소한의 성과를 가져오는 보다 단순하고 값싼 제품으로 기뻐할 수 있다. 이러한 저가시장을 새로운 진입자들이 '저가형 와해적 혁신'의 기회로 이용한다. 이들은 더 싸고 더 사용하기 편리한 제공물로 이 시장에 진입하는데, 기존 제공물에 비해 열등해서 기존기업들이 무시한 고객에게만 어필한다. 그러다가 이들은 시간이 지나면서 제공물을 개선하여 점차 넓은 시장으로 진출한다. 50여년 동안 500여개의 기업을 대상으로 꾸준했던 성장률이 갑자기 떨어지는 실속(失速)점(stall points)에 대한 연구조사에서 23%가 저가형 와해적 혁신이 그 원인으로 밝혀졌다.[14]

1960년대 소형제철소(minimill)는 고품질이 필요하지 않아 저마진으로 매력이 없던 콘크리트를 강화시키는 리바(콘크리트 보강용 철근)시장을 공략하였다. 그러다가 20여년이 지나자 넓은 범위에서 앞선 기존기업들을 위협하게 되었다. 이와 유사한 예들은 많다. 일본 자동차는 1960년대 후반에 미국시장에 진출하여 자기표현적 편익과 다양한 특징을 필요로 하지 않은 소비자를 공략하여 지금이 있게 된 것이다. 1970년대 캐논은 고성능의 제록스 복사기를 필요로 하지 않은 소규모 사업자를 표적으로 삼아 복사기 시장에 진입하였다.

크리스텐슨 팀은 또한 비고객을 목표로 하는 '신시장형 와해적 혁신(new market disruptive innovations)' 이론을 개발했다. 많은 시장에서 제품이나 서비스가 너무 비싸거나 복잡한 것으로 생각하여 혹은 구매과정이 불편하여 구매하지 않는 비고객이 존재한다. 이들 시장은 싸게 하거나 복잡하지 않게 하거나 구매과정을 편리하게 하면 새로운 시장이 될 수 있다. 닌텐도 위는 게임시장에 새로운 이용자들을 유인하였고 온라인주식거래는 주식투자 인구가 늘어나게 하였다. 코닥의 창업자인 브라우니(Brownie)가 1세기 전에 했던 것처럼 이동전화기의 카메라는 사진의 새로운 시장을 열고 있다. 상장지수펀드(ETF)는 단순성과 낮은 수수료 때문에 새로운 가입자를 창출하였다. 많은 경우 비고객들을 수익성 높은 기존의 중사용자(heavy users)에 노력을 집중해온 기존기업들이 무시한다.

매력적으로 가격이 책정된 제공물은 저가와 비고객 세분시장에 동시에 어필할 수 있다. 인도의 에어 데칸(Air Deccan)은 저가 항공사를 원하는 고객뿐만 아니라 기차나 다른 운송수단을 이용하던 사람들을 표적화하였다. 에어 데칸은 저가시장과 비고객시장을 표적으로 한 와해적 혁신으로 성공하였다.

평가 – 실재, 승리, 가치

지금까지 새로운 사업을 창출하는 다양한 혁신을 소개했다. 이들 혁신은 변혁적 혁신이라, 기존의 안전영역과 지식기반을 벗어나 있어 평가가 매우 어렵다. 따라서 평가기준을 잘 마련하면 종결결정에도 도움이 되고 성공에 이르는 장애물을 파악하는 데도 도움이 된다. 와튼스쿨의 조지 데이(George Day) 교수가 제안한 평가기준인 '실재(real), 승리(win), 가치(worth it)'를 소개한다.[15)]

- 시장이 실재하는가? 제품에 대한 욕구와 바램이 존재하는가? 고객이 이를 구매할 수 있고 구매할 것인가? 시장규모가 충분한가? 사회적 네트워크 사이트들이 세계적으로 인기 있지만 이용자들이 서비스에 지불할 것인가?
- 제품이 실재하는가? 시장의 요구를 만족시킬 수 있는 명백한 컨셉이 있는가? 제품을 만들 수 있는가? 바다에 핵발전소를 건설하는 것은 건설비용이라는 장벽이 존재한다.
- 제품의 경쟁력이 있는가? 지속적인 경쟁우위를 가지는가? 만약 경쟁자들이 신제품을 모방하거나 중화시킬 수 있다면 충성고객기반을 구축하는 것은 어려울 것이다.
- 우리 회사가 경쟁력이 있는가? 탁월한 자산과 역량을 가지고 있는가? 경영능력은 있는가? 디지털 애니메이션 회사인 픽사(Pixar)는 독특한 문화와 사람들을 가지고 있는데, 이는 대부분의 영화사가 가지지 못한 역량이다.
- 제품이 위험을 감안한 수익성이 있는가? 예상 ROI가 괜찮은가? 너무 낙관적인 매출예상과 비현실적으로 높은 가격책정은 신중히 검토돼야 한다.
- 제품런칭이 전략적으로 타당한가? 제품이 우리의 전반적인 전략에 부합하는가? 최고경영층에서 이를 지원하는가? 3M은 프라이버시 컴퓨터 스크린을 런칭하여 눈부심 방지 필터 시장을 개발하였다.

우위 유지

새로운 하위시장에 진입하여 우위(the edge)를 유지하는 것이 중요하다. 성공한 하위시장은 경쟁자들이 많을 수 있기 때문에 우위를 유지하여 수익성을 확보하는 것은 그리 쉬운 일이 아니다. 우위를 유지하는 방법을 살펴본다. 로지텍(Logitech)는 다양한 표적집단에 어필할 수 혁신으로 우위를 유지하고 있고, 이노센트나 크록스는 최초 최고 품질이란 '진정성'을 활용하고 있다. 레드불과 같은 여러 기업들은 역량과 브랜드자산으로 진입장벽을 구축하고 있으며, 라이언에어와 킹피셔 항공은 독특한 브랜드 개성으로 우위를 유지한다. 이들 외에도 우위유지의 방안은 다양한데, 변혁적 혁신이 단기간의 성공으로 끝나는 것을 막아 주기 때문에 매우 중요하다.

12.5 ::: 아이디어에서 시장으로

신사업창출이 가져다 주는 수익은 대단하다. 역사적으로 볼 때 재무적으로 성공한 대부분의 기업들은 신사업의 덕을 보고 있다. 그럼에도 불구하고 신사업창출에 성공한 기업은 그렇게 많지 않다. 기존사업으로 무리 없이 성장하는 기업에서, 신사업 아이디어를 지지하는 환경을 만들기는 쉽지 않기 때문이다. 그러나 시장이 역동적일 때는 신사업창출이 반드시 필요하기 때문에 쉽지 않더라도 해야 한다. 따라서 기존사업에서 성장할 수 있는 점진적 혁신도 해야 하고 신사업을 창출할 수 있는 변혁적 혁신도 해야 한다. 8장에서 소개한 전략적 철학에 따르면 전략적 몰입이나 전략적 기회주의보다 전략적 적응성이 필요하다는 것이다.

따라서 점진직 혁신과 변혁적 혁신의 적절한 믹스가 필요하지만 대부분의 기업들은 그렇지 못하다. 한 연구에 따르면 개발 포트폴리오에서 변혁적 혁신의 비율이 1990년 20.2%에서 2004년 11.5%로 떨어졌다고 한다.[16] 전체 매출에서 차지하는 비율은 1990년 중반 32.6%에서 2004년 28%로 떨어졌다고 한다. 결국 기업은 점진적 혁신을 선호한다는 것인데, 작은 혁신으로 기울어지는 바이어스는 왜 존재하는가? 이 질문에 대답하기 위해 우리는 변혁적 혁신을 적절한 수준으로 하지 못하는 이유를 논의하도록 한다.

신사업창출을 방해하는 치명적 편향

변혁적 혁신으로 신사업 창출을 못하게 하는 편향을 이해하는 것은 이를 해결하는 첫 단계가 될 것이다. 이들 편향을 여기서는 저주(curse)라고 표현한다. 6가지 저주를 살펴보자.

- **단기 금융압박 저주.** 조직이 잘 하고 있을 때 단기적인 성장과 수익에 대한 압박이 심하다. 주주들이 고배당을 요구하고 경영자는 자기의 경력관리를 위해 단기성과를 중요시하기 때문이다. 그 결과 존속적 혁신, 사업모델 개량, 가치제안 향상, 효율성과 생산성 향상 등에 자원과 노력이 집중된다. 변혁적 혁신으로 신사업 플랫폼을 창출하는 것은 큰 위험을 수반하고 비용이 많이 들어 단기적으로는 재무적 고통이 될 수 있다. 벤처캐피탈로 수익을 창출하는 데는 많은 시간이 요구되는 것과 같은 이치다.
- **사일로 저주.** 제품 사일로(제품부서)의 파워가 너무 크면 각 사일로가 연구개발, 수익, 자금조달의 권한과 책임을 가지고 있어 변혁적 혁신을 어렵게 할 수 있다. 제품사일로에 빠지면 자신의 고객 기반, 운영, 자산, 역량 등에 집중하여 자연스럽게 기존 제공물 향상이나 기존 제공물을 레버로 활용할 수 있는 기회에 민감하게 반응하게 된다. 변혁적 혁신은 보다 많은 자원이 필요할 수 있고 사일로 간의 협력이 필요한 중간영역인 경우가 많고 심지어 사일로의 현금흐름을 방해할 수도 있어 지지를 받기 어렵다.
- **성공 저주.** 시기가 좋고 사업이 잘 될 때, 새로운 사업영역을 창출하는 위험에 자원을 투입해야 한다. 그러나 묘하게도 안주가 승리한다. 기존 사업이 성장도 하고 수익도 나고 있는데 왜 변해야지? 왜 비용을 더 낮추거나 더 높은 수익을 올릴 수 있는 확실한 투자를 피해야 하지? 시간과 자원이 설혹 부족하더라도 잘 나갈 때보다 위기 때 변신하는 것이 더 쉽다고 생각한다.
- **기득권자 저주.** 변혁적 혁신은 기득권자(incumbent)가 무시하는 저수익고객이나 비고객을 표적으로 한다. 따라서 기득권자는 위협을 느끼지 않으면서 높은 마진의 고객에게 집중하는 것은 자연스러운 전략이다. 새

로운 컨셉이 저수익고객을 훔쳐 간다고 무슨 일이 생기는가? 저수익고객은 우리에게 귀찮다. 게다가 새로운 컨셉에 대응하는 제공물에 투자하는 것은 황금거위에 피해를 줄 수 있어 현명하다고 보기 어렵다. 기존사업을 잠식할 수 있는 제공물에 뭐하러 투자하는가?

- **몰입 저주.** 성공한 기득권자들은 전략적 비전에 몰입하여 세상을 보는 터널비전을 가진다. 전략적 철학을 다룬 7장에서 이를 전략적 몰입이라고 한다. 전략적 몰입으로 인해 이들은 비용을 줄이고 제공물을 향상시키며 충성스러운 고객을 만족시킬 수 있는 점진적인 혁신에 적극적으로 투자한다. 사람, 문화, 시스템, 조직구조는 모두 기존사업을 더 잘 할 수 있도록 하는데 맞추어져 있다. 이러한 상황에서 변혁적 혁신이 자원을 획득하고 기업 내에서 힘을 가진다는 것은 매우 어려운 일이다.
- **규모 저주.** 기업이 성공하여 의미 있는 규모로 커지면 주주에게 더 큰 이익을 줄 수 있는 신사업을 찾게 되는데, 신사업은 글자 그대로 '신'이기 때문에 작게 시작한다. 예를 들어, 맥도널드는 그 자체가 너무 거대했기 때문에 급속히 커지고 있는 새로운 컨셉의 레스토랑이 재무적으로 아무런 도움이 되지 않아 이를 무시했다. 그 결과 고객 트렌드를 따라가지 못하는 사업모델로 남게 되었다. 코카콜라는 생수나 다른 음료부분이 실질적으로 주주가치에 도움이 될 것 같지 않아 생수를 비롯한 다른 음료에 진출하지 않았다. 기존 사업의 규모가 커서 신사업의 영향력이 과소평가되는 것도 문제지만 큰 규모에 적합한 자산, 프로세스, 조직은 작은 규모에 맞추기가 어렵다는 것도 문제다. 어떤 스낵 회사는 2억 5천만 달러 이하 사업을 다룰 능력이 없다고 선포하였다. 이처럼 규모가 잠재적인 성장영역에 참가하는 것을 방해하기도 한다.

기존조직에서 신사업 성공하도록 하기

신사업 특히 변혁적 혁신은 기존조직과는 다른 조직을 필요로 한다. 새로운 시장은 빨리 적응하는 사람, 시스템, 문화 구조를 요구하기 때문이다. 하지만 기존조직으로는 이러한 요구에 응할 수 없다는 것이 문제다.

이러한 문제를 해결하는 한 가지 방법은 독립된 조직을 창출하는 것이다. 혁신자를 인수하거나 사내에 독립 부서를 신설하는 것을 말한다. 어떤 방식이든 독립조직은 자체의 사람, 시스템, 문화, 구조를 가져야 한다. 물론, 회계시스템이나 마케팅 스킬은 본 조직으로부터 빌릴 수 있지만 가업가정신이나 새로운 조직의 전략적 비전에 대한 몰입은 반드시 지켜져야 한다. 사업이 성숙됨에 따라 본 조직과 연결을 높이는 것이 좋다.

또 다른 접근법은 같은 기업 내에 이중조직을 만드는 것이다. 점진적인 혁신에 능한 사람뿐만 아니라 창업시의 적응성과 변화에서 뛰어난 사람들을 나란히 개발해야 할 것이다. 그렇게 하려면 보다 다양한 스타일의 사람들이 같은 조직에 공존할 수 있게 해야 할 것이다. 기업가적 자질을 갖춘 사람을 품어야 하며 시행착오와 실험정신을 용인해야 한다. 또한 상이한 비용 통제 시스템과 성과매트릭스가 필요하기도 하다. 새로운 벤처들은 더 평평한 조직을 요구한다.

이중조직을 개발하는 것은 어렵고 적극적인 관리를 요구하지만 가능하고 이점도 많다. 신사업은 기존사업에서 중요한 자산과 역량을 얻을 수 있고, 신사업은 기존사업에 에너지를 불어넣을 수 있다.

혁신적인 신사업은 자금부족에 시달린다. 따라서 성공한 벤처의 대부분은 초기에 주식시장과 벤처캐피탈로부터 자금을 확보하였다. 하지만 조직 내부에서 시작하는 벤처는 내부에서 자금을 조달해야 하는데 그것이 쉽지 않다. 대기업의 경영자는 깊은 주머니와 짧은 팔을 갖기 때문이다.

경영자가 변혁적 혁신에 자금을 지원하는 방법은 두 가지다. 하나는 사내벤처끼리 경쟁하도록 하는 것이다. 구글은 주로 이렇게 한다. 다른 하나의 방법은 미래 수익원을 위해 현재 사업에서 투자를 회수하는 것이다. 이 방법에 대해서는 14장의 투자우선순위에서 자세히 논의한다.

토의사항

1. 왜 허츠와 에이비스는 보험회사나 휴일을 즐기는 사람들을 서비스에 포함시키지 않았을까? 엔터프라이즈보다 그들이 가진 우위는 무엇인가? 왜 영국항공은 저가 항공 모델을 먼저 제안하지 않았을까? 푸마나 빌라봉(Billabong)은 왜 크록스에 대해 생각하지 않았을까?
2. 그라민은행의 커다란 영향력을 생각해 보자. 전통적인 은행거래 기업에게 주는 이 모델의 시사점은 무엇인가? 개도국에서 사업을 하기 위해 노력하

는 기업들에게 주는 시사점은 무엇인가? 은행의 목표에 주는 시사점과 다농과의 파트너십이 갖는 시사점은 무엇인가?

3. 라이언에어, 크록스, 그라민은행과 같은 변혁적인 신사업을 생각하라.
   a. 이전 사업들과 다른 점은 무엇인가? 유사한 점은 무엇인가? 신사업의 '신'을 중간정도의 변혁인지, 큰 변혁이지를 평가하라. 중간이란 기존 사업과 공통요소를 갖지만 새로운 하부카테고리를 창출하는 것을 말한다.
   b. 혁신자 이점이 존재하는가? 얼마나 오래 지속되는가, 왜 그런가?
   c. 기존사업으로부터 사업이 고안되었는가? 만일 그렇지 않다면, 왜 그렇지 않은가?
   d. 사업의 아이디어는 어디에서 유래하는가? 만약 모른다면, 잘 생각해 보라.
4. 카테고리 지각을 잘 관리하고 있는 신사업을 생각하라. 그렇지 못한 신사업도 생각하라.
5. 요소로부터 제공물시스템으로 변화한 기업은? 그들은 혁신자 이점을 가지고 있는가?

참고문헌

1. "Yunus Unveils Vision to End Global Proverty," *The Daily Star*, 14 December 2009, 5(903), p.1.
2. W. Chan Kim and Renee Mauborgne, *Blue Ocean Strategy*, Boston, MA, HBS Press, 2005.
3. W. Chan Kim and Renee Mauborgne, *Blue Ocean Strategy*, Boston, MA, HBS Press, 2005. p.7.
4. Richard Foster and Sarah Kaplan, *Creative Destruction*, New York, NY Doubleday, 2001, p.8.
5. Richard Foster and Sarah Kaplan, *Creative Destruction*, New York, NY Doubleday, 2001, p.47.
6. Chris Zook and James Allen, *Profit from the Core*, Boston, MA, HBS Press, 2001, p.11.
7. Peter N. Golder and Gerard J. Tellis, "Pioneer Advantage: Marketing Logic of Marketing Legend?," *Journal of Marketing Research*, May 1993, pp.158–170.

8. Gerard J. Tellis and Peter N. Golder, "First to Market, First to Fail? Real Causes of Enduring Market Leadership," *Sloan Management Review*, Winter 1996, pp.65–75.
9. Susan Nelson, "Who' s Really Innovative," *Marketing Daily*, 2 September 2008.
10. James Daly Interview with Peter Drucker, "Sage Advice," *Business 2.0*, 22 August 2000, p.139.
11. 예시는 James C. Anderson and James A. Narus, "Selectively Pursuing More of Your Customer' s Business," *MIT Sloan Management Review*, Spring 2003, pp.43–49.에서 자세히 볼 수 있다.
12. Rita Gunther McGrath and Ian C. MacMillan, "Market Busting," *Harvard Business Review*, March 2005, pp.81–89.
13. Clayton M. Christensen, *The Innovator' s Dilemma: When New Technologies Cause Great Firms to Fail*, Boston, MA, Harvard Business School Press, 1997; Clayton M. Christensen and Michael E. Raynor, *The Innovator' s Solution: Creating and Sustaining Successful Growth*, Boston, MA, Harvard Business School Press, 2003; Clayton M. Christensen, Scott D. Anthony, and Erik A. Roth, *Seeing What' s Next: Using the Theories of Innovation to Predict Industry Change*, Boston, MA, Harvard Business School Press, 2004.
14. Matthew S. Olsen, Derek van Berer, and Seth Verry, "When Growth Stalls," *Harvard Business Review*, March 2008, pp.51–61.
15. George S. Day, "Is It Real? Can We Win? Is it Worth Doing," *Harvard Business Review*, December 2007, pp.110–120.
16. Robert G. Cooper, "Your NPD Portfolio May Be Harmful to Your Business Health," *PDMA Visions*, April 2005.

CHAPTER 13

글로벌 전략

글로벌화에 반대하는 것은 중력의 법칙에 거스르는 것과 같다.

– 코피 아난(Kofi Annan)

강력한 힘이 세계를 하나의 공통성으로 몰고 가고 있는데, 그 힘은 바로 기술이다. 그 결과 새로운 현실로 나타났는데 이전에는 상상도 못한 큰 규모의 표준화된 소비재시장이다.

– 테오도르 레빗(Theodore Levitt))

나의 모험은 믿을만한 근거가 있는 것도 아니고 딱히 가야 할 곳도 없다.

– 윌리엄 세익스피어(William Shakespeare)의 베니스의 상인

많은 기업들이 효과적으로 경쟁하기 위해서는 글로벌 전략이 필요하다는 것을 알게 되었다. 글로벌 전략(global strategies)은 나라마다 다른 전략을 가지고 독자적으로 운영하는 다국적 전략(mutinational or multidomestic strategy)과는 다르다. 이를 테면 소매업체가 여러 나라에 많은 점포를 가지고 있으나 연결되지 않고 독립적으로 운영되는 것을 다국적 전략이라고 한다. 다국적 전략은 사업 포트폴리오가 중요한 목적이다.

반면에 글로벌 전략이란 국가시장을 세계적 관점으로 보아 시너지, 규모의 경제, 전략적 유연성, 레버리지 기회 등을 얻는 것이 목적이다.

글로벌 전략으로 전략적 우위를 가질 수도 있고, 경쟁자의 우위를 중화시킬 수도 있다. 예컨대, 어떤 국가시장에서 개발된 제품이나 마케팅프로그램을 다른 국가시장에서 사용할 수 있고, 여러 시장에 판매하면 규모의 경제가 달성될 수 있고, 싼 노동과 원자재의 확보로 원가우위를 확보할 수도 있다. 또한 세계 전역에서 나타나는 트렌드를 파악할 수도 있고, 비슷한 구조를 갖고 있는 경쟁자와 경쟁하는 데도 유리하다. 무역장벽을 피하는 곳에 공장입지를 정하여 시장에 접근할 수도 있다.

비록 글로벌 전략이 적합하지 않은 사업일지라도 글로벌 시장분석은 매우 유용할 수 있는데, 그 이유는 다른 나라에서 얻은 경쟁자, 시장, 트렌드에 관한 지식이 기회나 위협, 전략적 불확실성을 파악하는데 도움이 될 수 있기 때문이다. 물론 글로벌 시장분석은 문화, 정치적 위험, 경제시스템이 다르기 때문에 쉽지는 않다.

글로벌 전략에서 다루어야 할 쟁점은 다음과 같다.

1. 글로벌 전략의 동기 혹은 목적은 무엇인가?
2. 여러 나라에 걸쳐 제공물을 어느 정도까지 표준화할 것인가?
3. 여러 나라에 걸쳐 브랜드명과 브랜드 포지션, 광고, 가격책정과 같은 마케팅활동을 어느 정도까지 표준화할 것인가?
4. 글로벌 운영을 어떻게 성공적으로 확장할 수 있는가?
5. 새로운 나라에 진입할 때 전략적 제휴를 어느 정도까지 활용할 것인가?
6. 브랜드를 글로벌하게 어떻게 관리할 것인가?

13.1 ::: 글로벌 전략의 동기

글로벌 전략은 매력적인 해외시장에 투자하려는 의도 외에 여러 동기에서 시작될 수 있는데 이들을 요약한 것이 [그림 13.1]이다. 이 그림은 또한 글로벌 전략의 범위와 특징을 요약하고도 있다.

규모의 경제 달성

글로벌 전략을 하는 이유는 규모의 경제인데, 이를 달성할 수 있는 원천은 여러 가지이다. 먼저, 제공물 표준화이다. 예를 들어, 폭스바겐은 많은 국가에 표준화된 제품을 판매하여 디자인, 공구제작, 부품생산, 제품시험을 등의 비용을 분산시키고 있다. 다음으로, 브랜드 구축이다. 1990년대 후반 한국의 글로벌 전자 브랜드인 삼성은 프리미엄 글로벌 브랜드를 구축하려는 의도로 수많은 하위브랜드를 제거하여 기업 유일의 마스터 브랜드에 집중하였다. 삼성의 투자와 몰입으로 2009년 인터브랜드와 비즈니스 위크가 선정한

그림 13.1 글로벌 전략 동기

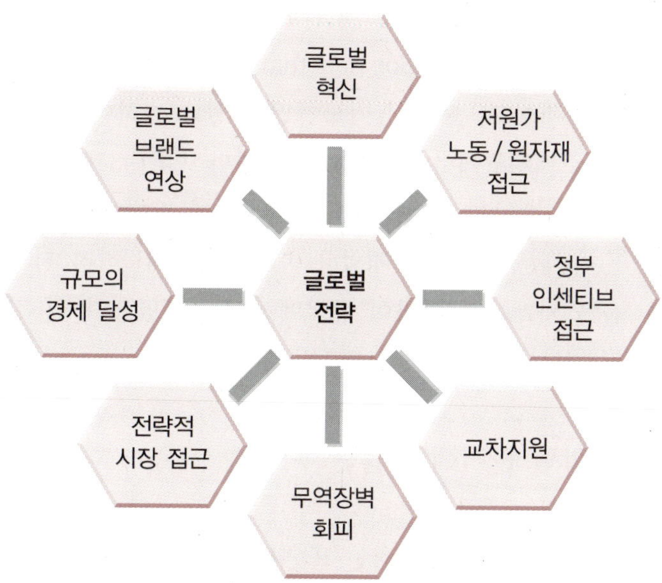

글로벌 브랜드 랭킹에서 삼성은 소니보다 앞선 19위를 차지하고 있다.

마지막으로 운영, 마케팅, 생산 등 프로그램의 표준화이다. 국가시장마다 조정하더라도 광고나 운영, 생산 등의 공유된 프로그램은 이들을 개발하는 비용을 낮추는데 도움이 될 수 있기 때문이다.

글로벌 브랜드 연상

글로벌화는 글로벌이란 브랜드 연상을 통해 브랜드자산에 영향을 미친다. 41개국 1,500명의 소비자들을 대상으로 6개의 카테고리에서 글로벌로 연상되는 3개의 선도 브랜드의 선호도를 조사하였다.[1] 연구의 결과는 글로벌 브랜드란 연상이 선호에 영향을 미치는 것으로 나타났다. 글로벌 브랜드를 선호하는 소비자의 44%는 글로벌화가 혁신을 의미하고 그 결과 품질이 높을 것으로 믿고 있었다. 혁신 다음으로 명성과 사회적 책임을 연상하였는데 이들은 혁신보다 다소 낮은 12%와 8%로 각각 나타났다.

글로벌 혁신

글로벌화하면 마케팅, 신제품이나 제품향상 등의 아이디어를 여러 국가시장에서 얻을 수 있다. 예를 들어, P&G에서 성공한 브랜드인 팬틴의 '빛나는 머릿결을 위해(For hair that shines)' 이란 포지셔닝은 P&G 타이완에서 만든 것이고, 허브인 카모마일을 원료로 하여 만든 나투렐라(Naturella)는 P&G 멕시코에서 아이디어가 나왔다. GE는 지금까지 여러 나라에서와 마찬가지로 초음파 의료장비를 중국시장에 판매하려 했으나 높은 가격과 휴대성 문제 때문에 곤란을 겪었다. 이 문제를 해결하려 저가격과 휴대성이 높은 초음파 기계를 개발하여 중국에서 성공하였으며 이 장비는 다른 국가시장에 진출하는데 큰 도움이 되었다.[2]

저원가 노동이나 원자재에 접근

글로벌 전략을 취하는 또 다른 동기는 여러 나라의 자원에 접근함으로써 원가절감을 할 수 있기 때문이다. 원자재, R&D 인재, 조립노동력, 부품 공

글로벌 전략의 적합성을 측정하는 지표

- 주요 경쟁자들이 국내에 국한하지 않고 여러 나라에 진출해 있다.
- 제품이나 마케팅 전략의 표준화가 규모의 경제를 제공한다.
- 다른 나라에서 부가가치 활동을 입지시킴으로써 비용이 줄어들고 효과가 증가할 수 있다.
- 한 시장에서의 매출액과 이익을 다른 시장의 포지션 확보에 사용할 수 있다.
- 무역장벽이 가치 있는 시장 접근을 방해한다.
- 글로벌 브랜드명이 우위가 될 수 있고 그 이름이 세계 도처에서 사용된다.
- 브랜드 포지션과 이를 지원하는 광고를 여러 나라에서 사용할 수 있고 선점되지 않았다.
- 지역시장이 지역운영을 하면 우위를 가지는 제품이나 서비스를 요구하지 않는다.

급 등 여러 영역에서 나라마다 상당한 원가 차이가 날 수 있다. 그래서 한 컴퓨터 제조업체는 한국과 중국에서 부품을 구입하고, 남미에서 원재료를 확보하며 노무비와 수송비를 절감하려 멕시코를 비롯한 다섯 나라에서 조립한다. 저원가 노동과 원자재에 대한 접근은 SCA가 될 수 있는데, 특히 기존 공급선이 문제가 있거나 더 매력적인 대안이 나타나는 경우 이를 바꿀 수 있는 유연성이 있다면 더욱 그러하다.

정부의 투자 인센티브 접근

원가우위를 확보하는 또 다른 방법은 특정 산업이나 침체된 지역의 활성화라는 경제적 목표를 달성하기 위해 해당국가의 정부가 제공하는 투자 인센티브이다. 무역에서 변화를 일으키려 하는 관세나 쿼터와는 달리 투자 인센티브는 수입국의 눈에 잘 띄지도 않고 저항도 적다. 영국정부는 일본 자동차 업체가 영국에 공장을 설립하도록 현금보너스를 제공하고 있다. 아일랜드, 브라질을 비롯한 여러 나라 정부에서도 자국의 특정지역에 공장을 짓도록 유도하기 위해 현금, 세금감면, 토지, 건물 등을 제공하고 있다.

교차지원

기업이 글로벌하게 운영되면 세계의 한 곳에서 축적한 자원을 다른 곳에서 경쟁하는데 사용할 수 있는 교차지원이 가능하다.[3] 다음의 예를 보자. 한 기업이 본국에서 창출한 현금을 다른 나라의 국내지향적인 경쟁자를 공격하는데 사용할 수 있는데, 1970년대 초 미쉘린(Michelin)은 굿이어(Goodyear)의 미국시장을 공략하기 위해 유럽 본국에서 벌어들인 이익을 사용하였다. 굿이어는 이런 도전에 대응하기 위해 가격을 낮추고 광고를 증대시킬 것이며 그 결과 기반시장에서 마진을 희생해야 하는 어려움을 겪게 될 것이다. 이런 상황에서의 대응전략은 잃을 것이 많은 공격자의 본국시장을 역공하는 것인데 굿이어는 미쉘린의 이익기반에 손상을 주기 위해 유럽에서 싸움을 시작하였다.

교차지원이 의미가 있으려면 해당국가의 기존 경쟁자에게 위협을 줄 만큼 커야 하는데, 만약 점유율이 2% 정도에 불과하다면 경쟁자는 무시할 것이다.

무역장벽 회피

부품과 조립공장의 전략적 입지는 무역장벽을 뚫고 들어가 영업권을 키우는데 도움이 될 수 있다. 예를 들어, 푸조(Peugeot)는 아르헨티나로부터 짐바브웨까지 26개국에 걸쳐 공장을 가지고 있다. 투자국에 최종조립공장을 갖는 것은 존재 자체를 눈에 띄게 하고 최종제품의 수송 및 보관비를 절약할 수 있어 교역에서 호의적인 대우를 받고 영업권을 확보할 수 있는 좋은 방법이다. 따라서 캐터필러(Caterpillar)는 무역장벽을 피하기 위해 유럽, 일본, 브라질, 호주 등을 포함한 여러 주요 시장에서 조립공장을 운영하고 있다. 도요타도 미국과 유럽에서 외국기업 지배에 대한 반감을 누그러뜨리기 위해 자동차 생산원가의 상당부분을 차지하는 부품을 현지에서 조달하고 조립한다.

전략적으로 중요한 시장에 접근

현재 및 잠재 시장의 규모, 원자재 공급, 노무비 구조, 기술 때문에 전략적으로 중요한 시장이 있는데 이런 시장에 존재한다는 것 자체가 설혹 수익성은 없을지라도 중요할 수 있다. 중국과 인도는 소비자 시장으로서 근미래에 현실화될 잠재력 때문에 중요하다.

때로 어떤 나라는 특정 산업의 새로운 트렌드와 발전을 끌고 가기 때문에 중요하다. 패션산업에서 역사적으로 패션계를 리드하는 나라에 진출하는 것 자체가 편익이 될 수 있다. 예를 들어, 경주용 자동차 시장에서 기술발전이나 경쟁자의 전략에 뒤떨어지지 않기 위해 영국의 모터스포츠 벨리에 참가해야만 한다. 때로 관찰을 통해서도 충분한 정보를 획득할 수는 있겠지만 디자인 및 생산을 현지에서 직접 함으로써 트렌드를 보다 잘 알 수 있을 것이다.

13.2 ::: 표준화 대 고객화

테드 레비트(Ted Levitt) 교수가 1983년 하버드 비즈니스 리뷰에 실은 '시장의 글로벌화'란 고전적인 논문 때문에 표준화가 힘을 받게 되었다.[4] 이 논문은 표준화의 논리를 제공하는 대표적 논문으로 브랜드의 표준화를 유도하는 세 가지 동력을 제시하고 있다. 첫째, 소통, 수송, 여행의 힘이 소비자의 취향과 욕구를 동일하게 하여 시장을 격리시키는 벽을 깨뜨렸다. 둘째, 특히 제품과 소통에서 단순화와 표준화로 인한 원가절감이 지역 업체보다 경쟁우위를 갖게 한다. 셋째, 고객은 저가로 높은 품질을 얻으려 하기 때문에 지역 업체에 대한 선호를 포기할 것이다.

레드불, HSBC, 유튜브, 뱅 앤 올슨, 바디 샵, 보다폰, BP, BBC 월드, 삼성, 팬틴, 다농, 엑센츄어 등은 제품, 브랜드, 포지션, 광고, 개성, 포장, 경험 등에서 높은 유사성을 갖는 표준화를 추구하는 것으로 알려져 있어 새로 브랜드를 구축하려는 업체의 선망이 되고 있다. 예를 들어, 레드불은 세계 곳곳에서 에너지, 익스트림 스포츠, 젊음, 활기, 재미, 에너지 드링크 등으로 연상된다. 게다가 레드불의 캔, 심볼, 촉진, 광고는 거의 세계적으로 동일하다. 바디샵 또한 전세계 시장에서 동일한 소매 경험을 제공한다. 린스/액스(Lynx/Axe)는 진입한 모든 시장에서 모든 젊은 남성에게 동일한 브랜드 약속을 제공한다.

하지만 '표준화된' 제품과 브랜드에 대한 일반적인 생각과 다르게 동일하지 않는 경우도 있다. 맥도널드는 여러 나라에서 메뉴, 광고, 소매구조가 다르다. 프링글스 또한 나라마다 다른 향을 사용하고 지역문화에 맞게 광고를 수정한다. 하이네켄은 네덜란드 본국에서는 대중맥주이지만 다른 나라에서는 친구와 즐길 수 있는 고급맥주로 포지셔닝하고 있다. 비자는 아르헨티나에서 다른 로고를 사용하고 코카콜라는 남부유럽에서는 당도를 조금 높이고 있다. 이러한 변형이 있음에도 로컬 브랜드에 비하면 여전히 표준화되어 있다고 할 수 있다.

표준화된 제공물로 큰 규모의 경제를 달성할 수 있다. 예를 들어, IBM이 시장에 따라 수정이 필요할지라도 단일 글로벌 캠페인을 위해 약 36개에 이르는 광고대행사를 하나로 바꾼 결정의 동기는 효율성 달성이다. 포장, 웹사이트, 촉진, 스폰서십 또한 여러 나라에 걸쳐 표준화될 때 비용절약이 크게 될 것이다. 여러 국가에 걸친 규모의 경제는 월드컵이나 올림픽 스폰서십과 같이 글로벌 관련성이 있을 때 특히 중요하다.

규모의 경제보다 더 중요한 것은 더 나은 자원으로 인해 향상된 효과성이다. IBM이 대행사들을 오길비 앤 매더(Ogilvy & Mather)로 단일화하자 즉시 원하는 곳 어디에나 앉을 수 있는 전설 속의 코끼리가 되어 버렸다. 오길비의 최고 고객이 되자 오길비의 최고의 인재가 IBM 광고에 투입되었고 광고집행의 성과는 눈에 띄게 향상되었다.

교차시장 노출이 보다 높은 효율성을 가져온다. 매체 이월효과가 있는 경우 표준화된 브랜드는 매체의 효율성을 높일 수 있다. 또한 여행객들이 다른 나라에서 브랜드에 노출될 수 있어 광고캠페인을 더 신중히 할 필요가 있다. 이런 노출은 신용카드, 항공사, 호텔과 같은 여행관련 제품에서 중요하다.

또한 표준화된 브랜드는 본질적으로 관리하기가 쉽다. 브랜드 관리의 기본 과제는 명확하고 세련된 브랜드 정체성(브랜드가 나타내지기를 원하는 것)을 개발하고 이를 구축하는 방법을 찾아 내는 것이다. 다양한 전략을 글로벌 브랜드에서 사용하기는 어렵고, 조직시스템과 구조도 단순하다. 보다폰의 '당신의 힘' 이라는 글로벌 브랜드 메시지는 수십 개 국가가 따로 가지는 전략보다 더 쉽게 관리될 수 있다.

표준화된 브랜드의 핵심은 모든 시장에서 통하는 포지션을 찾아 내는 것이다. 패스트패션인 자라는 세계적으로 동일한 포지션을 구축하고 있다. 자라의 공급전략은 당신 옆의 사람이 당신과 같은 셔츠를 입기를 원하지 않을 것이라는 의미를 핵심으로 하고 있다. 이는 대부분의 사람들이 가격이 적당하지만 독특한 요소를 가지고 있는 패션을 입기 원한다는 것을 기반으로 한다. 칭따오(Tsingtao) 맥주는 세계 최고의 중국 맥주라는 동일한 포지셔닝을 세계시장에서 하고 있다.

잘 소통할 수 있는 본원적인 포지션이 있다. 하나는 최고급을 나타내는 '최고'이다. 메르세데스, 몽블랑, 하이네켄, 티파니와 같은 고가의 프리미엄 브랜드는 자기표현적 편익이 대부분의 문화권에서 통하기 때문에 지리적 경계를 쉽게 넘나들 수 있다. 또 다른 것은 '국가'이다. 호주는 국가 브랜드 리스트의 상위에 놓여진다. 빌라봉(Billabong)이나 엘로우 테일(Yellow Tail) 와인과 같은 브랜드의 매력도를 높이는데 호주의 포지션이 호주를 제외한 어디서나 통한다. 또한 샴푸인 헤드 앤 숄져의 비듬방지용과 같은 기능적인 편익도 다수 시장에서 이용될 수 있다.

표준화는 글로벌 제품을 만드는 의사결정구조가 집중화되어 있을 때도 가능할 수 있다. 예를 들면, 캐논은 생산의 경제성을 극대화하기 위해 전세계에 걸쳐 하나의 디자인으로 복사기를 만들었다. 그 결과 불행히도 일본에서는 표준사이즈 종이를 사용할 수가 없어 고객에게 큰 고통을 주었다. 글로벌 표준화를 추구하는 전략이 안고 있는 기본적인 위험은 성과가 절충적으로 나타날 수 있다는 것이다. 거의 모든 시장에 알맞은 제품과 마케팅프로그램이라도 어디서나 딱 맞는 것은 아니기 때문에 저조한 성과의 변명이 된다는 것이다.

또 다른 전략은 시장이 크고 성장하고 있어 매력이 있거나 브랜드가 자연적인 우위를 가질 수 있는 선도국가(lead country) 중심으로 표준화가 가능하다. 선도국가에서 성공의 기회를 극대화하기 위해 맞춰진 제품은 약간의 수정이나 개선으로 다른 시장에 수출된다. 기업은 각각 자체의 제품을 가진 몇몇의 선도국가를 가지고 있을 것이다. 그 결과 본국이라는 브랜드 기반을 가진 안정된 글로벌 브랜드가 된다. 예를 들어, 닛산(Nissan)은 오랫동안 이 접근법을 사용하고 있는데 영국에서 택시 회사용 자동차를 개발하여 다른 나라에도 이 차를 판매하였다. 듀퐁의 35년 된 소재 브랜드인 라이크라(Lycra)는 "라이크라같은 움직임은 어디에도 없다(Nothing moves like Lycra)"라는 태그라인으로 광고하는데, 용도가 다양하고 용도마다 선도국가가 있다. 그래서 브라질의 브랜드 관리자는 수영복으로, 프랑스 브랜드 관리자는 패션으로 글로벌 리더가 되고 있다.

표준화된 브랜드가 아닌 글로벌 리더십[5)]

사실 글로벌 브랜드가 항상 적합하거나 실행가능한 것은 아니다. 그러나 다른 브랜드의 드러난 성공에 감동을 받아 많은 기업들이 자사 브랜드를 글로벌화하려 한다. 이렇게 하는 근본이유를 들여다 보면 경영자의 고집이거나 성공적인 리더로 보이는데 글로벌화가 효과적이라고 생각하기 때문이다.

이러한 결정은 무슨 전략이 있는 것도 아니고 단지 "글로벌 프로그램을 이용하라"는 단순한 명령에 의해 이루어진다. 모든 광고를 한 대행사로 통합하고 글로벌 광고테마를 개발하라는 것이 전형적인 예다. 표준화된 브랜드가 바람직한 경우조차도 목적을 향해 맹목적으로 우르르 몰려가는 것은 잘못된 과정이고 심지어는 브랜드에 중요한 손상을 입히게 된다. 이렇게 되는 이유는 세 가지이다.

첫째, 규모의 경제와 범위의 경제가 실제로 존재하지 않을지도 모른다. 매체이월효과의 기대는 과장되었을 수도 있고, 현지화된 커뮤니케이션 개발이 이전된 것을 적용하는 것보다 싸게 먹힐 수가 있다. 더구나 아무리 우수한 글로벌 광고 에이전시라도 모든 국가에서 훌륭하게 다 잘 할 수는 없다.

둘째, 글로벌 브랜드가 존재할지라도 이를 지원하는 전략을 찾을 수 없을지도 모른다. 인재, 정보, 독창성, 실무적인 스킬이 부족하여 그저 그런 전략을 만든 것이다. 세계 여러 국가에서 사용할 전략은 고사하고 한 국가에서 통하는 탁월한 전략을 개발하는 것도 매우 어려운 문제이다.

셋째, 시장마다 근본적인 차이가 날 때 표준화된 브랜드는 적합하거나 실행가능하지 않을 수도 있다. 글로벌 브랜드가 별다른 의미를 갖지 못하는 다음과 같은 여건을 고려해 보자.

- **시장포지션의 차이.** 구글은 경쟁하고 있는 대부분의 해외시장에서 시장리더이다. 그러나 예외가 있는데 그것은 바로 러시아 시장이다. 러시아 시장의 리더는 지역 기업인 얀덱스(Yandex)인데, 구글은 러시아 언어를 처리하는데 얀덱스 검색엔진을 따라갈 수 없었다. 그 결과 얀덱스는 50% 이상의 시장점유율을 가지게 되었고 리더십을 구축하였다. 이러한 경쟁에 직면하면 구글의 표준화된 접근은 머리를 숙이지 않을 수 없는 것이다.

- **정부상황의 차이.** 아일랜드에서 공공장소 흡연금지로 술집에 가는 사람들이 상당수 줄어들었고 결국 주류매출이 감소하게 되었다. 때문에 가정용 주류 소비가 상당히 증가하게 된 의도하지 않은 결과를 낳게 되었다. 이 변화는 포장, 유통, 가격책정에 조정을 요구하고 있어 표준화된 모델의 운영을 어렵게 한다.
- **브랜드 이미지의 차이.** 아일랜드와 영국에서 기네스(Guinness)는 품질, 남성성, 지속적인 만족이란 가치를 주는 대단한 전통브랜드이다. 기네스는 업데이트된 이미지와 가정용 매출에의 집중으로 성장하여 왔다. 하지만 아프리카에서는 강함과 활력이라는 이미지가 성장의 열쇠가 되고 있다.
- **구매동기의 차이.** P&G의 올레이(Olay) 브랜드 매니저는 인도 사람들이 서구인들처럼 더 어리게 보이는 피부를 원하는 것이 아니라 더 밝게 보이는 것을 원한다는 것을 알게 되었다. 캠벨 수프는 수프를 좋아하는 러시아와 중국에서는 인스턴트 수프에 대한 요구가 거의 없지만 애피타이저 수프로 접근하자 매우 좋아한다는 것을 알았다. 2008년 연구에 따르면 중국의 식품소비자의 78%가 건강 편익을 중요하다고 생각하는데 반해, 영국과 아르헨티나에서의 그 수는 반 이하로 내려가고 독일에서는 34%로 떨어졌다.[6]
- **유통경로의 차이.** 유통경로가 제공물과 마케팅 전략에 영향을 줄 수 있다. 중국에서는 지방에 접근하는데 여러 단계의 유통단계가 있어 유통경로가 길다. 그 결과 유통경로가 짧은 서구사회에서 사용하던 방법으로 브랜드를 통제하기가 어렵다. 유럽과 아시아의 많은 나라에서 아이스크림은 스틱으로 판매되거나 혹은 들고 다닐 수 있는 스낵처럼 작은 컵에 담아 판매한다. 하지만 미국에서는 아이스크림을 가정용으로 큰 통에 담아 판다.
- **고객 트렌드 단계의 차이.** 여러 나라에서 공통적인 고객 트렌드가 존재한다 할지라도 동일한 단계에 있는 것은 아니다. 와인의 평가는 나라마다 다양하다. 중국에서는 존재하기는 하지만 아직 초기단계라 와인브랜드의 시장개척에 초점이 맞추어져 있다. 유전자변형작물(GMO)이나 유기농이나 자연그대로 키운 식품에의 관심은 유럽에서 특히 높다.
- **사회경제적 단계의 차이.** 인도의 시골이나 중국과 아프리카의 일부지역의 경우 서구시장에서 판매하는 대부분의 제품과 브랜드는 적합하지 않

다. 전력이 부족하거나 전력공급을 믿을 수 없을 때, 제품 개요와 속성 선호는 매우 다르다. 혹은 가구당 예산이 선진국의 그것보다 아주 작을 때 구매습관을 바꾼다.

- **강한 지역전통.** 네슬레와 유니레버는 전통에 기반한 중요한 고객 충성도와 글로벌 브랜드로 이전될 수 없는 지역 커뮤니티와의 연결이 존재하기 때문에 인수한 지역 브랜드를 유지한다. 지역 브랜드와의 관계는 광고범위가 좁고 그래서 역사적인 관계의 비중이 높은 상황에서 커질 수 있다.
- **선점된 포지션.** 초콜릿 바의 탁월한 포지션은 우유와 관련된 연상으로, 한 잔의 우유가 쏟아지는 이미지를 가지는 것이다. 문제는 다른 브랜드들이 다른 시장에서 이 포지션을 선점하고 있다는 것인데, 예를 들면 영국의 캐드베리(Cadbury)와 독일의 밀카(Milka)이다.
- **실행과 심볼에 대한 고객반응의 차이.** 전술적인 것도 관심의 대상이다. 돌진하는 황소를 영웅이 지켜 보고 있는 조니워커 광고는 스페인에서는 효과적이었지만 독일에서는 그렇지 못하다. 다이어트 음료와 식품에 대한 태도 또한 나라별로 상당히 다르다. 영국과 아일랜드에서는 다이어트라는 단어를 청량음료나 식품에서 사용하는 것은 허용되지만 다른 유럽 국가에서는 가벼운(light)이 사용된다.

글로벌 사업전략의 방향은 흔히 잘못될 수 있다. 표준화된 브랜드를 개발하는 것이 중요한 것이 아니라 각 시장에서 브랜드 리더십을 확보하는 것이 중요하다. 브랜드 리더십을 구축하는 데는 효과적이고 전향적인 브랜드 관리가 필요한데, 그렇게 하려면 세계적으로 브랜드 구축에 자원을 투입해야 하며, 시너지를 살리도록 해야 하고, 브랜드를 레버로 활용할 수 있는 아이디어를 개발해야 한다.

13.3 ::: 글로벌 발자취 확장

글로벌화하려는 동기는 자연스럽게 기업의 발자취를 세계로 향하게 하는데 어렵고 복잡한 전략을 요구한다. 언어가 다르고 문화가 익숙하지 못하고,

유통 및 시장 트렌드가 다른 경우에 전략은 더 어렵고 복잡하다. 따라서 실패의 가능성이 높다. 2000년까지 5년 동안 150개 해외확장 사례를 조사해 본 결과 성공은 절반에도 못 미쳤다. 생존한 사례를 분석해 본 결과 다음과 같은 4가지 상황에서 성공하였다.[7]

- **강력한 본국시장.** 강력한 본국 시장은 지리적 확장에서 레버로 활용할 수 있는 자원과 경험을 제공한다. 성공적인 본국시장 없이 해외성공을 거둔 기업은 드물다.
- **시장확장에 사용할 수 있는 공식.** 한 나라에서 다른 나라로 진입할 때 동일한 모델을 사용한다면 진입위험은 감소한다. 농산물 기업인 올램 인터내셔널(Olam International)은 농작물 생산지에 관리자를 파견하는 독특한 모델을 사용한다. 이 모델을 많은 아프리카 국가에 적용하여 성공하였다.
- **같은 고객을 표적으로 함: 고객차별화.** 나라는 달라도 같은 세분시장을 표적화하면 제품과 포지션을 그대로 유지할 수 있어 시장조사를 새로 할 필요도 없고, 제공물을 바꿀 필요도 없다. 예를 들어, 퀵실버(Quiksilver), 뱅 앤 올슨, 하이네켄 등은 세계 어디서나 동일한 방법으로 자신을 차별화한다.
- **산업경제.** 성공의 열쇠가 글로벌 점유율인지 지역 점유율인지를 파악하는 것이 중요하다. 예를 들어, 면도기나 컴퓨터와 같은 일부 산업들은 글로벌 규모로 비용우위를 제공한다. 반면 맥주, 시멘트, 소프트웨어와 같은 산업들은 높은 지역 점유율이 수익을 창출하는데 중요하다.

이들 조건들 중 어느 것이라도 놓치면 성공은 더욱 힘들어지겠지만, 다음의 질문에 답하는 것도 중요한 성공의 방법이 될 것이다.

어느 나라로 진입할 것인가?

일단 기업이 글로벌 전략을 결정하면 진입할 국가들이 어디인지, 어떤 순서로 진입할 것인지가 주요 과제이다. 새로운 시장에 진입하는 데는 위험이 따르고 다른 곳에 투자할 수 있는 자원을 뺏어간다. 흔히 나타나는 글로벌 확장의 예기치 못한 결과는 자원을 해외시장에 투입하여 건강한 본국시장이 위험에 빠지는 것이다. 따라서 성공가능성이 높고 자원투입을 최소화할 수 있는 시장을 선택하는 것이 중요하다.

시장선택은 몇 가지 기본차원에 대한 질문으로 시작한다.

- 시장이 규모와 성장성에서 매력적인가? 호의적인 시장트렌드가 있는가? 많은 기업에게 중국과 인도는 큰 시장규모와 성장잠재력 때문에 매력적으로 보인다.
- 기업은 시장에 가치를 부가할 수 있는가? 제품과 사업모델이 고객이 필요로 하는 편익을 제공하는 차별점을 갖는가? 테스코는 인터넷기반 가정배달시스템으로 세계 각국의 식료품소매점에 가치를 부가하고 있다.[8]
- 경쟁이 얼마나 치열한가? 다른 기업들은 충성고객을 확보하고 있고 포지션 정립을 분명히 하고 있는가? 저가를 내세우는 알디(Aldi)가 2008년과 2009년의 심각한 불경기에도 불구하고 영국시장에 침투하면서 큰 어려움을 겪었다. 이유는 기득권 소매상들이 저가전략을 이미 사용하고 있었기 때문이다.[9]
- 기업이 그 나라에서 사업모델을 실행할 수 있는가? 혹은 운영상 혹은 문화적인 장벽이 존재하지 않는가? 필요한 수정이 얼마나 실행가능한가? 막스 앤 스펜서의 제품과 점포경험은 유럽 대륙에서 거의 어필하지 못했다. 그러나 아일랜드, 극동, 남동부 유럽, 인도, 중동에서는 대단히 성공하였다. 2009년 해외매출은 기업 총매출의 10%였고 매년 25% 이상 성장하고 있다.
- 정치적 불확실성이 위험을 부가하는가? 정치적 불안이 분명 위험을 추가하겠지만 자세히 따져 보아야 한다. 브라질의 쇠고기 거대기업인 JBS는 수출능력에 관한 정치적 불확실성을 극복하기 위해 여러 나라에서 쇠고기를 확보하고 처리시설을 갖추고 있다.
- 최소효율규모(critical mass)가 가능한가? 이것은 독자적인 유통망을 확보하고 마케팅을 하기에 잠재시장 규모가 충분하지 않다고 생각되는 경우에 결정적이다.

2008년 일본 이동전화시장에서 철수한 노키아의 사례는 이러한 질문의 중요성을 일깨워 준다. 엄청난 돈과 시간과 노력을 기울였지만 규모의 경제를 달성하는데 필요한 시장점유율 확보에 실패하였다. 주요 문제는 문화적인 것에서 나타났는데 일본 소비자들은 일본 기업에서 만든 다기능 전화기를 사용하였다. 세계시장의 약 38%를 차지하는 노키아가 일본시장에서 철수하려는 것은 글로벌 전략을 개발하는데 나타날 수 있는 문제점을 너무나 잘 시사한다. 선진시장에 들어갈 때 노키아는 철저히 시장조사를 했어야 했다.

순차적으로 다른 국가에 진입하는 전략은 여러 가지 이점이 있다. 이렇게 하면 초기자원투입은 적게 해도 되고, 경험을 통해 제품과 마케팅프로그램을 개선할 수 있고, 현지사업을 창조적으로 할 수 있는 아이디어를 얻을 수 있기 때문이다. 그러나 글로벌 확장을 동시에 가능한 한 넓게 하는 것이 유리한 이유도 있다. 첫째, 글로벌 전략의 성공요인인 규모의 경제를 보다 빨리 실현할 수 있다. 둘째, 여러 시장에 빨리 진입하면 선점효과가 있어 경쟁자의 모방을 따돌릴 수가 있다. 사실 모방은 대부분의 산업에서 심각한 위협이 되고 있다. 셋째, 앞서 논의할 주제인 표준화가 보다 용이해진다.

중국에서의 마케팅

해외시장개발을 전공하는 학생인 노르만디 매든(Normandy Madden)이 광고시대(Ad Age)를 연구하여 중국에 진입하려는 서구기업들에게 몇 가지 유의점을 제공하였다.[10)]

- 중국은 단일 국가가 아니다. 오히려 지불능력, 구매동기와 유통에서 각기 다른 12개 가량의 국가와 같다. 단일로서 중국을 보는 것은 유럽을 동일한 전체집단으로 보는 것과 같다.
- 서구의 제품들이 인기를 끌고 자기표현적 편익을 제공하지만 중국사람들이 유교적인 전통과 문화를 떠난 것으로 보아서는 안 된다.
- 중국 소비자들은 인터넷의 부상으로 인터넷을 통해 가격을 알아 내고 구매하고 지식을 쌓는다.
- 현지 브랜드를 우습게 보지마라. 많은 카테고리에서 지역 브랜드는 처음에는 방관자이지만 조만간 리더는 아닐지라도 치열하게 다툴 시장 경쟁자로 부상한다.
- 중국의 대중 매체는 한계를 가진다. 청중은 브랜드를 살 수 없는 사람들로 가득할 것이고 프로그램은 매력이 없다. 보다 효과적인 방법은 이벤트, 샘플제공, 촉진 혹은 디지털 마케팅을 이용하는 것이다.

13.4 ::: 전략적 제휴

전략적 제휴는 글로벌 전략에 중요한 역할을 하는데 그 이유는 어떤 기업이든 여러 시장에서 성공하는 핵심요인을 모두 갖기가 어렵기 때문이다. 부족한 것은 유통, 브랜드, 판매력, 기술, R&D 능력 혹은 생산능력 등이 될 수 있다. 이러한 부족을 내부에서 메우는 데는 많은 시간과 자금이 필요한데, 다른 나라에서 사업을 운영하는 불확실성을 고려할 때, 전략적 제휴는 투자와 그에 수반되는 위험과 경직성을 줄이는데 필요한 자연스러운 대안이다.

전략적 제휴는 전략적 목적을 달성하려는 둘 혹은 그 이상의 조직이 서로의 강점을 레버로 활용하는 협력이다. 이러한 협력은 장기간 몰입이 필요하다.

예를 들면, 일시적인 생산문제가 발생하여 부품을 외부에서 조달하는 것과 같이 문제에 대해 단기적 수정을 제공하는 전술적 도구는 아니다. 게다가, 참여조직이 필요한 자산이나 역량을 협력에다 맞추고 이들을 오랫동안 유지하게 하는 것을 의미한다. 협력의 결과는 전략적으로 가치를 가지며 경쟁자의 공격과 환경변화에도 견뎌 생존 가능해야 한다.

전략적 제휴는 전략적 목표나 과업을 빨리, 싸게, 성공적으로 달성할 가능성을 높여 준다. 이는 새로운 자산과 역량을 내부에서 창출하는 대신에 관련 기업의 기존 자산과 역량을 결합하기 때문에 가능하다.

전략적 제휴는 느슨한 비공식적인 협약에서부터 공식적인 합작 투자까지 다양한 형태가 있다. 대부분의 비공식적 협약은 예를 들어 '당신회사의 유통을 통해 우리 회사의 상품을 판매하는 것'과 같이 단순히 함께 과업을 수행하게 하기도 하고 제휴로 발전할 수 있는 기초가 되기도 한다. 제휴가 비공식적일수록 더욱 빠르게 실행할 수 있고 보다 유연해질 수 있다. 조건과 사람이 변함에 따라 제휴의 형태는 조정될 수 있지만 중요한 것은 몰입이다. 퇴출장벽과 몰입이 낮으면 전략적 중요성도 낮고 어려울 때는 그만두려는 유혹에 빠지기 쉽기 때문이다.

전략적 제휴의 동기

전략적 제휴는 [그림 13.1]에서 보는 것과 같이 글로벌 전략의 편익을 얻으려는 의도에서 시작되는데 구체적으로는 다음과 같다.

- **규모의 경제 창출.** 도요타가 자동차와 생산시스템을 디자인하는데 투입한 고정비를 GM과의 합작으로 더 많은 생산단위에 분산할 수 있었다.
- **전략적 시장에 접근.** 네슬레와 제너럴 밀스(General Mills)는 북미지역 밖에서 아침식사용 시리얼을 판매하기 위해 시리얼 파트너스 월드와이드(Cereal Partners Worldwide)란 이름으로 장기간 제휴를 하고 있다. 이 제휴는 시리얼에서 제너럴 밀즈의 강점과 네슬레의 글로벌 식품 전문성 및 유통 강점을 반영한다.
- **무역장벽 극복.** 인도는 소매구조가 열악하여 해외직접투자가 이루어지고 있는 몇 안 되는 산업 중 하나이다. 테스코는 타타그룹과 파트너십을, 월마트는 바티그룹(Bharti Group)과 파트너십을 구축하여 인도 소매상들에게 학습의 기회도 주고 정책 변경에도 대비하고 있다.

이러한 동기 외에 오히려 보다 일반적이라고 할 수 있는 동기는 필요한 자산이나 역량의 부족분을 보충하기 위한 것인데 다음과 같이 요약할 수 있다.

- **니치시장에 침투하는데 필요한 제품계열의 보충.** 예를 들어, 포드는 제품계열의 핵심품목을 보충하기 위해 제휴를 활용하고 있다. 포드는 마쯔다와의 장기적 관계로 극동아시아 시장에 접근할 뿐만 아니라 다양한 포드 모델을 조달하고 있다. 마쯔다가 미니밴의 생산을 중단하자, 포드는 협력선을 닛산으로 돌렸다. 한 기업이 미국과 같은 중요한 시장에서 필요로 하는 다양한 모델을 모두 제공하기는 어려울 것이다.
- **필요한 기술에 접근.** 시리얼 파트너즈 월드와이드라는 이름으로 제휴하고 있는 네슬레와 제너럴 밀즈는 높은 영양 가치가 있는 시리얼을 개발하기 위해 합작으로 2009년에 스위스에 시리얼연구개발센터를 만들었다.
- **과잉설비의 활용.** 파트너십은 다른 기업의 과잉설비를 활용하여 한 기업이 공장에 대한 투자를 하지 않아도 될 때 설립된다.
- **저원가 생산능력에 접근.** 노키아로부터 애플까지 많은 기업들이 제품과 부품의 조달을 위해 중국에서 제휴하고 있다.
- **브랜드나 고객관계에 접근.** 중국의 중요 식품업체인 코프코 툰해

(COFCO Tunhe)는 중국시장에서 사용되는 토마토 페이스트를 하인즈(Heinz)에 공급하기 위해 하인즈와 제휴했다. 이 관계로 양측은 장기적 편익은 얻을 것이다.

- **필요 투자규모의 축소.** 경우에 따라서는 합작으로 투자자본이 없이도 기술을 확보할 수 있다.

열쇠: 협력선에게 줄 수 있는 전략적 가치 유지

전략적 제휴에서 생기는 주요 문제는 시간이 지남에 따라 파트너의 공헌이 균형을 잃게 될 때에 발생하는데 한 파트너가 더 이상 공헌할 독점적 자산과 역량을 갖지 못할 수 있다는 것이다. 이러한 일은 가전제품, 중장비, 전력생산설비, 공장설비, 사무장비 등과 같은 산업의 국제적 파트너십에서 많이 발생한다.

파트너 한 쪽이 역량이 없어지고 역량의 핵심이 빠지면 더 이상 합작할 동기가 없어지는 것이다. 해외파트너(투자 대상국의 기업을 말함)는 대개 특정 기술을 학습하려 합작하는 경우가 많다. 반면 본국기업은 저렴한 곳에서 생산요소를 조달하여 수익을 향상시키려 한다. 처음에는 조립을 아웃소싱하지만 점차 일반부품, 가치부품, 제품설계로 발전하고 종국에는 핵심기술까지 아웃소싱한다. 결과적으로 해외파트너는 본국기업으로부터 더 이상 배울 것이 없어지게 된다.

자산과 역량을 보호하는 하나의 접근법은 운영관리가 공유되도록 하는 것이다. 예를 들어, 도요타와 GM의 생산시설 합작과 크라이슬러의 미쓰비시와의 제휴를 비교할 수 있다. GM은 생산 과정과 개선에 깊이 관여하는데 반해 크라이슬러는 일본에서 디자인되고 생산된 미쓰비시 자동차를 판매하는 정도였다. 미쓰비시는 결국 딜러망을 구축하여 지금은 자신의 브랜드로 직접 자동차를 팔고 있다. 제휴의 동기가 자산과 역량의 개발 대신 투자를 피하고 단기이익을 취할 때 제휴는 깨지기 쉽다.

또 다른 접근법은 자산의 제공을 조절함으로써 파트너로부터 자산을 보호하는 것이다. 많은 일본기업들은 조절되지 않은 부적절한 정보흐름을 피하려 한다. 또 다른 기업들은 디자인이나 제품계열의 일부에 대한 접근을 명백히 금하고 있다. 예를 들어, 모토로라는 파트너인 도시바에게 모토로라의 일본

시장 침투를 도와줄 때만 자신의 마이크로칩 기술을 공개한다. 한편 또 다른 기업은 파트너가 계속해서 의존하도록 관련자산을 지속적으로 향상시키고 있다. 물론 자산을 보호하는 문제는 쉽지가 않은데 자산을 도면으로만 전달할 수 있을 때 특히 그렇다. 탁월성을 확보하는데 도움이 되는 자산이 복잡한 시스템으로 되어 있을 때는 보호하기가 쉽다.

보호의 두 번째 문제는 제휴의 실행과 관련된 것이다. 전략적 제휴로 최소 두 기업의 사업시스템, 인적자원, 문화, 구조는 조정되어야만 한다. 예를 들어, 일본기업들은 보다 활기찬 조직을 위해 소집단활동으로 의사결정을 주로 하는데, 이 방법은 앵글로색슨의 관리자가 의사결정하는 방식과는 다르지만 스칸디나비아의 의사결정과는 그다지 다르지 않다. 게다가, 각 파트너의 이해관계가 언제나 일치하는 것 같지는 않다. 많은 경우 잘 만들어진 제휴가 실패하는 경우가 많은데 이는 파트너 간에 근본적으로 일치하기 어려운 스타일과 목표를 가지고 있기 때문이다.

기존의 연구에서는 서로 다른 조직이 합작투자를 했을 때 다음과 같은 경우 성공기회가 높아질 것이라고 말한다.

- 합작투자로 설립된 조직이 독자적 문화와 가치를 가질 때. 각 파트너의 기존문화는 설혹 상호 부합하더라도 새로 설립된 조직에 적용하지 않는 것이 좋다.
- 두 파트너 간에 경영권이 균형을 이룰 때.
- 초창기 어려운 시기에 경영을 경험한 챔피언이 경영진에 있을 때. 합작사업을 성사시키기 위해 노력한 사람이 없다면 챔피언이 존재하기 어렵다.
- 문제를 해결하는 방법이 개발되고 변화를 허용할 때. 진화와 변화 없는 전략, 조직, 집행을 기대하는 것은 비현실적이다. 파트너와 조직은 발생하는 변화를 허용할 만큼 유연해져야 한다.

상위 500개의 글로벌 기업이 평균 60개의 중요한 제휴를 하고 있을 정도로 전략적 제휴는 일반화되었지만 적극적으로 관리될 필요가 있다. 이들 중 약 200개 기업을 대상으로 한 연구에 따르면 제휴를 통해 가치창출에 성공한 사례의 중심에는 제휴관련 모든 활동을 조정한 스탭이 있었다는 것이다.[11] 이는 이전의 경험이 새로운 제휴를 맺고 이를 관리하는데 지침이 됨을 말해 주고 있다. 예를 들어, 어떤 기업은 제휴의 시작에서 종결까지를 관리하는데 필요한 서른다섯 가지 규칙을 가지고 있다. 제휴전담 임원은 그 존재자체로 제휴가시성(제휴발표는 주가에 영향을 준다)을 높이는 효과도 있고 내부직원들과 조율을 원만히 하며, 제휴변경의 필요를 파악하고 종결까지도 한다.

13.5 ::: 글로벌 마케팅 관리

글로벌 마케팅프로그램을 관리하는 것은 어렵다. 국가 혹은 지역은 서로 많이 달라 현지담당자는 자치를 원하고 전체를 통괄하는 마케팅관리자가 현지 사정에 대해 뭘 모르는 사람들로 치부하는 경향이 있기 때문이다. 그 결과 각 나라의 성공적인 프로그램을 다른 나라에서 사용하지 못하고 심지어 공통문제와 성공한 프로그램에 관해 거의 소통하지도 않는다. 또한 현지는 규모가 작아 인터넷 커뮤니케이션, 스폰서십, 시장조사 등에 대한 전문인력을 갖기도 어렵다.

글로벌 마케팅팀의 과제는 경쟁과 고립이 있는 곳에 협동과 소통을 창출하는 것이다. 15장에서 사일로 조직의 문제를 보다 자세히 다루고 사일로 세계에서 벗어나는 실질적인 방법을 논의할 것이다.

주요 학습내용

1. 글로벌 전략이란 국가시장 간의 상호의존성을 고려하고 활용하는 것이다.
2. 글로벌 시장에 진출하는 동기는 규모의 경제, 저원가 노동이나 원자재에 접근, 교차지원, 국가 인센티브, 무역장벽의 회피, 전략적 시장에 접근, 기업혁신의 향상, 글로벌 연상의 창출 등이다.
3. 표준화된 브랜드가 항상 최적인 것은 아니다. 규모의 경제는 존재하지 않을 수도 있고 존재한다고 하더라도 실행이 어려울 수도 있으며 혹은 시장점유 포지션이 다르고 브랜드 이미지가 달라 비현실적인 브랜드가 될 수도 있다.
4. 글로벌 발자취를 확장하는데 성공한 기업들은 강력한 본국시장, 반복적인 확장공식, 이동하는 고객차별화, 지역규모 대 글로벌 규모에 대한 이해를

가지고 있다. 진입하려는 국가를 선택할 때는 시장의 매력도와 시장에서 성공하려는 기업의 능력을 분석해야 한다.

5. 전략적 목적을 달성하기 위해 둘 혹은 그 이상의 조직의 강점을 레버로 활용하는 전략적 제휴는 조직이 유통이나 생산 전문성과 같은 핵심성공 요인의 부족을 극복하도록 할 수 있다. 전략적 제휴의 장기적 성공의 열쇠는 각 파트너가 항상 자산과 역량에 공헌하며 전략적 이점을 가지는 것이다.
6. 글로벌 브랜드 관리는 경쟁과 고립에서 협력과 소통할 수 있도록 사일로에서 벗어나게 하는 것이다.

토의사항

1. 글로벌화하려는 동기를 평가하라. 식품회사의 경우 가장 중요한 것은 무엇인가?
2. 국가 간에 보다 표준화될 것 같은 제품은 무엇인가? 왜 그러한가? 표준화가 가장 낮은 제품은 무엇인가?
3. 몇몇 국가에만 국한하여 제공되는 자동차나 식품브랜드와 같은 제품이나 서비스를 골라라. 보다 글로벌하게 확장하는 이점을 평가하라.
4. 특정 제품이나 서비스의 경우 이들의 전망이 가장 좋은 국가를 평가하는 방법은 무엇인가? 구체적으로 어떤 정보가 필요하고 어떻게 이 정보를 얻을 수 있는가? 진입할 국가를 결정할 때 유용한 기준의 우선순위를 설정하라.
5. HSBC, 다농 혹은 COFCO와 같은 기업의 경우 당신은 글로벌 브랜드구축프로그램을 어떻게 창출할 것인가? 예를 들면 스폰서십, 촉진이나 광고를 어떻게 할 것인가? 이들 프로그램을 어떻게 레버로 활용할 것인가?
6. 한 기업을 선정하라. 그 기업이 중국에서의 유통을 확보하기 위해 제휴파트너를 찾는데 어떻게 조언해 줄 것인가? 그 제휴를 관리하는 것에 관해 어떻게 조언해 줄 것인가?
7. 글로벌 브랜드를 운영하는 팀의 우위는 무엇인가? 글로벌 전략을 고안하고 운영하는 팀에는 어떤 문제가 있는가?

참고문헌

1. Douglas B. Holt John A. Quelch, and Earl L. Taylor, "How Global Brands Compete," *Harvard Business Review*, September 2004, pp. 68–75.
2. Jeffrey R. Immelt, Vijay Govindarajan, and Chris Timble, "How GE is Disrupting Itself," *Harvard Business Review*, October 2009, pp.56–65.
3. Gary Hamel and C.K. Prahalad, "Do You Really Have a Global Strategy?," *Harvard Business Review*, July-August 1985, pp.139–148.
4. Theodore Levitt, "The Glovalization of Markets," *Harvard Business Review*, May-June 1983, pp.92–102.
5. The materian in this section draws from Chapter 5 of the book *Spanning Siols* by David Aaker, Boston, MA, Harvard Publishing Company, 2008.
6. Karlene Lukovitz, "Brands Lose Relevance in Food-Buying Decisions," *Marketing Daily*, 21 October 2008.
7. James Root and Josef Ming, "Keys to Foreign Growth: Four Requisites for Expanding Across Broders," *Strategy and Leadership*, 2006, 34(3), pp.59–61.
8. Victoria Griffith, "Welcome to Your Global Superstore," *Strategy*? Business, 2002, 26, p.95.
9. "Aldi," *Marketing*, 16 September 2009, p.19.
10. Normandy Madden, "Looking to Grow in China? Ad Age has 10 Surefire Tips," *Advertising Age*, 4 May 2009, pp.3 and 30.
11. Jeffrey H. Dyer, Prashant Kale, and Harbir Singh, "How to Make Strategic Alliances Work," *MIT Sloan Management Review*, Summer 2001, pp.37–43.

CHAPTER 14

사업과 브랜드의 우선순위 결정 – 퇴출, 현금회수 그리고 유지

결코 하지 말아야 할 일을 효율적으로 하는 것은 아무런 쓸모가 없다.

– 피터 드럭커(Peter Drucker)

분명 모든 사람은 성공하기를 원하겠지만, 나는 매우 혁신적인 사람으로 매우 믿을만하고 윤리적인 사람으로 그리고 궁극적으로 세계에 큰 변화를 일으킨 사람으로 회고되기를 바란다.

– 세르게이 브린(Sergey Brin)

길 중간에 서 있는 것은 매우 위험하다. 양 차선의 차량이 당신을 덮칠 수 있다.

– 마가렛 대처(Margaret Thatcher)

중국의 국영석유회사인 시노캠(Sinochem), 스위스의 네슬레, 호주의 BHP 빌리턴(BHP Billiton), 인도의 릴라이언스 인더스트리(Reliance Industries) 등 대기업 모두가 다양한 사업단위로 구성된 사업포트폴리오를 가지고 있다. 일부는 현재 현금을 창출하고 있어 투자가 필요하고 어떤 사업단위는 미래에 매출과 이익의 잠재력이 있어 투자가 필요한 경우도 있다. 이처럼 투자는 현재의 건강을 유지하기 위해서도 필요하지만 미래의 기회를 준비하기 위해서도 필요하다. 따라서 제한된 자원을 어떤 사업부에 집중투자 해야 할지를 정하는 사업우선순위 결정은 전략성공의 핵심이 될 수 있다.

물론 투자 우선순위에 포함되지 않는 사업부를 파악하는 것도 중요한데, 어쩌면 우선순위사업을 찾는 것보다 더 중요할 수도 있다. 사업단위 중 일부는 현금회수(milking)나 수확(harvesting)으로 현금을 창출하는 역할을 맡아야 한다. 이들을 현금젖소(cash cows)라고 하는데 사업을 성장시키기 위해 더 이상 자금을 투입하지는 않는다. 한편 스타나 현금젖소로 성장할 수 있는 잠재력이 부족하거나 수익가능성이 만족스럽지 못하거나 성장방향과 부합하지 않는 사업단위는 매각하거나 합병될 것이다. 이러한 의사결정은 전략적으로나 조직적으로 매우 어렵지만 조직의 성공과 심지어는 생존에 결정적인 영향을 미칠 수도 있다.

사업단위의 우선순위를 결정하는 문제와 관련된 것이 브랜드를 제거하거나 합병하는 것이다. 브랜드 전략과 사업전략은 밀접하게 관련되어 있어 브랜드를 정리하는 것은 사업전략 정비의 좋은 수단이 된다. 너무 많은 브랜드는 너무 많은 사업단위처럼 혼란과 비효율을 초래한다. 기업은 수많은 브랜드를 지원할 수 있지만, 브랜드가 너무 많으면 기업이 마비될 수도 있다. 자동차 시장에는 현재 300개 이상의 브랜드가 존재해 혼란스럽고 중복되며 비효율을 초래하고 있는데, 더 안 좋은 것은 장래성 있는 브랜드에 대한 투자가 불가능하다는 것이다.

사업우선순위 결정에 도움이 되는 내용과 이와 밀접하게 연결된 브랜드 전략에 대해 논의하기로 한다.

14.1 ::: 사업 포트폴리오

사업 포트폴리오분석은 1960년대 중반 BCG 컨설팅그룹이 개발한 성장성-점유율 매트릭스로 시작한다. 성장성-점유율 매트릭스는 [그림 14.1]과 같이 두 차원으로 사업단위의 위치를 정할 수 있도록 한 것이다. 가장 큰 경쟁사의 시장점유율에 대한 상대적 비율로 측정한 경쟁포지션(competitive position)이 하나의 차원인데, 이는 규모의 경제와 경험곡선으로 얻게 되는 기업의 강점과 원가우위를 나타낸다. 또 하나의 차원은 시장성장률인데, 시장성장률을 시장매력도를 나타내는 최고의 단일지표로 간주한 것이다.

BCG 성장성-점유율 매트릭스는 다채로운 추천전략을 제시한다. BCG 논리에 따르면 스타(star)는 고점유율, 고성장 사분면에 위치하는데 기업에 중요한 역할을 하며 필요하다면 어떤 투자든지 할 수 있다. 반면, 현금젖소(cash cow)는 고점유율, 저성장 사분면에 위치하여 현금의 원천이 된다. 그리고 저성장율, 저점유율 사분면에 위치하는 잠재적인 현금 덫인 개(dog)는 청산 가능성이 높은 사업단위이다. 문제아(problem children)는 저점유율, 고

그림 14.1 성장성-점유율 매트릭스

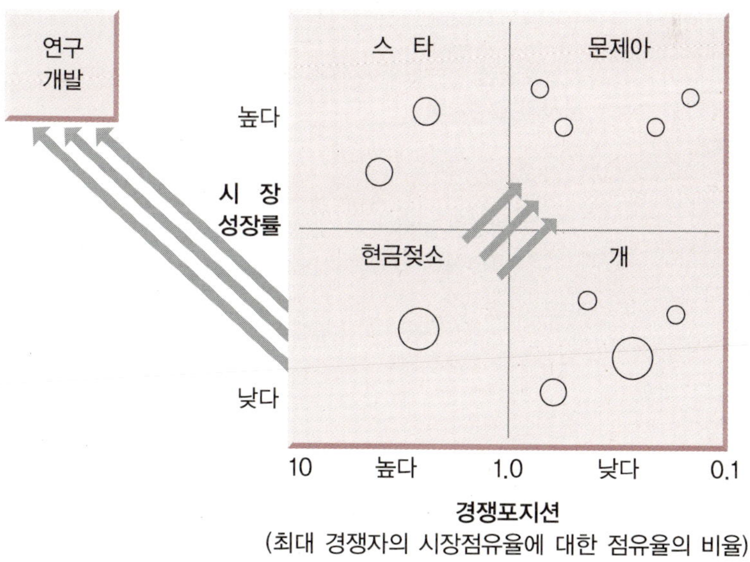

성장 사분면에 위치하여 많은 현금이 필요하지만 스타로 옮겨 갈 가능성도 있다.

BCG 성장성–점유율 매트릭스의 분석과 제안전략이 다소 세련되지 못하고 단순하지만 당시에는 매우 유용하였다. BCG 모델의 큰 공헌은 어떤 사업단위는 다른 사업단위를 지원하기 위해 현금을 창출해야 한다는 식의 사업단위 간의 역할문제를 명확하게 제시했다는 점이다. 또한 전략에 경험곡선(10장에서 논의됨)을 도입했다는 것도 또 하나의 공헌인데, 시장점유율이 경험곡선에 근거하여 원가우위를 달성할 수 있게 한다는 것을 보여 주고 있다.

GE와 맥킨지가 개발한 시장매력도–사업위치 매트릭스는 BCG 모델보다 더 현실적이고 더 다양한 변수들을 고려한 모델이지만 두 개 차원으로 사업을 평가하는 것은 같다. [그림 14.2]에서 보는 것처럼 매트릭스의 각 차원은 BCG 모델보다 더 많고 더 엄격하며, 투자결정은 매트릭스상의 위치에 따라 제안된다. 두 차원에서 호의적(favourable)인 사업으로 평가받으면('1' 로 표시)

그림 14.2 시장매력도/사업포지션 매트릭스

사업포지션: 자사의 경쟁능력 \ 시장매력도	고	중	저
고	1	1	2
중	1	2	3
저	2	3	3

1 : 성장을 위한 투자
2 : 선택적 투자
3 : 현금회수 및 처분

경쟁력 평가
- 조직
- 성장
- 세분시장에 의한 공유
- 고객충성도
- 마진
- 유통
- 기술스킬
- 특허
- 마케팅
- 유연성

매력도 평가
- 규모
- 성장
- 고객만족수준
- 경쟁: 양, 형태, 효과성, 몰입
- 가격수준
- 수익성
- 기술
- 정부규제
- 경제추세에 대한 민감도

성장을 위해 투자할 수 있다. 지난 4개 장(chapter)에서 소개한 여러 방법으로 성장전략을 모색할 수 있을 것이다.

시장매력도와 사업포지션이 비호의적일 때('3'으로 표시) 수확이나 철수전략이 제기될 것이다. 물론 불리한 환경에서 조차도 수익성을 찾는 방법을 모색할 수는 있다. 신시장, 성장하는 하위시장(submarkets), 수퍼프리미엄 제공품, 신제품, 새로운 애플리케이션, 신기술, 혹은 부활 마케팅(revitalize marketing) 등을 생각할 수 있다. 매트릭스상의 위치가 확실히 긍정적이지도 부정적이지도 않을 때('2'로 표시) 투자결정은 보다 신중하게 검토되어야 할 것이다.

14.2 ::: 처분 혹은 청산

처분(divesting) 결정에는 현재와 미래의 수익 고갈 외에 일반적으로 세 가지 원인이 더 있다. 첫째는 시장수요이다. 수요를 너무 낙관적으로 보았거나 수요가 존재하더라도 시간이 지나면서 시장이 성숙되고 관심도가 떨어져 수요가 악화되면 처분을 고려할 수 있다. 둘째는 경쟁강도이다. 새로운 경쟁자가 출현할 수 있다. 또한 기존 경쟁자가 과소평가되었거나 경쟁력 있는 신제품을 출시할 수도 있다. 셋째, 조직의 전략에 대한 추진력 변화인데, 이러한 변화는 사업의 적합성에 영향을 준다. 기업은 더 이상 시너지를 발생시키는 자산을 가지지 못하거나 혹은 사업이 더 이상 미래와 연계되지 않을 수도 있다. 사실, 사업은 자원의 고갈뿐만 아니라 내부문화와 외부 브랜드 이미지의 혼란 때문에 영향을 받을 수도 있다.

위와 같은 원인요소들은 2006년에 필립스가 반도체 사업을 처분하는 결정에 영향을 주었다. 두 가지 주요 요인에 의해 이 결정이 이루어졌는데 첫째는 반도체시장의 수익 변화폭이 너무 심하여 다른 사업영역의 고마진과 안정적인 판매주기에 맞지 않는 것으로 판단했기 때문이다. 둘째는 의료와 건강관리 제품에 대한 집중도를 높이려는 필립스의 전략 때문이다. 반도체사업에서 철수한 후에 필립스는 기업의 사명(社名)에서 전자라는 명칭을 삭제하였다. 유사하게 다농 또한 의료 및 건강관리 사업에 집중하기로 결정하여 2003년에 유리용기 사업에서 철수하였다. 또한 2007년에는 크래프트가 비스킷 사업부까지 매각하여 최근에는 신선유제품, 생수, 베이비영양식품, 의료 영양식품의 4개 사업에 집중하고 있다.

처분 혹은 청산이란 퇴출(exit)을 결정하고 실행하는 것으로써 기업에게 건실함과 활력을 불어넣어 줄 수 있다. 사업에 대한 과도한 투자, 또한 실행되지도 않고 결코 실행해서도 안 되는 사업에 모험을 하여 초래되는 기회비용은 기업에 해를 끼치고 심지어는 파산으로 이끌 수도 있다. 이러한 기회비용은 의사결정을 미룸으로써 은폐되기 때문에 간과되기 쉽다. 미래 수익성과 성장에 공헌하지 못 하는 사업이 기업의 자원, 즉 재무 자본뿐만 아니라 인적자원까지 사용할 경우, 기업의 미래를 책임질 가장 중요한 사업단위들이 피해를 보게 된다. 더욱 안 좋은 것은 기업의 성장 플랫폼이 될 가능성이 있는 일부 주요 사업들이 집중적인 투자를 받지 못하여 희생물로 전락할 수 있다는 것이다.

다양한 비즈니스를 잘 관리하는 기업으로 알려진 텍스트론(Textron)은 처분(divestment)을 적극적으로 관리하고 있다. 이 기업은 다양한 사업을 잘 관리하는 능력도 있지만 매각을 잘 하는 재주도 가지고 있다. 매각 대상 사업의 구매자를 찾아 내어 협상을 통해 최고가치를 얻는 탁월한 능력을 가지고 있다. 2001년부터 2008년 사이에 41개의 사업을 총 44억 미국 달러로 매각하였다. 동시기에 이 기업의 평균주주수익률이 유사 사업모델을 가진 다른 기업들에 비해 6% 이상이나 높았다.[1]

이러한 적극적인 퇴출프로그램은 공정한(강제매각과는 반대되는 개념) 가격으로 현금을 창출할 수 있으며 관리능력을 유연하게 해주며 전략적 비전과 일치하도록 기업의 재배치를 돕고, 조직에 활력을 불어넣어 준다. 한편 매각된 사업은 자산과 역량뿐만 아니라 성공에 대한 몰입을 더 받아 활력을 되찾을 수도 있다. 이렇게 볼 때 사업을 정리하는 것은 다방면에서 건강을 회복시켜 준다. 그리고 정리해야 하는 사업은 항상 존재한다. 베인 앤 컴퍼니(Bain & Company)의 연구는 주요 사업의 20%만이 성공적이라고 추산하였다.[2] 현금회수하거나 처분해야 할 80%의 사업에 무분별하게 투자하고 있다는 얘기가 된다.

12장에서 기술한 것처럼 지속적인 성장은 어려운데, 신사업이 보강될 때 성장은 가능하다. 전략이론가인 제임스 브라이언 퀸(James Brian Quin)은 새로운 사업을 발견하고 개발하는 방법을 이렇게 말하고 있다. 수천 송이의 꽃을 피게 하여 몇 개만 남기고 나머지는 시들게 하는 것이다. 벤처캐피탈 산업에서는 10개 중 두 개가 성공하는 것으로 알려져 있다. 따라서 벤처에서 성공하는 열쇠는 여러 곳에 투자하여 성공가능성이 낮은 것을 빨리 찾아 내는 방법과 이를 포기하는 의지이다. 꽃을 솎아내지 않으면 천 송이의 꽃 중 어느 것 하나도 성한 것이 없는, 즉 정원 전체가 망가질 것이다.

많은 기업들은 명백해질 때까지 퇴출결정을 미루는데, 이렇게 되면 자원낭비는 물론이고 지연된 결정으로 매각가격을 제대로 받지 못할 수도 있다. 어느 연구는 퇴출지연이 주주의 이익을 감소시키는 것을 밝히고 있다.[3] 또 다른 연구는 각 사업의 전략적 적합성과 미래 가능성을 체계적으로 평가하여 정기적으로 퇴출결정을 하는 조직의 수익성이 보다 높다는 것을 밝히고 있다.[4]

다음과 같은 상황일 때 처분이나 청산이라는 퇴출전략을 고려하면 좋다.

- **사업포지션**
  - 사업포지션(business position)이 약하다. 자산과 역량이 부적합하고, 가치제안이 타당성이 없고, 3위나 4위의 시장점유율을 가지고 있으며, 강력한 경쟁에서 밀리고 있다.
  - 사업이 지금 많은 손해를 보고 있으며 미래 전망이 불투명하다.
- **시장매력도**
  - 카테고리 내의 수요가 급격히 감소하고 있으며 수요감소를 견뎌 낼 자본유치가 쉽지 않다. 카테고리나 하위카테고리의 부활을 기대하기 어렵다.
  - 높은 퇴출장벽을 가진 강력한 경쟁자, 브랜드 충성도와 제품차별화의 부족으로 인해 가격압박이 극단적으로 높을 가능성이 있다.
- **전략적 적합성**
  - 기업의 전략적 방향이 변화하고 사업단위의 역할이 따로 놀거나 심지어는 불필요해졌다.
  - 기업의 금융자원과 경영자원을 다른 곳에서 좀더 효과적으로 이용할 수 있다.

퇴출장벽

퇴출이 명백하게 보일 때조차도, 고려해야 할 장벽이 존재한다. 퇴출장벽(exit barrier)은 다양하여 청산비용, 타부서지원, 장기계약, 노조, 부품지원이나 애프터서비스 등이 될 수 있다. 타부서지원이란 퇴출사업이 시스템의 일부나 유통경로를 지원하거나 공장의 초과생산능력을 이용하여 다른 사업을 지원하는 것을 말하고, 공급업체와의 장기계약이나 노조와의 약속을 깨는 데도 많은 비용이 소요될 수 있다. 또한 기왕에 팔린 제품의 부품지원이나 애프터서비스를 해줄 수 있는 업체를 찾기 어려운 것 등이 퇴출장벽에 속한다.

퇴출결정은 다른 사업의 평판과 운영에도 영향을 미치는데, 특히 퇴출사업이 기업의 핵심사업과 명백하게 연관되어 있을 경우에는 더 그렇다. 더욱이 사업을 끝내는 것은 금융조달과 다른 사업에 대한 딜러, 공급업체, 고객들의 생각에 영향력을 미칠 수 있다.

사업단위를 좀더 매력적으로 만들 수 있는 변화에 대한 믿음이 있다면, 퇴출결정은 미룰 수 있고 현금회수나 유지전략으로 변경할 수도 있다. 네슬레가 1970년대 초반에 네스프레소(Nespresso)를 만드는 기술을 개발하고 지속적으로 투자하여 이렇다 할 성공은 1990년대 초에 와서야 비로소 실현되었다. 네슬레는 수퍼프리미엄 인스턴트 커피시장이 존재한다고 확신하고 있었기 때문에 가능한 전략이었다.

퇴출결정을 방해하는 편향

분석하여 투자나 퇴출여부를 결정하는 데는 심리적 편향(psychological biases)이 존재하는 것으로 입증되고 있다. 이러한 편향 중 하나는 포기를 하지 않으려는 포기저항이다. 수 년 동안 '가족'처럼 여겨 온 사업이고, 창업의 기초가 된 사업인 경우에 정서적 애착이 있을 수 있다. 이러한 친구를 외면하는 것은 어렵고, 특히 퇴출이 정든 사람들을 해고하는 경우에는 더 그렇다. 경영자의 긍지 또한 포기저항에 포함된다. 전문경영자들은 흔히 그들 스스로를 문제해결자로 간주하고 실패를 인정하는 것을 주저한다. 자회사를 폐쇄하려 보낸 경영자들이 회생이 가능하다고 확언하였으나 그 노력이 실패로 끝난 경우가 허다하다.

또 다른 장애는 확인편향(confirmation bias)이다.[5] 사람들은 정황이 어떠한지에 상관없이, 그들의 입장을 지지하는 정보를 자연스럽게 찾고, 그렇지 않은 정보의 가치는 할인하는 경향이 있다. 정파(partisan political)가 다양한 계층이 아닌 지지자들만의 의견에 귀를 기울여 정책을 그르치는 것과 같다. 확인편향은 감정적으로나 전문적으로 유대를 가진 사람들이 사업을 평가할 때 많을 수 있는데, 이들에게 있어 사업을 보전할 수 있다는 정보는 그렇지 않은 정보보다 더 많이 노출되고 가치 있게 느껴진다. 시장조사에서 얻은 자료들을 낙관적인 미래를 제공하는 쪽으로 편향되게 해석할 수도 있다. 또한 불확실성이 존재할 때도 편향은 더 커질 수 있다. 예를 들어, 미래 매출액을 예측하거나 비용을 추정할 때, 극단적인 수치가 그럴 듯하게 보일 수 있다. 이러한 경향은 전투기나 다리 건설에 예산을 책정하는 정부결정에서도 흔히 볼 수 있다.

대처해야 할 또 다른 편향은 몰입상승(escalation of commitment)이다. 사전투자를 매몰비용(sunk cost)으로 보는 대신 미래 결정과 연결짓는 편향을 말한다. 이미 1억 유로를 투자했기 때문에 1,000만 유로를 더 투자하는 의사결정을 쉽게 내리는 것이 그 예다. 잘못되면 1억 1,000만 유로가 날아갈 수 있다는 것은 고려하지 않은 의사결정이다.

이들 3가지 편향은 테네코 오일(Tenneco Oil Company)을 파산으로 몰고 간 몇 가지 결정에서 잘 나타난다.[6] 테네코 오일은 포춘 500대 기업 중 상위 20위에 든 건전한 기업이었지만, 최고가 될 수 있는 문턱에서 승리를 강탈당했다. 테네코는 농기계와 건설장비를 제조하는 J.I. 케이스(J.I. Case) 사업부를 가지고 있었다. 그런데, 이 사업부는 제품과 유통이 취약하였고, 고비용과 10%란 낮은 시장점유율로 겨우겨우 운영되고 있었다. 또한 농기계 사업은 세계 최고의 존 디어(John Deere)사가 시장을 지배하고 있으며 공급과잉으로 저수익산업이었다. 현실을 직시하기보다는 경쟁사이면서 20%의 시장점유율을 가진 파산직전의 인터내셔널 하베스터(International Harvester)사를 매입하는 실수를 테네코는 하게 된 것이다. 시장형편은 좋아지지 않았고 시너지효과도 빨리 나타나지 않아 통합된 회사의 손실은 개선될 기미가 보이지 않았다. 게다가 테네코의 주력인 에너지사업의 수익흐름 또한 오일가격의 하락으로 매우 좋지 않았다. 두 사업의 적자와 높은 부채비율이 힘을 합쳐 테네코 오일의 종말을 불러들인 것이다. 테네코는 여러 단위로 나뉘어져 매각되었다. 객관적인 분석을 무시하고 편향에 의해 판단한 결과가 이렇게 큰

화를 자초한 것이다.

편향에서 벗어나기: 객관적 투자회수 결정

이들 편향에서 벗어나는 방안은 의사결정자와 의사결정과정 두 가지로 나누어 설명할 수 있다. 의사결정과정은 투명하고 설득적이어야 한다. 이는 전문적인 논의를 권장하고 핵심쟁점을 토의하며 감정적 본능에 치우치지 않도록 하는 것을 말한다. 의사결정 대상의 일부가 아니라 사업단위의 전체(spectrum)를 보도록 해야 한다. 공장폐쇄를 막으려는 저항을 해결하는 방법은 사업단위 전체를 제대로 파악하고 실사 과정에서 더 이상 필요하지 않은 사업들을 명확히 파악하는 것이다. 하지만 정치가들은 이러한 객관적인 증거를 외면한다.

객관적인 시각을 방해할 수 있는 전력을 갖지 않은 사람을 의사결정에 참여시키는 것이 편향에서 벗어나는 두 번째 방안이다. 이러한 사람들은 기업 내부 인사가 될 수도 있지만 컨설턴트나 새로 영입한 전문가에게 의사결정을 대행시킬 수도 있다. 인텔이 인텔의 뿌리라고 할 수 있을 뿐만 아니라 매출의 큰 부분을 차지하는 메모리 사업을 매각한 고통스러운 스토리는 반복되어 회자되고 있다. 회장인 앤디 그로브(Andy Grove)는 반대쪽에 앉은 CEO 고든 무어(Gordon Moore)에게 외부에서 새 CEO를 영입하면 그가 할 일이 무엇인지를 질문하였다. 메모리에서 철수하는 것이 그의 임무라고 명확하게 답했다. 그러자 두 남자는 상징적으로 문 밖으로 나갔다 다시 들어와서는 아시아 경쟁자들에 의해 초토화된 사업에서 퇴출하는 힘든 결정을 내렸다. 이 결정을 한 후에도 R&D 인력을 해고하고 공장을 폐쇄하는 것은 어려웠다. 폐쇄하라고 보낸 두 사람이 계속해서 투자를 하는 일이 벌어져, 결국은 앤디 그로브 자신이 직접 개입하여 마무리지었다. 이처럼 퇴출결정도 어렵지만 이행하는 것도 그에 못지않게 어려운 것이다.

피터 드럭커는 앤디 그로브의 얘기를 어느 회사의 예에다 적용하여 이야기를 재구성하였는데, 다음과 같다. 이 회사는 기존 세분시장의 가능성을 3개월마다 점검하는 어느 산업의 리더기업이다. 점검그룹은 여러 부서에서 뽑힌 젊은 사원들로 구성되며 매기마다 1/4씩 교체된다. 이들은 다음과 같이 세분시장의 가능성을 점검한다. "만약 우리가 현재 이 사업을 하지 않고 있다면 이 사업에 뛰어들 것인가?"와 같은 앤디 그로브식 질문을 한다. 그 답이 '아니오' 라면 퇴출전략을 고려하고, 만약 그 답이 '예' 라면 기존사업전략을 그대로 사용할 것인가의 다음 질문으로 옮겨 간다. 이러한 과정을 거쳐 퇴출하든지 수정전략을 수립한다. 성공하는 조직은 5년간으로 따져 사업단위 중 적어도 하나를 퇴출이나 수정전략의 도마 위에 올린다고 한다.

14.3 ::: 현금회수전략

현금회수(milking) 혹은 수확(harvesting)전략은 투자와 운영비를 최소한으로 줄여 이런 조치로 인해 매출액과 시장점유율이 줄어들더라도 현금유입이 되도록 하는 것을 말한다. 이 전략은 자금을 더 잘 사용할 수 있는 사용처가 있고, 해당사업이 재무적으로나 시너지로나 결정적으로 중요하지 않고, 투자를 하지 않으면 매출액이 고정되거나 일정하게 감소하기 때문에 현금회수가 가능하다는 점을 기본가정으로 삼고 있다. 현금회수전략은 현금젖소 사업에서 많이 사용한다.

세 가지 현금회수전략이 존재한다. 빠른 현금회수전략은 브랜드에 대한 경비를 극소화하여 단기간에 현금유입을 극대화하고 빠른 퇴출의 위험을 감수하는 전략이다. 느린 현금회수전략은 장기투자는 급격히 줄이지만 마케팅과 서비스와 같은 운영 영역은 지속적으로 지원한다. 유지전략은 포지션을 성장하도록 하는 투자가 아니라 시장포지션을 유지하는 정도의 투자를 말한다.

현금회수가 적합한 조건

현금회수전략은 현재의 시장상황이 경쟁자의 공격성, 소비자 취향 혹은 여타의 여건에 의해 유발된 부정적인 환경으로 인해 현재보다 향상될 것 같지 않을 때 성장전략을 뒤로하고 선택될 것이다. 예를 들어, 이동전화기시장이 수요가 정체되고 평균가격이 떨어지자 노키아는 단말기에서 모바일 솔루션의 선도가 되는 쪽으로 방향을 바꾸었다. 그 결과 단말기에 대한 현금회수는 노키아의 시장위치에 알맞은 전략이며 새로운 비즈니스의 자금줄이 된다.

현금회수전략은 기존 경쟁자가 아닌 새로운 경쟁자의 진입으로 시장이 적의적으로 변할 때 촉진되기도 하는데, 일반적으로 다음과 같은 경우에 퇴출보다 현금회수가 알맞은 전략이다.

- 전체가 아니라 일부 시장이지만 충분한 고객충성도가 있어 현금회수전략으로 매출과 수익을 창출할 수 있다. 또한 충성도로 인해 상대적인 포지션을 상실할 위험이 적다.
- 대상사업이 기업의 핵심방향에 포함되지는 않지만 자산과 역량을 레버로 활용할 수 있는 사업이다.
- 안정적이고 감소율이 가파르지 않은 고유의 지속적인 수요가 존재한다.
- 효율적인 기업에게 수익이 날 만큼 가격구조가 안정적이다.
- 현금회수전략이 성공적으로 관리될 수 있다.

처분(divest)전략보다 현금회수가 가지는 이점 중 하나는 되돌릴 수 있다는 것이다. 가정을 잘못하여 처분했다면 되돌릴 수 없지만 현금회수는 상황이 바뀌면 다시 시작할 수 있는 장점이 있다. 오트밀이 한때 어려움을 겪었지만 영양성과 건강이란 연상 때문에 매출이 가파르게 다시 상승하고 있다. 편의성을 높이고 먹기에 더 편한 제품을 만든 것도 오트밀의 부활에 한 몫을 했다.

1884년에 발명된 만년필은 1939년 볼펜의 출현으로 사실상 소멸의 위기에 처했다. 그러나 만년필 업체들은 퇴출하는 대신 향수와 명성에 호소하는 고급 만년필을 만들어 특히 유럽과 중국시장에서 다시 살아나고 있다. 이들은 고급화만 한 것이 아니라 사용하기 편하도록 한 1회용 펜과 저렴한 펜을 만들어 수요를 개척하기도 했다. 그 결과 죽은 줄 알았던 만년필은 해마다 고성장을 구가하고 있다.

실행상의 문제

어떤 사업단위를 현금젖소 역할을 하게 하는 것은 쉽지 않다. 왜냐하면, 분권화된 조직(대부분의 기업이 분권화를 자랑스럽게 생각함)에서 현금을 창출하는 사업단위가 그 현금을 통제하려 하는 것은 당연하기 때문이다. 각 사업단위는 자신들의 성장을 위해 자금을 사용하려 하고 나름대로 투자논리를 다가지고 있기 때문이다. 그 결과 큰 잠재력을 가졌지만 매출이 작은 사업단위는 현금이 부족한데, 성숙기 제품을 가진 큰 사업단위는 상대적으로 열위의 대안에 투자할 자금여력을 가지고 있는 아이러니가 현실적으로 발생한다. 따라서 큰 사업단위에 현금젖소 역할을 맡기는 데는 파격적인 집중화된 의사결정이 필요할 수 있는데, 앞서 논의한 사업 포트폴리오 모델은 이러한 문제를 극복하는데 도움이 될 수 있다.

또 다른 심각한 문제는 현금회수 사업단위에 유능한 인재를 배치하고 이들을 동기부여하기가 어렵다는 것이다. 대부분의 경영자들은 현금회수전략에 익숙한 지향성이나 스킬을 가지고 있지 않고 또한 경영자의 성과 측정 및 보상시스템을 현금회수 사업단위에 맞도록 조정하는 것이 어렵기 때문이다. 현금회수를 전문으로 하는 경영자를 임명하는 것이 합리적으로 보일 수 있으나 이러한 전문성이 있는 경영자는 거의 없다. 그 이유는 대부분의 기업들이 여러 상황을 경험하도록 경영자들을 순환시키기 때문이다.

현금회수전략을 실행하는 데는 시장위험도 따른다. 만약 직원들과 고객이 현금회수전략을 취하고 있다는 것을 알게 되면 등을 돌려 해당사업단위가 급격히 쇠락하는 위험이 있다는 것이다. 현금회수와 포기는 구분하기가 모호하기 때문에, 제품에 대한 고객의 믿음은 살아지고 직원들의 사기는 땅에 떨어지게 될 것이다. 동시에 꽁무니를 빼고 있음을 눈치 챈 경쟁자들은 공격수위를 더 높일 수도 있다. 이 모든 가능성들로 인해 예측한 것보다 더 급격히 사업단위가 쇠락할 수 있다. 이러한 효과를 최소화하기 위해 가능한 눈치 채지 못하게 현금회수 전략을 적용할 필요가 있다.

유지전략

현금회수전략의 변형이 유지(holding)전략인데, 성장을 목적으로 하는 투자는 하지 않지만 제품품질, 생산시설, 고객충성도를 유지하는 정도의 투자는 하는 것을 말한다. 유지전략은 다음과 같은 경우에 현금회수전략보다 더 나을 수 있다. 잔존수요가 상당히 크고, 마진이 좋고, 시장포지션이 우월하고, 다른 사업단위와 보다 밀접하게 연결되어 있고, 시장 전망이 향상될 가능성이 있는 경우이다. 또한 유지전략은 어떤 산업의 성장기회가 부족하고 점유율을 증가시키려는 전략이 경쟁보복을 유발할 위험이 클 때 투자전략보다 선호된다. 유지전략은 현금젖소를 관리하는 장기적인 전략이거나, 산업의 불확실성이 해결될 때까지 임시로 취하는 전략일 수도 있다.

유지전략으로 쇠퇴하는 시장에서 '수익성 있는 마지막 생존자'가 될 수도 있다. 쇠퇴하는 시장은 경쟁이 덜 치열하고 시장리더십을 유지하는 데 적은 비용이 들기 때문이다. 이렇게 되려면 경쟁자를 퇴출시키는 것이 필요한데, 이를 위해 마지막까지 살아남을 것이란 강한 메시지를 보내야 한다. 예를 들어, 광고나 판촉비용을 늘리고 제품향상을 위해 투자를 늘리는 것이 강한 몰입을 보여주는 메시지가 될 수 있다. 동시에 경쟁자가 떠날 수 있도록 퇴출장벽을 낮추어 주는 노력도 해야 한다. 경쟁자의 자산구입, 장기계약의 인수, 심지어는 그들의 사업단위를 인수하는 것 등이다. 금융기관의 통장을 만드는 사업을 하는 쿤즈(Kunz)는 장부가액보다 낮은 가격으로 경쟁자의 자산을 매입하여 수 년 전에 쓸모없어진 것으로 간주해 온 사업에서 지속적인 성장을 기록하고 있다.

유지전략의 문제점은 상당한 기간 동안 재투자를 하지 않아 체력을 소진하여 여건이 바뀌어 재성장을 할 수 있는 기회가 오더라도 이를 활용하지 못하는 것이다. 미국에서 가장 큰 캔 제조업체인 아메리칸(American)과 콘티넨탈(Continental)은 캔의 몸체와 바닥이 일체화된 투피스 캔이 개발되었을 때 투자하지 못했다. 이유는 캔을 현금젖소로 보아 투자하지 않고 다각화에 힘을 쏟았기 때문이다. 그 결과 상당한 정도의 시장점유율을 잃었다.

파격적인 혁신이 나타나고 이에 투자를 해야 하는 데도 불구하고 유지전략이 이를 방해하는 경우에도 문제가 된다. 필름에서 디지털로의 전환, 일반식품의 트랜스 지방 축소, 하이브리드 자동차로의 전환 등을 더디게 하는 것이 기존기술에 대한 유지전략이다.

14.4 ::: 브랜드 포트폴리오 우선순위결정과 정돈

브랜드는 사업전략의 얼굴에 해당하기 때문에 올바른 브랜드 전략은 곧 올바른 사업전략이기도 하다. 브랜드 전략의 한 가지는 브랜드 포트폴리오의 우선순위를 정하는 것인데, 투자를 강화해야 할 브랜드와 제거해야 할 브랜드를 정하는 것을 말한다.[7]

브랜드의 우선순위를 정하고 정리해야 할 브랜드를 정하는 것이 사업전략으로 중요한 이유는 여러 가지다. 첫 번째 이유는 브랜드가 사업을 대표하기 때문에 이것이 곧 사업 포트폴리오의 우선순위를 정하는 좋은 방법이라는 것이다. 브랜드 관점을 택하면 사업 우선순위분석은 보다 객관적이 될 수 있으며 보다 명백하고 확실한 결론이 도출될 수 있다. 브랜드는 일반적으로 사업의 주요 자산이며 가치제안을 표현하기 때문에 브랜드가 약하다는 것은 사업 포지션의 취약성을 나타내 주는 좋은 신호가 될 수 있다. 브랜드의 우선순위를 매기는 작업이 없다면 별로 중요하지 않은 한계브랜드(marginal brand)가 브랜드 구축자금을 사용하고, 더욱이 재능 있는 인재까지 소모하여 중요한 전략적 브랜드의 자산가치와 시장포지션을 높이지 못할 수 있다. 일반적으로 경영자들은 기회를 탐색하기보다는 문제를 파악하고 해결하려는 본능이 강하기 때문에 기회보다는 문제가 많은 한계브랜드에 치중하게 되어 있다.

두 번째 이유는 과잉브랜드(over branding)로 인한 혼란과 문제를 줄일 수 있다는 것이다. 대부분의 기업들은 브랜드 구조가 복잡하여 브랜드가 필요이상으로 많거나 하위브랜드가 많은 경우가 허다하다. 제품유형별, 가격대별, 고객유형별로 브랜드가 달라 중복되고 전체적으로는 뒤죽박죽이 되어 고객과 직원들에게 혼란을 준다. 그 결과 노력은 중복되고 자기들끼리 싸우는 일이 발생하여 사업단위는 큰 불이익을 보게 된다.

세 번째 이유는 과잉브랜드나 우선순위 없는 혼란스러운 브랜드 포트폴리오로 인해 전략적 마비가 올 수 있다는 것이다. 어떤 제공물에 어떤 브랜드를 부여해야 할지 헷갈리는 것이 전략적 마비이다. 제공물에 적합한 브랜드의 역할과 이미지가 무엇인지에 대한 감각이 너무나 중요함에도 불구하고 전략적 마비는 이를 어렵게 한다. 전략적인 미래가 불투명한 브랜드를 선정하거나, 브랜드 이미지가 새로운 제공물과 부합하지 않는다면 사업전략에 심각한 핸디캡이 될 수 있다.

이러한 과잉브랜드(over branding) 문제를 줄이는 부분적인 방법은 새로운 제공물, 새로운 사업 등에 새로운 브랜드의 도입을 절제하는 것이다. 물론, 혁신은 새로운 브랜드를 요구하지만 이것이 체계적인 정당화 과정 없이 그때그때 브랜드를 도입하는 것을 의미하지는 않는다. 기존 브랜드를 사용할 수 없어 새로운 브랜드를 도입해야 한다면 새롭게 제안된 어떤 브랜드라도

그림 14.3 전략적 브랜드 통합 프로세스

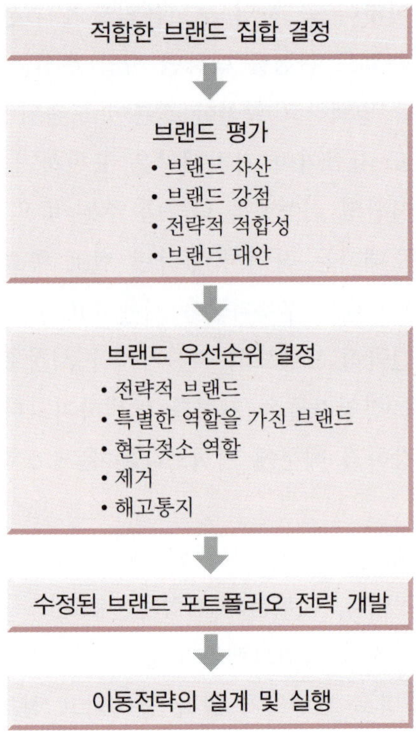

실질적으로 충분히 사업을 대표해야 하고, 브랜드 구축투자를 정당화할 만큼 충분히 긴 수명주기를 가지고 있어야 하고, 사업을 대표하는 독특한 능력을 가져야 한다.

새로운 브랜드의 도입을 통제하는 것은 과잉브랜드의 문제를 해결하는 절반정도에 지나지 않는다. 브랜드의 효용가치가 떨어진다고 판단하면 브랜드들을 단계적으로 퇴출하거나 이동 배치하는 객관적인 프로세스가 필요하다. 브랜드를 전략적으로 통합하는 과정이 [그림 14.3]과 같다.

1. **관련 브랜드 집합을 파악하라.** 브랜드 집합은 문제상황에 따라 다를 수 있다. 포트폴리오의 모든 브랜드를 포함할 수도 있고 하위집합에 국한할 수도 있다. 예를 들어, 미국의 디젤(Diesel)이라는 브랜드를 분석할 때 에너지(Energie)와 G-Star를 포함할 수도 있고, 그렇지 않을 수도

있다. 디젤이라는 브랜드는 다른 상황, 즉 의류, 신발, 속옷, 가방, 시계, 보석과 안경류 등으로 나누어 분석할 수도 있다. 혹은 의류브랜드인 세븐 포 올 맨카인드(Seven For All Mankind), 트루 릴리전(True Religion), 누디 진스(Nudie Jeans), 시티즌 오브 휴매너티(Citizens of Humanity), 타베르티니 소 진스(Tavertini So Jeans) 등을 브랜드 집합으로 할 수도 있을 것이다.

2. **브랜드 평가.** 브랜드 우선순위를 평가하려면, 평가기준이 마련되어야만 한다. 가능하면 계량화된 측정기준이 필요한데, 구조화되고 계량화된 평가는 토론과 결정과정에 자극과 지침을 제공한다. 보다 높은 점수를 선택한 것이 잘못이었다는 결과가 나오지 않도록 해야 한다는 것이다. 평가기준은 상황에 따라 다를 수 있지만 다음과 같은 네 가지 영역 혹은 평가차원으로 나눌 수 있다.

(a) 브랜드자산:

- 인지 – 시장에 브랜드가 잘 알려져 있는가?
- 명성 – 시장에서 브랜드를 좋게 받아들이고 있는가? 브랜드의 지각품질이 높은가?
- 차별화 – 브랜드가 차별성이 있는가? 개성이 있는가? 핵심차원에서 유사점이 결여되지는 않은가?
- 적합성 – 오늘의 고객과 오늘의 용도에 적합성이 있는가?
- 충성도 – 충성고객은 얼마나 많은가?

(b) 사업전망:

- 매출 – 이 브랜드가 사업을 이끌고 있는가?
- 점유율/시장 포지션 – 이 브랜드가 시장에서 중요한 혹은 선두 위치를 유지하는가? 어떤 궤적을 보이는가?
- 이익 마진 – 이 브랜드는 이익공헌자인가, 앞으로도 그렇게 될까? 혹은 마진전망을 어둡게 하는 시장과 경쟁상황이 있는가?
- 성장 – 기존시장에서 브랜드의 성장전망은? 만약 시장이 감소한다면, 브랜드가 접근할 수 있는 잔존수요가 존재하는가?

(c) 전략적 적합성:

- 확장성 – 브랜드가 지배브랜드나 보증브랜드로 성장할 수 있는 잠재

력이 있는가? 성장을 위한 플랫폼이 될 수 있는가?

- 사업 적합성 – 브랜드가 기업의 성장방향에 적합한 사업에 도움이 되는가? 기업의 미래 사업전략의 핵심이 되는 제품이나 시장에 도움이 되는가?

(d) 브랜드 대안:

- 브랜드자산 이전가능성 – 하위브랜드로 브랜드를 축소하거나 수식브랜드로 바꾸더라도 기존에 가지고 있던 브랜드 자산이 이전될 수 있는가?
- 다른 브랜드와의 합병 – 포트폴리오의 다른 브랜드와 통합될 수 있는가?

각 기준별로 브랜드를 평가하여 점수를 구하고 평균을 하거나 아니면 몇몇 중요한 기준에서 최소점수를 통과하는지의 여부로 의사결정을 할 수 있다. 예를 들어, 전략적 적합성에서 낮은 점수는 브랜드의 역할을 검토해야 할 필요가 있다는 신호가 될 것이다. 혹은 만약 브랜드가 현금을 먹고 있다면, 다른 면에서 명백하게 건전하더라도 재고의 대상이 될 수 있다. 어쨌든, 브랜드 평가 개요는 중요하다. 하지만 최종적인 의사결정에는 판단이 필요하다.

3. **브랜드 우선순위 결정.** 살아남고 지원을 해야 할 브랜드는 우선순위를 정하거나 계층(tiers)으로 나눌 필요가 있다. 계층의 수는 상황에 따라 다르겠지만, 이렇게 나누는 이유는 소중한 예산을 현명하게 할당하기 위해서이다. 최상위층은 전략적 파워 브랜드인데 이는 현재 및 미래 사업을 지원하는 최고의 능력을 갖는 브랜드들이다. 두 번째 층은 니치나 지역브랜드, 경쟁자의 침투를 단념시키는 가격브랜드인 방패브랜드(flanker brand) 등 전문화된 역할을 가진 브랜드 등이 포함된다. 세 번째 층은 현금젖소 브랜드인데 이들 브랜드에는 브랜드 구축자원이 거의 혹은 전혀 투입되지 않거나 축소되고 있는 브랜드이다.

   나머지 브랜드들은 설명자역할에 할당되거나, 제거되거나, 해고통지되거나 재구축되어야 한다.

- **설명자 역할.** 자산가치는 없지만 제공물을 기술하기 위해 사용되는 브랜드를 설명자 역할이라고 한다. 노키아와 HTC와 같은 제조업체

들이 종종 휴대전화기를 구별하기 위해 숫자를 이용한다. 노키아 N95, 혹은 HTC P4350 등과 같이 이동전화시장에서는 흔한 전략이다. 이들 브랜드들은 어떠한 자산도 가지지 않으며 단순한 설명 역할만 하는 것이다.

- **제거.** 만약 브랜드가 약하거나 부적합함, 사업전망, 전략적 적합성 또는 중복의 문제 때문에 포트폴리오에 맞지 않다고 판단되면 브랜드를 포트폴리오로부터 제거하는 계획이 필요해진다. 다른 기업에 매각하거나 단순히 소멸시키는 것도 대안이 될 수 있다.
- **해고통지.** 성과목표를 달성하는 것은 실패하였지만 전망을 바꾸어 보려는 계획을 가진 브랜드는 해고통지 리스트에 올릴 수 있다. 만약 계획이 실패하고 전망이 지속적으로 바람직하지 않게 보이면, 제거를 고려할 수 있다.
- **합병.** 만약 MS 오피스(MS Office)와 같은 집합브랜드로 합병될 수 있다면 보다 적은 그리고 보다 집중화된 브랜드 관리가 가능할 수 있다. 소니의 'make.believe' 브랜드 캠페인은 단일의 우산(umbrella) 브랜드 하에서 글로벌 브랜드(소니 에릭슨, 소니 픽쳐스, 소니 플레이스테이션, 소니 뮤직)를 통합하도록 설계되었다. 또한 이 캠페인은 사업의 융합을 반영하고, 소비자나 경쟁자에 대해 집중하여 반응할 수 있게 한다.
- **자산 이전.** 제거하는 브랜드의 자산을 기존브랜드에 이전하는 것은 가능하며 실용적이다.

네슬레는 브랜드 포트폴리오의 우선순위를 정하는 시스템을 오랫동안 잘 활용해 오고 있다. 최고계층에 속하는 브랜드 12개로, 각각은 브랜드 챔피언이라고 불리는 최고의 경영진을 가진다. 이들 경영진들은 모든 활동을 브랜드 가치향상에 쏟고 있으며 브랜드 확장과 주요 브랜드 구축노력의 최종 의사결정자이다. 네슬레는 최고계층에서 다시 우선순위를 두어 12개 중에서 6개를 집중해서 키우고 있다. 커피에서 네스카페, 차에서 네스티, 파스타와 소스에서 뷔또니(Buitoni), 고형 부용(bouillon cube;녹여서 소나 닭고기 등의 맑은 수프를 만드는)에서 마기(Maggi), 애완사료에서 퓨리나(Purina), 아이스크림과 캔디에서 네슬레 등이다.

또한 네슬레는 스위스 본사가 직접 관리하는 83개의 지역브랜드에 주목하고 있으며, 각 지역본부에서 전술적으로 관리하는 100여개의 지역브랜드가 있다.

4. **수정된 브랜드 포트폴리오전략을 개발하라.** 브랜드 우선순위가 정해지면, 브랜드 포트폴리오전략은 수정되어야 한다. 이를 위해 브랜드 포트폴리오 구조를 만들어야 한다. 레고(Lego), 듀렉스(Durex), BMW와 같이 하나의 마스터브랜드를 가진 슬림(lean)한 구조가 있을 수 있다. 혹은 유명한 마스 바(Mars Bar)로 잘 알려진 마스(Mars)와 같은 '하우스 브랜드(house of brand)' 전략도 포함된다. 마스(Mars)는 과자제조업과 애완동물관리에서 50여개 이상의 주요 제품브랜드를 소유하고 있다.

   브랜드 포트폴리오 구조는 대체로 이들 양자의 중간에 있는 것이 일반적이다. 2~3개의 마스터브랜드가 있고 그 밑에 2~3개의 하위브랜드가 있는 것이 가장 일반적이다. 브랜드 포트폴리오 구조를 평가하는 기준을 소개한다.

   - 향후 사업전략을 지지하는가?
   - 강력한 브랜드가 적당한 역할을 하는가?
   - 강력한 브랜드를 레버로 활용하는가?
   - 고객과 브랜드 팀 모두에게 명쾌한가?

5. **전략실행.** 마지막 단계는 바뀐 포트폴리오 전략을 실행하는 것인데, 전환은 급격하게(abrupt) 혹은 점진적(gradual)으로 할 수 있다.

   점진적 전환전략(gradual strategy)이 보다 일반적인데, 고객이나 다른 이해관계자들을 소외시키는 위험을 줄이기 때문이다. 레노보(Lenovo)가 IBM의 PC 사업을 매입했을 때, 고객을 안심시키기 위해 인수 후 5년 동안 IBM을 병용할 권리를 유지하였다. 유사하게 방코 상탄데르(Banco Santander)가 애비 내셔널(Abbey National)을 2004년에 인수하였을 때, 즉시 브랜드를 변경하지 않았다. 방코 상탄데르는 영국 은행인 애비 내셔널을 재브랜드화한다고 5년이 지난 2009년에 공표하였고 2010년 말까지 프로젝트를 완성했다.

   급격한(abrupt) 전환은 전체 사업과 브랜드 전략에서 변화를 알릴 수 있다. 급격한 전환은 가시성을 높이고 신뢰를 주는데 도움이 될 수 있

센추리온(Centurion)의 사례

대규모 제조업인 센추리온 인더스트리는 포트폴리오전략을 선택하기에 앞서 전략적 브랜드 통합 프로세스를 진행하기로 하였다. CEO는 주요 사업부의 브랜드 포트폴리오가 너무 방만하다는 것과, 집중화된 강력한 브랜드 포트폴리오가 미래성장과 시장 포지션구축을 가져온다는 것을 깨닫자 통합프로세스를 시작하였다. 주요 사업부는 인수에 의해서 성장해 왔고 현재는 9개의 제품브랜드를 가지고 있다. 이 중 3개만이 기업브랜드인 센추리온과 연결된 보증브랜드이다. 9개 브랜드들은 2개의 논리적인 그룹으로 나누어지는데, 그린비즈니스그룹에 5개 브랜드가 블루 비즈니스 그룹에 4개 브랜드가 포함된다. 경쟁자들은 브랜드 분화가 거의 없어 자연적인 브랜드 시너지를 누리고 있으며 그 결과 브랜드 파워는 더 강하고 시장점유율도 더 높다.

그린 비즈니스그룹의 5개 브랜드 평가에 들어가 고객조사를 포함한 다양한 평가를 하였다. 그 결과 이들 중 가장 큰 브랜드인 라슨(Larson)은 해당 사업에서 인지도와 신뢰도에서 높게 나타났고 다른 4개 영역으로 확장할 수 있는 것으로 나타났다. 그러나 라슨의 명백한 품질 문제가 있었다. 따라서 그린 비즈니스브랜드의 4개를 라슨으로 이동시키고 기업의 최우선과제를 라슨의 품질문제 해결에 맞추기로 했다. 첫 번째 이동은 3개 브랜드를 라슨이 보증하는 보증브랜드로 바꾸고 하나는 아예 라슨으로 교체했다. 2년 안에 두 번째 단계로 들어갔는데 그린비즈니스그룹의 모든 브랜드를 라슨으로 바꾸고 비즈니스브랜드로 보증하게 했다(예: 보증브랜드란 센추리온 라슨처럼 병렬적으로 표기를 말함.)

블루비즈니스그룹에서는 페이서(Pacer)가 인지, 이미지, 매출측면에서 가장 강력한 브랜드로 평가되었다. 페이서는 다른 3개 브랜드와 매우 밀접한 사업영역을 갖기 때문에 모두 페이서로 통합하는 것이 가능하였다. 그러나 블루그룹의 4개 브랜드 중 하나인 크루저(Cruiser)는 상대적으로 작은 시장에서 지배적인 포지션을 가진 매우 강력한 니치브랜드였으며, 핵심 고객기반에 자기표현적 편익을 제공하는 브랜드였다. 따라서 크루저 브랜드를 페이서 브랜드로 이동하는 결정은 매우 위험하였지만 블루 그룹의 균형을 위해 페이서 브랜드 하에서 운영되어야 한다고 결정하였다. 또한 페이서와 크루저 모두는 비즈니스브랜드에 의해 보증되어졌다.

최종 결과는 9개 브랜드가 3개로 줄어들었고 3개 브랜드를 기업브랜드가 지원하는 브랜드구조였다. 이후 브랜드통합의 중요한 결정은 니치 브랜드인 크루저를 두 브랜드로 통합하여 브랜드 구조를 더 강하게 하는 것이다. 이동에 저항하는 정서적, 정치적, 경제적, 전략적인 압력과 의견이 있었다. 이러한 저항을 극복하고 조직이 수용할 수 있도록, 중요한 결정의 차원을 명확하게 파악하고 객관적인 평가 템플릿을 이용하였다. 객관적인 평가 템플릿은 매출 자료를 비롯한 시장조사자료를 계량화하는 것을 돕는다. 이 경우 중요한 것은 최고경영층의 전략적 비전인데, 니치브랜드의 일부 오너들이 마지막 날까지 전략에 합류하지 않을 수 있어서 최고경영층의 몰입이 매우 중요하기 때문이다.

다. 갑작스러운 전환은 사업 전략이나 브랜드 전략이 적정하다는 믿음을 주는데 도움이 된다.

또 다른 대안은 하나의 브랜드에서 다른 브랜드로 고객을 점진적으로 이동시키는 것이다. 이는 다음과 같은 상황에서 선호될 수 있다.

- 변화와 관련하여 기삿거리가 될만한 것이 없다.
- 제품군에 대한 소비자들의 관여도가 높지 않아 고객이 변화를 학습하고 이해하는 데는 시간이 필요하다.

이런 경우 급격한 변화는 브랜드 관계를 붕괴시켜 기존고객을 소외시킬 위험이 있다.

주요 학습내용

1. 퇴출결정은 심리적으로나 전문적으로 고통스럽지만 자원이 정작 필요한 곳에 사용되도록 하고 또 매각사업도 성공할 수 있는 기회를 얻을 수 있어 모두에게 유익할 수 있다.

2. 투자와 운영비를 줄여 현금흐름을 높이는 현금회수 혹은 수확전략은 관련 사업이 재무적으로나 시너지상으로 기업에 중요하지 않을 때 이용된다. 그러나 현금회수전략을 택하더라도 매출은 일정하게 감소하도록 하는 것이 타당하다.

3. 브랜드 포트폴리오의 우선순위를 정하고 정돈하는 것은 사업의 우선순위를 결정하는 또 다른 관점이다. 여러 가지 이점이 있으며 우선순위를 정하는 5단계가 있다. 적합한 브랜드 집합을 파악하고, 브랜드를 평가하며, 브랜드의 우선순위를 정하고, 수정된 브랜드 포트폴리오 전략을 창출하며 전환전략을 설계하는 것이다.

참고문헌

1. 2008년 포드는 재규어 브랜드를 타타 자동차에 매각하였다. 매각 수 년 전부터, 포드는 대규모의 적자에 시달렸다. 가장 큰 공헌자 중의 하나가 재규어다. 25억 달러에 인수하여 품질을 개선하고 신차를 개발하는데 120

억 달러가 들어가는 바람에 생긴 적자이다. 신차에는 저가 자동차인 X카를 도입도 포함하는데 판매량은 늘었지만 재규어의 이미지에 영향을 미친 것으로 보인다. 그렇다면 포드는 재규어를 팔기로 결정하기 전에 어떤 분석을 실시해야 하는가? 이 분석결과는 다른 포드 브랜드, 즉 수익성이 있는 볼보 자동차에서는 어떻게 다른가?

2. 처분전략을 고려하자. 사업을 처분하는 것이 왜 어려운가? 처분의 사례를 파악하라. 처분을 하게 하는 동기에는 어떤 것들이 있는가?
3. 현금회수전략을 사용하는 브랜드를 파악하라. 어떤 위험이 있는가?
4. 만약 기업이 너무 많은 브랜드를 가지고 있다면 당신은 어떻게 할텐가?
5. 브랜드 통합과정에서 직면하는 주요 문제나 이슈에 대한 자신의 생각을 말해 보라.

토의사항

1. Michael C. Mankins, David Harding, and Rolf-Magnus Weddigen, "How the Best Divest," *Harvard Business Review*, October 2008.
2. Chris Zook, *Beyond the Core*, Boston, MA, HBS Press, 2004.
3. Richard Foster and Sarah Kaplan, *Creative Destruction: Why Companies That Are Built to Last Underperform the Market – And How to Successfully Transform Them*, New York, NY, Currency, 2001.
4. Lee Dranikoff, Tim Koller, and Antoon Schneider, "Divestiture: Strategy' s Missing Link," *Harvard Business Review*, May 2002, pp.75–83.
5. 이들 편향을 기록하고 솔루션을 제시한 탁월한 논문은 John T. Hore, Dan P. Lovallo, and S. Patrick Viguerie, "Learning to Let Go: Making Better Exit Decisions," *McKinsey Quarterly*, 2006, (2), pp.65–76.
6. Dale E. Zand, "Managing Enterprise Risk: Why a Giant Failed," *Strategy and Leadership*, 2009, 37(1), pp.12–19.
7. 이 자료는 다음에서 가져옴. David Aaker, *Brand Portfolio Strategy*, New York, NY, The Free Press, Chapter 10.

CHAPTER 15

사일로에서 시너지로 – 조직의 활용[1)]

만약 당신이 1등이라면 당신은 첫 번째이다. 만약 당신이 2등이라면 당신을 아무도 기억하지 않는다.

– 빌 섄클리(Bill Shankly), 前 리버풀 축구클럽 감독

구조는 전략을 따른다.

– 알프레드 슬로안(Alfred D. Chandler, Jr)

계획의 효과적인 수행은 이론상으로만 결정하면 안 되는 매우 중요한 것이다. 이는 우리가 접시에 올려놓은 음식을 두고 영양분과 성장에 대해서 논할 것이 아니라 소화를 시킬 수 있을 것인지를 고민해야 하는 것과 같다.

– J.R.D. 타타(Tata)

1922년에 알프레드 슬로안(Alfred Sloan)은 세계 최초로 GM에 사업부 구조를 도입하였다. 저가시장에 시보레(Chevrolet), 고가시장에는 캐딜락(Cadillac), 중간에 폰티악(Pontiac), 올즈모빌(Oldsmobile), 뷰익(Buick) 등의 브랜드로 사업부를 나누었다. 사업부마다 제공물이 달랐고 가격 또한 중복되지 않도록 했으며 CEO의 독자적인 권한과 책임을 강조하였다. 특히 '무제한(In no way!)' 이란 표현으로 사업부의 권한을 강조하고 있다. 갈수록 제품이 다양해져 복잡성을 처리하는 것이 중요한 경영과제로 대두하게 되자 알프레드 이후 분권화는 거의 모든 기업에서 채택하였다. 요즘은 네슬레, 마이크로소프트, 도요타, 그린피스까지 거의 모든 조직이 분권화를 따르고 있으며, 분권화된 조직형태를 사일로(silo)라고 부른다. 자급자족 독립체를 은유적으로 표현한 것이다.

일반적으로 제품이나 국가를 단위로 하여 사일로를 정하는데, 이렇게 하는 이유가 있다. 중요한 이유는 이렇게 하면 경영자들이 시장에 가까이 갈 수 있고 그 결과 고객욕구를 더 잘 이해할 수 있기 때문이다. 또한 제품이나 서비스를 보다 잘 이해할 수 있어 시장여건에 맞는 정확한 의사결정과 운영이 가능할 수 있기 때문이다. 특히 신속하고 정확한 의사결정은 역동적인 시장에서 성공하는데 매우 중대한 요구조건이다. 또한 사업부는 성과를 적시에 명확히 측정할 수 있어 투자의사결정에 큰 도움이 된다. 이러한 여러 가지 이점이 있지만 가장 중요한 이점은 믿기 어려울 정도의 에너지와 활기가 넘친다는 것이다. 이유는 혁신할 유인과 권한이 있어 탁월한 고객가치를 창조할 수 있기 때문이다.

15.1 ::: 사일로의 문제점 – 마케팅 사례

사일로의 이점이 많지만 지금은 많은 단점을 노출하고 있다. 사일로가 너무 뚱뚱해서 그런 것은 아니다. 마케팅 관점에서 사일로 문제점은 [그림 15.1]과 같이 6가지로 파악된다. 6가지 문제점은 사일로가 필요 없으니 없애야 하는 논리를 제공하는 것이 아니고 사일로를 자유롭게 하여 그 잠재력을 충분히 활용하는데 도움을 주기 위한 것이다. 마케팅 관점에서 문제점을 지적했다고 하여 마케팅 문제만 있는 것은 아니라 제조나 운영, 경영정보 등

그림 15.1 사일로 구조-마케팅에 직면하여 유발된 문제

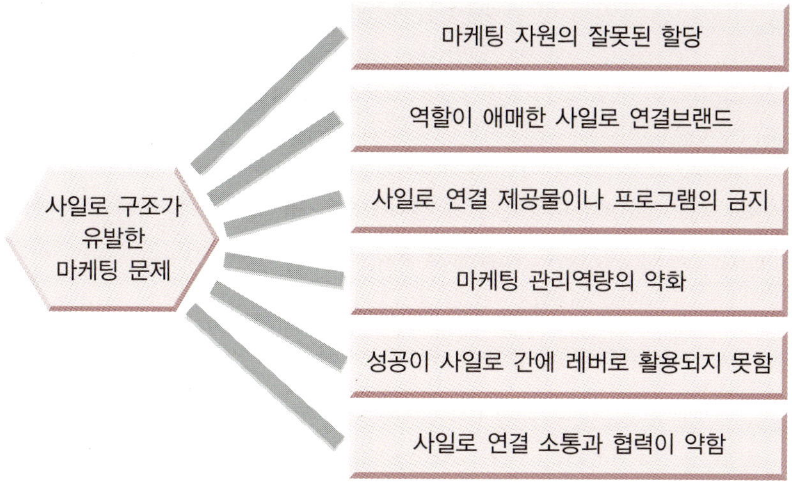

다른 영역에서도 유사한 문제점이 있다. 다만 마케팅의 문제점이 더 심각할 따름이다. 6가지 문제점을 살펴보기로 한다.

- **마케팅 자원의 할당이 잘못될 수 있다.** 사일로는 마케팅 자원을 잘못 할당하게 할 수 있다. 규모가 작은 사일로는 비록 잠재력이 높아도 투자 자원을 확보하기 어려울 수 있으며 사일로 전체에 도움이 되는 브랜드 자산이나 마케팅프로그램에 대한 투자 또한 어렵다. 그 이유는 다른 사일로를 경쟁자로 보고 자신만을 위해 더 많은 자원을 원하는 심리적 이유 때문이다. 더구나 모든 사일로에 도움이 되는 투자를 하려면 객관적이고 충분한 자료가 있어야 하는데 사일로만 생각하다 보면 자료도 충분하지 않고 전체를 보는 방법이나 인식도 갖기 어렵다.
- **사일로 연결브랜드의 역할이 애매하다.** 사일로 연결브랜드(silo spanning brand)란 여러 사일로가 사용하는 마스터브랜드를 말한다. 각 사일로는 마스터브랜드가 다른 사일로에서 갖는 역할은 생각하지 않고 자기 사일로의 입장에서 브랜드의 힘을 써먹으려 한다. 사일로의 입장만을 고려하여 마스터브랜드를 사용한 결과 사일로 제공물의 포지션이 브랜드 이미지에 부합하지 않아 강한 브랜드를 구축하기 어렵다. 방향이 없어 중구

난방인 브랜드 메시지는 브랜드 정체성을 고객에게 전하는데 혼란을 초래하기 때문이다.

- **사일로 연결 제공물과 프로그램의 금지 혹은 상실.** 사일로 간에 존재하는 장벽이 제공물과 마케팅프로그램의 공유를 방해하는 것을 말한다. 예를 들어, 월드컵 스폰서십이나 전국적인 광고캠페인과 같이 큰 규모를 필요로 하는 마케팅프로그램은 실행하기가 어렵다. 더구나 안목이 사일로에 한정되다 보면 사일로 바깥에서 일어나는 변화를 감지하지 못해 사일로를 연결해야 하는 기회를 상실할 수 있다. 제품에서 시스템으로 이동해 가는 추세에서 볼 수 있듯이 고객은 사일로를 벗어나 이들을 연결하는 제공물을 원하고 있다. 마찬가지로 세계 도처에 있는 소비자들은 한 나라의 사일로를 벗어나는 제공물을 점차 더 원하고 있는 것이 현실이다.
- **마케팅 역량이 약화될 수 있다.** 사일로에서 마케팅 업무를 하다 보면 전체 사일로를 아우르는 마케팅 역량이 약화될 수 있다는 것이다. 특히 CRM, 마케팅의 계량적 모델, SNS, 스폰서십, PR 등은 사일로보다는 전사적으로 필요한 마케팅 역량이다. 게다가 사일로마다 마케팅 스탭을 갖게 되면 인원이 늘어나고 경력관리도 어렵게 된다.
- **성공한 사일로의 탁월성을 레버로 활용하기 어렵다.** 한 사일로에서 성공한 탁월성을 다른 사일로에서 활용하지 못하는 것을 말한다. 그냥 잘하는 정도가 아니라 최고가 되려면(from good to great) 조직 내의 사일로가 가지고 있는 탁월성을 파악하고 이를 레버로 활용할 수 있는 재주가 있어야 한다.
- **사일로들 간의 소통과 협력이 약하거나 아예 존재하지 않는다.** 사일로 간의 소통과 협력은 조직성과에 직접적으로 영향을 미칠 수 있는 기본적인 문제다. 전략에 영향력을 갖는 고객트렌드, 유통, 기술에 대한 통찰을 공유하지 못하면 이들을 활용할 수 있는 기회를 잃게 될 것이다. 협력을 생각하지 않거나 협력이 어려울 때, 성공적인 전략프로그램은 결코 나타나지 않을 것이다. 게다가, 소통과 협력의 실패는 앞에서 거론한 많은 사일로 문제의 발생원인이 된다. 이상의 문제를 바로 잡으려면 다양한 처방이 필요하다. 어떤 내용인지 살펴보기로 한다.

15.2 ::: 사일로의 문제점 처리 – 과제와 솔루션

흔히 사람들은 반대로 생각하면 되는 줄 알아 집중화를 사일로 문제를 해결하는 솔루션으로 생각하는데, 그건 아니다. 첫째, 수많은 사일로가 있는 복잡한 조직을 집중화로 관리하는 것은 엄청난 비용을 초래할 수 있고 둘째, 앞에서 언급한 사일로의 많은 장점을 잃게 되기 때문이다. 해법은 사일로를 유지하면서 틀을 바꾸어야 한다. 경쟁과 고립에서 소통과 협력으로 틀을 바꾸어 시너지가 생기고 조직 전체의 전략이 성공할 수 있도록 유도해야 한다. 구체적으로 어떤 의사결정은 독자적으로 하게 하고 시너지가 필요한 것은 CMO(Chief Marketing Officer)에게 위임하는 것이다.

하지만 서로가 무관심하고 상대를 무시하는 상황에서 CMO가 신뢰를 얻어 영향력을 행사하기는 정말 어렵다. 그 결과 CMO들의 재임기간은 파리 목숨이라 평균 23개월에 불과하다.[2] 파리 목숨은 CMO 직무의 어려움을 잘 말해 주고 있는데, 심지어 회사가 소통과 협력을 전략적 강령으로 정한 경우도 마찬가지다.

40여명의 CMO를 대상으로 사일로 문제를 해결할 수 있는 탁견을 질문하여 다음과 같이 세 가지로 요약한다.

1. **위협적이지 않은 역할이 강력한 변화 주체가 될 수 있다.** CMO는 전사적으로 필요한 경우 사일로의 전략과 전술을 통제할 수 있고 그것이 성공을 향한 옳은 길이다. 하지만 그렇지 않은 경우에는 위협적이지 않은 역할을 해야 신뢰와 관계를 얻으면서 전략과 문화에 중요한 영향을 미칠 수 있다. CMO의 위협적이지 않은 역할은 촉진자, 컨설턴트, 서비스 제공자로서의 역할을 말한다. 촉진자(facilitator)로서의 역할이란 CMO 팀이 여러 사일로가 공통으로 사용할 수 있는 기획의 기본틀을 마련하고, 사일로 간의 소통을 높이며, 자료와 지식뱅크를 만들고, 전사적으로 마케팅 인재의 수준을 업그레이드하는 활동을 말한다. 컨설턴트(consultant)로서의 역할은 CMO 팀이 사일로 전략개발프로세스에 초대된 참여자가 되는 것이다. 마지막으로 서비스 제공자(service provider)로서의 역할이란 CMO 팀이 사일로에 고용되어 다양한 마케팅 서비스를 해주는 것을 말한다. 마케팅 조사, 세분화연구, 교육훈련, 스폰서십,

포로모션과 마케팅프로그램을 서비스할 수 있다.

2. **사일로 문제만 겨냥하라.** 사일로 문제를 분권화로 보고 집중화와 표준화하려 하는 경우가 있는데, 그렇게 하려는 본능 자체가 역기능을 초래하고 심지어 CMO 팀의 파멸을 초래할 수도 있다. 사일로 자치권을 줄이고 조직을 보다 집권화하며 보다 표준화된 제공물과 마케팅프로그램을 제공하려는 움직임은 타당성이 있고 유용하며 트렌드도 존재한다. 그러나 집권화가 목적이 되어서는 안 되고 어디까지나 사일로 문제를 해결하는 하나의 경로가 되어야 한다는 것이다. 사일로 문제를 해결하는 과정에서 전사적으로 도움이 되는 마케팅프로그램을 창출해야 하지 그 자체가 목적이 되어서는 안 됨을 강조하고 있다.
3. **구조, 시스템, 인적자원, 문화와 같은 조직레버를 활용하라.** 구조, 시스템, 인적자원, 문화를 조직레버라고 하는데 이 속에 조직을 변화시키는 길이 들어 있기 때문이다. 이들 레버는 사일로 문제를 해결할 수 있는 조직변화의 핵심일 뿐만 아니라 전략실행의 기반이 된다.

15.3 ::: 조직레버와 전략과의 연결

조직은 구조, 시스템, 인적자원 및 문화는 4가지 구성요소를 갖는데 조직변화의 길을 내포하고 있기 때문에 조직레버라고도 한다. 또한 이들은 전략실행에도 중요한데, 전략과의 연결은 [그림 15.2]와 같이 요약된다. 그림은 두 가지를 말하고 있다. 조직의 구성요소들은 전략과 부합해야 한다. 다시 말해 사업전략이 성공하려면 전략에 적합한 구조, 시스템, 인적자원 및 문화가 필요하다는 것이다. 다음으로 4가지 구성요소들은 서로가 부합해야 한다. 만약 구성요소 중 하나가 나머지와 부합하지 않는다면 전략이 뛰어나고 시의적절하다 할지라도 성공은 보장될 수 없음을 말하고 있다.

1998년 메르세데스 벤츠와 크라이슬러가 합병하였을 때 논리는 완벽해 보였다. 메르세데스는 럭셔리 자동차 메이커였기 때문에 대량시장(volume car)의 교두보를 찾고 있었고, 크라이슬러는 새로운 투자를 받으면 발전할 수 있는 대량시장을 확보하고 있었다. 새롭게 출발한 360억 달러짜리 합병인 다임러크라이슬러(DaimlerChrysler)는 만족스러운 것으로 보였다. 그러나 다임러

그림 15.2 조직분석의 프레임워크

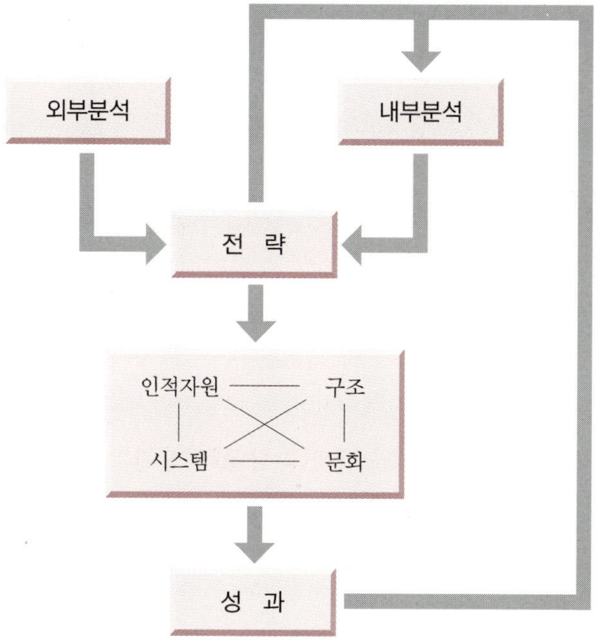

경영진은 합병전략을 실행하고 목표를 달성하는데 있어서의 걸림돌을 미쳐 보지 못했다. 크라이슬러는 수익을 달성하고는 있었지만, 이 수익은 1990년대 진출한 경트럭 때문이었다. 합병 후 후속제품을 출시하였으나 가격과 품질 문제, 그리고 치열할 경쟁 때문에 성공하지 못했다.

게다가 많은 크라이슬러 경영자들은 합병 후에 회사를 떠나 초기에 성공으로 이끈 많은 경영자들이 없는 상태로 경트럭은 방치되었다.[3] 다임러 경영진들은 메르세데스가 크라이슬러의 대중 이미지와 섞여 역효과가 나는 것을 염려했고 또한 독일과 미국 경영문화가 잘 섞이지 않을 것을 두려워하여 크라이슬러 경영에 직접 개입하는 데는 무려 2년이 걸렸다.[4] 독일인이 크라이슬러의 CEO에 임명된 후 일련의 비용 절감, 품질과 신제품에 대한 역점을 두어 2004년과 2005년에 수익성 있는 기업으로 다시 바꾸어 놓았다. 따라서 메르세데스는 새로운 CEO가 상황을 바꾸어 놓을 수 있을 것으로 낙관했다. 그러나 그 시기에 메르세데스의 C와 E클래스 배기관련 품질문제가 터졌고 2006년 중반 다임러크라이슬러의 기업가치는 1999년 합병 이후 최고치의 반

토막이 되었다.[5]

다임러크라이슬러의 사례는 조직이 내부적으로 화합을 이루고 전략을 수행할 수 있는 능력이 얼마나 중요한지를 생생하게 말해 준다. 어떤 전략을 평가할 때 실행상의 위험인 조직변화의 특징, 관련 비용 그리고 실행가능성 등에 대한 냉철한 분석과 판단이 필요하다.

4가지 조직 구성요소의 각각이 사일로문제를 처리하는데 이용될 수 있으며, 다음에서 구체적으로 논의하기로 한다.

15.4 ::: 구조

사업이나 종업원을 집단화하고 권한관계를 기술하는 조직구조는 사일로 간의 협력, 공유 및 소통을 활성화하는데 중요하다.

선택적 집중화

CMO는 광고, 촉진, 스폰서십, 콜센터, 포장, PR, 디지털 마케팅, 브랜드 전략, 비주얼 프리젠테이션, 시장조사, 마케팅 성과측정 등과 같은 다수의 마케팅 업무가 있다. 이들 다양한 업무 중 집중화해야 할 업무를 정하는 것이 첫 번째로 해야 할 일이고, 다음으로 집중화의 대상이 되는 업무 중 어느 부분을 집중화하고 나머지는 각 사업단위에 분권화할 것인지를 정해야 한다. 가령, 광고전략은 집중화 하더라도 매체나 광고제작은 분권화를 하는 것이 좋다.

집중화의 업무나 부분 업무를 정하는 기준은 다음과 같은 5가지인데, 중요한 것은 집중화로 인해 사일로의 유연성을 죽이는 일이 없도록 해야 한다.

- 어떤 프로그램이나 잠재 프로그램이 시장에 걸쳐 있는가? 이 프로그램이 효과를 최대로 발휘하는 데는 조정이 어느 정도나 필요한가? 월드컵이나 올림픽과 같은 주요 스폰서십은 여러 사업에 걸쳐 효과를 발휘할 수 있기 때문에 교차 사업팀을 만들어 집중화하기에 좋은 프로그램이다.
- 어디에서 기능 전문성이 최고로 개발되는가? 중복성이 감소될 수 있는

가? 광고나 스폰서십과 같은 영역에서의 역량은 여러 사업단위에서 조금씩 피상적으로 하기보다 한 곳에 모아 집중적으로 하는 것이 전문성을 키우고 중복을 피하는데 도움이 될 수 있다.

- 여러 시장에 출시할 수 있는 브랜드인가? 시장적응의 가치가 있는가? 맥도날드는 인도에서 세계 공통의 브랜드로 판매하면서 부분적으로 시장적응을 용인하고 있다. 인도에서 맥도널드는 모든 다른 시장에서처럼 버거와 튀김류 그리고 청량음료를 황금아치 아래에서 판매한다. 한 가지 차이점은 어떤 햄버거도 돼지고기나 소고기로 만들지 않는다는 것이다.
- 지역에 대한 어떤 지식이 진정 필요한가? 여러 제품과 시장을 아우러는 프로그램이나 포지션이 있는가? 예를 들어, 프링글스는 다양한 시장에서 다양한 향기로 판매하지만 프링글스 칩에서 소비자가 기대하는 사회적 기능적 편익은 같다.
- 예산, 보고라인, 권한에서의 이탈이 어느 정도나 용인될 수 있는가? 어떤 승리가 가치가 있는가? 비자(Visa)는 신의성실에 최고의 가치를 두고 있어 이를 지키는데 최선을 다한다. 예를 들면, 어디서 결재하더라도 통화변환의 비용을 고객에게 전가하지 않는다.

팀과 네트워크를 이용하라

CMO는 사일로 간 이해를 높일 수 있는 팀이나 네트워크를 만들어야 한다. HP의 고객경험협의회(Customer Experience Council), IBM의 글로벌마케팅위원회(Global Marketing Board), P&G의 글로벌마케팅임원리더십(Global Marketing Officer' s Leadership) 등과 같은 팀이 좋은 예다. 이러한 팀들은 사일로 간의 소통과 관계를 발전시킬 수 있는 좋은 수단이 될 것이다.

또 다른 방법은 공식적, 비공식적 네트워크이다. 고객집단, 시장트렌드, 고객경험상황, 스폰서십, 디지털 마케팅과 같은 구체적인 영역에서 네트워크를 활용하면 이해를 높일 수 있다. 가령, 네슬레는 테스코나 월마트와 같은 글로벌 고객과 정보네트워크를 구축하고 있다. 또한 네트워크를 활용하여 특정 사일로를 벗어나는 니치시장이나 종교시장에 대한 정보를 얻기도 한다. 네트워크 관리자들은 이러한 정보를 얻기 위해 적극적으로 해외 고객선과 협조해야 하기 때문에, 네트워크 멤버십을 잘 구성하여 리더십 구조를 짜고 지식 은행과 같은 하부구조를 잘 운영해야 한다.

매트릭스 조직을 이용하라

매트릭스 조직이란 두 개 혹은 그 이상의 보고 체계를 갖는 것을 말한다. 판매력으로 하여금 제품시장의 관리자와 영업부서 책임자에게 동시에 보고하도록 하는 것이 그 예다. 광고나 연구개발도 또한 두 관리자에게 보고하도록 하면 여러 사일로가 독립성을 유지하면서 공유하는 효과를 거둘 수 있다. 이렇게 하면 영업력, 광고관리자, 연구개발요원들의 최소효율규모를 확보할 수 있고 이들 업무특성에 맞는 하부구조를 가질 수도 있다. 이러한 이중보고 개념은 조정과 소통을 중시하는 조직구조로 복잡한 상황에서 이상적인 해결책이 될 수 있다. 하지만 매트릭스 구조는 안정적이지 않고 정치적 압력에 영향을 받을 수 있어 문제를 해결하는 것이 아니라 더 악화시킬 수도 있다.

가상조직

가상조직(virtual corporation)이란 특정 고객이나 업무를 위해 설계된 팀을 말한다. 인력은 다양한 원천에서 모집할 수 있으며, 현재 진행중인 특정 프로젝트를 위해 고용된 계약직도 있을 수 있다. 덴츄(Dentsu), Y&R, 맥켄에릭슨(McCann Erickson)과 같은 풀서비스 대행사들이 통합커뮤니케이션 솔루션을 제공하기 위해 가상조직을 많이 활용한다. 여러 회사보다 같은 회사에서 사람들을 발탁하여 팀을 만들었을 때 성공의 기회는 더 높다.

풀서비스 광고대행사인 WPP는 델의 통합커뮤니케이션 욕구에 대처하기 위해 가상조직인 앙파티코(Enfatico)를 설립하였다. 앙파티코가 WPP사를 통해 세계최고의 인재에 접근할 수 있다는 것이 그 논리였다. 이러한 가상조직이 델이 요구한 곤란한 문제에 이상적인 솔루션을 제공했으나 정확히 1년 후, WPP에 속한 에이전시 중 하나인 Y&R로 흡수되었다. 앙파티코는 고도로 창의성을 요구하는 업무를 수행하기가 어려웠는데, 다른 배경을 가진 사람들을 한 팀으로 일하게 하는 문제점을 안고 있었던 것이다. 게다가, 단 하나의 클라이언트를 위해 CEO와 최고 인재를 고용한다는 것은 어렵다. 앙파티코 사례는 규율이 있는 조직을 떠난 특별한 문화가 없는 느슨한 조직이 안고 있는 문제점을 잘 보여주고 있다.

15.5 ::: 시스템

시스템으로 사일로의 문제점을 해결할 수 있는데 정보시스템, 측정 및 보상시스템, 계획시스템 등을 살펴보기로 한다.

정보시스템

CMO가 사일로 문제를 해결하기 위해 위협적이지 않게 사용할 수 있는 방법이 연결정보시스템이다. 이 시스템으로 고객통찰력, 트렌드, 경쟁자의 행동, 기술개발, 잘한 예, 프로세스와 방법에 관한 내부정보, 신제품과 기술, 최고의 내부 실무활동, 전략과 프로그램까지도 공유할 수 있다. 위협적이지는 않지만 이 시스템은 복잡하고 관리하기가 어려울 수 있어 보다 간단한 방법이 필요한데, 예를 들면 다음과 같다.

- **지식공유세미나.** 공식적, 비공식적인 모임은 정보교환의 계기가 될 뿐만 아니라 모임 후 사적소통의 경로를 만들 수도 있다. 인적연결이 되면 서로를 동료라고 부르게 되고 제안된 프로그램에 열정을 보이며 특정문제를 협의사항으로 올리는 것이 쉬워진다. 또한 직접 만나 세미나를 하면 파국을 피하고 활동을 부추기는데 도움이 될 수 있다. 대부분의 기업들은 적게는 2년에 한 번 많게는 분기에 한 번 지식공유 세미나를 갖는다. 세미나(session) 후 전화미팅이 이어지는데, 글로벌 기업들은 대개 2주마다 전화미팅을 갖는다. 델과 혼다는 지식공유 세미나를 소통프로그램으로 많이 사용하고 있다.
- **공동 마케팅 교육.** 1998년 그랜드 메트로폴리탄(Grand Metropolitan)과 기네스(Guinness)가 합병하여 새로 만든 회사인 디아지오는 공동 마케팅 교육프로그램인 DWBB(Diageo Way of Brand Building)를 개발하였다. DWBB의 목적은 조직의 모든 사람이 브랜드 개발과 관리에 대해

학습하고 적용하는 것에 참여하도록 하는 것이다. 이렇게 하는 이유는 두 조직이 공동의 언어를 가져야 하고 이를 앞으로도 사용해야 하기 때문이다. 이 시스템은 지금도 잘 운영되고 있어 디아지오의 효율성과 효과성을 높이고 있다.

- **지식허브.** 자료, 경험, 사례, 통찰력 등을 모아 놓은 허브는 사람들이 필요로 하는 유용한 정보를 제공함으로써 지속적인 자산이 될 수 있다. 허브는 정보처리 및 교환을 생산적이며 사용하기 쉽고 효율적으로 만드는데, 좋은 예가 마스터카드(Mastercard)다. 이 회사는 지식공유촉진자를 임명하여 브랜드 관리의 최고사례나 효과적인 광고캠페인 사례를 모아 여러 사일로가 레버로 활용하도록 돕고 있다.
- **우수센터.** 이는 마케팅팀 안에 특수 쟁점을 다루는 그룹을 따로 두는 것을 말한다. 우수센터에서는 여러 사일로가 관심을 갖는 고객트렌드, 부상하는 제품카테고리, 기술 등을 담당한다. 센터의 구성인은 한 사람이 될 수도 있고 수십 명이 될 수도 있는데, 쟁점을 깊이 이해하고 발전추이를 놓치지 않는데 용이하다. 센터는 정보를 창출하고 확산시키기 위해 사일로와 적극적으로 접촉하는데, 그 결과 소통과 정보흐름의 촉매역할을 한다. 최근 소니에릭슨(Sony Ericsson)이 마케팅을 집중화했는데, 이는 마케팅을 우수센터화하여 효율성을 높이려는 의도로 이루어진 것이다.

측정 및 보상시스템

측정이 조직구성원을 움직이게 하는 원동력이 될 수 있으므로 전략의 집행에 직접적으로 영향을 미치게 된다. 그래서 전략집행의 성공여부는 흔히 보상과 연결된 적절한 성과측정치를 제대로 도입하는지의 여부에 달렸다고 한다.

측정 및 보상시스템을 디자인할 때 주요 관심사는 협력하고, 의사소통하고, 시너지를 창출하기 위해 종업원을 동기유발시키는 것이다. 보상시스템은 두 가지 수준에서 운영되는데, 먼저 개별수준의 시스템이다. 이는 사일로 간의 업무에 자발적으로 협력하는 능력을 측정하는 것으로 예를 들어, IBM의 본부 마케팅 그룹은 사일로에 속한 사람들이 얼마나 전체 일에 협조하는지의 여부로 성과를 측정한다. 조직수준의 측정 및 보상시스템은 사일로의 성과에 맞추어져 있기 때문에 협력과는 반대로 행동하도록 유도한다. 따라서 조직수준의 성과는 보너스에 반영하는 것으로 하여 협력을 저해하는 것을 막으려 한다. 7개의 사무실을 운영하고 있는 브랜드 전략 컨설팅회사인 프로핏(Prophet)은 기업의 전반적인 성과에 근거한 보너스를 받도록 하여 사무실 간의 교차지원을 촉진하고 있다. 또 다른 사업에서는 사업부 간의 시너지가 현실적이지 않기 때문에 사업부 성과에 초점을 두는 경우도 있다.

보상은 단기간의 재무성과뿐만 아니라 장기적인 관점의 성과가 균형을 맞추도록 하는 것도 중요하다. 따라서 고객만족, 고객충성도, 품질지표, 출시된 신제품, 교육프로그램 등과 같은 장기적인 측정지표가 전략의 성과를 측정하는데 도움이 될 것이다.

계획시스템

모든 사일로에 하나의 표준화된 브랜드나 마케팅프로그램을 사용하는 것은 거의 보기 힘든 일이지만, 마케팅 계획프로세스는 표준화에 적합하다. 공통의 계획프로세스를 가지면 공통의 어휘, 측정, 정보, 의사결정구조를 가질 수 있어 소통이 수월할 수 있다. 또한 사일로 단위에서 전문가가 최소한으로 유지되어도 일을 하는데 큰 무리가 없도록 해준다. 이해할만하고 행동으로 옮기기 쉬운 명백한 계획프로세스가 존재하지 않는다면, 모든 단위는 각자의 길을 추구할 것이고 불가피하게 일부는 전략적으로나 전술적으로 잘못 관리될 수 있다.

계획프로세스 외에도 브랜드를 사일로 상황에 적응시키는 프로세스가 필요하다. 사일로 연결브랜드가 혼란스럽지 않고 일관성을 유지하려면 브랜드의 캐릭터는 유지하면서 브랜드를 상황에 맞추도록 해야 할 것이다. 예를 들어, 메르세데스 벤츠는 배타성, 품질, 전통, 세련됨과 같은 가치를 핵심브랜드 정체성으로 가진다. 이들 정체성 중 독일시장에서는 확실한 품질을 강조하고 중국시장에서는 전통과 세련됨으로 주목을 끌고 있다. 다른 브랜드들은 국제 시장에서 유사한 정체성을 다르게 해석하기도 한다. 가족이나 공동체와 같은 정체성은 시장이나 문화권에 따라서 다른 의미를 갖는다.

15.6 ::: 인적자원

우수한 인재로 구성된 강한 CMO 팀이 사일로의 문제점을 극복할 수 있고 반대인 경우 조직에 오히려 해로 울 수 있다. 어느 CMO는 역량이 부족한 광고관리자가 서툰 일처리로 거의 1년 동안 사업성과를 퇴보시켰다고 한다. 따라서 누구를 팀에 합류시켜야 할지도 중요하지만, 더 중요한 것은 누가 조직을 떠나야 할지를 CMO는 면밀히 주시해야 한다. 당연한 말이 되겠지만 역할에 적합한 인재가 새로 들어오면 기업성과를 상승시켜 주겠지만, 적합하지 않는 사람은 기업을 퇴보하게 한다.

그런데 마케팅 중앙본부에 적합한 인재의 조건이 특별하다는 것이 문제다. 마케팅, 브랜딩, 시장, 제품, 자사 조직까지를 잘 알고 있는 것을 기본으로 요구하고 추가로 더 요구하는 것이 있다. 전략적 능력을 보유해야 하고, 협동적이고, 설득적이며, 변화를 주도할 수 있는 변화 에이전트의 능력까지 요구한다. 게다가, 글로벌 기업에서는 다문화적 식견까지 필요하다. 이러한 조건을 구체적으로 살펴보기로 한다.

- **지식.** 본부 마케팅팀은 우선 본부에 소속되기 때문에 지식폭이 넓은 인재를 원한다. 통찰력을 갖춘 제너럴리스트(다방면의 지식을 가진 사람)이면서 동시에 다음과 같은 전문지식도 갖추어야 한다.
  (a) **마케팅 지식** – 마케팅전략, 새로운 미디어를 포함한 소통수단, 성과측정, 마케팅프로그램
  (b) **브랜드 지식** – 브랜드, 브랜드 파워, 브랜드자산, 브랜드 역할, 브랜드 포트폴리오 전략, 브랜드구축프로그램
  (c) **시장 지식** – 시장, 국가 문화, 시장트렌드, 경쟁자 역동성, 고객 세분화, 고객 동기부여
  (d) **제품 지식** – 제품이나 서비스 속성과 기초 기술, 미래의 제품과 서비스를 정의하는 혁신의 흐름
  (e) **조직 지식** – 조직, 조직문화, 전략, 가치, 공식적이고 비공식적인 영향력과 소통구조
- **전략적 관점.** CMO 팀은 전문지식 외에 전략적 역량을 필요로 한다. 역동적인 시장을 다룰 수 있고 사일로 간의 마케팅전략을 조정하고 협

력을 유도하려면 전략적 안목이 없이는 어렵기 때문이다.

- **변화 에이전트.** 변화를 주도하고 이를 사일로에 주입할 수 있는 능력이 필요하다. 이러한 역할을 담당하는 사람을 변화 에이전트라고 한다. 변화 에이전트가 되려면 창의적이고 혁신적인 감정과 본능을 가져야 하며 열정이 있어야 하고 목표의식이 뚜렷해야 한다. 삶은 이전처럼 지속되지 않을 것이며 변화는 발생해야 한다고 굳게 믿어야 하며 변화하지 않는 것을 무책임한 것으로 여겨야 한다. 또한 변화 에이전트는 사일로를 설득시켜야 하기 때문에 소통과 리더십 스킬도 가져야 한다.
- **다문화성.** 글로벌화될수록 다른 언어와 문화를 이해할 수 있는 능력이 필요하다. 특히, 외국 언어에 능숙한 사람이 적은 일본이나 영국, 미국과 같은 나라에 있는 기업들은 언어능력과 문화적 감각이 있는 팀을 구축하는 것이 필요하다. 애완동물 건강관리 기업인 올테크(Alltech)는 세계 도처에서 직원을 채용하여 진정한 다문화 기업이 되었다. 네슬레와 소니는 한 국가에 국한된 직원을 없애기 위해 전세계에 인적자원을 로테이션시키고 있다. 다문화성을 높이는 또 다른 방법은 문화적인 지식, 시장 통찰력 등을 확실하게 교육하는 것이다. 다문화성을 가진 인재를 확보하는 것은 글로벌 기업이 되려는 기업에게는 어려운 과제이다.

원천: 내부자 대 외부자

CMO 팀의 구성원을 내부자(insider)로 할 것인지 외부자(outsider)로 할 것인지를 결정해야 하는데, 둘 모두 장단점이 있다. 내부자는 조직과 문화 및 시스템에 대해 잘 알고 있고 동료들과의 네트워크를 가지고 있으며 누가 사일로의 실세인지를 알고 있다. 따라서 내부자는 업무 수행상 위험이 낮을 수 있다. 그러나 내부자는 사일로의 문제를 해결하기 위해 무슨 일을 어떻게 할지를 잘 모를 수 있다. 특히 조직변화에 필요한 의지와 능력이 부족한 것이 문제이다.

전문성, 경험, 신뢰를 갖고 있는 외부자는 과거의 의사결정이나 관계, 정치적 압력에 얽매이지 않기 때문에 변화 에이전트로서 과업을 수행하는데 장점이 있다. 하지만 기업 전반에 퍼져 있는 문화와 기존 네트워크에 대한 감각이 결여되어 있다는 것이 문제이다. 따라서 분명히 더 위험하지만 변화를 필요로 할 때 조직을 개선할 수 있는 유일한 방법일 수 있다. 외부자가 마케팅의 개념을 바꾸거나(예: B2B에서 B2C 마케팅으로 변화), 새롭고 독특한 마케팅 문제에 직면할 때 위험은 더 높아진다. 그렇더라도 외부자는 변화를 주도하는데 더 효과적일 수 있다.

내부자와 외부자 모두 장단점이 있기 때문에 CMO가 팀을 구성할 때 이러한 문제점을 축소하는 방법을 모색해야 한다. 당연한 방법이지만 내부자 중에서 변화 에이전트의 역량을 갖춘 사람을 찾아 내면 되고 반대로 외부자 중에서도 조직의 문화나 구조에 적응능력이 있는 인재를 고용하면 된다. 또 다른 방법은 외부자와 내부자를 혼합하여 순차적으로 일을 맡기는 것이다. 외부자에게 변화와 혁신을 시작하게 하고 완성은 내부자에게 맡길 수 있고, 그 반대도 가능하다.

GE를 비롯한 여러 기업이 사용하는 방법도 소개한다. 이들 기업은 외부자와 내부자를 혼합하여 다른 역할을 맡기는 것이 특징이다. 외부자가 중심에 있고 내부자가 이들을 둘러싸고 있으면서 상호도움이 되게 한다. 외부자는 변화를 실행하는 것과 관련된 것을 내부자에게 묻고 내부자는 변화에 대한 전문지식을 외부자에서 구한다. 이러한 혼합방법이 성공하려면 문화가 바뀌어야 한다.

마케팅 스탭의 업그레이드

본부 마케팅 그룹에서 뿐만 아니라 각 사일로의 마케팅 팀을 강하게 하는 것도 사일로 문제를 해결하는데 중요하다. 그 이유는 두 가지인데, 첫째는 사일로의 마케팅이 강하면 중앙에서 일일이 사일로의 브랜드 전략과 마케팅 전략을 점검하고 따지지 않아도 되고 중앙과 대화가 용이하다. 둘째는 본부가 어떤 영역에서 통제를 하겠지만 각 사업단위에 맞는 전략을 집행하는 것은 사일로의 마케팅 스탭이다.

다우 코닝(Dow Corning)은 마케팅 스탭의 역량구축을 위해 글로벌 마케팅 엑설런스 협의회를 운영하고 있다. 여기서 각 사일로 마케팅 스탭의 역량 차이를 조사하고 이들의 역량을 업그레이드할 수 있는 외부자고용, 훈련, 멘토링프로그램을 등을 개발한다. 예를 들어, '런치와 학습(lunch and learn)'이라는 구체적인 업그레이드프로그램을 운영한다. GE에서는 CMO에게 잠재

GE의 전략과 인적자원 개발

GE의 전설적인 CEO인 잭 웰치는 그의 20년 재임기간 동안 인재개발을 위한 시스템과 문화를 창출하였다. 다음과 같은 5가지 요소가 포함된다.

- 매년 1월, 5,000명에 달하는 GE의 경영자들이 최고 사례와 주요 사업의 우선순위를 공유하기 위해 보카 라톤(Boca Raton)에 모여든다. 2000년도의 우선사업은 전자상거래, 글로벌, 6-시그마 품질이며 이 모임은 웹을 통해 전사원이 공유한다.
- 분기마다, 최고경영자들은 잭웰치가 주재하는 2일 동안의 미팅을 갖는데 보카 라톤에서 제기된 안건에 초점을 맞추어 진행사항을 체크한다. 이것은 미래의 리더가 출현하고 존경을 얻으며 성장을 증명해 보이는 중요한 모임이기도 하다.
- 1년에 두 번, 웰치와 경영자들은 각 사업단위의 최고 20%와 최하 10%의 종업원을 어떻게 다루는지와 같은 인재프로그램에 초점을 두고 논의한다.
- 봄에 한 번, 가을에 한 번 웰치와 경영자들이 모여 3년 후의 시각에서 각 사업을 논의한다.
- 이들 모든 노력을 GE의 사회적 아키텍츠가 지원한다. 비공식, 정직, 실질적인 대화, 격의 없는 행동, 계획의 완수(follow-through) 강조, 질적인 판단 등이 GE의 사회적 아키텍츠(social architecture)이다.

력 있는 인재를 발굴하고 그들의 경력경로(career path)가 될 수 있는 프로그램을 기획하도록 요구하고 있다.

15.7 ::: 문화

조직문화는 행동을 유발하고 통합하게 하는 접착제이다. 따라서 강력하고 지원적인 문화가 없다면 전략을 성공적으로 집행하는 것이 어려울 수 있다. 조직문화는 [그림 15.3]에서 보는 것처럼 세 가지 구성요소로 나누어진다.

공유가치

공유가치(shared values)나 지배적 신념(dominant beliefs)은 조직에서 가

그림 15.3 조직문화

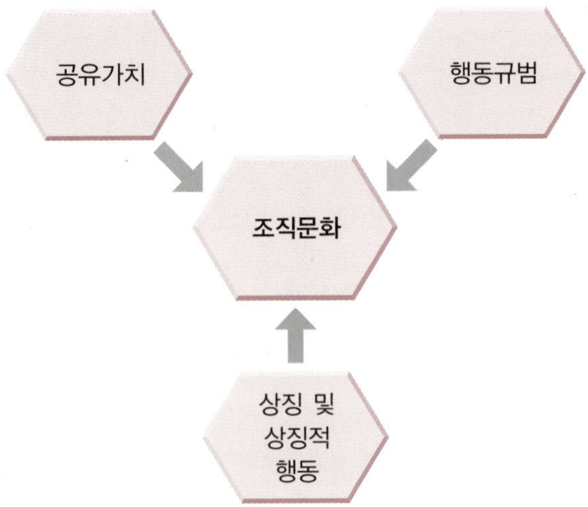

장 중요하게 여기는 것이 무엇인지를 규정하는 것으로 조직문화의 기초이다. 공유가치를 구성원들이 알고 있고 이를 폭넓게 수용하며 더 나아가 공유가치의 논리적 근거를 설명할 수 있는 것을 강력한 문화라고 한다. 공유가치의 예를 살펴보기로 한다.

- **경쟁우위의 핵심인 주요 자산이나 역량.** 글로벌 건축회사인 HOK는 그린 건축물을 짓는데 선두주자로 친환경 디자인을 공유가치로 삼고 이를 고객들에게 알리려 노력하고 있다.
- **운영초점.** 중소기업은 마케팅이나 브랜드 구축에 투입할 수 있는 자금이 제한되어 있기 때문에 운영의 초점을 공유가치로 삼는 경우가 많다. 운영의 초점이란 제품시장을 집중하는 것을 말한다.
- **조직성과.** 세계경제포럼(World Economic Forum)은 글로벌 공동체를 구축하고 독려하는 세계 최고의 조직이 되는 것을 목표로 삼고 있기 때문에 이러한 목표를 공유가치에 포함시키고 있다. 세계경제포럼이 주관하는 활동이 다보스포럼이다.
- **기능별 영역에 대한 강조.** 폭스바겐은 강력한 브랜드와 차별적 광고로 2018년까지 세계 자동차시장의 선두가 되려 하고 있다. 따라서 강력한

브랜드와 차별적 광고를 공유가치에 포함시키고 있다.

- **관리스타일.** 소통을 높이고 비전통적인 사고를 독려하는 공식화가 낮은 수평조직을 공유가치에 포함시킬 수도 있다.
- **인적자원을 독립된 인격체로 중시하는 신념.** 최고의 인재를 채용하여 최고로 대우해 주면 최고의 솔루션을 창출한다는 것이 구글의 전설적인 인재중시 문화이다.
- **최고가 되겠다는 혹은 최고에 필적하겠다는 신념.** 인도의 와이프로(Wipro)는 IT 인프라구축서비스라는 니치에서 세계 최고가 되겠다는 신념을 공유가치에 포함시키고 있다.

공유가치로서 이러한 예가 있지만 사일로 문제를 해결하려면 협력과 소통을 공유가치 중 하나가 되게 해야 한다. 공유가치로 정하면 종업원과 파트너들이 협력과 소통을 우선하는 것을 알게 되고 또 믿을 것이다.

행동규범

조직문화가 실질적인 효과를 거두기 위해서는 행동규범(norms of behavior)을 창출할 수 있을 정도로 강력해야 한다. 행동규범이란 의사결정과 행동에 영향을 미치는 비공식적 규칙으로 무엇이 적절한지 혹은 그렇지 않은지를 판단할 때 지침이 된다. 규범은 제재, 평가, 목표 등과 같은 공식적인 통제방식보다 더 효과적이다. 이유는 머리에 들어 있어 어디에서나 행동을 규율할 수 있기 때문이다. 규범과 공유가치가 함께 하면 더 효과적인 통제방식이 될 수 있다.

규범은 두 가지 차원으로 나눌 수 있는데, 강도(intensity)와 합의(consensus)이다. 강도란 어떤 행동이 회사의 기대에 부합할 때 인준(approval)되고, 그렇지 못할 때 인준되지 않는 정도를 말한다. 합의란 일관성이라고도 하는데, 조직구성원이 규범을 공유하는 정도를 말한다. 규범의 강도와 합의가 둘 다 높으면 강력한 문화라고 할 수 있다.

규범은 공유가치에 부합하여 행동하도록 한다. 좋은 서비스 품질을 규범으로 강조하는 문화라면 페덱스의 한 종업원이 급한 부품배송을 위해 헬리콥터까지 빌리는 예처럼, 특별한 행동이 사리에 벗어나지 않는 것으로 받아들여지고, 비슷한 환경에 처하면 종업원 누구나 그렇게 하는 것을 말한다. 더구나 이러한 문화에서는 품질에 영향을 미치는 성실하지 못한 행동은 공식 시스템을 통하지 않더라도 동료에 의해 먼저 단속될 것이다. 어떤 회사는 품질관리요원을 두지 않고 있는데, 그 이유는 각 생산라인의 작업자가 스스로 자기 생산물과 청결에 책임지기 때문이다. 이러한 정책은 규범이라는 강력한 문화의 지원이 없이는 시행되기 어렵다.

협동과 소통을 규범으로 하는 조직문화가 구축되면 사일로의 문제는 자연스럽게 해결되어 팀워크가 당연하게 받아들여지며 그렇게 하지 않으면 오히려 불편하게 느껴지도록 한다.

상징과 상징적 행동

조직문화는 일관성 있고, 가시적인 상징이나 상징적 행동에 의해 개발되고 유지된다. 사실 시스템이나 조직구조의 변경과 같은 가시적인 방법이, 얼핏 보아 사소한 것 같은 상징적 행동보다 종업원들의 행동변경에 효과적이지 못하다. 여러 가지의 상징과 상징적 행동을 통해 조직문화가 개발되고 유지될 수 있는데, 이들 중 유용한 몇 가지를 소개하면 다음과 같다.

창업자 및 창업정신

창업자의 스타일과 경험 등과 같은 기업고유의 '뿌리'가 매우 강력한 상징이 될 수 있다. 구글의 창업자인 레리 페이지(Larry Page)와 세르게이 브린(Sergey Brin)의 기술지향적 솔루션, 라이언에어(Ryanair)의 창업자 마이클 오리어리(Michael O' Leary)의 지속적인 비용축소, 마힌드라 그룹(Mahindra Group) 창업자의 자선행위, 기네스의 창업자의 전통 등이 차세대의 조직문화에 지속적으로 영향을 미치고 있다.

현대적 역할 모델들

현대적 영웅과 역할모델이 공유가치와 행동규범을 정당화하고 인격화하고 소통하는 데 도움을 준다. 세계에서 가장 큰 B2B 온라인 기업 중 하나인 Alibaba.com의 잭 마(Jack Ma)는 기업가와 경영자의 세계적 역할 모델이지만 특히 중국에서 더 그렇다. 그가 설립한 기업은 이베이와 같은 경쟁자보다 더 경쟁력이 있다. 이노센트 드링크(Innocent Drinks)의 설립자는 리차드 리드(Richard Reed), 아담 바론(Adam Balon), 존 라이트(Jon Wright) 등 세 사람이다. 이들은 다양한 시각으로 비즈니스를 운영하는 것을 보여주고 있으며 후에는 사회와 기업이 어떻게 상호작용하는지를 보여주는 좋은 역할 모델이 되고 있다. 이들은 돈을 벌기보다 현지에서 식재료를 조달하여 사람들에게 서비스하는 자연식이라는 식습관을 제공하는데 열중하였으며 이노센트 재단(Innocent Foundation)을 설립하여 수익의 10%를 기부한다. 자연식이나 기부가 이노센트가 설립된 1999년에는 조명을 받지 못했으나 최근에는 거의 모든 기업에서 받아들이고 있다. 이노센트는 이 분야에서 선두를 달리고 있다.

의례

고용을 위한 오찬이나 퇴직만찬까지 직장생활의 의례가 조직문화를 정의하는데 도움을 준다. 농업관련 비즈니스에서 유명한 한 기업은 새로 채용한 종업원에게 이전의 직장에서 받은 것보다 낮은 처우를 하는 것으로 알려져 있다. 따라서 이 회사를 진정으로 좋아하는 사람들만 들어온다.

CEO 및 다른 경영진의 역할

CEO를 비롯한 경영진들이 시간을 보내는 방법이 문화에 영향을 주는 상징적 행동이 될 수 있다. 앞에서 예를 든 DWBB(Diageo Way of Brand Building)의 핵심요소는 마케팅 리더들의 몰입이다. DWBB는 솔선수범하고 몰입하는 것을 조직 내의 모두에게 전하는 강력한 메시지이다. 일관성 있는 행동강화도 중요한 상징적 활동이 될 수 있다. 예를 들어, 최고경영층이 사일로 간의 협력활동을 독려하고 성과를 중시하는 것을 보여 주면 협력문화가 정착할 수 있다. CEO의 질문이나 회의안건과 보고서 형식 등도 조직문화에 커다란 영향을 줄 수 있다.

CEO가 조직문화 개발에 결정적인 역할을 한다고 본다면, 사일로 간의 협력과 소통을 향상시키기 위해 CEO를 어떻게 참여시킬 것인가? 첫째는 문제점을 눈에 띄게 해야 한다. 관행이라는 이유로 간과되는 문제점들이 많은데, 특히 비효율성이나 상실한 기회들을 계량화할 수 있다면 좋다. 둘째는 CMO가 그들의 역할을 높이려면 CEO로부터 신뢰를 얻어야 한다. 한 가지 접근

단순한 나열보다는 스토리로 문화와 전략을 표현하기

연구에 따르면 목록으로 나열하기보다는 이야기로 만드는 것이 보다 잘 읽혀지고 기억된다고 한다. 그럼에도 불구하고 대부분의 전략가들은 문화와 전략을 전달하기 위해 블릿(bullet: 나열을 위해 찍는 점)에 의존한다. 3M은 전형적 이야기로 문화를 표현한 회사다. 초기 실패가 어떻게 획기적 제품이 되었는지, 매스킹 테이프(masking tape)가 어떻게 고안되었는지, 어떤 과학자가 찬송가 책에서 북마크가 떨어지는 것을 보고 포스트 잇 메모지를 고안한 얘기, 초기 판매가 부진하였지만 이에 포기하지 않고 포스트 잇 메모지 팀이 샘플로 도시를 넘쳐나게 하여 성공한 얘기 등이다. 이들 이야기는 3M에서 혁신이 어떻게 이루어지고 기업가 정신이 발휘되는지를 전달한다.

3M에서는 사업전략 또한 전통적 블릿방식에서 벗어나 이야기로 전달된다. 전통적 블릿이란 모든 사업에서 시장점유율 증대를 목표로 삼고, 사업운영자금에 대해 가정하고(어떤 제품에서 돈을 벌어 어떤 신제품을 개발), 인과관계('A가 이루어지면 B가 효과적으로 된다'는 식)가 중시된다. 3M에서는 이러한 전통적 방식을 무시하고 이야기로 사업전략을 전달한다. 전략적 이야기는 현재 상황을 기술하는 초기단계, 도전과 중요한 이슈를 소개하는 단계, 장애를 극복하고 승리한 자신감을 주는 이야기로 해법찾기 단계 등 여러 단계로 구성된다. 이야기는 청중의 동기를 부여시키는데 유리하고 작은 이야기를 덧붙여 풍요롭게 할 수 있어 전략가들이 자신들의 논리를 돌아보게 하는 계기를 제공할 수 있다.[7]

법은 CEO의 이해에 CMO의 이해를 맞추는 것이다. 이를 위해 브랜드 확장 대신 성장을, 마케팅 시너지나 규모 대신 효율성이나 비용절감을, 브랜드 이미지 캠페인 대신 전략지원 자산구축을 목표로 정할 수 있다. 셋째, 쉽게 이기는 것이다. 쉽게 이긴다는 것은 초기에 문제나 기회에 대처하는 성과를 보이는 것이다. 또한 간단히 실행할 수 있는 프로그램을 개발하는 것도 쉽게 이기는 하나의 방안이 될 수 있다. 예를 들어, 부동산 에이전트 회사인 시그나(Cigna)에서 브랜드 비주얼을 예술작품화하여 CEO를 쉽게 설득할 수 있었다.

15.8 ::: 전략적 시장관리의 재구성

[그림 15.4]는 전략적 분석과 전략 개발 및 정제과정 모두에서 제기된 쟁

그림 15.4 전략개발: 토의 안건

고객분석
- 누가 주요 세분시장인가?
- 그들의 동기와 미충족 욕구는 무엇인가?

경쟁자분석
- 기존 경쟁자와 잠재 경쟁자는 누구인가? 어떤 전략적 집단이 있는가?
- 그들의 매출, 점유율, 수익은 어떠한가? 성장 트렌드는 무엇인가?
- 그들의 강점, 약점, 전략은 무엇인가?

시장/하위시장분석
- 시장이나 산업 그리고 하위시장의 매력도는? 시장 수익성을 악화시키는 힘, 진입 및 퇴출 장벽, 성장예측, 원가구조, 수익성 전망은 무엇인가?
- 대안 유통경로와 상대적인 강점은 무엇인가?
- 전략에 중요한 산업트렌드와 부상하는 하위시장은 무엇인가?
- 현재와 미래의 핵심성공요인은 무엇인가?

환경분석
- 존재하는 환경의 기회, 위협, 트렌드는 무엇인가?
- 주요 전략적 불확실성과 필요정보영역은 무엇인가?
- 어떤 시나리오가 있을 수 있는가?

내부분석
- 자사의 전략, 성과, 차별점, 강점, 약점, 전략적 문제 및 문화는 무엇인가?
- 존재하는 기회와 위협은 무엇인가?

전략개발
- 표적 세분시장은 무엇인가? 제품 범주는 무엇인가?
- 제공물의 핵심이 될 가치제안은 무엇인가? 우월한 속성이나 편익, 매력적인 디자인, 시스템 솔루션, 사회적 프로그램, 고객 관계, 니치 전문가, 품질과 가치 중에서 선택하라.
- SCA의 기반이 될 자산과 역량은 무엇인가? 이들은 어떻게 개발되고 지속될 것인가? 어떻게 레버로 활용할 수 있는가?
- 기능별 전략의 대안은 무엇인가?
- 자사의 강점, 목표, 조직특성에 가장 부합하는 전략은 무엇인가?
- 고려할 수 있는 대안적 성장 방향은 무엇인가? 어떻게 추구할 수 있는가?
- 각 제품시장에 가장 적합한 투자수준(철수, 현금회수, 유지, 성장시장)은 무엇인가?

점을 개괄적으로 요약한 것이다. 이는 토의안건으로 외부 및 내부분석의 깊이, 폭, 미래지향적 사고 등을 제시하고 있다. 또한 개발 및 정제과정을 통해 성공적인 전략을 수립할 수 있는 지침을 요약하고 있다.

주요 학습내용

1. 강력한 사일로 그룹을 가진 분권화는 시너지와 효율성에 방해가 될 수 있다. 자원의 잘못된 할당이나 브랜드 혼동, 사일로 간의 제공물과 프로그램의 교차방해, 허약한 마케팅스탭, 성공을 레버로 활용하지 못함, 부적절한 협동과 소통 등의 마케팅 문제를 야기한다. 이 문제를 처리하려 집권화나 표준화를 해서는 안 되고 CMO 팀이 촉진자나 컨설턴트와 같은 비위협적인 역할을 해야 한다.
2. 사일로 문제를 해결할 수 있는 조직레버는 구조, 시스템, 인적자원, 문화이다. 이들 각각은 사업전략과 일치하고 또 서로를 지원해야만 한다.
3. 조직구조 레버에는 선택적 집권화, 팀과 네트워크 이용, 매트릭스 보고구조, 가상조직 등이 있다.
4. 관리시스템은 협력과 소통을 촉진할 수 있는 정보시스템, 측정 및 보상시스템, 계획시스템을 포함한다.
5. CMO 팀은 내부자나 외부자로 충원할 수 있지만 인재의 조건은 분명하다. 마케팅, 브랜드, 시장, 제품, 조직에 관한 지식이 요구되며, 전략적 역량을 가지고 있어야 하고, 변화에이전트로서의 능력을 갖추어야 한다.
6. 조직문화는 공유가치, 행동규범, 상징 및 상징적 행동 등을 포함한다. CEO는 전략의 핵심동력이기 때문에 CEO를 조직문화에 참여시키는 것이 중요하다.

토의사항

1. 분권화의 이점은 무엇인가? 일부 사람들은 보다 집권화하는 것이 역동적인 시기에 전략을 개발하고 이행하는데 더 필요하다고 주장한다. 자신의 의견을 말하고 예시를 들어 설명하라. 어떤 때에 중앙 팀이 충고보다 촉진자의 역할을 하는 것이 좋은가?
2. 다임러크라이슬러 합병의 문제점을 어떻게 하면 피할 수 있었을까? 문제는 전략들 중에 하나(과도확장)였는가? 아니면 조직적인 문제였는가? 왜 그러한가?
3. 협력과 소통의 수준을 향상시키기 위해 조직문화를 어떻게 바꿀 수 있

는가?

4. 만약 당신이 사일로 문제를 가진 유니레버와 같은 기업의 새로운 CMO로 임명된다면, 처음 100일 동안 무엇을 할 것인가? 이 계획은 구글이나 페이스북과 같은 IT 기업에서도 잘 실행될 것인가?
5. 만약 당신이 100여개의 나라에 수십 개의 제품을 판매하는 네슬레의 CMO라면, 광고의 어떤 요소를 집권화할 것인가? 브랜드 전략에 관해서는 어떠한가?
6. 여러 사일로 간에 제공물, 브랜드, 마케팅프로그램을 함께 사용하도록 하고 또한 마케팅 지원을 하도록 재무지향적인 CEO를 유도하는 방법은 무엇인가?

참고문헌

1. 이 장은 David Aaker, *Spanning Silos: The New CMO Imperative*, Boston, MA, Harvard Business Press, 2008.의 자료에서 가져옴.
2. Greg Welch, "CMO Tenure: Slowing Down the Revolving Door," Spenser Stuart Blue Paper, 2004.
3. "Schrempp' s Last Stand," *The Economist*, 1 March 2001.
4. "The New European Order," *The Economist*, 2 September 2004.
5. "In Tandem(At Last)," *The Economist*, 30 March 2006.
6. "GE' s Ten Step Talent Plan," *Fortune*, 17 April 2000, p.232.
7. Gordon Shaw, Robert Brown, and Philip Bromiley, "Strategic Stories: How 3M Is Rewriting Business Planning," *Harvard Business Review*, May-June 1998, pp. 41–50.

2부
사례연구

사례 1 ::: 올테크의 FEI 2010 세계승마대회 스폰서십[1]

2006년에 올테크(Alltech) 회장인 피어스 라이언즈 박사(Dr Pearse Lyons)는 커피를 마시면서 1,000만 달러에 켄터키에서 개최되는 2010 세계승마대회의 타이틀스폰서가 되기로 사인하였다. 사인 후 라이언즈 회장은 CMO인 캐서린 게오그(Catherine Keogh)를 보면서 "우리는 롤렉스가 윔블던에서 한 것처럼 하려 한다"라는 말을 했다. 아일랜드에서 태어나고 프랑스에서 자란 게오그는 2002년에 올테크에 입사하였는데, 그녀는 1990년에 처음 개최되었고 유럽외부에서는 최초로 열리는 세계승마대회에 공식스폰서가 된 것을 크게 환영하였다.

라이언즈 회장은 아일랜드에서 태어나 미국 켄터키로 이민을 와 1980년에 올테크를 설립하여 세계 동물건강시장의 독보적인 리더브랜드로 키웠다. 켄터키의 렉싱턴에 본사를 둔 올테크는 110여국에 제품을 판매하고 있으며 세계 전역에 걸쳐 23개의 공장을 갖춘 글로벌 기업으로 5억 달러에 이르는 매출과 매년 20%씩 성장하는 바쁜 기업이다. 사업 시작 초기부터 장기적인 안목으로 연구개발에 투자하여 동물건강이라는 새로운 시장을 개척하였고, 환경보호와 에이즈 퇴치 등 사회적 책임에도 큰 공헌을 하는 기업이다. 바이오플렉스(Bioplex), 바이오모스(BioMos), 누프로(NuPro), 옵티겐(Optigen), 실올(Sil-All), 야삭(Yea-Sacc), 올짐 SSF(Allzyme SSF), 라이프포스(Lifeforce) 등을 포함한 주요 브랜드를 가지고 있다. 이들 중에서 특히 유기농 셀레늄브랜드인 셀플렉스(Sel-Plex)는 최고의 브랜드로 동물사료 첨가제로서 큰 성공을 거두었고, 사람들의 식품영양제나 첨가제로도 큰 잠재력을 가지고 있다.

CMO인 게오그는 세계승마대회의 스폰서가 될 것인지를 다각도로 검토하였다. 먼저 회장의 생각을 파악했다. 라이언즈 회장은 올테크의 신제품(예: 말건강시장의 신규브랜드인 라이프포스)을 더 많이 팔고 싶어하고, 셀플렉스와 같은 선도기술을 레버로 활용하고 싶어하며, 올테크가 진정한 글로벌브랜드가 되기를 바라고 있었다. 그녀는 본능적으로 대회스폰서가 매우 큰 기회라고 느꼈다. 현재는 말건강시장의 매출이 올테크 매출의 3%에 불과하지만, 12~15%까지는 가능성이 있다고 보았고, 말건강시장을 발판으로 일반식품까

1) Reproduced with kind permission of Alltech.

지 확대할 수 있을 것으로 보았다.

FEI 세계승마대회는 유럽 밖에서 열리는 첫 번째 대회이기 때문에 올테크에게는 이정표가 될 역사적인 계기이며, 말건강시장에서 관계를 구축할 수 있는 완벽한 수단이 될 것으로 믿었다. 회장의 의중과 자신의 믿음에도 불구하고 게오그는 여러 가지 의문을 가지고 있다. 기존 고객들에게 올테크의 승마대회 스폰서십을 어떻게 설명할 것인가? 대회를 어떻게 잘 개최할 것인가? 꼭 필요한 지출임을 주주들에게 어떻게 확신시킬 것인가? 올테크의 문화는 어떠한 일이든 하고 보는 편이지만, 이전에 이러한 대규모 국제적인 스포츠이벤트의 스폰서를 해본 적이 없었다. 일부에서는 타이틀스폰서에 1,000만 달러를 투자한 것에 대해 얼마만큼의 편익을 얻을 수 있을지 의문을 제기하고도 있다. 이러한 의문이 있기 때문에 게오그는 스폰서십의 투자효과를 극대화할 수 있는 좋은 방법이 무엇인지 고민하기 시작했다.

열정, 탁월성, 그리고 우승

게오그는 먼저 스폰서십의 효과를 여러 제품시장에서 활용할 수 있도록 좋은 메시지를 정하는 것을 고민하였다. 다시 말해 올테크와 대회스폰서십의 적합성(fit)을 정의하는 것이다. 스폰서십 컨설턴트와 올테크 마케팅담당자들이 브레인스토밍으로 얻은 세 가지 주제는 열정(passion), 탁월성(excellence), 우승(performance)이다. FEI 대회와 올테크의 활동 모두가 이들 세 가지의 주제를 공유하기 때문에 회사 임원들은 스폰서십을 신뢰하게 되었다. FEI는 승마스포츠의 핵심인 세 가지 주제를 보여주는 최고의 전통을 가지고 있으며, 더구나 사람과 동물이 보다 높은 목표를 향해 협동하는 모습을 보여주는 좋은 이벤트이다. 승마대회는 동물들이 최고가 되기 위해 경쟁하는 유일한 챔피언십 스포츠라는 점이 올테크의 지향점과 부합한다. 그리하여 FEI 스폰서십은 올테크가 BtoB 마케팅에서 BtoC 마케팅으로 전환하는 교두보가 될 수 있을 것으로 판단하였다(올테크의 제품은 동물사료에 들어가는 영양소나 첨가제로 지금까지는 사료업체를 대상으로 BtoB 마케팅을 하고 있었다.).

주제를 정하고서 게오그를 포함한 스폰서십담당자들은 두 가지 전략적 목표를 설정하였다. (1) 올테크를 글로벌 브랜드로 포지셔닝하고 브랜드 정체성을 알려야 한다. (2) 스폰서십이 이 분야의 새로운 비즈니스 관계를 개발하는 플랫폼이 되도록 한다. FEI는 세계적인 이벤트이기 때문에 두 가지 목표를 달성하는 데 효과적일 것으로 보고 이를 더 세분화하여 6가지 구체적인 사업목표를 정하고 있다.

1. 승마관련 커뮤니티에서 100% 인지도 달성
2. 새로운 지리적 시장 진출과 매출증대
3. 승마관련 매출을 년 1,000만 달러 이상으로 증대
4. 각 주요 시장당 최소 1건의 파트너십 구축
5. 주요 고객과의 관계개선
6. 2010 경기스폰서에 대한 직원들의 자부심을 높임

라이언즈 회장을 비롯한 스폰서십 팀은 이번 FEI 스폰서십을 회사의 스폰서십 표준이 되게 하고 세계승마경기대회 정신을 잘 살리기를 바랬다. 이번 대회를 올테크 대회로 브랜딩하여 사람들이 올테크 경기로 생각하게 하고 싶었다. 브랜딩에서 담고 싶은 메시지는 올테크의 제품, 기술, 사람이란 열정으로 탁월성과 우승을 가져다 주는 영양을 제공한다는 것이다.

브랜드 커뮤니케이션의 떠오르는 별

효과측정의 어려움에도 불구하고, 스폰서십은 세계적으로 브랜드 커뮤니케이션의 떠오르는 별이 되고 있다. 스폰서십의 전체 시장규모는 2009년 현재 450억 달러에 이르는 것으로 추산되고 있다. 21세기는 경험 마케팅 시대로 관측되고 있는데, 스폰서십은 브랜드의 경험성을 높이는 좋은 도구이다. 2008년 중반까지 스폰서십에 대한 지출은 느렸지만 광고나 판촉보다는 더 빨랐다. 스폰서십을 더 선호하게 된 이유는 여러 가지다.

스폰서십은 브랜드와 이벤트를 연결시킬 뿐만 아니라 고객과 브랜드를 정서적으로 묶어 주는 데 유리하다. 이 때문에 직접 고객에게 퍼붓는(cut through) 광고보다 브랜드 커뮤니케이션에 더 효과적인 것으로 인식되는 경향이 있다. 일반적으로 스폰서십은 새로운 시장에서는 브랜드 인지도를 높이는 목적으로, 기존시장에서는 관계를 구축하여 브랜드 선호도를 높이는 목적으로 사용될 수 있다. 광고와 스폰서십을 브랜드 인지도와 브랜드 선호도 강

화라는 두 목적을 위해 사용할 수 있지만, 광고는 제품을 판매하는데 더 관심이 있는 반면 스폰서십은 판매가 부차적인 목적이고 브랜드 인지도와 선호도가 주요 목적이다.

그러나 스폰서십이 '영향력 있는(rub-off)' 효과를 발휘하려면 '좋은 적합도(good fit)'가 중요하다. '좋은 적합도'란 이벤트와 브랜드가 상식적으로 쉽게 연상되어 이해관계자들에게 신뢰성과 편익을 제공하는 것을 말한다. '좋은 적합도'란 처음도 중요하지만 적합도를 좋게 하기 위해 관리하고 육성하는 것도 중요하다.

올테크를 위한 스폰서십 쟁점

경기를 후원하는 결정을 하는 데는 다소 복잡한 쟁점이 있다. 말건강시장은 세계적으로 특정 지역에 편중된 매우 특화된 시장이다. 하지만 말을 부자들의 독점적인 애완동물로 생각하는 것은 오해다. 예를 들어 미국에서는 3명당 1명이 말을 소유하고 있으며 마주의 평균수입은 3만 달러로 미국 평균임금의 2/3에 해당한다. 미국의 말 개체 수는 2008년 현재 대략 1,000만 두로 추정된다. 이러한 시장조건은 올테크의 핵심가치에 매우 적합할 수 있으나, 이해관계자에게 적합성을 전달하는 것이 주요 과제로 떠올랐다.

매우 수익성이 높은 틈새시장인 말건강시장에서 매출을 올리려면 기존과 다른 유통구조, 브랜드자산, 소비자행동 이해 등이 필요하다. 이유는 지금까지 BtoB 동물건강시장에 집중하여 왔기 때문이다. 또한 기존에 올테크가 가지고 있는 브랜드자산을 레버로 활용하는 것도 필요하며, 이번 스폰서십을 포함한 어떠한 마케팅 활동이라도 올테크의 가치제안을 벗어나서는 안 된다. 올테크는 싸고 동물의 성장에 도움이 되는 진정한 가치제안을 중시한다. 하지만 이번에 표적으로 하고 있는 말건강시장은 동물애호가들을 표적으로 하고 있어 이러한 가치제안이 통할지가 의문이다. 이번 경우 특히 중요한 것은 말소유자가 다른 애완동물도 소유하고 있어 더 중요할 수 있다는 것이다.

올테크의 두 번째 주요 이슈는 스폰서십을 활용하는 전략적인 목표를 정하는 것이다. 스폰서십 협상(deal)에 들어갔을 때 이미 글로벌 CMO인 게오그는 2010 FEI 세계승마경기의 비전과 커뮤니케이션을 올테크에 맞도록 조정하려 했다.

협상에 들어가기로 결심한 첫해에 게오그는 먼저 대회와 부합하면서 올테크의 전사적인 마케팅 활동에 도움이 되는 마케팅 계획을 짜는 것을 고민했다. 이를 위해 기존의 마케팅 부서가 대규모 스폰서십을 수행할 수 있는 조직구조, 자원, 전문가를 보유하고 있는지 아니면 새로운 부서가 필요한지도 고민하였다. 라이언즈 회장은 이번 스폰서십이 따로 놀기보다 올테크 전사적인 마케팅에 부합하도록 설계하는 것을 원하고 있었다.

한편, 올테크는 개별 소비자에게 보다 밀접하게 다가가는 것과 경기청중을 많이 끌어들이는 것을 고민해야 했다. 세계적으로 5억 시청자가 시청할 것으로 추산되고, 켄터키를 방문한 외국인의 1/4에 해당하는 대략 60만 명의 사람들이 2주 동안 이벤트에 참석할 것으로 기대된다. 이와 비교해, 2006년 아헨경기(Aachen Game)는 61개국으로부터 대략 57만 명이 방문하였고 300시간의 방송시간 동안 4억 5,000명이 TV 방송을 시청하였다. 경제적으로, 켄터키 대회는 지역 경제에만 1억 5,000 달러를 공헌할 것으로 기대된다.

타이틀스폰서가 된다는 것은 많은 책임과 기회를 준다. 올테크가 지불한 1,000만 달러의 수수료는 2006년 아헨경기의 스폰서십보다 25% 많이 지불한 것이며, 2010 경기는 FEI가 한 기업에 독점적으로 타이틀 스폰서십을 인정한 첫 번째 경기이다. 1,000만 달러짜리 타이틀 스폰서의 투자수익을 얻는 것이 중요한 과제이다.

질 문

1. FEI 세계승마대회의 스폰서가 되기로 한 올테크의 결정을 어떻게 생각하는가?
2. 라이언즈 회장이 스폰서가 되기로 한 의사결정프로세스에서 더 고려해야 할 것은?
3. CMO인 게오그는 대회스폰서십을 어떻게 활용하면 말건강시장을 새로 개발하고 올테크의 매출성장을 높일 수 있을까?
4. 대회스폰서십을 활용하여 올테크는 세계적으로 어떤 편익을 얻을 수 있는가?
5. 전술적인 수준 혹은 전략적인 수준에서 이러한 편익을 측정할 수 있는 방법은?

사례 2 ::: 브랜드자산 레버리지, 이노선트 드링크

이노선트 드링크(Innocent Drinks)는 런던의 피어슨 그린(Peasons Green)에서 열린 재즈페스티벌에서 신제품을 테스트하던 세 명의 친구들에 의해 1999년에 설립되었다. 자그마한 노점에 500파운드 가치의 신선한 과일만으로(무설탕, 무수분, 무첨가) 스무디를 만들어 테스트하면서, 그 반응을 보기 위해 스무디를 만들기 위해 직장을 그만두어야 하는지를 질문하여 다 마신 컵을 '예'와 '아니오'로 표시한 두 개의 빈 통에 버리도록 하였다. 시음자들은 노점상이 스무디를 위해 회사를 그만두어야 한다고 생각하면 '예'라고 쓰인 통에 빈 컵을 놓고, 반대라면 '아니오'라고 쓰인 통에 빈 컵을 버리는 것이다. 축제 마지막에 '예'라고 쓰인 통은 빈 컵으로 넘쳐났다. 다음 날로 그들은 스무디 사업을 하기로 결심을 하고 이노선트 드링크를 설립하였다. 설립후 10년이 지난 2009년 전체 스무디 시장에서 이노선트는 71%를 점유하게 되었으며, 종업원 수는 3명에서 200명으로 늘어났고, 2000년 180만 파운드였던 매출이 1억 4,000만 파운드로 증가하였다. 이노선트 드링크는 유럽에서 가장 큰 과일 구매자가 되었다.

이노선트 드링크는 기존의 설탕첨가 청량음료의 인기가 시들해지고 건강한 삶이 트렌드로 부상하는 때에 설립되었다. 이노선트는 건강을 염려하고 돈은 많지만 시간이 부족해 천연원료의 편리하고 건강한 제품에 프리미엄을 지불할 용의가 있는 소비자들을 대상으로 하였다. 소비자들은 수퍼마켓에서뿐만 아니라 손쉽게 접근할 수 있는 편의점에서도 건강한 제품을 원하였다. 이노선트는 지역편의점에 제품을 공급함으로써 고객의 수요에 대응할 수 있었다. 이노선트 드링크는 한때 지나치는 패드(fad)가 아니라 다수가 실패하는 시장에서 매년 25% 이상 성장했다. 이노선트는 시장의 포지션을 유지하기 위해 고객의 소리를 경청하고, 모니터링하며, 트렌드를 이해하고 이것들을 바탕으로 제품라인을 개선해 나갔다. 예를 들어, 건강한 먹거리에 대한 트렌드가 아이들의 먹거리에 대한 부모의 관심으로 확산됨에 따라 이노선트는 아이들을 위한 제품을 출시하였다.

이노선트는 '무설탕, 무수분, 무첨가'를 판매제안으로 하는 순수과일 주스라는 자부심을 가지고 있다. 그러나 영국의 과일음료시장에는 이미 필 굿 드링크(Feel Good Drinks Co.)와 피제이 스무디(PJ Smoothies) 등과 같은 순수하고 신선하며 천연의 건강원료를 가치제안으로 하는 강력한 경쟁자들이 많이 존재하고 있었다. 이러한 상태에서, 이노선트가 선택한 전략적 포지션은 무엇이었을까? 이노선트의 자연스러운 성공은 브랜드와 마케팅전략의 강점에 기인한다.

'이해하라, 좋다는 것을 느껴라' 라는 강력하고 명확한 브랜드 슬로건과 독특한 포지셔닝전략이 소비자들의 이노선트 제품에 대한 기대를 만들었고 기대에 맞추어 일관된 품질을 제공하도록 하였다. 또한 커뮤니케이션, 브랜드 연상, 브랜드 정체성 등을 통해 강력한 브랜드자산을 구축하였다. 특히 브랜드 정체성을 전사적으로 표현하고 있는 것은 매우 인상적인데 예를 들면 다음과 같다. 사용언어에서부터 제품, 포장디자인, 라벨, 웹사이트, 소 그림 운반차량과 운송시스템, 바나나전화, '과일 타워' 라고 불리는 사무실, 심지어 직원에게 보상하는 방법까지 일관성을 유지함으로써 강력한 브랜드 연상을 개발하는데 몰두하였다. 이러한 노력이 코카콜라와 같은 브랜드와 경쟁해야만 하는 경쟁적이고 포화된 음료시장에서 과일음료가 살아남게 하는데 극적인 영향력을 미쳤다. 또한 빠른 성장에 따르는 위험은 신중한 전략적 계획으로 관리하였다. 강력한 브랜드자산과 스무디시장의 리더십포지션을 획득한 덕분에 고객은 프리미엄가격을 기꺼이 지불하였고, 기업 초기에 광고비를 거의 지출하지 않음으로써 가격프리미엄이 곧바로 회사의 수익이 되도록 하였다. 또한 스무디시장에서 브랜드 리더로서의 포지션은 규모의 경제를 달성하게 하여 낮은 원가를 실현할 수 있도록 하였다.

이노선트 드링크의 성공의 중심에는 제품, 브랜드 그리고 회사의 독특한 특징에 대한 표현에서 '단순한', '정직한', '신선한' 이라는 단어가 있다. 심지어 제품에 대한 고객의 마음에 의심의 여지가 없도록 이름 그 자체가 단순하고, 정직하고 기억하기 쉽다. 또한 이노선트는 재미있고 유머 있는 브랜드 개성을 개발하여 필굿(feel-good) 브랜드자산을 구축하였다.

경쟁자들 역시 재미를 브랜드 개성으로 사용하지만 이노선트는 한층 더 나아간 방법으로 브랜드 개성을 나타내고 있다. 예를 들어, 이노선트 음료의 성분 리스트에 블루베리와 딸기 사이에 '몇 개의 작은 알갱이들' 을 넣고는 리스트의 마지막에 '우리는 알갱이에 대해 거짓말을 하였다' 고 적는다. 이노선트는 필굳(feel-good) 소비자주의를 표방한다. 작고 투명한 플라스틱 병의 패키지는 간단하고, 단색이며 직설적이고 재미있고 위트가 있는데, 고객에게

병을 재활용하라고 말하거나 캠핑에 가거나 트램펄린에서 뛰라고 말하기도 한다. 이는 진열대의 다른 모든 브랜드들이 밝게 색칠해진 불투명한 병을 사용할 때 브랜드를 효과적으로 표현하고 차별화시키는 매우 현명한 표방법이다. 이노선트 브랜드를 구매하는 것은 보다 건강하고 행복하며 재미있는 라이프스타일을 구매하는 것을 의미한다. 단순하며 친근하고 재미있는 접근법은 비즈니스의 다른 영역으로 확장된다. 웹사이트에서 사용하는 언어와 디자인 역시 단순하지만 강력한 접근법을 적용하는데 방문자를 위한 '지루하세요?' 라고 묻는 것이 일례이다. 웹사이트 역시 명랑하고 재미있는 독특한 느낌을 주는데 예를 들어, "우리는 사람들이 체육관에 가는 것처럼 이노선트를 건강한 습관으로 생각하기를 원한다. 그 후에 공동 샤워하는 것은 제외하고" 라고 하고 있으며, 기업자료 파일시트에는 회사에 관한 기본정보와 함께 긴장을 풀기 위해 설립자들인 리차드의 신발사이즈와 아담의 허리사이즈까지 포함하여 기업이 실제로도 재미있게 운영하고 있음을 고객에게 보여준다. 회사는 또한 독자가 재미있게 읽을 수 있는 정직하고 단순하며 솔직한 톤으로 회사의 전반적인 이미지와 개성과 일치하는 '건강을 유지하려면 게을러져라(Stay Healthy. Be Lasy)' 라고 하는 사보를 출판하고 있다. 브랜드의 유머감각을 촉진하고 브랜드 인지도를 향상시키기 위해 털, 뿔, 속눈썹, 젖통, 꼬리, 이름을 갖춘 독특한 '소모양의 운반차량(Cow Vans)' 을 사용한다.

이노선트는 설립자의 신념에 따라 이노선트 재단에 수익의 10%를 기부함으로써 사회적 책임을 지는 브랜드 이미지를 확립하고 또한 노숙자에게 음료를 제공하고, 제3세계에 기부하며 재활용하고 나무를 심는다. 회사가 '이노선트' 라고 불리면, 설립자들은 순결해야만 하는 책임을 가진다고 믿었고 다른 기업들이 시작하기 오래 전에 아이들의 건강, 공정무역, 환경과 같은 수많은 주요 사안에 관심을 가지고 있었다. 게다가, 직원들 역시 매우 잘 대우하는데 아이들 생일에 상여금을 지급하고, 꿈을 이루기 위한 장학금을 지급하며 매년 무료로 스노우보드 여행을 제공한다. 직원의 근무환경은 기업가 정신을 나타내고, 이는 새로운 일의 시도를 격려한다. 이노선트는 인간적인 면을 가진 활기찬 브랜드가 대중의 관심을 잡는 다는 것을 깨달았다.

2009년 이노선트는 스무디, 코코아, 아이들용 스무디, 오렌지 쥬스, 슈퍼프루트 스무디, 야채음료, 순수 과일 스퀴즈 등 7개의 주요 제품계열을 판매하고 있다. 제품혁신이 고객 트렌트의 경청, 고객이 말하는 것, 기업이 잘 할 수 있는 것을 바탕으로 지속적으로 이루어진다.

일부 신제품은 기업의 전략적 위치로부터 벗어났다는 이유로 개발되지 못했는데 예를 들면, 음료에 비타민, 건강, 의학적 성분을 추가하는 제품들로 이는 트렌드이긴 하지만 이노선트의 이미지에 일치하는 분야가 아니기 때문에 제품으로 출시되지 않았다. 대신 제품의 향유, 재미, 맛에 집중하는 것을 선호하였고 잘하는 것을 고수하였다. '프루트 타워(Fruit Towers)' 런던 사무소에서 만들어진 새로운 제조법은 주변 사무소에서 사람들에게 테스트하고, 제품성분은 세계 곳곳에서 보급되며, 최고의 맛을 가진 최고의 제품이 스무디에 사용된다는 것을 확실히 하기 위해 표준 샘플링을 도입하였다.

생산과 관련한 이노센트의 주요 문제는 제품의 짧은 진열기간인데 모든 제품에 보존재나 첨가물이 첨가되지 않았기 때문이다. 신선한 천연원료의 제품을 가능한 오래 진열하기 위해 주의 깊은 생산과 높은 기술의 포장법이 개발되었다. 기업은 제품의 수명을 연장할 수 있는 방법을 꾸준히 연구해 2004년에는 1리터짜리 테이크홈(take-home) 용기를 도입하였고, 이전의 2일과는 대조적으로 한 번 열면 4일까지 보관이 가능하게 되었다.

이노선트는 건강을 염려하는 소비자들을 표적으로 하여 프리미엄 가격책정 전략을 추진하였다. 이노선트 음료의 권장소비자가격은 종류에 따라 다양한데, 스무디와 진한 음료의 소매가는 1.75파운드에서 1.99파운드, 정말 사랑스러운 주스는 1.49파운드에서 1.69파운드로, 1리터 용기는 3.29파운드, 4개의 어린이용 음료는 2.99파운드이다.

2003년까지 이노선트는 광고비 지출은 거의 하지 않고, 저원가의 높은 영향력을 가진 구전 마케팅전략을 구사하였다. 구전은 매우 성공적이어서, 10만 파운드보다 적은 예산으로 3년 동안 35%의 브랜드 인지도를 구축하였다. 이를 통해 회사는 돈을 절약할 수 있었고, 자유로운 채널을 통해 고객과 여전히 소통하고 있음을 자랑스러워한다. 예를 들어, 2003년 여름에 이노선트의 여름 마케팅 캠페인은 인조잔디로 덮여진 2층 버스가 런던주변을 돌며 무료로 고객들을 태우고, 스무디를 제공하였다. 좋은 제품을 만든다면, 사람들은 친구들에게 얘기할 것이라는 구전마케팅이 이 캠페인의 핵심이었다. 이노선트는 광고가 정직, 단순함, 유익함, 순수함이라는 브랜드 이미지에 부정직한 느낌을 가져올 수 있다고 느꼈다. 사실, 이노선트는 브랜드를 항상 성공하는 기업의 이미지와 거리를 두려 노력하였고, 단순하고, 달콤하며 익살맞은 브랜드 이미지는 이미 신뢰를 잃어가고 있는 전통적 기업 세계에서 효과적인 마케팅전략이었다.

이노선트가 브랜드를 촉진하기 위해 광고캠페인을 이용하기 시작한 것은 생산과 유통을 시작한지 6년 후였다. 기업은 광고가 브랜드 이미지를 일관성 있게 전달하며 기업의 활동을 진실하게 반영하기 위해 필요하다는 것을 알고 있었다. 2005년 3월, 이노선트는 처음으로 텔레비전에 광고를 시작하였다. 이노선트 브랜드의 변덕스럽고 익살맞은 개성을 유지하기 위해 '신선한 과일 바다에서 말하는 용기'의 짧은 광고를 내놓았다.

또한 사회적 편익을 마케팅 캠페인의 한 부분으로 포함시켰다. 예를 들어, '프룻스탁(Fruitstock)'이라고 불리는 매년 열리는 음악 축제를 마련하여 고객에게 직접적으로 말할 수 있는 사회적 마케팅활동을 개발하였다. 이는 이노선트가 자사브랜드를 이용해 주는 고객에게 감사를 표하기 위해 주최하는 무료 음악축제이다. 이 축제는 기업입장에서의 상업적인 가치를 가지며, 브랜드에 대한 고객의 지각을 향상시키고 자선기금을 높이게 한다.

음료를 놓아도 된다고 허락받은 매우 수수한 지역 상점에서 창업자는 첫 출발을 하였다. 이노선트는 상점에 20개의 병을 공급하였고 첫날이 끝날 무렵 모두 팔아버렸다. 이노선트가 50개의 상점에서 판매를 한 1주일 동안 성공을 이뤘고, 45개의 상점이 보다 많은 수량을 원했다. 처음에, 대부분의 판매는 식품점이나 샌드위치 상점에서 이루어졌지만, 당시 또 하나의 신생기업인 커피 리퍼블릭(Coffee Republic)은 8~9개 상점에서 이노선트의 상품을 판매하는 것에 동의하였다. 그 후, 이노선트는 보다 작은 지역편의점에서 뿐만 아니라 수퍼마켓에 진출하기 위해 유통망을 확장시켰다. 2009년 1주일간 200만 개의 스무디를 판매하는 6,000개의 소매점에 스무디를 공급하게 되었다.

그러나 빠르게 성공적으로 성장한 회사에도 여전히 여러 과제가 남아 있다. 브랜드가 획득한 것을 망쳐 버리지 않으면서 성장을 유지할 수 있기 위해 브랜드자산을 어떻게 이용할 것인가에 대한 것이다. 회사는 회사의 성공을 만들어 낸 원래의 제품에 다른 제품계열을 추가함으로써 또 다른 시장전선을 열었고, 앞으로 많은 제품라인이 기업의 브랜드 이미지와 적합한지 검증될 것이다. 예를 들어, 브랜드가 유아용 식품이나 알콜성 음료로 확장될 수 있을까? 걱정되는 것은 새로운 제품의 런칭이 브랜드를 손상하고, 브랜드를 강화시키기보다는 약화시키는 것이다. 또한, 회사는 수요의 증가에 따라 브랜드의 유통을 제한하고 고급시장으로 움직여야 하는지 혹은 계속해서 가능한 한 많은 유통 상점들과 관계를 유지하고 확장해야 하는지 결정해야 하는 위치에 놓여 있다.

영국에서 이노선트의 브랜드 이미지와 개성이 쉽게 이해되지만, 국제적인 확장에 있어서는 문화와 언어상의 도전에 직면한다. '유럽의 사랑받는 작은 주스회사'가 되기 위해 이러한 문제를 어떻게 극복할 수 있는가? 이노선트는 유럽으로 확장하기를 기대하기 때문에 제품의 짧은 진열기간 또한 문제가 된다. 제품의 유통이 확대됨에 따라, 영국에서 성공하게 한 제품이 가진 천연이라는 특성이 유럽으로의 확장을 방해하지 않도록 기업이 취할 수 있는 조치는 무엇인가?

2007년, 맥도널드의 해피밀에 이노선트 스무디를 공급하기 시작했을 때 이들 과제 중 일부가 다루어졌다. 이 협의는 시험기간 후에 파기되었다. 그러나 2009년 중반, 이노선트는 3,000만 파운드에 지분의 일부를 코카콜라에 매각하는 조치를 취하였다.

질 문

1. 이노선트의 전략적 포지션은 어떻게 구상되었는가? 이 포지션은 얼마나 강력한가?
2. 이노선트가 획득한 포지션이 어떻게 기업의 매출 성장을 가져왔는가? 빠르게 움직이고 발전하는 시장에서 이노선트 포지션의 지속성과 적합성을 어떻게 유지하였는가?
3. 소비자관점에서 코카콜라가 이노선트 브랜드에 미치는 영향은 무엇인가? 성장의 관점에서는? 코카콜라 브랜드 관점에서는 또 어떠한가?

사례 3 ::: 거인과의 경쟁. HTC-아름다운 것이 다가온다

2009년에 런칭한 HTC의 히어로(Hero) 스마트폰은 우수한 디자인과 최첨단 기술이 혼합된 최신 기종이다. HTC의 회장이자 설립자인 쉐어 왕(Cher Wang)은 차세대 스마트폰인 히어로의 성공을 확신한다고 발표했고, HTC 유럽의 부사장인 플로리안 세이쉬(Florian Seiche)는 보다폰(Vodafone)에서 HTC 브랜드 그대로 사용하기를 원한다고 하여 성공을 확인시켜 주고 있다.

1997년 하청생산 전문업체로 출발한 HTC는 고도의 기술전문성과 좋은 디자인으로 명성을 키워, 이것을 원동력으로 세계적인 휴대폰 브랜드와 이동전화 네트워크로 성공할 수 있었다. 그러나 2006년 왕과 CEO인 피터 추(Peter Chou)가 자체 브랜드를 출시하는 마케팅 계획을 수립했을 때, 올바른 선택임을 투자자들에게 설득해야 했다.[1] HTC의 이러한 전략은 1997년 초창기로부터 미래를 내다 본 결과였으며 강점에 기반하고 있었다. 자체 브랜드를 도입해야 앞으로 전개될 2010년 세계 스마트폰 시장에서 붐을 일으킬 수 있을 것으로 확신하였다.

글로벌 스마트폰 시장

스마트폰은 이동전화 시장에서 비교적 최신의 현상이다. 이는 무선 인터넷, 멀티미디어, 이메일 등 컴퓨터로서의 기능과 이동전화로서의 기능을 혼합한 제품으로, 시장규모는 2005년 대략 3,000만 개에서 2011년에는 PC 매출을 넘어 약 3억 7,500만 개가 될 것으로 기대된다. 애플의 아이폰, 노키아의 몇몇 모델, 리서치 인 모션(Research in Motion)의 블랙베리가 세계시장의 주요 브랜드이다. 애플과 블랙베리가 각각 15%를 차지한 반면, 노키아의 여러 모델이 전체 스마트폰 시장의 약 43%를 차지하였다. 그 사이에 HTC는 HTC 터치(HTC Touch)를 출시하여 자체 브랜드로 시장에 진입한 후 3년 만에 시장점유율을 8%로 높였다.

---

1) Kathrin Hille, "HTC Launches Its First Mass-Market Phone," *Financial Times*, 6 June 2007, available at: http://www.ft.com/cms/s/2/ac37c500-13ba-11dc-9866-000b5df10621.html (accessed 5 December 2009).

기업배경

2008년 올해의 브랜드로 HTC가 지명되자, 한 블로거는 HTC가 지명받아야 하는 이유로 파트너십, 제품디자인, 명성 등 세 가지를 꼽았다.[2] 이러한 이유는 기업의 짧은 역사로 볼 때 대단한 것이다. HTC는 하청계약을 가치 있는 비즈니스 관계로 키웠고, 앞선 기술과 소비자 지향적 디자인을 결합한 제품을 개발하였으며, 일관성과 우수성에 대한 명성을 쌓아왔다.

창업자인 쉐어 왕은 52세로, 사업가 집안에서 태어났다. 그녀의 아버지는 대만에서 두 번째로 큰 석유화학 회사인 포모사 플라스틱(Formosa Plastics)의 설립자이다. 왕은 캘리포니아 대학을 다니던 1980년대부터 아버지회사를 대신해 의료기기를 구입하는 등 사업 재능을 보여주었다. 그녀와 그녀의 남편이 1997년 HTC를 설립하여 처음에는 PDA를 하청생산하고 싶어했다. 하지만 고객사들이 PDA보다는 이동전화에 우선순위를 두고 있어 이동전화 생산으로 초점을 돌렸다.

얼핏 이해가 잘 안 되겠지만 설립자인 왕의 엔지니어링 지식의 부재가 HTC의 성공을 가져왔다고 볼 수 있다. "쉐어가 엔지니어가 아니기 때문에 고객의 눈으로 사업에 접근하였다"는 것이 HTC와 함께 일해 온 임원진들의 설명이다.[3] 구매자로부터 가격압력이 거세지자, HTC는 스마트폰 틈새시장에다 초점을 맞추고, 동시에 2000년에 컴팩과 휴렛패커드로부터 PDA 생산계약을 따내 기업의 포지션을 강화시켰다. 이후, HTC는 도이치 텔레콤(Deutsche Telekom), 보다폰과 함께 윈도우 운영체계의 스마트폰을 만들기 시작하였다. 이는 제조업자를 밝히지 않으면서도 스마트폰시장의 성장잠재력을 활용할 수 있는 좋은 전략이었다. 이 '운영자 비지니스모델(operator business model)'로 2003년 이후 매출은 연 100%, 순수익은 연 300%씩 폭발적으로 증가하였다. HTC는 2006년 3월 대만주식시장에 상장하였는데 상장 이후 주가가 1000% 급상승하였다.

---

2) "HTC Brand of the Year 2008," *1066 Blog, Observations from the Bazaar*, 13 December 2007, available at: http://marketing.blogs.com/marketing/2007/12/htc_brand_of-th.html (accessed 5 December 2009).

3) Kathrin Hille, "Innovative Wang Becomes her Father's Daughter," *Financial Times*, 30 August 2009, available at: http://www.ft.com/cms/s/0/4e87ace2-9403-11de-9c57-001441feabdc0.html (accessed 5 December 2009).

이시기에 대만은 하이테크 제품생산에서 가격경쟁력과 고품질로 명성을 구축하고 있었다. 이에 따라 대만 기업들은 우수한 엔지니어들을 확보하고 육성하는 것에 중점을 두었다. 기술 진보만이 제품에 가치를 부가할 수 있다는 강력한 신념으로 마케팅이나 브랜딩은 거의 강조하지 않았다. 그런 결과 2009년 세계 상위 100대 브랜드에서 대만 브랜드는 하나도 없었다. 이에 대해 자이언트 자전거의 부사장인 보니 투(Bonnie Tu)는 "대만에서 브랜드화된 기업이 된다는 것은 누구보다 좋은 제품을 가장 싸고 좋게 만드는 것이다"라고 지적하였다.

이러한 여건에서 HTC의 강점과 역량이 충분하더라도 자체 브랜드 휴대폰 제조로의 이동은 큰 도전이었다. 따라서 고객지향적인 마케팅노하우를 획득, 개발하기 위해 막대한 자원을 투자해야 했다. 이 때까지의 마케팅 경험은 산업재 수준에 머물고 있었다. 이를 위해 CEO인 피터 추(Peter Chou)는 하버드 MBA 과정을 수료하였으며, 기업은 유럽에서 판매와 마케팅 및 유통센터에 수백 만 달러를 투자하였고, 시장진입을 관리하기위해 플로리안 세이쉬(Florian Seiche)를 채용하였다. HTC가 스마트폰을 출시하기로 발표한 날은 2006년 3월이었다.

2006~2009: 아름다운 것이 다가온다

조직적인 준비에도 불구하고, 투자자들은 부정적으로 반응하였고 주가는 최고점의 1/3로 곤두박질쳤다.[4] 투자자들은 HTC가 하청생산을 하면서 자체 브랜드도 생산하는 양다리를 걸치기가 가능한지 확신이 서지 않았다. 이에 CEO인 추는, "우리는 클라이언트의 수요를 우선시할 것이며, HTC의 자체 브랜드는 클라이언트들과 중복되지 않는 시장의 수요를 창출하는 수단으로 이용할 것이다"[5]라고 빠르게 대응하였다. 그러나 쉐어 왕이 일부 소유하고

4) Kathrin Hille, "HTC Launches Its First Mass-Market Phone," *Financial Times*, 6 June 2007, available at: http://www.ft.com/cms/s/2/ac37c500-13ba-11dc-9866-000b5f10621.html (accessed 5 December 2009).

5) Kathrin Hille, "HTC Hopes to Allay Fears Over Move to Own Brands," *Financial Times*, 22 June 2006, available at: http://www.ft.com/cms/s/0/a35e9cca-018b-11db-af16-0000779e2340.html (accessed 5 December 2009).

있던 휴대폰 판매업체인 두팟(Dopod)을 HTC가 매입하려 한다고 하자 주가는 급락하였다. 투자자들은 변화에 대한 확신이 없었다.[6] 이는 PR의 위기였고, 기업의 투명성과 커뮤니케이션에 대한 귀중한 교훈이 되었다. 한 분석가는 "최근 변화는 투자자와의 소통을 원활히 할 수 있는 좋은 기회이다"라고 설명한다.[7]

그러나 HTC가 소비자 시장에서 살아남기 위해서는 부족한 부분에 대한 보완과 새로운 방침이 필요하다. 한 인터뷰에서, 추는 "HTC는 혁신적인 기업이다. 우리는 우리의 사업모델을 혁신한다"고 하여 혁신과 기업문화를 접목시키려는 듯이 말했다.[8] 윈도우 운영체계와 안드로이드 운영체계의 대치상황에서 HTC는 구글과 손잡고 구글 안드로이드에서 구현할 수 있는 운영체계를 개발하는데 힘썼다.[9] 그러나 한편으로 대중에게 어필해야 했다. 이를 위한 첫 단계 중 하나는 표적시장을 기술에 민감하고 디자인, 성과에 관심이 있는 트렌디한 소비자로 정하고 이들과 소통할 수 있는 포지션을 고안하는 것이다. 이를 위해 경영진은 제품의 디자인 품질을 포함한 'HTC−아름다운 것이 다가온다(something beautiful is coming)' 라는 슬로건을 고안하였다.

재앙에 가까웠던 발표가 있은지 1년 후에 스마트폰인 HTC 터치의 출시를 발표하였다. 작고 스타일리쉬한 터치는 터치스크린 인터페이스를 갖추었고, 유저 인터페이스가 향상되어, 문자 메시지를 보내는 동안 전화를 받기 어려웠던 기존 윈도우운영체계가 가진 인터페이스의 한계를 뛰어넘었다. 분석가들은 HTC가 성공할 것이라고 예측했다. 성공의 신호는 미국의 T−모바일이 MDA 시리즈의 일부로 판매되는 데서 왔고, 오렌지 네트워크 또한 유럽 마

6) Kathrin Hille, "HTC Hopes to Allay Fears Over Move to Own Brands," *Financial Times*, 22 June 2006, available at: http://www.ft.com/cms/s/0/a35e9cca-018b-11db-af16-0000779e2340.html (accessed 5 December 2009).

7) Kathrin Hille, "HTC Hopes to Allay Fears Over Move to Own Brands," *Financial Times*, 22 June 2006, available at: http://www.ft.com/cms/s/0/a35e9cca-018b-11db-af16-0000779e2340.html (accessed 5 December 2009).

8) Kathrin Hille, "HTC Hopes to Allay Fears Over Move to Own Brands," *Financial Times*, 22 June 2006, available at: http://www.ft.com/cms/s/0/a35e9cca-018b-11db-af16-0000779e2340.html (accessed 5 December 2009).

9) Robin Kwong, "HT Calls for More User-Friendly Smartphones," *Financial Times*, 16 February 2009, available at: http://www.ft.com/cms/s/0/bcea82c6-fc51-11dd-aed8-000077b07658.html (accessed 5 December 2009).

케팅에서 HTC의 이름으로 터치를 판매하기로 하였다. 출시시점에서 CEO인 추는 "HTC 터치에서 우리의 분명한 차별화능력을 볼 수 있을 것이다"라고 인터뷰에서 말했다.[10]

HTC 마케팅

2009년 HTC는 15개의 터치스크린 스마트폰 포트폴리오를 가지고 있다. 2006년부터 몇 개월마다 새로운 전화기를 출시했고 매번 다른 니치를 겨냥했다. 10년간의 준비는 HTC를 눈부신 성공신화의 주인공으로 만들었다.

제품을 사람들에게 소개하는 것은 두 단계 전략을 취했다. PR과 광고와 같이 기존의 채널에 인터넷과 바이럴 마케팅을 추가하여 효과를 거두었다. 젊은 고객들을 표적으로 한 광고영상은 낮은 비용으로 빠르게 확산되었다. 또한 2009년 투어 드 프랑스(Tour de France)에서 콜롬비아-HTC 사이클링 팀을 스폰서하여 경기의 우승자들이 결승점을 통과할 때 가슴에 부착된 HTC 로고를 가리키고 전화하는 흉내를 내도록 해 세계적으로 수백 만의 시청자에게 메시지가 도달하도록 하였다. 그 해 경기에서 여섯 번 이김으로써 콜롬비아-HTC 팀은 경쟁이 치열한 대중시장에 효과적으로 진입한 신규브랜드로 각인되었다.

그러나 전략의 핵심은 네트워크와의 파트너십이다. 보다폰은 경쟁사인 O2가 아이폰의 독점판매의 후광효과로 수익을 올리자, 유럽시장의 파트너로 HTC를 선택하였다. 이것으로 HTC는 돈 주고도 못살 소매 네트워크와 마케팅 비용을 제공받으면서 유통경로를 확보할 수 있었다. HTC가 고객지향적 포지션을 강화시키는 동안, 스마트폰 시장과 애플의 아이폰으로부터 시작된 비즈니스 애플리케이션 시장 또한 확장되었다. 여전히 살펴보아야 할 것은 HTC가 시장에서 지속적으로 살아남을 것인가 하는 문제와 끊임없이 새로운 솔루션을 요구하는 시장의 트렌드에 지속적으로 대응할 수 있는가이다.

---

10) Kathrin Hille, "HTC Launches its First Mass-Market Phone," *Financial Times*, 6 June 2007, available at: http://www.ft.com/cms/s/2/ac37c500-13ba-11db-9866-000b5df10621.html (accessed 5 December 2009)

질 문

1. HTC가 브랜드화된 이동전화시장에 진출할 수 있었던 스킬과 자원 혹은 역량은 무엇인가? 만약 당신이 주주라면 브랜드화된 전화기 생산으로 HTC가 이동하는 것을 지지할 것인가? 왜 그러한가? 그렇지 않다면 왜인가?
2. 브랜드화된 시장에서 중요한 포지션으로 성장하기 위해 HTC에게 필요한 것은 무엇인가? 브랜드화된 시장진출로 인해 나머지 비즈니스의 성장률이 손해를 볼 것인가?
3. 부품 공급업체로서 강력한 역량을 가지지만 자체브랜드 시장에 진입하기를 희망하는 많은 기업에게 주는 교훈은 무엇인가? 식품, 텔레비전, 게임기, 백색가전과 같은 많은 다른 산업에서 생각해 보라.

참고문헌

1. "Smartphone Market Share Sees Rapid Worldwide Increase, Says Report," *Mobile Europe Online*, 24 March 2009, available at: http://www.mobileeurope.co.uk/news_wire/114697/Smartphone_market_share_sees_rapid_worldwide_increase%2C_says_report_.html (accessed 5 December 2009).
2. "HTC Opens European Business," *Mobile Europe*, 14 December 2005, available at: http://www.mobileeurope.co.uk/news_analysis/111552/HTC_opens_European_business.html (accessed 5 December 2009).
3. "European Telecom Operators to Sell HTC-Branded Handsets for a Change," *Unwired View Online*, 9 May 2008, available at: http://www.unwiredview.com/2008/05/09/european-telecom-operators-to-sell-htc-branded-handsets-for-a-change (accessed 5 December 2009).
4. "HTC Brand Awareness Goes into Overdrive," *Cool Smartphone Online*, 24 April 2008, available at: http://www.coolsmartphone.com/news3992.html (accessed 5 December 2009).
5. Kathrin Hille, "Taiwan's Top Companies Try to Break Brand Barrier," *Financial Times*, 20 August 2007, available at: http://www.ft.com/cms/s/0/d65e545e-4f45-11dc-b485-0000779fd2ac.html (accessed 5 December 2009).
6. Kathrin Hille, "HTC Launches Its Mobile Brand in Europe," *Financial Times*,

16 June 2006, available at: http://www.ft.com/cms/s/2/0df4b372-fccc-11da-9599-0000779e2340.html (accessed 5 December 2009).

사례 4 ::: 신시장을 위한 신브랜드 창출. 타타 나노(Tata Nano)–세계에서 가장 저렴한 자동차의 진정한 비용

타타그룹(Tata Group) 회장인 라탄 타타(Ratan Tata)가 뉴델리에서 타타 나노(Tata Nano)를 첫 공개한 2009년 1월은 그의 경력에 있어 이정표가 되는 시점이었다.[11] 인도의 국민차로 출시된 나노는 기본 모델이 약 10만 루피(€ 1,500)로 세계에서 가장 저렴한 차량이다. 시내 교통을 대신하던 오토바이에 여러 명의 가족이 함께 타고다니던 인도 가족을 위한다는 타타 회장의 신념에 의해 추진된 4년 프로젝트의 완성이었다.[12]

12억이 넘는 인구, 매년 7~9% 성장하는 경제, 2억의 중산층 출현으로 인도의 소형차 시장 잠재력은 매우 컸다. 자동차 산업에서 상대적으로 신출내기인 타타는 디자인 혁신과 반값 가격으로 경쟁자인 마루티 800(Maruti 800)를 물리쳤다. 그러나 타타 나노의 이야기에는 밝고 긍정적인 이야기만 있는 것은 아니다. 환경과 인도 사회에 미치는 나노의 영향에 대한 심각한 질문들이 떠올랐고 정부의 정책변화로 사전 주문된 신차의 출고가 지연되었다.

인도 자동차 시장

인도에서 개인 자동차 소유는 드물어, 평균 143명당 1명꼴이었다. 2명당 1명의 비율을 가진 미국이나 일본과는 완전히 대조적이다. 그러나 중산층의 증대로 인도사람들의 자동차 소유의식은 2008년에는 10%의 비율로 성장하고 있다. 따라서 시장침투는 미미했지만, 잠재력은 높다고 볼 수 있다. 도심을 가로질러 전 가족을 이동시키는데 이용해 왔던 약 5,000만 개의 오토바이와 모터달린 자전거가 대부분 4륜으로 바뀔 것으로 기대되기 때문이다.

2007년 700만 대의 스쿠터와 오토바이들이 인도에서 3만에서 7만 루피(€ 1,000)로 팔렸지만 기본형 나노는 그보다 많이 팔렸다. 전문가들은 인도의 소

11) Randeep Ramesh, "India Gears for Mass Motoring Revolution with £1260 Car," *The Guardian*, 11 January 2008, available at: http://www.guardian.co.uk/world/2008/jan/11/india.carbonemissions (accessed 5 December 2009).

12) Randeep Ramesh, "India Gears for Mass Motoring Revolution with £1260 Car," *The Guardian*, 11 January 2008, available at: http://www.guardian.co.uk/world/2008/jan/11/india.carbonemissions (accessed 5 December 2009).

득분포곡선(income distribution curve)과 상대적으로 싼 가격으로 나노가 인도 자동차 시장의 65%까지 확장할 것으로 예측했다. 그러나 이런 소형자동차를 타타 혼자만 개발하고 있는 것은 아니었다. 인도의 모터바이크 제조사인 바작 오토(Bajaj Auto)도 르노(Renault), 닛산(Nissan)과 함께 연료효율성이 높고 이산화탄소 배출이 적은 11만 5천 루피 자동차를 개발하고 있었다. 그리고 또 다른 외국 자동차 제조업체들 역시 인도를 저렴한 소형차 생산의 기반으로 평가하고 있었다.

자동차

나노는 젤리빈(jelly-bean) 모양의 차량으로 다섯 명의 성인과 더플 백(원통형 배낭)을 놓을 수 있는 형태이다. 절약을 실천하는 '간디식 원칙' 에 따라 설계되고 생산되었다.[13] 일반적인 자동차에 장착되어 있는 에어컨, 파워브레이크, 파워 스티리어링, 라디오, 저장공간, 제2전면유리 와이퍼, 조수석 측면 후방거울 등은 생략되었다. 그러나 나노는 인도의 안전규정을 지키면서 리터당 20킬로미터 이상(최대 갤런당 50마일)으로 연료효율성을 높였다. 디자인의 단순화와 효율성은 결국 유지비와 적은 휘발유비용이라는 매력적인 특징이 되었다. 탄소배출량 또한 낮았는데, 180그램으로 제한하고 있는 EU의 기준에 훨씬 못 미치는 킬로그램당 약 102그램의 탄소가 배출되었다. 타타는 PR을 통해 나노의 혁명적인 디자인과 자동차산업과 환경측면의 품질을 강조했다.

나노 디자인에 대해 34개의 특허를 신청했다. 최적화된 차의 내부는 마루티 800보다 20%나 더 넓고, 공간 확보를 위해 기묘한 형태로 디자인되었다. 천장은 높고 4개의 바퀴는 자동차의 제일 끝 코너에 위치하며, 엔진은 뒷쪽에, 저장공간은 뒷좌석 앞에 겹쳐놓았다. 무게와 제조비용을 줄이기 위해 나노의 대부분은 압축 박강판(sheet steel)과 플라스틱으로 만들었다. 620cc 엔진과 몇몇의 기타 부분들은 보다 가볍고 저렴한 알루미늄으로 만들었다. 그러나 나노 개발에서의 진정한 혁신은 특허보다는 생각에 있었다. 각종 전자기기와 컴퓨터로 무장한 현대 서구 자동차의 '블랙박스 모델' 디자인과는 다

13) John Hagel and John Seely-Brown, "Innovation on the Edge-Learning from Tata' s Nano," *Business Week Online*, 27 February 2008, available at: http://www.businessweek.com/innovate/content/feb2008/ id20080227_377233.html (accessed 3 December 2009).

르게 나노가 가진 아름다움은 모듈화된 디자인이 가진 단순함이다. 미국자동차를 휩쓴 포드 T모델과 같은 것으로 보면 쉽게 이해가 될 것이다.

이 모듈 디자인은 시장에 '국민차'를 제공하려는 전략의 일부분이었다. 타타 모터스의 비전은 소유자, 정비사, 기업가가 나노 브랜드에 참여할 수 있다는 것으로, 소유자들은 차를 꾸밀 수 있고, 정비사는 수리를 위한 도구들을 구입하고 훈련받으며 심지어는 자동차를 조립할 수 있으며, 기업가들은 지역 조립 라인을 세우기 위해 대량으로 차량부품을 구매할 수 있다. 타타는 나노의 매출이 1년에 100만 대를 달성할 것으로 확신한다.

기업

시장을 고려한 차의 디자인은 타타 그룹의 기업 특성이다. 타타는 기관차를 만들기 위해 1945년에 설립되었지만 곧 버스, 덤프트럭, 시멘트 혼합기, 엠블런스, 상품트럭으로 다각화하였다. 이들 산업 어디에서나 동일한 로고를 사용하였다. 1990년대의 보호경제체제를 지나자 타타는 2000년 처음으로 손실을 입었다. 경영진들은 경제 슬럼프와 인도시장에 진입한 외국기업들과의 경쟁 하에서 비용과 효율성을 재조명하였다. 경영진들은 재빠르게 수익 발생 원천뿐만 아니라 프로세스, 구매정책들을 포함하여 개선영역을 파악하기 시작하였다. 기업 문화의 재활성화 방침이 시행되었고, 일본의 카이젠(kaizen) 혹은 지속적인 개선이 도입되었다. 또한 메르세데스(Mercedes), 랜드로버(land Rover), 재규어(Jaguar)의 인도시장 진출차량의 도장 계약을 확보하였다. 이러한 노력과 아울러 두 가지 자동차 모델을 생산하여 3년 만에 수익으로 전환되었다.

23만 5,000인도루피(5,100미국달러)로 판매하는 4바퀴 트럭인 타타 에이스(Tata Ace)를 2005년에 출시하여, 4년 후 나노에 적용할 수 있는 마케팅을 학습했다. 에이스는 기존의 3개의 바퀴대신 4개의 바퀴로 시장의 요구를 반영해 디자인되었다. 기존의 3륜 차량은 저렴하긴 했지만 시장은 보다 안정적인 4륜 차량을 원했다. 기업은 단 20개월 만에 10만대를 팔았다. 이러한 경험을 통해, 타타는 표적시장의 요구를 이해하고 충족하는 가치를 학습하였다. 에이스처럼, 나노는 단순한 차량이 아니라 수백만 인도인의 삶을 새롭게 하고, 사회적 지위향상의 시작이었다.

정부의 개발정책

나노 출시 시기는 확실치 않았으며, 이상에 가까웠다. 인도의 첫 번째 국민차를 만들려던 의도는 서뱅갈지역에 140억 인도루피(3억 미국달러)를 투자한 조립 공장 완성을 앞두고 틀어졌다. 건축 막바지에 다다라 프로젝트에서 철수하고, 약 180억 인도루피(3억 9,000만 미국달러)의 비용이 드는 구자라트의 새로운 지역에 제조공장을 이전했다.

이미 1,000에어커에 달하는 새로운 공장단지를 수용하기 위해 수천 명의 농부들이 추방된 상태에서, 타타의 이러한 결정은 서뱅갈지역에 10,000개의 일자리 손실을 의미했고 불확실한 시민들의 미래는 지역 정부의 몫이 되었다. 하지만 나노 프로젝트의 문제는 6개월의 일정이 늦어졌다는 것이었다. 빠른 해결을 위해 연간 50,000단위가 생산 가능한 인도 북부의 기존 공장으로 이전한 것이다. 타타는 초기 수요를 충족할 능력이 없었지만 영리한 방법으로 이 문제를 극복하였다. 처음 10만 대의 자동차는 추첨을 통해 판매하였고, 생산에 박차를 가하는 한편 차가격의 75%를 예탁금으로 미리 받는 방식으로 462억 인도루피(10억 미국달러)를 현금으로 조달할 수 있었다.

한편, 나노는 경제의 성장 시기와 마주하게 된다. 몇 해 전부터 인도정부는 23조 1,000억 인도루피(500억 미국달러) 가치의 대규모 하부조직 개발 정책을 발표하고, 도로 건설에 대량 투입하였다. 이 정책의 목표는 2010년까지 1,000명 이상의 인구를 가진 모든 지역의 도로를 포장하여 연결하는 것이었다. 인도의 도시인구는 약 2억 9,000만 명으로 이 중 4,500만 명이 뉴델리, 뭄바이, 캘커다에 거주하고, 나머지는 시골에 거주했다. 타타의 마케팅 부서가 마을에서 마을로 운전하는 나노의 꿈을 광고하는 동안, 일부에서는 나노가 도시 통근을 위해 디자인되어 오래 걸리고 위험한 시골 여행에는 부적절하다는 지적이 나왔다.

환경적인 이슈

서구관점에서 보면 이러한 타타 나노의 개발과정은 위험이 많았고, 인도 언론은 환경제국주의를 비방하고 선진국의 이중 잣대를 비난했다. 예를 들어, 한 호주 신문은 만약 미국수준의 시장침투가 일어나면, '글로벌 오염이 가중되고' 지구의 총자동차 수가 180억 대로 두 배가 될 것이라고 지적하였다.[14] 사실, 타타의 자체 생산예측은 매년 100만 대에서 25만 대로 수정되었다. 게다가, 앞에서 기술한 것처럼 연료 경제성에도 불구하고 모터사이클을 대체하여 도시의 운송수단이 될 것으로 보았다. 타타의 자사 웹사이트는 나노의 배기가 모터사이클이나 스쿠터보다 낮다고 주장하였지만 인도의 탄소환경과 탄소 배출법이 EU의 것과 비교하여 느슨했다. 이러한 우려에도 불구하고, 많은 인도 도시들은 이미 심각하게 혼잡하고 스모그가 창궐하고 있었다. 예를 들어, 뉴델리에서의 평균교통속도는 2008년 시간당 9마일이었고 대기오염은 계속해서 건강을 위협하고 있다.

나노는 개인 운송수단의 대중화라는 새로운 시대의 상징이 되었고, 이는 환경보호론자들이 염려할 만한 규모였다. 나노의 출시와 동시에, 인도의 일인당 탄소배출량은 영국 평균의 12%였지만,[15] 중산층 성장으로 더 많은 에너지 소비가 일어나 국가적으로 에너지의 소비패턴이 변화하였다.[16] 인도의 경제성장과 인구증가에 따라 2030년까지 화석연로에 의한 에너지 소비가 4배가량 증가할 것으로 예측된다. 이에 대항하여, 타타는 프랑스 기업과 파트너십을 통해 압축공기로 달리는 엔진개발에 참여하는 등 지속가능한 동력의 미래를 준비하기 시작했다. Progressive Automobile X Prize는 동량의 에너지 1리터로 42킬로미터를 갈 수 있는 대량생산 차량을 만든 첫 번째 기업에게 10만 달러를 주는 상인데, 이미 나노의 경쟁사인 바작 오토는 휘발유엔진 리터당 30킬로미터의 효율을 가진 엔진을 개발하여 유리한 상황에 서 있다.

---

14) Brendan O' Neill, "Nano and the Rise of Eco-imperialism," *The Guardian*, 24 March 2009, available at: http://www.guardian.co.uk/commentisfree/2009/mar/24/india-tata-peoples-car (accessed 3 December 2009).

15) George Monbiot, "Is the World' s Cheapest Car on the Road to Ruin?," *The Guardian*, 23 March 2009, available at: http://www.guardian.co.uk/global/georgemonbiot/2009/mar/23/tata-nano-carbone-emissio ns-social-progress (accessed 3 December 2009).

16) Brendan O' Neill, "Nano and the Rise of Eco-imperialism," *The Guardian*, 24 March 2009, available at: http://www.guardian.co.uk/commentisfree/2009/mar/24/india-tata-peoples-car (accessed 3 December 2009).

진정한 비용

세계에서 가장 싼 자동차는 인력거나 오토바이보다 더 많은 비용이 들고 더 많은 편익을 제공한다. 이슈의 중심에는, 근시일 내에 인도정부가 환경부담금 형태의 세금을 부과할 가능성이 있다는 것이다. 보급이 보편화되면 세금부과효과는 막대할 것이다. 타타자동차뿐만 아니라 인도정부 등 이해관계자들에게는 환경과 커뮤니티의 욕구 사이에서 어디에 우선순위를 둘 것인가에 대한 균형을 유지하는 방법을 찾는 것이 숙제로 남는다.

질 문

1. 타타 나노의 인기를 어떻게 설명할 수 있는가? 왜 다른 자동차 회사는 이 기회의 이점을 가지지 못했는가?
2. 타타 나노의 출시와 매출로부터 야기된 환경문제는 얼마나 심각한가? 환경문제에 대한 관심은 누구에게 많은가? 환경비용이 인도사람들의 삶의 질 개선보다 초과할 것인가?
3. 왜 다른 자동차 회사들도 이러한 발전을 염려해야 하는가? 타타 나노에게 있어 국제시장 잠재력은 얼마나 중요한가?
4. 전체적으로 이 새로운 정책이 타타 나노브랜드에 어떤 영향을 미칠 것인가?

참고문헌

1. "The New People' s Car," *The Economist* (print edition), 26 March 2009, available at: http://www.economist.com/businessfinance/displayStory.cfm?story_id=13381522&source=hptextfeature (accessed 5 December 2009).
2. "Tata Nano May Expand Market by 65%: CRISIL," *Economic Times Online*, 12 January 2008, available at:http://www.economictimes.indiatimes.com/articleshow/2694186.cms (accessed 5 December 2009).
3. Rina Chandra, "How Green is My Low-Cost Car? India Revs Up Debate," *Reuters Online*, 18 June 2008, available at: http://www.reuters.com/article/businessNews/idUSBOM20393120080619?feedType=RSS&feedName=businessN

ews&rpc=23&sp=true (accessed 5 December 2009).

4. Robyn Meredith, "The Next People's Car," *Forbes Online*, 16 April 2007, available at: http://www.forbes.com/forbes/2007/0416/070.html (accessed 5 December 2009).
5. Maura Judkis, "10 Things You Should Know about the Tata Nano," *US News Online*, 24 March 2009, available at: http://www.usnews.com/money/blogs/fresh-greens/2009/03/24/10-things-you-didnt-know-about-the-tata-nano.html (accessed 5 December 2009).
6. Andrew Buncombe, "Environmental Concerns over Cheapest Car," *New Zealand Herald*, 12 January 2008, available at: http://www.nzherald.co.nz/business/news/ article.cfm?c_id=3&objectid=10486377 (accessed 5 December 2009).

사례 5 ::: 개발도상국 세계에서 변혁적 혁신

개발도상국에 살고 있는 수십 억의 사람들은 무수한 비즈니스의 신개척지로 표현된다. 비즈니스가 광범위한 시장의 욕구를 충족시키면서 신시장에 어떻게 문을 두드릴 수 있을까? 이를 위해 기존 사업모델은 제한된 범주만을 제공할 수밖에 없는데, 그 이유는 개도국의 하부구조, 유통 네트워크, 수입수준이 기존 시업모델과 부합하지 않기 때문이다. 새로운 환경을 견뎌낼 수 있는 프로세스, 기술, 응용, 사고에서의 혁신을 통한 새로운 비즈니스모델이 필요하다. 또한 일부의 큰 혁신은 긍정적인 피드백을 통해 전세계로 퍼져 나갈 수 있다. 이러한 관점에서 개발도상국은 여러 가지 편익을 준다.

보다폰 M-페사(Vodaphone M-Pesa): 케냐의 모바일 뱅킹

M-페사는 케냐인들을 위한 휴대전화 송금서비스로 6개월의 시험운영 프로젝트이다(pilot community project). 2005년에 보다폰과 지역 파트너인 사파리콤(Safaricom)이 출시하였고, 처음에는 사파리콤의 고객이 현금을 안전하고 쉽게 원거리에 보낼 수 있도록 설계하였다. M-페사는 은행을 이용하기 쉽지 않은 케냐에서 매우 효과적인 브랜딩으로 M-페사의 M은 모바일을 뜻하고 PESA는 돈을 뜻하는 스와힐리어이다. M-페사의 이체시스템은 돈을 이체하려는 고객이 해당지역의 지정된 사파리콤 판매자에게 코드를 구매하고, 수령인이 다른 지정 판매점에서 현금을 찾기 위해 문자메시지를 보내는 방식으로 이루어진다. 이 방법으로, 마을과 도시에서 일하는 젊은 사람들은 멀리 떨어진 고향의 가족에게 돈을 보낼 수 있다. 명백한 편익들로 인해 M-페사는 학교수업료의 지불이나 만일을 대비하기 위한 저축(rainy-day saving) 등과 같은 전반적인 금융서비스로 확장되었다. 이동전화 회사와 국제금융산업은 이 단순한 아이디어가 '은행에 예금하지 못하는 가난한 사람들'의 삶을 어떻게 바꿀 수 있는지에 주목했다. 출시 2년 후에 케냐의 1,830만 명의 이동전화 소유자들 중 700만 명이 M-페사 고객이었다.

M-페사 시스템은 이동전화와 사파리콤 매장뿐 아니라 주유소와 신문 가판대 등의 사파리콤의 지정 판매상들의 네트워크를 이용하기 때문에 고객이 편리하게 현금을 저금하고, 이체하며 인출할 수 있는 장점이 있다. 또한 돈

을 거래하는데 있어 어떠한 취급이자도 부과하지 않기 때문에 금융 라이센스가 필요치 않는 단순하고 안전한 서비스였다. 다만, 돈 세탁의 위협을 최소화하기 위해 각 거래마다 약 200유로의 상한을 두었다. 게다가, M-페사는 외국에서 고국에 돌아올 때 가져올 수 있는 금액한도를 넘어서는 케나 GDP의 약 5%에 맞먹는 10억 유로 이상의 국제송금의 추적가능한 대안경로를 제공하였다. 국내 유통(domestic circulation) 시장 역시 성장의 원동력이 된다. 2009년 중반 사파리콤은 5유로, 15유로 상당의 수백 건의 거래가 매달 이루어지는 것으로 추산되었다. 2009년 이코노미스트(Economist)에 게재된 한 연구는, M-페사를 이용하는 케냐 가구의 수입이 모바일뱅킹을 사용하기 시작한 후 5~30%로 증가한 것으로 추산된다고 언급하였다.

2009년 보다폰은 케냐 주변의 탄자니아와 아프카니스탄에 M-페사를 출시하였고, 우간다에서는 지역 이동통신사인 MTN이 아프리카 주변에 출시하기를 원하는 유사한 시스템을 성공적으로 시험운영 하였다. 모바일뱅킹은 금융산업의 규제와 전형적인 시장구조를 우회함으로써 금융시스템이라는 장애물을 뛰어넘었다. 많은 금융산업들이 모바일금융의 보안을 문제로 삼아 이동통신과 휴대폰이 금융시장에 들어오는 것을 반대해 왔기 때문에 M-페사의 성공은 세계적인 환호는 받지 못했다. 그러나 우간다에서 스탠다드 은행과 MTN의 파트너십은 새로운 시장에 대한 기회를 명확하게 보여준다.

학습 – 아이들용 랩탑

MIT의 미디어 아트 앤 사이언스(Media Art and Sciences) 교수이자 진보적 미디어 연구소인 미디어 랩(Media Lab)의 공동설립자인 니콜라스 니그로폰테(Nicholas Negroponte)는 미션을 가진 공상가이다. 2004년 캄보디아에 제공한 랩탑 컴퓨터로 아이들이 원격학습을 하는 것을 관찰한 그는 “세계의 모든 아이들이 컴퓨터에 접근한다면 어떨까?”라는 생각을 하게 되었다.[17] 몇 년 후 비영리 조직인 원 랩탑 퍼 차일드(One Laptop Per Child)를 공표하였고, 청중들에게 ‘랩탑’이라는 단어가 ‘교육’이라는 단어로 대체된다는 것을 생각해 보도록 하였다. 그의 비전을 실행하는데 많은 실무적인 과제들이 있

17) http://www.ted.com/talks/nicholas_negroponte_on_one_laptop_per_child_two_years_on.html (accessed 3 December 2009).

었는데, 가장 큰 과제는 아이들이 쓸 수 있을 만큼 견고하고, 적당한 가격과 디자인을 가진 랩탑 컴퓨터의 제조에 있었다. 니그로폰테는 컴퓨터 사용을 널리 보급하는 것이 세계인의 삶의 질을 향상시킬 수 있다는 믿음으로, 이해관계자들의 동요와 미래 고객이 될 것으로 희망하는 정부라는 도전에 대응하였다.

최종 생산 모델인 XO1은 사용자인 세계의 모든 어린이들의 요구에 맞도록 완전하고 튼튼하며 에너지 소비가 적고, 무선 네트워크의 사용이 가능해야 한다는 4가지 기준을 가지고 생산하였다.[18] XO1는 손잡이가 달려 있으며 회전식 스크린과 습기보호기능을 가진 강화플라스틱의 사용, 스피커, 웹캠, 그림을 그리거나 커서 포인팅을 위한 트랙 패드, 랩탑의 USB 포트 보호기능을 가진 와이파이 안테나 등의 특징을 가진다. XO1은 쉽게 손상될 수 있는 비싼 부품을 최소화하여 하드 드라이브가 포함되지 않았다. 대신 특별히 설계된 공개소스(open-source) 소프트웨어를 이용하는 메모리카드를 통해 작동되며, 이것은 기존 시스템과 자연스럽게 통합할 수 있는 새로운 교육프로그램과 게임을 가능하게 한다. XO1은 품질인증을 받았고 최소 5년간 사용이 가능하도록 만들어졌다. 그러나 2007년 생산라인을 가동하면서 2년 전 발표한 가격의 거의 2배인 200유로 정도의 가격으로 생산이 가능하다는 것을 알게 되었다.

정부가 대량으로 구매할 것을 고려하더라도 니그로폰테는 100유로 랩탑을 목표로 하였다. 정부의 돈보다는 컴퓨터 보급이 가져오는 혜택이 더 생산적인 것으로 보았기 때문이다. 그러나 100유로~200유로라는 금액이 어떤 지역에서는 한 학생의 1년 교육비로 쓰일 수 있다거나 생존에 필요한 약을 구매할 수도 있다는 상반된 관계(trade-off)가 있었다. 이에 대해 OLPC는 교육은 다른 개발과 함께 일어나야 하며 어린이들의 배울 권리를 보장해야 한다고 주장하였다. 네그로폰테는 컴퓨터와 비영리 사업모델이 OLPC의 성공에 매우 중요하다고 주장하였다.

2007년 TED 컨퍼런스 연설에서, "명백한 목적은 다음에 있다...... 랩탑을 파는 것이 아니기 때문에, 언제라도 주지사들과 실무진들을 만날 수 있고 ...... 최고의 사람들과 일할 수 있다"고 말하며, 많은 리더와 전문가들이

18) www.olpc.org (accessed 3 December 2009).

OLPC의 미션을 믿기 때문에 무료로 서비스를 제공하는 것임을 밝혔다.[19] 이처럼, 그는 OLPC가 아이들을 시장으로 보는 대신 미션이 되어야 한다고 주장했다. 2009년 목표 생산량은 한 달에 100만 대로, 세계 랩탑 생산의 20% 생산을 목표로 하였다. 이러한 노력을 통해 OLPC는 저가 랩탑시장의 경쟁자들로부터 주목을 받기 시작했다. 2009년 후반, 시장에 출시한 첫 번째 상업용 저원가 랩탑으로서 OLPC의 미션이 저가 랩탑 시장을 넘어설지의 여부는 산업이 매우 궁금해 하는 문제이다.

머크(Merck) – 이용하기 쉽고 알맞은 구명(Life-Saving) 약 제조

글로벌 제약 제조업체인 머크는 1958년부터 머크 메디컬 봉사 프로그램(MMOP)을 통해 의약품과 백신을 기부한 역사를 가지고 있다. 그러나 개발도상국의 신흥시장에는 다른 전략을 구사하고 있다. 기부를 최소화하는 대신 차별화된 가격책정, 박애주의 정책, 라이센싱, 원천공유와 같은 보다 상업적인 접근법을 선택하였다. 최근의 머크의 전략은 비즈니스모델, 실무, 기업문화에서의 혁신을 꾀하는 한편 중국, 남아프리카, 인도, 브라질 등의 떠오르는 신시장에 집중한다. 2010년의 목표는 신흥시장의 매출이 14억 유로를 달성하는 것이었는데 2008년 멕티잔(MECTIZAN) 한 제품에서 달성한 매출이 4억 유로로, 현 전략 하에서 14억 유로가 현실적인 목표인지를 고려해 볼 필요가 있었다.[20]

산업 전통에 따라, 기업은 특허와 저작권의 가치에 기반을 두는데, 일례로 2008년 12월 특허권이 없는 브라질로 향하는 로자르탄(Losartan)을 네덜란드에서 압수했을 때 매체의 큰 관심을 끌었다. 로자르탄은 머크의 항고혈압약인 코자르(COZAAR)의 유효 성분이었다. 이 사건으로 머크는 신흥시장과 세계 건강관리 시스템으로서의 복제약품(generic medicine) 정책을 재평가하였다.[21]

그럼에도 기업은 14억 유로의 매출목표를 달성할 몇 가지 중요한 요인을

19) http://www.ted.com/talks/nicholas_negroponte_on_one_laptop_per_child_two_years_on.html (accessed 3 December 2009).
20) http://www.merck.com/corporate-responsibility/# (accessde 3 December 2009).
21) http://www.merck.com/corporate-responsibility/# (accessde 3 December 2009).

개발하였다. 첫째, 머크는 많은 개발도상국가에서 유행하는 '간과된' 열대성 질병을 연구해 온 이력을 가지고 있다. 둘째, 선진국과 개발도상국에서 제품 출시시점의 차이를 감소시키기 위한 방안을 실행해 오고 있다. 일반적으로 10년에서 12년의 차이가 존재했는데, 2006년 머크는 로타바이러스 백신인 로타텍(ROTATEQ®)을 미국에 출시할 때 기부프로그램을 통해 니카라과에서 거의 동시에 출시하여 이러한 차이를 제거하였다.[22] 셋째, 머크는 또한 HIV(인체면역결핍바이러스)를 치료하기 위해 사용하는 항RNA종양바이러스(antiretrovirus) 약을 포함하는 기업등록상태를 노출시키기 시작하였다. 넷째, 개발도상국과 신흥시장의 접근성을 향상시키기 위해 PDCI(Partnership for Disease Control Initiatives), PQMD(Partnership for Quality Medical Donations), GAVI 등과 같은 기관이나 자선단체들과의 파트너십에 적극적으로 참여하였다. 이와 함께 제품의 성능검증 및 제품판매 국가의 확충을 위해 세계건강기구(World Health Organization)와 일한다.[23]

글로벌 가격책정에 있어 HIV 약은 다층적 가격전략을 사용하였고, 가르다실(GARDASIL)과 로타텍(ROTATEQ)백신은 비영리 가격책정을 사용하였다. 이를 통해 약에 대한 접근성을 높이고 이해관계자들이 우려하는 지속가능성을 증명하고자 했다. 한편, 라이센싱이 시장범위 확장의 매커니즘으로 이용되었는데, 남아프리카의 제조업자들과 라이센스를 통해 무료로 항RNA종양바이러스 약의 특허권사용 권리를 주었다.

네슬레 – 비즈니스를 통한 공유가치 창출

2005년 네슬레는 '공유된 가치 창출'이라는 제목이 붙여진 반기분 보고서를 처음 발행하였다. 지속가능성의 원칙에 따라 기업의 비즈니스 활동을 요약한 것으로, 지속성가능성은 네슬레의 모든 이해관계자인 종업원, 주주, 공급업자, 정부, 선진국과 개발도상국의 고객을 위한 가치를 창출하는 것을 의미했다. 이후 보고서에서는 글로벌 식품기업으로서 네슬레의 장기적인 번영을 위해 중요한 영양, 물, 농촌 개발이라는 3가지 전략적 우위에 집중했다. 이들 중 '영양'이라는 주제로 작성된 2007년의 보고서에는 개발도상국을 지

22) http://www.merck.com/corporate-responsibility/# (accessde 3 December 2009).
23) http://www.merck.com/corporate-responsibility/# (accessde 3 December 2009).

원하고, 식품공급체인에 걸쳐 파트너관계를 유지하려는 스위스의 노력을 상세히 설명하고 있다. 신흥시장을 겨냥한 이러한 전략은 뛰어난 비즈니스 감각을 가진 기업의 사회적 책임의 하나로 볼 수 있다. 또한 이미 네슬레는 이러한 국가로부터 원재료의 약 2/3가량을 공급받고 있었다. 네슬레의 혁신적인 전략은 사회 계획(social planning)과 부합하는 전략의 실행에 있다. 지역 요구에 부합된 제품 마케팅, 공급업자와의 협력적인 관계 육성, 학습 증진, 네슬레와 공급체인 모두에게 혜택이 되는 추적 가능성과 품질개선이 그것이다.

네슬레는 개발도상국 시장의 고객의 욕구에 맞춘 패키지 디자인과 가격, 유통을 통해 대중적으로 포지션된 제품을(popularly positioned product; PPPs) 만들었다. 아시아와 라틴 아메리카의 시골 지역에 진입하기 위해 모터사이클이나 작은 밴을 이용하여 소형 상점에 직접 제품을 유통시키는 다이렉트 스토어 배송 프로그램(Direct Store Delivery Programme)과 같은 다양한 활동을 하였다. 영양측면에서, 네슬레는 영양실조 문제를 다루기 위해 PPP 범위 내에서 제품의 영양 내용물을 강화하였는데, 빈혈로 고통받는 6세 이하 멕시코 어린이를 대상으로 니도(Nido) 우유에 아연을 추가하기도 하였다.[24] 영양개선을 위한 우유기반 제품의 연구개발에 매년 3,000만 스위스 프랑을 투자한 것으로 집계되었다.[25]

공급측면에서 살펴보면, 네슬레는 기술적 지원, 소액금융을 공급했고, 세계적으로 거의 60만 명으로 추정되는 농부 보급기반에 대한 컨설팅 서비스를 제공하였다. 이와 함께, 240만으로 추정되는 사람들의 생계가 달린 공급체인의 최적화에 집중하기 시작했다. 세계적으로, 많은 가공 및 생산 시설의 반 정도는 농산물 공급업자 근처에 위치하고 있는데, 네슬레는 이러한 16만 5,000명의 공급업자를 위한 사회적 및 환경적인 표준공급업자 코드(Supplier Code)를 출시하였다. 또한 농부들이 곡물과 콩의 곰팡이독을 제거할 수 있는 농경법을 개발 · 교육하여 무독소 식품으로 보다 높은 가격을 받을 수 있도록 하였다.

---

24) www.nestle.com Nestlé: Nutritional Needs and Quality Diets, Creating Shared Value Report 2008.

25) www.nestle.com Nestlé: Nutritional Needs and Quality Diets, Creating Shared Value Report 2008.

교육지원은 저소득 국가의 영양문제에의 R&D와 더불어 네슬레의 진보의 핵심이었다. 스위스 로잔느에 위치한 세계 영양문제 연구재단은 1966년 설립되었다. 아시아, 아프리카, 라틴 아프리카의 30개국 이상에서 활동하며, 우간다 영양부족 해소를 위한 지역 식품 자원, 세네갈 지역 학생들의 영양에 대한 대학원 연구지원까지 다양한 주제를 다루고 있다.

기업의 개발정책과는 다른 네슬레의 우유 지역 모델(Nestlé Milk District Model)의 확산은 부, 웰빙, 품질 기준을 촉진하는 수단으로 사용되었다. 우유지역모델은 인도와 파키스탄, 콜롬비아, 인도네시아, 중국과 같은 시장에서 품질과 산출물의 개선을 가능하게 했다. 모델은 고품질 우유 생산을 체계화한 것으로 지역수준 우유수집, 기술적 조언 및 수의사 지원, 현금지불정책, 그리고 우유를 수송하고 저장하고 무게를 달고 테스트하는 현대적인 시설을 포함한다. 이렇게 함으로써, 우유지역모델은 공급업자와 구매자 모두에게 편익을 주었고 네슬레의 사회적 책임(CSV) 전략의 개요를 만들었다.

셀코(Selco) – 소액금융 이용을 위해 지불된 태양열 발광소자

1995년, 26살의 MIT 대학원생 하리쉬 한데(Harish Hande)에 의해 설립된 태양열 전자 조명회사(Solar Electric Lighting Company)는 시골 인도인의 삶에 느리지만 확실하게 변화를 가져오고 있다. 2009년 4억에 달하는 시장에 약 10만 단위만을 팔았지만 걱정하지는 않았다. 2001년에 손익분기를 지나 2005~2007년에 적자에 빠졌다가 벗어나는 등의 경험 때문이다. 대신, 그는 다른 기업이 같은 길을 걸을 수 있도록 길을 내고 있다고 믿었다. 가난한 사람들이 사용할 수 있도록 적정한 가격의 환경을 생각한 기술(sustainable technology)을 통해 사회적 기업(social venture)이 상업 프로젝트만큼이나 성공적으로 운영될 수 있다는 것을 보여주고자 하였다. 사회적 기업가로서 셀코는 기술(need-based technology)과 금융(need-based finance)이 뒤섞인 복잡한 제품을 판매하고 있었다.

여러 해에 걸쳐 인도 남쪽의 구자라트와 카르나타카 주에서 인적판매를 통해 시장을 교육한 셀코는 고객 맞춤 디자인, 설비와 제품 교육, 소액금융, 24시간 내 보증되는 고객서비스, 매년 2회의 점검서비스를 통합한 성공적인 비즈니스모델을 구축하였다. 2009년 25개 서비스센터의 170명의 직원을 갖추었고, 병원과 학교와 같은 조직단위의 구매자를 통해 총매출의 10%가 실현될 것으로 추정하였다. 그러나 여전히 주요 표적은 마을단위였다. 같은 해 100만 유로의 자산을 투입함으로써 2013까지 20만 가구 이상으로 매출을 증가할 계획이었다.

전력공급이 지속적이지 않아 어둠속에 산다고 해도 과언이 아닌 인도의 시골 주민들에게 제품의 편익은 분명했다. 수명이 긴 LED 전구를 이용하는 태양열 전기램프는 비싸고 유해물질을 유발하는 석유램프보다 훨씬 우수하였다. 전력공급이 원활한 마을이라할지라도 태양열 전기램프를 통해 더 오래 공부하고, 일하고, 즐길 수 있도록 전반적인 삶의 질을 개선하는 역할을 하였다. 이런 이점에도 불구하고 1년치 수입과 맞먹는 가격을 선불로 지급해야 했기 때문에 아주 소수의 사람들만이 셀코의 제품을 구입할 수 있었다. 때문에 비즈니스모델에 소액금융이 포함될 필요가 있었고 해당지역의 금융서비스와 연계될 필요가 있었다. 이러한 관계 때문에 셀코의 지리적 확장은 해당지역 은행과의 공조에 따라 확산되는 경향을 가진다.

한편, 기업 자체적으로는 운영의 확장과 미래의 고려라는 도전에 직면하였다. 초창기 셀코는 보조금, 대출, US 벤처캐피탈, 투자자들로부터 재원을 마련하였다. 2005년 태양열판의 가격이 50% 가량 치솟았을 때, 투자자들은 기대수익률 유지를 위해 직원의 해고나 다른 수익원을 요구하기 시작했다. 자사 주식의 2.5%만을 보유했던 셀코에게 이는 귀중한 교훈이었다. 결국 수익을 원하는 투자자들을 기업의 사회적 책임에 관심을 갖는 후원자로 대체하여 사회적 기업이라는 비전을 유지할 수 있었다. 적자를 이겨낸 2009년, 장기적 관점에 따라 온수기와 요리용 스토브 등으로 제품범주를 늘렸다. 마케팅 예산 없이, 모든 돈은 매년 2번의 유지점검과 같은 사후서비스를 위해 사용되었다. 셀코의 지리적 확장은 여전히 해당지역 은행의 금융대출 직원의 분산에 밀접하게 연계되어 있다. 셀코는 이러한 환경 하에서 2013년까지 140만 US달러의 성장목표를 달성할 수 있을지 궁금해 하고 있다.

질 문

1. 그들이 수혜자에게 제공한 편익의 5가지 방안을 평가하라. 정말 편익이 있는가?
2. 관련 기업 각각의 편익에 대해 어떻게 이해하였는지 설명하라.
3. 왜 이러한 편익을 제공하기 위해 기업의 자원을 사용해야 하는지를 주주들에게 설명하라.
4. 유사한 편익을 제공하려는 기업들에게 이들 5가지 예가 주는 교훈은 무엇인가?

참고문헌

1. Rob Minto and Barney Jopson, "Mobile Money Transfer Service Grows," *Financial Times*, 8 December 2008, available at: http://www.ft.com/cms/s/0/d8dfa00a-c557-11 dd-b516-000077b07658.html (accessed 5 December 2009).
2. Ross Tieman, "The Basics: Mobile Phone Operators Revolutionise Cash Transfers," *Financial Times*, 2 June 2008, available at: http://www.ft.com/cms/s/0/3c9fa2b4-2ece- 11dd-ab55-000077b07658.html (accessed 5 December 2009).
3. "The Power of Mobile Money," *The Economist* (print editon), 24 September 2009, available at: http://www.economist.com/opinion/displaystory.cfm?story_id=14505519 (accessed 5 December 2009).
4. Amy Kazmin, "Lighting the Way-Selco India," *Financial Times*, 20 March 2009, available at: http://www.ft.com/cms/s/0/cb0b871a-0f98-11de-a8ae-0000779fd2a c.html?nclick_check=1 (accessed 5 December 2009).
5. Amy Kazmin, "A Bright Idea that Helped India' s Poor," *Financial Times*, 25 February 2009, available at: http://www.ft.com/cms/s/0/be9c8a2c-02de-11de-b58b-000077b07658. html (accessed 5 December 2009).
6. Thomas Hazlett "Helping Young Minds Click," *Financial Times*, 29 November 2007, available at: http://www.ft.com/cms/s/0/fb56167c-9ead-11dc-b4e4-0000779fd2ac.html?nclick_check=1 (accessed 5 December 2009).
7. www.selco-india.com.
8. www.vodafone.com.
9. www.laptop.org.
10. www.ted.com.

부 록
계획수립 양식

표준양식은 전략개발과 이를 지원하는 분석에 도움이 될 수 있다. 이것으로 인해 조직 내 여러 사업단위 간의 프리젠테이션과 여러 해에 걸친 프리젠테이션에 일관성을 확보할 수 있게 된다. 또한 표준양식은 전략수립에서 고려해야 할 영역을 제시해 주고 의사소통을 용이하게 한다. 다음에 예시한 표준양식은 특정 여건에 적합한 양식을 설계하는데 출발점을 제공하려 한 것이다. 보기에서 예시한 외부분석의 내용은 애완동물 산업에서 따온 것이며, 양식은 예시를 위한 것일 뿐 사실과 다를 수 있다.

계획수립 양식은 산업과 기업의 여건에 맞도록 수정할 필요가 있다. 그래서 주어진 여건마다 짧기도 하고 길기도 하여, 다른 것을 당연하다고 할 수 있다. 예를 들어, 이 양식을 산업재와 같은 다른 제품유형에 사용할 때 현재 및 잠재적인 용도, 기존 및 잠재적인 핵심고객 등에 관한 정보가 포함되도록 수정할 수 있다.

섹션 1 ::: 고객분석

A. 세분시장

세분시장	시장(10억 달러)	설 명
개-건조	7.1	가장 큰 시장, 세분화된 영양제공물, 성장
개-캔 포장	1.8	실제 고기와 부산물 등으로 만들어짐
고양이-건조	3.1	두 번째로 큰 시장, 영양제공물, 급속히 성장
고양이-캔 포장	2.1	실제 고기와, 고도의 맛과 식감 변형 등으로 만들어짐
개 장난감	1.6	델몬트(Del Monte)가 밀크본(Milk-Bone)으로 지배
특별식 (애완용품점/동물병원/농장공급)	5.6	큰 업체인 사이언스 다이어트나 아이암스가 동물 병원과 애완동물용 점포를 통해 판매, 약 70%를 점유, 대부분 마른 먹이이며, 5% 성장

B. 세분시장

세분시장	설 명
개-건조	영양, 편리, 치아청결, 종종 캔에 포장된 애완사료보다 더 가치 있음
개-캔 포장	까다로운 개를 위한 것, 맛과 영양 다양
고양이-건조	영양, 편리, 식사 보완, 치아 청결
고양이-캔 포장	맛이 좋음, 편리한 크기, 주기 쉬움, 까다로운 고양이용, 맛과 식감이 다양
개 장난감	먹이 보완, 보상, 동물이 좋아함, 기능성 영양 편익
특별식	건강관심, 과학적 영양, 탁월한 성분

C. 미충족 욕구

애완동물에 대한 정보
사람으로 치면 앨러지와 같은 세분시장의 하위 욕구

섹션 2 ::: 경쟁자분석

A. 경쟁자 파악

가장 직접적인 경쟁자: 네슬레 퓨리나 펫케어, 아이암즈(P&G), 델몬트, 마즈
덜 직접적인 경쟁자: 힐스 펫푸드(콜게이트-팜올리브)

B. 세분시장

전략집단	주요 경쟁자	점유율
(1) 대규모 소비재 기업이 만드는 주류브랜드	네슬레 퓨리나 펫케어	33.8%
	마스	11.7%
	델몬트	10.3%
	아이암즈(P&G)	9.5%
(2) 고급 전문브랜드	힐스(콜게이트-팜올리브)	9.5%
	기타	9%
(3) 개별브랜드	기타	9.7%

전략집단	특징/전략	강점	약점
(1) 대규모 소비재 기업이 만드는 주류 브랜드	• 주류제품 • 큰 제품 포트폴리오 • 많은 욕구를 충족시키는 가격점의 다양한 범위 • 다양한 경로에 판매 • 많은 광고이용 • 품질과 다양성 강조	• 생산규모 경제 • 산업매출의 70%에 해당되는 수퍼마켓과 대량할인점에서의 거대한 출현 • 깊은 글로벌 재무자원과 경험 • 산업에 몰입	• 생산설비에 많은 투자가 촉진으로 점유율을 방어하도록 하는 모든 기업의 경쟁압력 증가 • 전문브랜드보다 영양에서 뒤진다고 지각됨 • 월마트나 다른 경로의 개별브랜드 점유율이 증가되고 있음
(2) 고급 전문브랜드	• 좁게 집중된 수퍼프리미엄가격이 책정된 제품계열 • 가축병원, 전문점, 애완동물 번식업자와 같은 비수퍼마켓 경로를 통해 주로 판매	• 제품계열이 건강, 자연물, 영양에 초점이 있어 매우 강한 소비자 수요를 가져오며, 높은 마진의 사업임 • 고급전문시장의 선두라는 이점을 가지고 있어 수퍼마켓 상표가 극복하기 어려운 지각상의 우위를 가짐 • 급속히 커나가고 경쟁이 덜 치열하고 또한 다른 경쟁제품을 취급하지 않는 다른 경로를 통한 판매, 진입장벽이 있음	• 높은 생산비 및 원재료비 • 규모의 경제 부족 • 울트라 프리미엄 가격점이 접근 제한
(3) 개별브랜드	• 자사브랜드로 다수의 수퍼마켓과 대량할인점을 통해 판매	• 생산량이 많아 단위당 비용은 낮음 • 소매업자에게 높은 마진 • 넘버원 소매업자로서 월마트의 파워 • 높게 지각된 소비자 가치로 좋은 품질의 제공물 제공	• 브랜드 차별화 안 됨 • 약한 브랜드 자산

C. 주요 경쟁자

경쟁자	특징/전략	강점	약점
네슬레 퓨리나 펫케어	• 전반적 시장리더, 매우 넓은 제품계열 • 틈새 제품계열의 강조와 제품을 프리미엄급으로 격상 • 높은 고객충성도로 크고 강력한 브랜드명 • 혁신적인 시장 최초 신제품을 매우 강조 • 점유율 증대를 위한 엄청난 광고와 촉진비 • 카테고리에의 높은 몰입 • 충분한 재정 • 브랜드 구축노력에 대한 장기적 관점가짐; 브랜드에의 높은 몰입수준 • 브랜드 구축에의 글로벌 전략	• 규모의 경제, 저원가 • 공급체인 효율성 • 강력한 소매업체 관계 • 글로벌 전문성과 R&D 지지	• 전문세분시장에 약함 • 제한 자원을 가진 다수 카테고리 간의 다수 브랜드를 지원해야 함
델몬트	• 고양이 사료와 개 장난감 강조, 시장의 모든 세분시장에서 경쟁 • 저원가 전략 • 최근 인수로 보다 소비자 중심 모델로 이동	• 소수의 브랜드와 카테고리에 집중 • 밀크 본과 야옹 믹스를 가진 강력한 브랜드 획득	• 브랜드 구축에서 상대적으로 약함 • 9-라이브스와 같은 강력한 브랜드의 현금 회수 • 고양이와 개 사료에서 제품혁신부족
마스	• 미국 외부에서 리더십 포지션 • 브랜드 구축 몰입 • 프리미엄 어필을 위한 수퍼마켓 브랜드 업그레이드	• 개사료 전문 • 공급업체 도앤(Doane) 개별 브랜드의 획득으로 규모의 경제, 저원가 • 든든한 재무자원 • 개별 기업은 단기 압력으로부터 자유를 줌	• 고양이 사료 전문성과 미국에서의 시장 점유율 부족

경쟁자	특징/전략	강점	약점
힐스 펫푸드	• 전문 및 병원시장에서 리더 • 사이언스 다이어트 브랜드로 동물병원 사업에서 진입장벽 구축	• 동물 병원의사로부터 추천받은 리딩 브랜드 • 산업 내에서 최고의 틈새시장 제품 포지셔닝	• 산업매출액의 35%가 팔리는 수퍼마켓에 없음
아이암스(P&G)	• 전문점 매출과 애완동물 번식업자의 추천을 강조하는 전형적인 전문시장 브랜드 • 성장을 자극하는 그로서리와 대량상인에의 이동	• 든든한 재무자원 • 강력한 브랜드자산	• 규모의 경제 • 제한된 시장침투 • 제한된 포트폴리오 다양성

D. 경쟁자 강점 그리드

[부록 1] 미국 시장 내에서 애완동물사료사업의 경쟁자

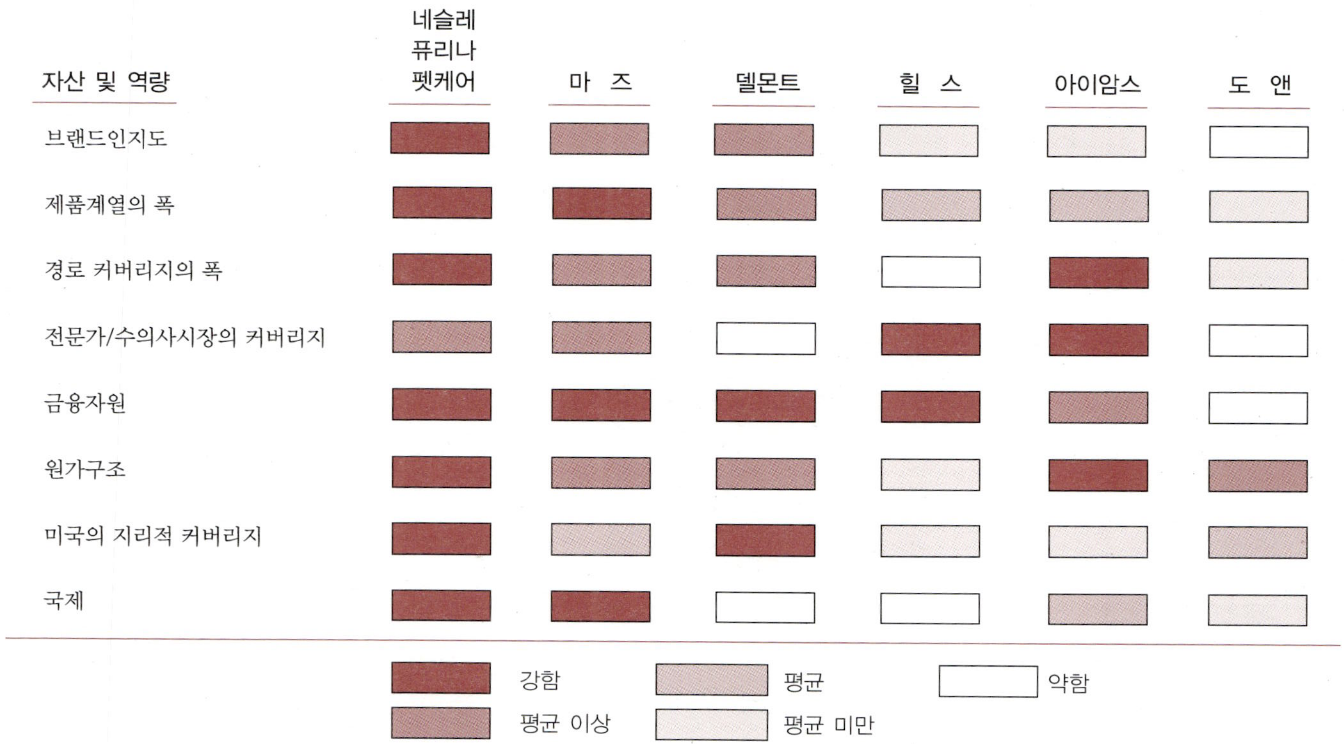

섹션3 ::: 시장분석

A. 시장파악: 미국 애완사료 시장

B. 시장규모

	1990	1995	2000	2005	2008
미국 산업규모 (10억 달러)	7.7	9.1	11.1	13.9	16.1

새로 부상하는 하위시장

- 전문 다이어트 기반 제품
- 월마트와 다른 개별브랜드 제품
- 건강관리 초점 아이템(예: 내추럴 Naturals)
- 제품 '휴머니제이션(humanization)'

시장성장률(2007년 대비)

- 총애완시장 – 9.1% 증가
- 수퍼마켓 – 6.8% 증가
- 전문점 – 매년 6% 증가
- 대형할인점 – 매년 14% 증가
- 약국– 9% 증가

매출 수준에 영향을 주는 요인

- 애완인구 증가
- 보다 높은 가치 제품 증가

C. 시장 수익성분석

진입장벽

- 브랜드 인지도, 마케팅프로그램 예산, 유통경로에의 접근, 생산, 과학, 기술에 대규모 투자
- 애완전문 세분시장: 힐스 사이언스 다이어트와 다른 방어 전문브랜드에

의 충성도; 수의사나 영향력자의 추천을 얻기 어려움

잠재 진입자

- 유니레버와 같은 마케팅 거인이 이 시장이 매력적이라고 느낀다면 진입할 것이다. 그러나 새로운 진입의 가능성은 매우 낮은데 애완동물산업은 이미 많은 기존업체들이 있으며 진입장벽도 매우 높다.

대체재의 위협

- 인간이 먹다 남은 찌꺼기
- 특별히 애완동물을 위해 조리된 음식

공급자의 교섭력

- 증가: 식자재를 사람음식과 공유, 식자재 공급업자 통합, 식자재 품질 요구수준이 높아지고 있음

구매자 교섭력

- 그로서리 스토어, 창고클럽 등이 애완동물먹이 공급자에게 강한 교섭력을 행사
- 전문점, 수의사들이 상당한 교섭력을 갖을지도 모름
- 애완동물먹이의 약 24%를 판매하고 있는 월마트와 같은 대량 할인점이 강한 교섭력을 가짐

D. 원가구조

- 다각화된 기업이 광고, 판촉, 생산, 유통의 경제성 때문에 원가상 유리한 입장이다.
- 전문화된 기업의 원가가 높다.

E. 유통시스템

주요 경로

- 수퍼마켓은 취급물량 관점에서 지배적(35%)
- 할인점은 시장의 약 29%를 차지하고 증가하고 있다.

- 애완동물사료는 수퍼마켓과 할인점에서 효과적인 고객유인 역할을 담당한다.
- 농장에서 공급하는 점포는 교외나 지역에 위치하고 있다.
- 애완동물점포는 대부분의 프리미엄브랜드와 많은 주류 제조업체브랜드를 취급하고 있다.
- 수의사는 수퍼프리미엄브랜드만 취급한다.

관찰 및 주요 트렌드

- 수의사를 통한 매출액이 정체하고 있으나 이는 생산자나 수의사에게 고마진을 보장한다.
- 전문점 매출액은 대략 6% 증가하고 있다.
- 이들 두 경로는 보다 건강한 먹이를 먹이고 싶어하는 고관여 고객욕구를 사로잡고 있다.
- 창고형점포는 시장 리더브랜드에 뿌리를 내리고 있다.
- 포장재의 혁신은 편의성에 관한 미충족 욕구를 필요로 한다.
- 제품혁신은 하위카테고리를 만들어 낸다.

F. 시장 트렌드와 개발

- 프리미엄과 수퍼프리미엄브랜드가 성장하고 있으며, 대부분의 생산업체가 이런 영역에 신제품을 출시하고 있다.
- 대규모 제조업체는 끊임없이 신제품을 출시하고 있다.

G. 핵심성공요인

현재

- 브랜드 재인
- 제품품질
- 주요 유통경로에 접근
- 프리미엄브랜드에서 시장점유율 획득
- 신제품 도입
- 제품계열의 폭
- 마케팅프로그램

- 원가절감
- 전문가에 의한 인지 혹은 추천
- 포장
- 관련된 인간 트렌드 이용(내츄럴: 보다 건강하고 보다 높은 품질성분으로의 이동)

미래

- 지속적인 소비자 트렌드 파악
- 포장
- 유통업자 트렌드 추구

섹션 4 ::: 환경분석

A. 트렌드와 잠재적 사건

원천	설 명	전략적 의미	시간프레임	중요성
기술적	• 새로운 제품 형태	• 제한적		낮음
규제	• 내용물 표준 설정	• 제한적		낮음
경제	• 경제변화에 둔감	• 매우 제한적		낮음
문화	• 애완동물을 가족구성원으로 생각 • 새로운 건강상품에 대한 수요 • 사용자 욕구 다양화	• 수퍼프리미엄 브랜드 • 건강상품 도입 • 다수 전문화된 세분시장	1980년대 중반 이후	높음
인구통계	• 가정형성 느림 • 고양이 수가 개보다 빨리 증가 • 베이비 붐 세대가 나이들어감	• 제품의 끊임없는 혁신과 브랜드 적합성 유지	1980년대 이후	중간-높음
위협	• 동물성 단백질에 높은 의존성	• 동물유발 질병(BSE)의 위험이 심각하게 원료에 영향을 미칠 수 있음	현재	중간
기회	• 프리미엄 브랜드 시장 증가 • 개별브랜드 시장확장	• 전문화된 세분시장의 성장 여지가 여전히 존재	1980년대 중반 이후	높음

B. 시나리오분석

두 가지 시나리오가 가능하다.

1. 전문점과 수퍼프리미엄 세분시장은 거의 증가하지 않음.
2. 전문점과 수퍼프리미엄 세분시장 모두에서 높은 성장보임.

C. 핵심 전략적 불확실성

- 수퍼프리미엄 전문제품에 대한 수요가 지속적으로 성장할 것인가?
- 중요한 시장으로서 어떠한 새로운 하위카테고리가 출현할 것인가?

섹션5 ::: 내부분석

A. 성과분석

목표영역	목 표	상태 및 비고
1. 매출액 2. 수익 3. 품질/서비스 4. 원가 5. 신제품 6. 고객만족 7. 사람 8. 기타		

B. 과거전략의 요약

문 제	가능한 조치

C. 전략적 문제점

문 제	가능한 조치

D. 내부조직의 특징

구성요소*	설명– 현재 및 제안전략과의 적합성

* 구조, 시스템, 문화, 사람

E. 포트폴리오분석

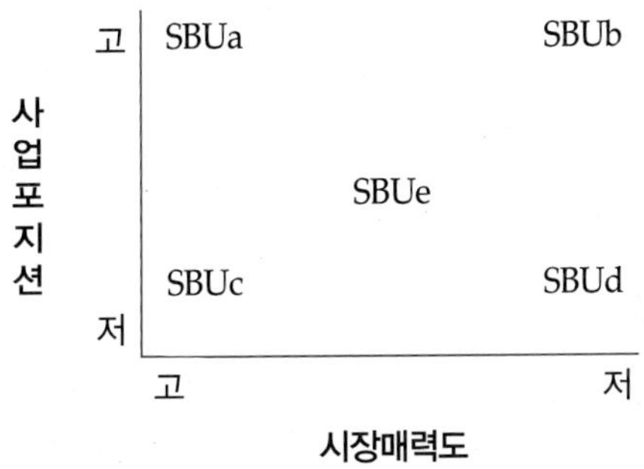

참고: 사업부(SBU)는 제품이나 세분시장으로 정의될 수 있음.

F. 강점과 약점 분석

준거 전략집단	역량/역량부족, 자산/부채, 전략집단 관점으로 본 강점/약점

G. 현재 전략에 근거한 재무적 예측

	과거	현재	예측
영업상태			
시장점유율			
매출액			
매출원가			
총마진			
R&D			
판매 및 광고			
제품의 일반관리비			
부문과 기업의 일반관리비			
영업이익			
대차대조표			
현금 및 외상매출금과 재고			
외상매입금			
순유동자산			
고정자산(원가베이스)			
누적감가상각			
순고정자산			
총자산-장부가액			
자산의 추정시장가액			
ROA(기본-장부가액)			
ROA(기본-시장가액)			
자금운용			
순유동자산			
고정자산			
영업이익			
감가상각			
기타			
필요자원			
______________			
______________			
______________			

참고: 필요자원이란 특정 능력과 배경을 가진 근로자나 여러 시설이 될 수 있다. 자금의 부정적 사용(예: 이익)은 자금의 원천이다. 예측수치는 여러 해에 걸쳐 있을 수 있다.

섹션 6 ::: 제안전략의 요약

A. 비전 기술서 – 제품시장 제공

B. 전략 설명

		제품시장
• 투자 목표		
퇴출	☐	
현금회수	☐	
유지	☐	
시장점유율 증가	☐	
시장 확장	☐	
제품확장	☐	
수직적 통합	☐	
• 가치제안		제품시장
품질	☐	
가치	☐	
집중	☐	
혁신	☐	
글로벌	☐	
기타	☐	
• SCA를 제공하는 자산과 역량		
• 기능별 전략		

C. 핵심 전략방안

D. 제안전략에 근거한 재무성과 예측

	과거	현재	예측
영업상태			
시장점유율			
매출액			
매출원가			
총마진			
R&D			
판매 및 광고			
제품의 일반관리비			
부문과 기업의 일반관리비			
영업이익			
대차대조표			
현금 및 외상매출금과 재고			
외상매입금			
순유동자산			
고정자산(원가베이스)			
누적감가상각			
순고정자산			
총자산-장부가액			
자산의 추정시장가액			
ROA(기본-장부가액)			
ROA(기본-시장가액)			
자금운용			
순유동자산			
고정자산			
영업이익			
감가상각			
기타			
필요자원			
______________			
______________			
______________			

찾아보기

ㅇ

ㅈ

ㅊ

ㅋ

ㅌ

ㅍ

ㅎ

역자약력

전 인 수(Jeon, Insoo)

- 1984년부터 현재까지 홍익대학교 경영대학 교수(jiss@hongik.ac.kr)
- 강의과목 : 마케팅전략, 문화마케팅, 서비스마케팅, 소매마케팅
- 최근의 관심사 : 내부마케팅, 마케팅수익책임성(ROMI), 문화마케팅, 마케팅윤리
- 최근의 주요 연구 :
  "내부마케팅의 새로운 전사적 모델에 관한 연구"(고객만족경영연구 2010년 8월)
  "서체의 특징이 BI에 대한 소비자의 심미적 반응에 미치는 영향"(상품학연구 2011년 1월)
  "새로운 소비자욕구모델 : 4×4매트릭스모델"(연세경영연구 2009년 가을호) 등을 포함한 32편의 논문을 등재 학술지에 발표
- 학력 : 연세대학교 대학원(경영학박사), 서울대학교 대학원(경영학 석사),
  서울대학교 사범대학(문학사), UC Berkeley 객원학자
- 경력 : (현)한국경영학회 부회장, 한국문화예술경영학회 부회장
  (전)한국마케팅저널 편집위원장 (전)홍익대학교 경영대학원 원장
- 실무경력 : 1989년 9월 이후 2010년 11월 30일까지 국내 주요 기업의 자문교수 및 교육
- 저서 : 서비스마케팅(공역), 마케팅전략(공역), 시장중심경영(공역),
  광고와 프로모션(공역), 문화마케팅(공저)

김 은 화(Kim, Eunwha)

- 서비스마케팅을 컨설팅하고 교육하는 회사인 (주) SM Partners 대표
  (keh9758@netian.com)
- 강릉대학교, 홍익대학교, 한신대학교 등에 현재 출강하고 있음
- 홍익대학교 대학원(경영학 박사)
- 강릉대학교 대학원(경영학 석사)
- 강릉대학교 사회과학대학(경영학 학사)(수석 입학, 수석 졸업)
- "소비자후회 : 사후가정사고의 영향 및 후회해소노력이 구매후 행동에 미치는 영향"
  (마케팅연구 2006년 12월)을 비롯한 6편의 논문을 등재 학술지에 발표
- 실무경력 : 다수의 프로젝트 경험이 있고 삼성 SNS 등에서 정기적으로 강의

마케팅전략

2011년 4월 10일 제1판 1쇄 인쇄
2011년 4월 25일 제1판 1쇄 발행

역 자 전인수 · 김은화
발행인 황 의 민

발행처 **도서출판 석 정**
서울특별시 마포구 동교동 203-3
TEL. 332-6293 FAX. 334-5367
등록 1980. 1. 24 3-78호

ISBN 978-89-88806-59-3 **정가 28,000원**